土地与政治

津巴布韦土地改革的迷思

Zimbabwe Takes Back Its Land

〔英〕约瑟夫·汉隆
〔津〕珍妮特·曼珍格瓦　著
〔英〕特雷萨·斯马特

沈晓雷　刘 均　王立铎　译
刘海方　审校

社会科学文献出版社
SOCIAL SCIENCES ACADEMIC PRESS (CHINA)

从津巴布韦到南非：土地改革何为？

（代序言）

刘海方　刘歆颖*

近年来，随着中国在非洲的影响力日益增大，关于中国在非洲大规模屯田的各种猜想流传甚广，国际上很多媒体、智库、学者也在不加调查的前提下推波助澜。针对中国政府将屯田非洲作为战略并进行大规模农业移民的流言，美国知名智库专家、约翰霍普金斯大学教授黛博拉·布罗蒂加姆（Deborah Brautigam）及其团队进行了长期的跟踪调查，并在2015年出版新书《非洲将养活中国吗？》（*Will Africa Feed China?*）证明了这种猜想纯属无稽之谈。美国独立智库奥克兰研究所的报告指出，一些美国公司和大学联手（为了利用大学的声誉）在非洲多国大规模圈地并进行风险投资的情况少有人知晓。这些美国公司鼓吹投资非洲土地的收益从而造成地价哄抬，导致很多原来在这些土地上居住的人们流离失所，冲突增加，粮食安全风险加大。很多投资和租赁非洲土地的资金甚至来自美国公司申请的国家援助资金。

以上两个案例都说明非洲土地所有权的重要性，这当然与非洲大多数国家的经济还是农业生产主导、劳动力的60%～70%都留在这个产业有关系。但更重要的，土地所有权是极为政治化的问题，因为殖民占有遗留下来的土地问题并未得到解决，特别是在当初欧洲人大规模移入的南部非洲国家。当非洲国家的经济日益无可避免地受到经济全球化的裹挟，不平等和基尼系数的提高随着货币化和商品化一同到来。民众在时代大潮中要求

* 刘海方，北京大学非洲研究中心执行主任；刘歆颖，北京大学非洲研究中心特邀研究员、南非大学（UNISA）非洲可持续发展能源研究所教授。

1

更多的公平和正义，而这些无不与未完成的去殖民化问题紧密相连。土地所有权就像火药桶，仍然容易引爆社会矛盾和冲突，外来的"圈地"正是这样威胁非洲国家发展的。

2018 年初，南非新总统拉马福萨上任以来，南非围绕有关土地改革（无偿征用土地）的讨论再度成为热点，新一轮的针对不公平的土地分配进行的土地改革似乎已经箭在弦上。这让国际上的很多观察家将南非即将经历的变化与 2000 年津巴布韦发生的"快车道"土地改革联系在一起，南非将成为"第二个津巴布韦"的声音也不绝于耳。然而，如果问津巴布韦发生的土地改革到底意味着什么、长期影响是什么，学术界还有待更进一步的研究，而对南非的预判也很难说是在密切跟踪分析的基础上进行的。正因为如此，北京大学非洲研究中心在乐施会（香港）的支持下，决定翻译这部关于津巴布韦"快车道"土地改革的研究成果，帮助中文读者更深入地理解这场土地改革运动。

本书基于作者长时间的实地观察和调研，而且成书时间是在土地改革发生的十多年后，这使较长时段的综合研究并不限于"快车道"土地改革本身。正如作者所言，此书不是研究"土地被拿走的方式"，而是"新的占地者用土地都做了什么事情"。包括本书在内，津巴布韦大学很多学者以及博士生的研究都在呈现一个正向的结论，即"新的占地者正在很好地利用土地，正在生产更多的粮食和出口作物（包括向中国及其他国家出口的烟草）"。更重要的是，与他们所取代的白人农场主不同，新的农场主是小型农场主，他们正在创造更多的就业。尽管作者仍期待政府在农用物资、机械、灌溉和信贷等方面进行持续支持，但在津巴布韦，小型农业通过商业化确实已经显示出引领农村发展和粮食安全的活力，他们的经历完全可以为今天关于非洲农业发展的最大争论——"大农业"还是"小农户"的问题——提供一个倾向于后者的好案例。

小农户模式受到抑制由来已久，这明显体现了欧洲人扩张和殖民占领几个世纪以来形成的全球秩序。早在 20 世纪上半叶就出现了为白人占地辩护的"空地说"，非洲人休耕的公社土地被解释为空地；独立以后非洲国家的后殖民地土地改革（尤其是坦桑尼亚的国有化改革），被认为是"非理性的、短见的、破坏了粮食安全"；也有关于"非洲小农户模式总是破坏土地的生态，而白人大农庄才是有效利用土地的最佳选择""白人农场主的技术整体上远远超过非洲以农业维生的农民，后者几乎无助于国民经济的发展"等种种迷思。归根结底，很多是出于白种人相对于非洲人的优越性心理，贬低非洲人世世代代积累的本土农业知识。

彻底解决非洲农业发展的症结，涉及政府政策和规划、投入与激励机制，更事关土地所有权的归属问题，甚至要回头清算殖民时代形成的种族统治所保障的土地所有权及围绕土地所有权的种种"迷思"。因为这些迷思曾经被政治化使用，成为欧洲人占地的合法化工具，并且长期以来成为貌似合理的伪科学、伪知识，往往还在影响今天的决策和制度选择。今天大规模的新的外来投资的"圈地"运动，还有可能为资本制造新一轮的迷思，乃至于激发类似的冲突，这可能与今天全球充斥的民粹主义（popularism）浪潮相关，是排外主义，是用"本地人"和"他者"来隔离彼此的政治标签，抑或激发像肯尼亚 2007 年大选族群冲突的"这一次轮到我们吃"① 的情绪。

土地所有权的演化与 "种族化" 由来

大多数非洲国家独立以后都经历了既有传统的世俗法律保障的公社土地所有权向现代民族国家司法体系下的现代土地制度的转型。根据伦敦政治经济学院学者凯瑟琳·布恩（Catherine Boone）的研究，在那些没有经过国有化而是保持了相对比较传统的世俗土地分配制度的地方，政府依照族群身份分配土地；而坦桑尼亚等国独立后不久就将所有的土地（无论拥有者是黑人还是白人）一律收归国有，然后由国家重新分配土地，每个家庭的土地不超过 10 英亩，只有大型企业获准得到更多的土地。经历了大规模国有化的国家，酋长制结构被大大削弱，土地的分配不再依照族际界限划分，人们对国家统一体的认知程度更高。②

曾经有比较多白人"拓殖者"到来的国家，土地所有权就变得异常复杂，无一例外地需要面对种族殖民统治遗留的复杂遗产。如图图大主教所

---

① Refer to Michela Wrong, *It is our turn to eat*, *The Story of a Kenyan Whistle - Blower*, New York: Harper publisher, 2009.

② Catherine Boone, Lydia Nyeme, "Land Institutions and Political Ethnicity in Africa: Evidence from Tanzania," *Comparative Politics*, Vol. 48, No. 1 (October 2015), pp. 67 - 86.

说，"这些白人拿着圣经来到非洲，让我们闭上眼睛；等我们睁开眼睛，圣经已经在我们的手里，而他们获得了土地，再也不归还了"。这种土地连同其他资本、生产资料和国民经济命脉不同程度地集中在白人移民手中的情况，对独立后的非洲大陆产生了直接的影响，既阻碍国民经济向公平公正发展，也成为影响这些非洲国家种族关系的活火山，随时有爆发出巨大的破坏性力量的危险——事实上，在这些历史上有白人移民的非洲国家，与土地相关的冲突构成了安全的头号威胁，特别是在穷苦人口还不得不依赖农业作为唯一谋生手段的国家。①

土地问题没有单一的解决办法。一般而言，针对白人占有土质最好、数量最多的土地，同时在经济中占主导地位，有两种解决方式：一是采取国有化政策（如坦桑尼亚和莫桑比克），剥夺白人资产，国有化或者重新分配土地和其他生产资料；另一种较为温和的政策是，保护私有财产，从而避免重新分配土地，通过政府赎买或补偿的方式来解决非洲人土地不足的情况。大多数非洲国家采取的还是后者。以肯尼亚为例，如何处置白人农场也成了独立前夕的一个棘手问题。最初，英国首相哈罗德·麦克米伦和殖民大臣伊恩·麦克劳德坚持说，英国不会向白人农场主作出赔偿，但他们后来改变了立场。独立后，许多肯尼亚白人还自愿把他们大块地产的一部分交还给当地的肯尼亚人。肯尼亚独立时，6 万白人大部分虽然离开了，但还是有一部分人留了下来。今天这些人及其后裔拥有肯尼亚护照的，人数有 7000 人。② 虽然经过了当地吉库尤人精英的赎买，他们手中还是拥有很大面积的好地，例如著名的德拉米尔家族（Delamere）在大裂谷一带仍然拥有达到 400 平方公里的农场。其他一些肯尼亚的好地也被多年在肯尼亚经营的跨国公司掌握，有很多大规模的农场。独立时，肯尼亚的开国总统乔莫·肯雅塔鼓励白人农场主将他们的农场（主营茶叶和咖啡）转化成同肯尼亚黑人股东合伙的公司。由于处理得当，土地问题没有造成麻烦，黑人和白人关系比较稳定，双方都没有什么积怨，而且迄今为止，土地之争没有以种族问题的形式表现出来。2000 年，在津巴布韦发生土地骚乱问题之际，曾经有一

① Sam Moyo, "The Politics of Land Distribution and Race Relations in Southern Africa," *Racism and Public Policy*, pp. 242 - 270.
② 2010 年肯尼亚政府开始实行双重国籍。

个持不同政见的肯尼亚反对派政治家呼吁没有土地的肯尼亚人抢回白人农场。但大多数肯尼亚人认为，那样做是有违宪法的，事情就此平息。

在赞比亚，独立以后土地没有成为引发政治矛盾的根本问题，因为这里有大片可耕种的土地还没有开垦，政府一直积极寻找投资者开垦新的土地。赞比亚政府规定过去的保留地和托管地继续实行传统土地所有制，而过去的皇家土地实行租赁制土地所有制。经过土地改革，93%的土地转向传统土地所有制，只有7%的土地属于国有土地，可以通过官方租赁给农民或企业使用。①

近年来，媒体大规模报道了赞比亚发生的"圈占土地"的现象，然而迄今为止，并没有发生过因土地重新分配或拆迁引发的民众抗议，其处理土地问题的经验值得关注。实际上，赞比亚政府一直希望重新制定土地政策以促进传统土地权利的私有化。1995年颁布了一部支持投资的法律以吸引外国投资，因而随着外国投资的不断增加，大片传统土地被转为私人所有。投资者可以通过有效期不超过14年的临时租用证书来获取土地。根据1971年的《土地测量法》，在提交合法的边界测量6年后，投资者可以申请毫无争议的99年产权证书。尽管《土地测量法》承认传统地区土地的现有权利，但它也允许外国投资者将传统地区土地转化为租赁占有的土地，并最后获得产权证书。要获得土地，投资者可以通过与村落酋长磋商直接获得大酋长的同意，或者让由土地部与发展署人员组成的工作小组代表他与对方协商土地转让。如果对方同意转让土地，酋长就会发出批准函。随后，投资者必须在村落酋长的陪同下，根据示意图划分地块边界。批准函和示意图都要提交区议会，然后由区议会向土地专员发推荐信，最后由土地专员推荐或直接提交总统批准。政府在"私营部门发展改革计划"下，设立由发展署和土地部人员组成的土地工作小组，同时支持农业片区项目发展，鼓励外来投资对接赞比亚经济发展规划，特别是农业领域。这些都是赞比亚在土地与发展方面取得的优秀经验。

南部非洲国家是集中存在白人移民的国家，独立前后白人在这些国家

---

① Bastiaan van Loenen, "Land Tenure in Zambia," 1999, https：//www. researchgate. net/publication/242672704_ Land_ tenure_ in_ Zambia.

占有土地的情况如表 0 - 1 所示：

表 0 - 1

国家	1960 年白人在总人口中的比例（%）	1958 年白人移民占有土地的比例（%）
安哥拉	1.0	6.0
博茨瓦纳	0.3	0.0
莱索托	0.3	5.0
马拉维	8.0	43.0
纳米比亚	19.4	43.0
南 非	2.8*	89.0
斯威士兰	0.2	49.0
赞比亚	3.0	3.0
津巴布韦	7.1	49.0

资料来源：F. Hendricks, *Questioning the Land Question*, *Agrarian Translation*, *Lands Tenure*, *Rural Development in the Former Settler Colonies of Southern Africa*, Cape Town, South Africa, 1995. Quoted from Sam Moyo, "The Politics of Land Distribution and Race Relations in Southern Africa".

* 笔者查阅了 1960 年官方人口统计数据，当时白人人口比例为 19.3%。因此应该是两种数据的方法和计算的总人口的范围不一致。——作者注

由此可以看出，南非、津巴布韦和纳米比亚是这一种族统治遗产最为突出的几个国家，其他如马拉维、斯威士兰虽然也有大量土地被白人占有，但白人移民的数量较小，难以构成重要的社会利益集团。独立时，这些国家几乎无一例外地在宪法中明确保护现有的私有财产权，也就是说白人的资产、大规模的白人商业种植园主的利益保持不变，而且宪法将"愿卖愿买"的原则神圣化，这成为日后所有土地重新分配的根本前提。随着 20 世纪 80 年代非洲努力采取自由市场改革以发展经济，要求赔偿的呼声越来越高。土地赔偿既是一个道德问题，又是一个非常实际的事关发展机会的经济问题，因为土地在农业社会中是积累财富的关键，而大部分非洲国家的人民还以农业为生。如果不将 300 年来被非法掠夺的土地归属问题加以解决，广大非洲人很难获得其他生产资料，而这是非洲大陆减轻贫困和结束政治动荡局面的关键。在有些国家，黑人和白人虽然没有公开辩论是否有必要重新分配土地，但是由于政治和历史的缘故，这个问题经常容易引起分歧和感情冲动，从而表现为影响非洲社会经济发展的种族问题。

　　较晚独立的几个南部非洲国家的土地问题有很多相似性。津巴布韦、南非、纳米比亚这几个国家都保留了大量的白人移民，因为长时间的相对隔离，这些人甚至与原来宗主国的文化和民族特征已经有所区别。1979年，土地所有权成为津巴布韦解放的核心问题，在殖民政府与穆加贝的游击队就权力移交问题举行谈判时，非洲革命者最终同意通过购买的方式从白人定居者手中获得土地。1990年，纳米比亚黑人与白人少数派政权就土地达成了基本一致的协议。1996年，南非在举行多种族全民大选两年后，就新的宪法进行谈判时也作出了类似的承诺。南非政府依据新《宪法》颁布了《土地改革法》和《土地白皮书》，同意以政府和平赎买方式，将白人手中30%的土地有偿分配给黑人，改变种族隔离时期土地占有和使用的不公平、不平等状况，使黑人拥有自己的土地，改善农民福利和减少贫穷，促进国家和解与稳定，推动经济增长。这项主要由土地事务部负责实施的土地改革计划，原定到2010年完成，但实际进程十分缓慢；受2000年津巴布韦土地问题影响，南非政府许诺将加快速度，但实际上至2008年底只完成了4%的重新分配任务。

　　津巴布韦土地问题是最具爆炸性的。19世纪90年代，英国殖民者一进入这个国家，就把黑人赶出他们的土地，让大约一半的人口重新集体定居到类似美国印第安人的贫瘠的居留地上。独立之初，鉴于白人农场主在国民经济中所处的重要地位，同时吸取坦桑尼亚和莫桑比克推行过激政策使经济遭到破坏的教训，穆加贝采取了较现实的农业政策和土地政策，把未加利用和被遗弃的土地分给无地或少地农民；另外，因为白人的农场主提供了绝大部分商业农产品和商品粮，又雇用了占全国工人总数34%的农业工人，穆加贝没有轻易剥夺白人农场，因为那样势必造成农业生产崩溃和农村失业人口的急剧增加。1979年伦敦会议上，穆加贝承诺对出让土地的白人农场主进行补偿，使白人10年之内不受干扰，同时实行国营农场、以家庭为基础的农业合作系统和白人农场并存的政策。[①]

　　由于赎买进程缓慢，为独立作出重大贡献的老兵们因为得不到土地正在变得越来越不耐烦，穆加贝政府感受到了压力。2000年，穆加贝领导的执政党建议修改宪法，以便政府可以不加补偿地没收白人殖民者后裔的土

---

① 何丽儿：《津巴布韦的土地问题》，《西亚非洲》1982年第3期。

地，并敦促黑人选民同意这种修改，还发表了公开蔑视白人的呼吁书。从2月末开始的两个月中，数千名津巴布韦黑人老兵占据了全国各地的数百个白人农场，而且声称，这是打击阴魂不散的殖民主义不公正现象所必须进行的战斗。津巴布韦高级法院多次发出驱逐越来越暴烈的占地者的法令，穆加贝也承诺赶走非法占地者并恪守1991年哈拉雷英联邦首脑会议宣布的主张。非洲国家领导人大多站在穆加贝政府一边，南非、莫桑比克和纳米比亚的领导人在维多利亚瀑布城举行紧急首脑会议，一致谴责英国不遵守其1998年的资助承诺，从而导致这场黑人占领白人农场的危机。①具体论述和相关数据，请参考本书中的相关内容。

"没有两片同样脉络的叶片"，上述国别案例显示，虽然在土地所有权"种族化"上有共性，但这些国家不同的演进历程显然又千差万别。本书主要研究津巴布韦的"快车道"土地改革，如果将视野放到南非舆论中似乎风起云涌、如箭在弦上的"土地改革"，各种基本条件则呈现太多的差异性。改还是不改，南非都不可能是另一个津巴布韦。

南非土地再度 "种族化" 始末

欧洲人在南非的殖民从17世纪后期的开普殖民地开始，经过19世纪中期布尔人向南非内陆的大迁徙运动，通过各种手段占据了南非绝大多数的土地。1913年，南非联邦成立后仅三年时间，南非议会通过了班图土地法案。这个法案给南非的原住民留下了10%的土地，这10%的保留地后来扩展到13%，属于土著部落的酋长。在保留地之外，非白人不能拥有土地，甚至转租土地也成为不可能，只能在所居住的白人农场成为雇工，大量的黑人被迫放弃土地进入城镇工作。在原开普殖民地，少数拥有一定地产以及教育程度的黑人已经拥有投票权，这个土地法案实际上也直接剥夺了这些人的投票权，不过这一点并没有得到立刻实施。1950年，南非国民党政府通过法律强迫仍然在白人区居住的黑人迁移：在农村，祖居在所谓白人农场的黑人被迫迁到划定的居住区；在城市，非白人也直接被剥夺了

---

① Anton la Guardia, "Britain to blame, say African presidents," July 22, 2000, http://www.telegraph.co.uk.

土地、房产所有权。无偿强征土地这件事情，实际上南非种族隔离政府是经常做的，当然，只针对非白人。

班图土地法案是南非政府一系列种族隔离法案的开始，对这个法案的抵制也开启了南非长达80年的反对种族隔离的斗争。非国大的前身南非土著国民大会刚刚成立就参与了抵制这个法案的行动，不过，所做的只是跑到伦敦争取英国国会推翻这个法案，自然没有得到任何成果。20世纪50年代新一轮严格的种族隔离措施导致了新的反抗，非国大等政党在斗争中更加成熟。1955年，非国大通过了自由宪章，明确把"耕者有其田"纳入最基本的纲领，要求废除以种族来区分的土地所有制度，从中可以看出土地问题的重要性。土地问题作为一个重大的历史遗留问题，是南非社会必须解决的问题，这是南非全社会的共同认识。不过，1994年非国大执政之后，并没有采取激进的土地改革政策，而是试图通过市场化操作手法逐步解决这个问题。曼德拉政府开始的第一轮土地改革计划通过市场价格赎买政策，经过几年的时间改变了商用土地的30%——大约2589万公顷土地的所有者的肤色。

曼德拉政府使用温和手段解决土地问题的思路应该是可以理解的。实际上，作为非洲大陆上工业化程度最高的国家，虽然距离完成工业化仍有不小的差距，南非的农业对经济的贡献比例已经不大，所解决的就业人口也有限。南非大规模的城市化使得人们对农用土地的需求并不迫切。同时，当时完全由白人控制的南非农业承担着整个国家食品安全的重任，轻易动不得。进一步而言，对私有财产的保护是西方资本主义社会的一个根本权利，对待私有财产的态度直接关系南非当时的阵营选择。20世纪90年代中期的国际背景下，强行剥夺私有财产必然会导致南非重新陷入国际孤立。虽然近几年南非社会有声音认为曼德拉政府当年在谈判中让步过多，导致土地问题遗留没有得到解决，但从当时的国际环境来看，曼德拉政府的选择是合理的。

但是南非第一轮土地赎买进行得很不顺利。按照规定，所有1913年班图土地法案实施之后失去土地的黑人都可以申请土地，或者从政府手中得到土地，或者得到相应的经济赔偿。第一轮土地分配的申请在1998年结束，将近80000份申请中只有5000多份提出土地要求，其余70000多份要求的只是赔偿金。很显然，多数有权利得到土地的人对农业是没有兴趣的。这一轮土地分配遇到很多问题，在实行过程中也多次调整具体方法，导致执行过程非常缓慢，南非社会对其进展普遍不满意。2006年，非国大政府开始探讨加速土地分配进程，宣布政府可以使用强征手段，并且做好了法律准备。宪法第二章第25条直接规定政府有权利强征土地，虽然需要给出赔偿，但是需要一个合理数额，而不是通货膨胀以后的数额。这个合理数额如何认定，就给解释提供了空间。从技术上讲，目前的宪法第25条已经允许政府可以以低价强征土地，距离无偿强征并不遥远。

1994年到2016年，南非政府的土地改革涉及1100万公顷土地。其中，土地再分配项目获取了485万公顷土地分配给黑人小农场主，土地恢复计划恢复了339万公顷土地的所有权，政府还支付了116亿兰特用于赔偿，相当于277万公顷土地。但是，这仅仅是南非商用土地的13%。到2017年，南非仍然有72%的商用土地在白人手里，并没有改变南非多数土地仍然掌握在少数白人手里这样一个事实。2017年初，随着祖马政府陷入危机，祖马开始把自己标榜为底层民众的代言人，"与邪恶的大资本特别是白人大资本进行抗争"，开始推动修宪，允许政府通过无偿强征来加速土地改革。祖马虽然没能完成自己的第二个总统任期，但他成功地把这个难题甩给了继任的拉马福萨。

政党、修宪与尴尬的 "耕者有其田"

修宪赋予政府无偿强征的权利的法律程序会很长。由于直接涉及私有财产保护的问题，要改动的不仅仅是一个宪法条款，还会涉及宪法其他条款的调整，更会涉及众多法律文件的调整，是一个庞大的法律工程，走完这个程序可能需要几年的时间。而且修宪需要得到议会2/3多数的同意。目前非国大占据国会400个席位中的249席，不足2/3，单凭非国大本身是无法完成修宪的。南非的其他党派中，明确表态的有一些：主要反对党民主联盟89席坚决反对修宪；因卡塔10席支持强征但是反对无偿，等于是反对修宪；白人右翼政党自由阵线加拥有4个席位坚决反对；从非国大分离出来昙花一现的人民大会党COPE拥有3席，也是坚决反对。反对一方加起来超过100个席位，但是也并没有达到可以否决修宪的1/3。这样，议会第三大党经济自由斗士 25 席的立场就非常重要。如果有经济自由斗士支持，非国大可以不理会其他政党意见，轻松达到 2/3 多数，满足修宪要求，但是虽然同样支持无偿强征土地，非国大与经济自由斗士的立场相差非常遥远。

经济自由斗士是目前南非唯一一个提出了具体土地改革方案的政党。早在刚刚成立的 2013 年，经济自由斗士就提出了自己的土地改革方案，并把这个方案写入自己的党章。这个方案要求南非所有土地完全国有化，实现所有权和使用权分离，把现在的所有权转变成使用权，然后根据土地的使用功能进行检查，对于没有按照使用功能利用土地的，政府可以把使用权重新分配。这个方案可以彻底回避究竟是什么肤色的人拥有土地的问题，可以使得南非土地问题彻底与种族问题脱钩。南非目前农用土地利用率比较低，有大面积农场闲置。内陆地区缺水是南非农用土地闲置的一个主要原因，也有一些农场主对南非经济缺乏信心不愿意扩大农业投资，也有经营不善等问题。要把这些闲置土地利用起来，由政府强制征用分配给愿意务农的其他人口，实现"耕者有其田"，可能是一个不影响经济的切实办法。但是经济自由斗士这个号称遵循马列主义法农后殖民思想的政党提出的土地国有化，很显然碰到了资本主义的红线，已经被非国大明确拒绝。这样，这两个主动推动无偿强征土地的政党究竟能达成怎样的一致来完成修宪，就是一个很值得观望的问题，也有可能两党无法达成协议，这就加大了非国大完成修宪的难度。

经济自由斗士起源于非国大的青年联盟，其纲领内容很多是继承了非国大的，实际上经济自由斗士也打着 1955 年非国大自由宪章的旗号。闲置土地可以被强制重新分配的方案，实际上也来自非国大。非国大多次表示，目前针对的是那些闲置的土地，不会对正在生产的土地造成影响，而且将这些土地分配给愿意耕种的中小农场主，可以提高粮食产量、解决更多就业等，有着诸多好处。但是这类争论中的政策性保证实际上并不能让人放心。如果宪法修正案里面没有足够的限定条件，一旦给了政府过度的权力，那么日后必然有被滥用的可能。而且，虽然讨论的一直是农用土地，但目前的法律条文并没有区分是否只适用于农用土地；如果扩展到居民用地，就会影响到众多拥有房产的普通居民。无偿强征土地被白人极右组织解释为可以剥夺普通人的房产，并不完全是耸人听闻。实际上，祖马

11

政府后期充分钻所有法律漏洞的表演已经给了人们一个很好的演示，民众已经看到，为了逃脱责任，非国大政府如何把法律允许的范围扩展到极限，完全不顾民众和国家的利益，非国大在这方面的信誉已经很成问题。即使目前的拉马福萨还算令人放心，但是以后的事情谁敢保证呢？

南非修宪必然是一个漫长的过程，能否实施、如何实施、何时实施都有很大的不确定性。很多事情都需要看细节，细节不出来，人们的担忧就无法消除。如前所述，本届国会要实现修宪并不容易。实际上距离大选不过半年时间，基本不可能在本届议会解决修宪问题，而2019年大选以后的事情就更难预测。甚至因为涉及私有财产保护的基本权利问题，众多对非国大最近忙于内斗而失望的中产阶层，对南非政治失望多年放弃选举的选民们，很可能为了维护自己的私有财产而去投票支持民主联盟等反对修宪的党派。南非经济最近表现很差，祖马政府晚期非国大支持率大幅度下滑，以至于非国大不得不让祖马提前下台。拉马福萨上台给南非人带来了希望，但是这个蜜月期还没有开始就结束了，各类信心指数在拉马福萨上台后神奇地反弹了一下，现在又回到祖马后期的水平。南非经济在2018年前两个季度都是负增长，进入技术性经济衰退。[①] 在这样的背景下，2019年非国大选举前景并不乐观。一旦反对修宪的政党增加席位，要实现修宪就更加困难。也就是说，南非真的完成修宪允许无偿强征土地是很令人怀疑的事情。市场对土地改革的反应就能看出这样的苗头。无论是2017年底非国大通过推动修宪允许无偿征地的决定，还是2018年2月底国会通过动议要求委员会调查是否需要修宪，南非市场的反应都不大。一方面市场对于结果已经有了一定预期，另一方面，市场也很清楚这件事情距离真正实施还有很遥远的距离，短期内影响不大。所以市场虽然略有波动，但是与南非汇率和股市大起大落的常态比较，无偿征地的消息对市场影响很小。

土地问题最近被提出来，无偿强征受到底层的普遍欢迎，一个重要的背景就是南非从2014年以来经济形势很差，经济增长乏力，失业率大增，货币大幅度贬值，通胀水平却逐渐增加，特别是贫困人口的基本必需品价

---

① 技术性经济衰退是指连续两个季度国民生产总值下降，原因可能是政策性的，也可能是其他原因。南非这次进入技术型经济衰退一个原因是大旱造成的农业大幅度减产。

格增速很快，贫困人口生活艰难。土地问题的提出，无论是非国大还是经济自由斗士，打的旗号都是通过无偿强征土地，扶持中小农场主以提供更多的就业机会，解决就业问题。这实际上更像是一厢情愿。南非土地改革有一个很大的问题，就是愿意从事农业生产的人非常有限。二十多年来已经分配的土地中，普遍存在大规模减产的问题。工业4.0的年代，农业恐怕并不是人们倾心的选择，特别是青年一代，这与一个多世纪前白人强制夺取土地时的形势已经完全不同。现代农业对技术、资金的要求很高，还面临自然灾害风险，属于高投资、高风险、低回报的行业，对于多数人来讲不是一个好的投资。南非的城市化率已经达到2/3，大量农村人口仍在向城市迁移，① 有务农意愿的人口很少。拥有南非最大城市约翰内斯堡的豪登省几乎全是城市人口，已经成为南非第一人口大省，并且仍然保持着南非各省最高的居住人口数字，而原来人口最多的夸祖鲁纳塔省农业人口比例高，目前居住人口已经停止增长，大量人口进入大城市。为了吸引更多的农业人口，非国大政府虽然在土地改革的时候承诺要扶持小农场主的经营，为其提供技术、管理、资金上的帮助，但实际实施并不理想，多数农场经济效益很差，很多尝试了务农的人口再次放弃土地；即使能够经营的，也因规模小而难以与大农场竞争。拿到土地的非洲人新农场主中，成功的例子实在太少，这也进一步弱化了人们对农业的兴趣。南非第一轮土地改革实施缓慢的一个重要原因就是，新拿到土地的中小农场主并没有能力充分利用土地的价值，而非国大目前还没有找到吸引更多人口从事农业的办法。

总之，南非土地改革面临很现实的问题：土地如果被强征了，分给谁去耕作呢？非国大自由宪政提出的是耕者有其田，南非有这么多的耕者吗？这些问题，无论是非国大还是经济自由斗士显然都没有给出令人信服的答案。

---

① 世界银行网站有这个数据（https：//data. worldbank. org/indicator/sp. urb. totl. in. zs）。关于南非有多少农业人口，实际上因为统计口径不同，还有很多争议，农村人口比例这个数字，可以理解为1. 生活在农村的人口；2. 以农业为生的人口（维生农业人口确实很难统计——因为 UNEP 说整个南部非洲 80% 为维生农业，也就是养活了这么多人口）；3. 收入来源是农业的人口，即经过农业产业化或者商品化后，出卖农产品的人口。

"拼经济还是拼政治？" 南非土地改革前景

无论如何，既然土地所有权问题已经成为种族矛盾的一个关键点，解决这个问题仍然是必要的。所以，南非全社会都认为土地所有权现状需要改变，土地改革需要进行。这个问题不解决，就永远会被翻出来，成为南非白人一个永远的包袱。但是土地改革究竟如何进行，社会各方面分歧极大。拉马福萨上台以来，一直忙于为无偿强征土地的非国大政策辩解，安抚人们说南非不会成为第二个津巴布韦。津巴布韦的暴力土地改革曾经使国家付出了巨大的经济代价，数百万难民涌入南非，南非人不可能忘记，这样的灾难没有人愿意重复。从制度上来讲，只要不走向完全无视法律的暴力冲突，南非就不会出现津巴布韦那样的恶性土地改革。至少目前看来，即使极端的自由经济斗士也仍然希望在法律框架内操作，示威过程中的小规模冲突虽然已经成为家常便饭，但是大规模暴力冲突发生的可能性仍然极低，这方面的担心并不必要。南非反对党民主联盟的观点是，目前的法律框架完全可以实现土地改革，没有修宪的必要，这个观点得到很多技术型学者的支持。实际上，宪法委员会收到的意见中，超过六成反对无偿强征土地，技术专家反对的比例更高。可以说真的从南非的经济发展考虑，在单纯技术层面，修宪允许无偿强征土地并没有必要，也解决不了南非经济的实际问题。

可以说，南非土地问题实际上是一个政治问题，是一个可能并不会为南非经济带来实际好处，却不得不付出代价去解决的问题。年长的、经历了冲突和动乱的大多数南非人更希望渐进式的变革，不能因为农场主的肤色问题而不顾这个行业本身的现状和经济规律，强行为了肤色而改变农场主，以纠正当年殖民者强占土地的罪行。然而，从前两年轰轰烈烈的学生运动的情况来看，社会经济条件不好的南非青年一代，对于这种殖民统治造成的不公平的发展机会反应强烈。他们在全球化时代参考的是全世界的青年运动、街头革命和公平的发展机会、全面的社会福利以及当前全球涌动的经济民粹主义。这些代际的不同主张和要求如何平衡，考验着南非政治家的智慧，需要通过政党平台和政党之外的教育机构、社会组织做大量的工作。

南非的白人农场主虽然有"原罪"，但其资本和技术对于农业发展非常重要，甚至很多非洲国家都在吸引南非的白人农场主去自己的国家开拓农业，如果南非政府对这些人的农业投资关门，很可能会造成他们远走他乡。另外，即使是支持无偿强征的意见占到多数，南非恐怕也难以获得足够多有意愿务农且有能力把产量恢复到现有水平的农业劳动者，这一点与人口的城市化指标没有那么高的津巴布韦有很大反差。

总之，要想通过强征土地推动土地改革，同时不影响农业生产、不影响经济发展，难度非常高，至少到目前为止非国大还没有提出可行的方法。南非的农业严重依赖贷款，地产抵押是贷款的主要形式，一旦无偿强征合法，农业从银行得到资金的可能就会降低，农业投入所需要的资金就会大幅度缩水，除非政府专门进行安排，单这一点就会严重影响南非经济。正因如此，非国大多次向投资者说明其土地问题立场，要求投资者放心，但效果却适得其反——大家根本不知道非国大的具体计划是什么。甚至对于一些非国大承诺不会做的事情，也有人持怀疑态度，认为实际上没有能力履行自己的承诺。很多投资人无法对投资前景进行预测，投资自然就会更加谨慎。由于直接涉及私有财产保护的核心问题，这个问题如果不明确，那么外来投资对南非的信心就很难建立——在很多直接相关的领域，面对如此大的不确定性，南非本土资本也很难作出重要投资决策，影响的不仅仅是农业。对于目前已经陷入困境的南非经济来讲，可谓雪上加霜。在看不到切实的解决办法的情况下，把一个并不能解决南非经济问题的土地问题炒到现在的热度，令1994年政治转型以来本已宣布退出历史舞台的种族矛盾重新站到风口浪尖，对南非真的没有任何好处。

目　录

中文版序言

世界上大多数农民都是小土地所有者，提高他们的生产率对于世界粮食生产与安全至关重要。本书对津巴布韦土地改革，即把大农场分成众多小农场的个案研究，将为国际社会有关土地及全球粮食安全的争论提供重要的借鉴，因为小农场正在向世人证明：它们的产量比它们所取代的大农场更高。

世界各国曾开展了无以计数的土地改革，由于环境与历史的差异，每次土地改革均大不相同。津巴布韦在 2000 年开展的土地改革因两个因素而广受争议：一是如巴西曾经发生的那样，大农场被小农场主占领；二是黑人农场主取代白人农场主而具有某种种族主义的特性。

我们在土地改革十年之后开始本书的研究。我们的兴趣不在于土地被拿走的方式，而在于新的占地者用土地都做了什么事情。津巴布韦是非洲教育水平最高的国家，津巴布韦大学拥有一大批对土地改革进行研究的博士研究生。另外，至少还有三本著作及其他一系列研究以土地改革为题。人们已经广泛认为新的占地者正在很好地利用土地，正在生产更多的粮食和出口作物（包括向中国及其他国家出口的烟草）。与他们所取代的农场主相比，新的农场主正在更加集中地利用土地，且正在创造更多的就业。我们将会在本书中尽力展示这些农场主是如何变得更有效率，以及为何要用十年时间才做到这一点。

历史是一面镜子，从大农场到小农户的土地转移肯定不会平稳进行。英国军队在 1897 年占领津巴布韦并开始了长达 80 多年的白人少数统治。1930 年的《土地分配法》明目张胆地以种族划线，将所有耕地中最好的一半分给了白人移民，而将另一半不好的分给了人数众多的津巴布韦黑人。在第二次世界大战之后的 1945～1955 年，为了给二战白人老兵腾出土地，

1

超过 10 万名津巴布韦人被迫离开家园。人们对此记忆犹新，许多人都能够记得他们的父母被赶出，且通常是以暴力的方式被赶出他们世代耕种的土地。这些被赶出土地的家庭中，有许多子女参加了 20 世纪 70 年代的解放战争，并在 1980 年赢得了独立。但收回来的土地并不多，大多数肥沃的耕地仍然还在白人手中。最后，17 万多的家庭在 2000 年初占领了 4000 名白人农场主的土地。这些家庭大部分获得了约 6 公顷土地。按照非洲的标准，这相当于一个中等规模的农场（大多数黑人农场主只有 1 公顷土地，通常用锄头耕种，主要用来种植自己的口粮）。一旦拥有 6 公顷土地，农场主就要用牛或租拖拉机耕作，而他们生产的农作物，则主要面向市场。经营状况最好的土地改革农场主①的收入要高于公务员或教师。我们的研究还发现了一个重要的细节：大多数土地改革农场主在农场长大，拥有农业经验。此外，津巴布韦的不同之处在于农业被视为一种积累手段——农场主可能会比较富有。如此，许多人作为 2000 年的占地者重返土地，而那些重新安置农场主中比较成功的，则对他们的土地和耕作充满了热情。那些受过良好教育、拥有一些农业经验且相信他们在农场要比在城市生活得更好的人，成了土地改革成功背后的推动力。最后我们还要指出的是，尽管这些农场只是中等规模，但生产的现代化水平相当高——使用最好的杂交种子、化肥，并进行灌溉。在本书中，我们还考察了土地改革对环境的一些负面影响，如灌溉用水量不断增加、将木材作为燃料用来烤烟以及在牧场和森林耕种等对土地不合理的利用。

土地改革正值人们对女性和两性关系的态度发生转变之际。女性承担着大部分农业工作，因此津巴布韦土地改革赋予了女性相应的权利。有些女性作为户主获得了土地，其他与丈夫一起获得土地的女性，法律则要求将二者的名字均写到分地函上。

没有任何两个非洲国家会完全一样，每个国家的土地改革都有其自身的特性。在本书的写作过程中，我们对土地改革农场主进行了采访，并将其与从各类研究、调查、研究生论文、政府文件和档案以及众多未发表研究中获取的信息进行了对比。越来越多的著作指出，相较于大型商业农场和种植园，小型商业农场产量更高且对农业发展贡献更大，我们希望本书

---

① 即从土地改革中分配到土地的农场主。——译者注

为小型商业农场的重要性提供另一个例证，为这些著作添砖加瓦。我们还强调了在农用物资、机械、灌溉和信贷等方面进行持续支持的必要性，因为它们将确保新农场主去耕种更多的土地并实现更高的产量。小型商业农场主正在引领农村发展和粮食安全的步伐——但他们无法完全依靠自己的力量，他们需要政府的支持。

津巴布韦土地与农业改革的经历在全球各地产生了强烈反响，它为世界上关于农业生产率与粮食安全的讨论提供了更为丰富的经验与教训。

第一章　老兵与土地

　　二战结束后，南罗得西亚政府给想种地的白人复员老兵①分了土地，把公路修到了农场，还为他们提供种子、化肥和生产工具。在他们到来之前，每个农场主40公顷的土地都已经被开垦过。对于那些没有耕作经验的人，还有两年种植和财政管理方面的培训。当时大部分土地都已经有人耕作，因此原有的黑人农场主被赶走——经常是被塞进货车里，直接丢到偏远地方，他们的家也被烧掉。这是1945~1947年发生在罗得西亚的故事，而这些白人老兵则来自第二次世界大战。

　　一些黑人农场主进行了抵抗。穆赫波·马瓦基里·马欣齐（Mhepo Mavakire Mashinge）谈到，那个"杀德国鬼子的人"带着他的"黑人守卫者"骑马过来，强迫村社的牲畜离开"他"的土地，还经常烧掉一些房子，最后竖起护栏。这场战争进行了十年，马欣齐那边的人砍掉围栏，在"白人的土地"上放火，而白人农场主则烧掉黑人的房子，强迫黑人青年劳动。② 最后，当地黑人村社被赶到现在位于东马绍纳兰省所在的一小片区域。

　　二战之后的十年内，白人的人口和农场数量都增长了一倍，而黑人则继续被迫流离失所。1952年的《南罗得西亚官方年鉴》提到，"黑人土著

---

①　这些白人复员老兵包括两部分，一是英国在南罗得西亚招募并在二战后回到南罗得西亚的白人老兵，二是二战后涌入南罗得西亚的白人移民中的退伍士兵，其中主要为英国退伍士兵。——译者注

②　该资料来自马欣齐之孙乔治·塞尔（George Shere）所做的记录，是1962年2~3月系列访谈的一部分，这些访谈内容记录在35本学校练习本内。乔治·塞尔为英国开放大学的学者，曾是一名独立战争时期的老兵。他的祖父马欣齐曾被白人驱离自己的土地。——译者注

被逐步从欧洲人区迁到保留区和土著专属区"。① 乔伊·马沙温加纳（Joe Musavengana）讲述了他的故事："那时我只有五岁，所以记不太多。但是我清楚地记得人们被白人士兵和警察赶上卡车，他们的小件行李被扔在车厢后面。卡车被塞得满满的，人们不知道他们会被赶到哪里。我还记得我没法带上我的小狗。一些人的房子被烧掉，许多人被直接扔在戈奎地区的森林里。"那是 1958 年。②

伊恩·史密斯是这些新农场主的一员，他曾是"喷火"式战斗机的飞行员。他在回忆录中承认，他的新土地曾被黑人"非法占地者"③ 占据。"非法占地者"是对世代都生活在那些突然被宣布为"白人"土地上的津巴布韦黑人的蔑称。史密斯后来成为罗得西亚的统治者，在 1965 年宣布《单方面独立宣言》（Unilateral Declaration of Independence），随后发动了野蛮的战争以维持白人的统治。在乔伊·马沙温加纳被迫离开他的土地 15 年后，他和其他很多人都参加了游击队，在 1979 年打败了史密斯政府的正规军。罗得西亚变成了津巴布韦。

根据罗得西亚政府在 1930 年颁布的《土地分配法》，土地问题被明确种族化。它规定：全国土质和水源最好的那一半土地是"欧洲人的"，禁止把这些土地转卖给黑人。剩下的那一半土地留给占总人口 95% 的当地黑人。由于没有足够的白人去实际占有那些"白人的"土地，所以黑人被允许作为"非法占地者"暂时留在那里，不过随着战后大量白人的涌入，黑人被赶走。但是当越来越多的黑人被赶到那一半指定为"非洲人"的贫瘠土地后，严重过剩的人口引起土地退化。土著农业部的一位名叫肯·布朗（Ken Brown）的前土地开发官员在 1959 年写道，"保留区绝大部分耕地的肥力都已耗尽、土壤严重退化，至少需要通过 12～15 年的休耕才能恢复土

---

① Central African Statistical Office, *Official Year Book of Southern Rhodesia*, *With Statistics Mainly up to 1950 - No 4 - 1952*（Salisbury, Southern Rhodesia：Rhodesian Printing and Publishing Company, 1952）.

② 该资料来自笔者于 2010 年 8 月 30 日在乔伊·马沙温加纳位于马佐韦的农场采访。本书中所涉及人物的名字都是真实的，没有使用化名。

③ Ian Douglas Smith, *The Great Betrayal*：*The Memoirs of Ian Douglas Smith*（London：Blake, 1997）.

地肥力和土壤结构，之后才可以开始种植经济作物"。①

　　津巴布韦占少数的白人拼命维护他们的特权，经过 14 年的解放战争，黑人多数的统治直到 1980 年才实现。新政府很快就着手解决不平等问题，独立后的前十年变化巨大。医疗和教育大幅提升，农产品销售部门和农技推广服务部门②都进行了激进的改革，转而服务所有农民。然而，南非的种族隔离政策还未结束，那里的白人政府又挣扎了 10 年以维护白人的统治。一个多种族津巴布韦政府的成功建立，在意识形态和现实层面对南非构成了严重的挑战，所以南非不断攻击新独立的邻国，造成津巴布韦政局动荡。

　　夺回土地一直是津巴布韦解放战争的中心目标，但新政府面临的问题是如此之多，以至于土地改革没有成为首要问题——国内要完全改变数十年来白人至上的问题，国外有南部邻国的敌视。即便白人政府在战场上失败了，大多数白人农场主仍然都还占有土地。独立后不久，开始了第一次土地改革，有 75000 个家庭分到了土地③——这是非洲历史上规模最大的土地改革④，但是远远不能满足需求。毫无疑问，这次土地改革是成功的，甚至世界银行的研究人员也发现，"新安置的农户极大地提高了生产效率"。⑤但是大部分最好的土地还在白人手里，许多白人农场主仍然发展良好，特别是针对罗得西亚的禁运被取消后，园艺作物的出口增长较快。

---

① Charles Utete, *Report of the Presidential Land Review Committee on the Implementation of the Fast Track Land Reform Programme*, 2000 – 2002 (Harare, Zimbabwe, 2003) [known as the Report of the Utete Committee and cited here as the Utete Report], 12, citing Ken Brown, "Land in Southern Rhodesia" (London: Africa Bureau, 1959), available at http://www.sarpn.org/documents/d0000622/P600 – Utete_PLRC_00 – 02. pdf (accessed October 23, 2011).

② 农技推广服务部门的技术人员都受过专业训练，他们通常是政府职员，帮助农民改良耕作方法，引入新品种，提高生产和收入，帮助除虫，还常常提供销售支持。

③ 土地改革将大块土地分成小块土地，然后从有权势的人手中移交给无权势的人。在非洲，这通常意味着土地从以前殖民时代的白人移民移交给本地黑人。南非遵循的是恢复原状模式，将土地归还给百年之前被从土地上赶走人员的后代。津巴布韦选择的是重新安置模式，分到土地的新农民与历史上的土地所有者没有关系。

④ 肯尼亚在 20 年内重新安置了 50000 个家庭。参见 Lionel Cliffe, "The Prospects for Agricultural Transformation in Zimbabwe," in Colin Stoneman (ed.), *Zimbabwe's Prospects* (London: Macmillan, 1988), 309, fn 2。

⑤ Klaus Deininger, Hans Hoogeveen & Bill Kinsey, "Economic Benefits and Costs of Land Redistribution in Zimbabwe in the Early 1980s," *World Development*, 32, no. 10, (2004): 1698. 德林格 (Deininger) 和胡戈文 (Hoogeveen) 在世界银行工作，只有金赛 (Kinsey) 对 20 世纪 80 年代津巴布韦的重新安置项目做了长期研究。

南非直到 1990 年的颠覆活动、几次严重的干旱以及对过去种族隔离社会耗资巨大的重建，迫使津巴布韦政府接受了世界银行的经济结构调整方案（Economic and Structural Adjustment Program）。因为造成工厂倒闭、工人失业，该方案给津巴布韦经济造成很大压力。[①] 世界银行和资助津巴布韦新政权的外国政府都认为，土地改革花费太高，津当局也不热心，因此土地改革就停了下来。20 世纪 90 年代中期，由于津巴布韦非洲民族联盟—爱国阵线（Zimbabwe African National Union – Patriotic Front，简称津民盟—爱国阵线）[②] 政府无法妥善处理各种国际与国内压力，津巴布韦经济陷入困境。随后爆发了罢工和抗议，建立了新的反对党。解放战争老兵日益不安，他们表示从战争中一无所获。津民盟—爱国阵线政府没能将土地问题提上议事的优先议程，但其严重性又变得十分突出。

最终，老兵在 1998 年采取行动。他们利用解放战争期间学到的动员技巧，组织无地和失业人员，看准白人农场后在一夜之间占领它们，这被称为贾姆班加（绍纳语，指武力或愤怒的行为）[③]，与巴西无地人员的占地运动很相似。最初的时候，津民盟—爱国阵线的领导层对占地运动持反对态度，但是占地者得到了基层党组织和基层政府的支持。津民盟—爱国阵线最终改变了态度，将"快车道土地改革"合法化，并希望为此获得好评。但是，老兵们也清楚：他们正在挑战自己政党的领袖们。

阿格奈丝·马齐拉（Agnes Matsira）[④] 在 1979 年被地雷夺去一条腿，

---

① 经济结构调整也对津巴布韦的土地改革进程产生了不利影响，可参见 Sam Moyo, *Land Reform under Structural Adjustment in Zimbabwe：Land Use Change in the Mashonaland Provinces*, Nordiska Afrikainstitutet, Uppsala, 2000。——译者注

② 津巴布韦非洲民族联盟—爱国阵线，它在解放战争时期以津巴布韦非洲民族联盟（Zanu）之名而闻名；在 1980 年大选期间，它与其他解放运动组织——津巴布韦非洲人民联盟联合组成了爱国阵线联盟，名称就变成了津巴布韦非洲民族联盟—爱国阵线（Zanu – PF）。独立后它又重新使用以前的名称——津巴布韦非洲民族联盟（Zanu），随后在 1987 年与津巴布韦非洲人民联盟合并后成立了津巴布韦非洲民族联盟—爱国阵线（Zanu – PF）。在本书中，津巴布韦非洲民族联盟（Zanu）指解放运动组织，而津巴布韦非洲民族联盟—爱国阵线（Zanu – PF）指执政党。

③ Joseph Chaumba, Ian Scoones & William Wolmer, "From Jambanja to Planning：The Reassertion of Technocracy in Land Reform in South – Eastern Zimbabwe," *Journal of Modern African Studies*, 41, no. 4 (2003)：540.

④ 除特别说明外，本书中的访谈资料都来自笔者 2010 年和 2011 年在相关农场所做的实地采访。

那时她已是一位有 18 年战斗经验的老游击队员。20 年后，她帮助组织了贾姆班加运动，现在她在格罗蒙兹区（Goromonzi district）拥有方圆 6 公顷的农场。她最近最好的收成是：仅仅 4 公顷地就收获了 27 吨玉米，单产比大多数白人农场主的都高。现在她在农场里有一栋砖房，由于女儿过世，她还照顾三个外孙。

离马齐拉家不远是齐班达（Chibanda）女士家。她和丈夫也参加了贾姆班加运动，他们以前靠她父亲在附近人口稠密的村社地区的土地为生。"生活虽然还很艰难，但是现在好些了，因为我们能生产足够的粮食，吃饭没问题"，她说。他们清理了 6 公顷土地，刚来的时候那里长着没用的灌木丛。他们现在有两个小孩，修了两居室的砖房，还带有绍纳人传统的圆形厨房。当她向我们展示厨房时，她开心地笑了——厨房现在变成了烤烟分级房，然后她又给我们指了屋外做饭的地方。这是他们第一次种烤烟。她们种了 1.5 公顷，并修建了一小间烤烟房。烟叶必须小心翻烤，今年他们就睡在烤房隔壁，以确保晚上不会熄火。当我们 2011 年 4 月去采访时，他们已经卖了 8 包烤烟，挣了 1100 美元，预计当月晚些时候还要卖 7 包。

农业改革是一个缓慢的过程，它需要一代人的时间才能让新农场主完全学会生产。在贾姆班加运动十年后，津巴布韦的农业生产大致恢复到 20 世纪 90 年代的水平。像齐班达那样的小型黑人农场主，现在的烤烟单产几乎和以前大型白人农场主的一样高。

务农是个苦活，新农场主的起步条件普遍都不是很好。政治暴力活动持续不断，尤其选举期间更是如此，贪污和腐败也很严重。在土地改革后，津巴布韦遭到国际制裁，外援锐减，政府对策非常糟糕——它选择印钞票，这导致了 2007 年和 2008 年的恶性通货膨胀。2009 年，津巴布韦放弃本国货币，转而使用美元，没想到却促进了经济的快速恢复，社会也在一定程度上恢复了正常。

这些新农场主也有一些优势。津巴布韦建立在现代农业，其中包括良种、化肥、拖拉机（或至少使用牛犁）和灌溉的基础之上。恶性通货膨胀无法保证重要生产资料的稳定供应，但是美元化意味着可以买到那些物资。津巴布韦人的识字率在非洲最高，这意味着那些新农民可以正确使用设备，获得高产。熬过了恶性通货膨胀，农技服务局和粮食销售委员会（Grain Marketing Board）这两大政府机构在美元化后恢复了正常运转，很有效率。通过订单农业，津巴布韦的棉花、烟草、大豆和其他农作物拓展很快，有力地促进了小型农业的发展。

4

殖民与反抗的历史

回顾罗得西亚和津巴布韦的历史有助于理解它现在的土地改革。在这方面已经出版了许多好的历史书籍，因此我们不想再重复那些内容。津巴布韦历史悠久，从公元8世纪起就与阿拉伯人[①]在莫桑比克海岸有贸易往来，大津巴布韦王国则在14世纪崛起。但是殖民主义和反抗时期，有几个重要事件对本书至关重要：

1886年，在南非的兰德发现了黄金，据信津巴布韦高原也有黄金。罗得斯的英国南非公司在1898年被授予特许经营权后，立即对它所称的南罗得西亚（现在的津巴布韦）进行占领。他没有找到大量的黄金，就转而占领土地用于养殖和发展农业。1893年和1896~1897年的反抗斗争，即第一次奇木兰加，[②]被拥有先进武器的殖民者打败。

殖民地此后被作为商业公司统治，直到1923年被赋予自治领的地位。种族隔离日益严重，1930年的《土地分配法》尤其突出，本书第三章将对此加以讨论。

二战后的1945~1955年见证了工业化、城市化、矿业发展和白人农场主的农业革命，"欧洲人"大量移民罗得西亚，超过10万津巴布韦人被从"欧洲人"的土地上赶走。

到20世纪50年代后期，在加菲德·托德总理的推动下，白人政府向占多数的黑人作了一些让步。但是，在1958年，托德总理因"太亲非洲人"而被撤职。1962年，随着罗得西亚阵线赢得大选，白人的态度日益强硬。伊恩·史密斯在1964年出任总理，1965年11月

[①] G. Pwiti, "Trade and Economics in Southern Africa: The Archaeological Evidence," *Zambezia*, 18, no. 2 (1991): 199–229.

[②] 奇木兰加（Chimurenga）：一场全民参与的战斗（绍纳语）。第一次（1896~1897）是反对英国南非公司的占领，第二次是津巴布韦独立战争（1966~1979），2000~2001年的占地运动有时被称为第三次奇木兰加。——译者注

11 日，他发布南罗得西亚《单方面独立宣言》（UMI），试图阻止整个非洲正向南推进的非殖民化和多数统治进程。马拉维和赞比亚都在1964 年实现了独立。

　　非洲人的抵抗首先以工人运动的方式发起：1945 年的铁路罢工，1948 年的总罢工。1960 年，民族民主党（National Democratic Party）成立，要求实现多数人的统治。1963 年，该党分裂成津巴布韦非洲人民联盟（Zimbabwe African People's Union，简称津人盟）和津巴布韦非洲民族联盟（Zimbabwe African National Union，简称津民盟）。1964～1974年，民族民主党的创始人恩科莫和穆加贝被史密斯政府监禁。被释放后，他们分别前往津人盟和津民盟在国外的总部。1962 年有人前往赞比亚，在那里被送往国外进行军事训练——津人盟前往苏联，津民盟前往中国。第一次军事行动发生在 1966 年，随后第二次奇木兰加开始，战争在 20 世纪 70 年代早期升级。

　　1966 年和 1968 年，联合国对单方面宣布独立的罗得西亚实行全面强制性制裁。莫桑比克在 1975 年独立意味着罗得西亚失去了一个盟友，因为前者曾帮助它绕开禁运，而津民盟现在则可以在那里建立后方基地并使战争升级。南非以前钻国际禁运的空子对罗得西亚提供支持，现在也减少了，史密斯白人政权最后被迫让步。①

　　1979 年 9 月，双方在伦敦的兰开斯特大厦进行谈判，最后于 12 月 21 日达成协议。在 1980 年 2 月的选举中，80 个议席中的 57 个被津民盟获得，20 个议席归津人盟（另有 20 个议席留给白人，全部被史密斯的罗得西亚阵线获得，这显示 20 年来变化是多么小）。穆加贝当选总理，1980 年 4 月 18 日，津巴布韦宣布独立。到战争结束时，游击队员多达 50000 人，至少 40000 人在战争中被杀，20% 的农村黑人被扣押在"保护村"。②

①　Joseph Hanlon & Roger Omond, *The Sanctions Handbook* (Harmondsworth, UK: Penguin, 1987), chap. 22.

②　Kevin Shillington (ed.), *Encyclopedia of African History* (New York: Fitzroy Dearborn, 2005), 1724 - 1734; Roger Riddell, "The Land Question," *From Rhodesia to Zimbabwe*, pamphlet 2 (Gwelo: Mambo, 1978), 10.

资料来源

津巴布韦是非洲教育水平最高的国家之一，而且在土地改革方面已经有一些质量很高的研究和实地研究。尤其是以下 5 位研究人员长期跟踪重新安置问题：萨姆·莫约（Sam Moyo）、比尔·金赛（Bill Kinsey）、普罗斯珀·马通迪（Prosper Matondi）、纳尔逊·马荣格韦（Nelson Marongwe）和伊恩·斯库恩斯（Ian Scoones）。如果没有他们的研究、真知灼见和帮助，就不可能有本书的面世。当然，我们利用他们的数据进行分析时得出的结论由我们自己负责。我们也组织了津巴布韦大学及其他机构的博士和硕士研究生，以及其他研究人员进行实地调研，这其中包括昂古斯·塞尔比（Angus Selby）、威尔伯特·萨多姆巴（Wilbert Sadomba）、埃斯特·奇古米拉（Easther Chigumira）、辛吉瑞·曼迪扎达（Shingirai Mandizadza）、鲁斯瓦·古德胡普（Ruswa Goodhope）、威尔逊·保罗（Wilson Paulo）、恩卡尼索·斯班达（Nkanyiso Sibanda）、阿德马斯·齐姆霍武（Admos Chimhowu）、布莱森·卡鲁姆比扎（Blessing Karumbidza）、麦琪·马斯特（Mette Masst）、格瑞德·穆希姆博（Creed Mushimbo）、沃尔特·塔普夫马尼伊（Asher Walter Tapfumaneyi）、普瑞舍斯·奇科哈利（Precious Zikhali）。我们还看参考了马尔科姆·里夫金德（Malcolm Rifkind）在 1968 年写作的颇有远见的学位论文。　6

2010 年和 2011 年，我们自己在中马绍纳兰省和东马绍纳兰省进行了实地考察。我们的研究团队包括科恩·马特马（Collen Matema）、菲得斯·马扎维达（Phides Mazhawidza）、法戴·奇瓦瑞（Fadzai Chiware）、贝拉·恩雅穆库瑞（Bella Nyamukure）、史蒂芬·马特玛（Stephen Matema）。如果没有那些农场主抽出时间配合我们调查（还经常给我们小南瓜），以及农技推广服务中心的优秀官员赫伯特·哈努法内提（Herbert Harufaneti）、因努森特·果维阿（Innocent Govea）和 F. 库择热马（F. Kudzerema），这本书也写不出来。

在此需要指出的是，相关数据出奇地难找。殖民时期的记录声称能确定所有的黑人和白人，但事实上它经常是错误的，甚至包括白人农场主的数量等基本情况也是这样：数字不准确，因为越来越多的农场主有多处农场。土地改革时用的是不准确的旧地图和糟糕的档案。乌泰泰委员会

11

表1-1 1980年、2000年和2010年的土地

	户数						面积（百万公顷）					
	1980年		2000年		2010年		1980年		2000年		2010年	
	数量	占比（%）	数量	占比（%）	数量	占比（%）	百万公顷	占比（%）	百万公顷	占比（%）	百万公顷	占比（%）
小农户												
村社农场	700 000	98	1 050 000	92	1 100 000	81	16.4	50	16.4	50	16.4	50
20世纪80年代重新安置户农场			75 000	7	75 000	6			3.7	11	3.7	11
A1农场					145 800	11					5.8	18
小计	700 000	98	1 125 000	99	1 321 000	98	16.4	50	20.0	61	25.8	79
中型农场												
非洲购买地农场	8 500	1.2	8 500	0.8	8 500	0.6	1.4	4.3	1.4	4.3	1.4	4.3
小型A2农场					22 700	1.7					3.0	9.1
小计	8 500	1.2	8 500	0.8	31 200	2.3	1.4	4.3	1.4	4.3	4.4	13
大型农场												
大型A2农场					217				0.5	1.6	0.5	1.6
黑人大型农场			956	0.1	956	0.1					0.5	1.6
白人大型农场	5 400	0.8	4 000	0.4	198		12.5	37	8.7	25	0.1	0.4
小计	5 400	0.8	4 956	0.4	1 371	0.1	12.5	37	8.7	27	1.2	3.5
农业庄园	296		296		296		2.6	7.9	2.6	7.9	1.5	4.5
总计	714 200	100	1 138 800	100	1 354 000	100	32.9	100	32.7	100	32.9	100
土改总数			75 000	6.6	243 717	18			3.7	11	13.0	40

资料来源：Sam Moyo, "Three Decades of Agrarian Reform in Zimbabwe," Journal of Peasant Studies, 38, no. 3 (2011) : 512, Table 4 [Moyo, "Three Decades"]。

(The Utete Committee) 在 2003 年调查土地改革时引用了最通用的数字, 说 "6000 个白人农场主拥有 1500 万公顷土地"; 但是委员会进而指出, 土地、农业和农村重新安置部说有 8758 个白人农场, 而委员会自己的地区数据收集小组则发现有 9135 个。[①] 甚至 6000 个白人农场主这个数据, 也存在争议。[②] 表 1 - 1 [③] 展示的是最完整的一组数据, 但是与其他报告在很多地方也不一致, 其中包括乌泰泰委员会的报告。

两次土地改革

津巴布韦独立时, 70 万个黑人农场主挤在 53% 的耕地上, 6000 个[④]白人农场主却占了 46% 的土地, 而且是最好的土地。但是白人农场主实际耕种的土地不到 1/3, 而且地种得也不好。独立时, 白人农场主 1/3 处于破产状态, 1/3 持平, 余下的才赢利, 且只有几百人非常成功 (参见第三章)。虽然一些白人家庭的祖先可以追溯到 19 世纪 90 年代被英国南非公司授予土地的士兵, 或者 20 世纪早期的白人移民, 但是到 2000 年, 津巴布韦只有不到 5% 的白人农场主是那些早期移民的后代。根据商业农场主协会的记录, 只有不到 10% 的白人来自二战前定居的家庭。祖传的农场极少; 在 2000 年, 白人农场有将近一半在独立后的 20 年中至少被买卖过一次。[⑤] 白人农场主为自己塑造了良好的公共形象: 是他们的祖辈把这片条件恶劣的土地建成了一块新的 "伊甸园"。实际上, 确实有几个白人农场主世界闻名, 但很多人对非洲的这些最好的耕地却利用得很糟糕, 而且还大片荒芜。

津巴布韦共经历了两次土地改革, 详细结果参加见表 1 - 1。第一次在

---

① Utete Report, 14, 24 (see fn 5).
② 根据维特森基金会 (Whitsun Foundation) 在一个支持白人农场主的报告, 1980/1981 年度白人农场主的数目为 4926 人, 而白人农场为 6034 个。*Land Reform in Zimbabwe* (Harare: Whitsun Foundation, 1983).
③ Sam Moyo, "Three Decades of Agrarian Reform in Zimbabwe," *Journal of Peasant Studies*, 38, No. 3 (2011): 512, Table 4 [Moyo, "Three decades"].
④ Utete Report, 14.
⑤ Angus Selby, "Commercial Farmers and the State: Interest Group Politics and Land Reform in Zimbabwe" (PhD thesis, University of Oxford, 2006), 334.

20 世纪 80 年代中期，根据结束解放战争的《兰开斯特大厦协议》进行，其中政府必须依据"愿卖愿买"（willing seller, willing buyer）的原则收购重新安置用地。总体而言，只有那些土地最贫瘠、经营最失败的农场主才想卖地，但就是这样还是重新安置了 75000 个农业家庭。

2000 年，在贾姆班加运动之后的"快车道"土地改革设定了两种模式：小规模的 A1 模式——将以前的白人农场分成 40 个小农场，如在马绍纳兰等土地肥沃的地区，通常每个农场可以分到 6 公顷耕地，以及面积更大的牧场；A2 模式是将白人农场分成 4~6 个农场，通常在最好的地区每个农场可以分到 50~70 公顷耕地（由于有很多山和巨石，所以津巴布韦风景迷人，但这也意味着许多农场的部分土地不适合农业生产）。

A1 农场首先主要分给了那些在贾姆班加运动中占领土地的人，其次是那些申请的人。地块被正式划界，政府给农民颁发许可证书，授权他们拥有土地。根据 A1 方案，有 14.6 万个黑人家庭分到了土地。A2 方案的分配进程要复杂一些，申请者需要有正式的商业计划，掌握耕作技术的证明和资金。坦率地说，许多 A2 农民与城市有联系，因为他们能抵押不动产，如在哈拉雷的房产。将近 2.3 万个家庭分到了 A2 农场。加上最初的重新安置农场主，共有 24.4 万重新安置的家庭获得了全国 40% 的土地。

大多数农民仍然住在占全国土地 50% 的村社地区。余下 10% 的土地属于 8500 个在殖民时代购买了土地的黑人农场主（4%）、950 个黑人大型农场主（2%）①、不到 400 个白人大型农场主（少于 1%），以及 250 家大公司或国有种植园以及基本没开发的野生动物保护区（约占 4%）。②

反对党争取民主变革运动（Movement for Democratic Change）的国会议员和政策总协调员艾迪·克罗斯（Eddie Cross）在 2011 年 4 月说，白人农场被"收破烂的人侵占了"，这些人是"非法占地者"，"那些农场大多已

---

① 这个数字只是整个白人农场中黑人农场主和租户的数目，它还应该包括占有 1.6% 土地的 217 个大型 A2 农场主（见第九章）。莫约提到，"今天，如果我们把那些 300 公顷以上的农场主也包括进来，那么现在就有近 3000 个新的大型商业农场主"。参见 Moyo, "Three Decades," 514。

② Moyo, "Three Decades," 496, 499, 515。

经荒芜，房屋和农业设施被抛弃，耕地上又长满了灌木"。① 这也是许多国际机构的看法。

但是，我们看到了不一样的东西。我们拜访了 A2 农场主，他们主要是商业农场主，每年的收入在 10 万美元以上，而只有几公顷的 A1 商业农场主每年的利润也超过 1 万美元，他们的生产效率比以前的白人农场主还要高。当然，我们也看到一些 A1 和 A2 农场撂荒或没有充分利用。正如白人农场主有些比较好，有些比较差，大多数位于不好不坏一样，重新安置农场主也是这种情况。但一般来说，这些黑人农场主的生产仅在十年之内就赶上了以前的白人农场主。而以前普遍估计他们需要一代人的时间才能充分利用这些土地，这也是当年白人农场主和第一次土地改革时的情景，所以黑人农场主有望在未来十年得到巨大发展。

而且，这一幕正在迅速变化，这部分是因为恶性通货膨胀造成的伤害，部分是因为美元化之后经济的恢复。短期之内，土地改革将干扰经济，"快车道"土地改革（Fast Track Land Reform）确实打击了出口农业和粮食生产。国际社会的敌对回应意味着外来援助的减少和经济制裁，由此导致贷款，甚至短期银行授信都被取消。20 世纪 70 年代，罗得西亚在面临制裁时，常常通过严格控制外汇和经济来进行回应。21 世纪初，津巴布韦试图采取相反的对策——仅仅印制越来越多的钞票，希望以此促进经济增长。这项政策惨遭失败，且带来了恶性通货膨胀。2002 年，55 津元就可以兑换 1 美元，2004 年需要 800 津元，2005 年竟然需要 8 万津元，之后便是毫无意义的螺旋上升。越来越多的商业活动通过实物交易进行，有渠道获得外汇的人也用美元或兰特进行交易。农业，特别是那些参加过土地改革的农场主，深受打击，他们很难获得必不可少的生产资料，想要出售农产品获得现金也没有意义，因为钱隔天就贬值了。2008 年 1 月，政府发行了面值 1000 万津元的纸币，但是到了 7 月，它就不得不发行面值 1000 亿津元的钞票。2007/2008 年度经济最糟糕，粮食生产下降到 20 世纪 90 年代平均水平的 37%。② 在南部非洲发展共同体（Southern African Development Community）的调解下，津巴布韦各方在 2008 年 9 月达成协议，决定

---

① Eddie Cross, "Food Crisis in Zimbabwe," *Independent*, 29 Apr 2011, available at http://www.eddiecross.africanherd.com/（Sept 2, 2011）.

② Moyo, "Three Decades," 519, Table 9.

在 2009 年初建立联合政府。2009 年 1 月 29 日，津巴布韦政府规定使用外汇合法，在 2 月开始用美元支付公务员工资，政府账户也采用美元记账。津元被废弃，美元用戏剧性的方式推动了经济复苏。经济恢复很快。据津巴布韦工业联合会报告，工业部门的产能利用率在 2008 年下滑到 10%，在 2011 年上半年上升到 57%。①

　　2009/2010 年度是美元化的第一个年度，粮食生产恢复到 20 世纪 90 年代平均水平的 79%（见表 1-2）。2010/2011 年度，由于 1 月降雨量有些变化，玉米收成损失 10%。② 然而，该年度粮食生产达到了 20 世纪 90 年代平均水平的 83%。尽管降雨减少带来了不少困难，但是被重新安置的黑人农场主在 34% 的耕地上生产出了全国 49% 的玉米。A1 农场主产量增幅最大，比上一年增长了 20%。③ 2011/2012 年度生产前景看好。2011 年 10 月，《财政公报》评论说，"种子、农药、化肥等生产资料都很充足，这在十多年来还是头一回"。④ 生产恢复得如此之快，以至于财政部长比提（Tendai Biti）在 2011 年 7 月重新对进口的玉米粉和食用油等食材征收 10% ~25% 的关税，以保护本国生产商。⑤ 2003 年，由于粮食供应不足导致当地食品加工业停产，粮食进口关税被暂时取消。烟草是白人农场主最赚钱的农作物，他们总是强调需要高超的技能才能成功生产。但烟草产量正在恢复到以前的水平，其中 40% 由重新安置农场主种植，种植烟草的小农户从几百户增加到 5.3 万户。⑥

① Paul Nyakazeya, "Country Average Capacity Utilisation Up 13. 5 Percent," *Independent*, November 3, 2011, available at http：//allafrica. com/stories/printable/201111041155. html；Bright Madera, "Manufacturing Sector Grows, But …," *Herald*, November 4, 2011, available at http：//allafrica. com/stories/201111040199. html（both accessed November 6, 2011）.
② Finance Minister Tendai Biti, quoted in "New Farmers Doing Well：Biti," *Herald*, 7 Oct 2001.
③ Tendai Biti（Finance Minister）, *The 2011 Mid - Year Fiscal Policy Review*（Harare：Ministry of Finance, July 26, 2011）, 18 - 20, available at http：//www. zimtreasury. org/downloads/Mid - Year - Fiscal - Policy - Review. pdf（November 3, 2011）.
④ Tabitha Mutenga, "Farmers Decry Input Costs," *Financial Gazette*, October 12, 2011.
⑤ "Duty on Food Stuffs Restored", available at http：//www. zimtreasury. org/news - detail. cfm? News = 889（November 3, 2011）.
⑥ Tabitha Mutenga, "Small - Scale Farmers Boost Tobacco Production," *Financial Gazette*, November 2, 2011, available at http：//www. financialgazette. co. zw/national - report/10479 - small - scale - farmers - boost - tobacco - production. html（November 6, 2011）.

表 1-2　津巴布韦全国农业生产

农作物	农业生产（千吨）				2010/11 年度相对于 20 世纪 90 年代平均水平的比重（%）
	20 世纪 90 年代平均水平	2007/8	2009/10	2010/11	
粮食					
玉米	1686	575	1323	1458	86
小麦	284	35	42	12	4
杂粮	165	80	194	156	95
花生	86	132	186	230	267
大豆	93	48	70	84	90
出口					
烟草	198	70	123	132	66
棉花	207	226	260	220	106
种植园作物					
糖	439	259	350	450	103
茶	11	8	14	13	118

资料来源：Sam Moyo，"Three Decades of Agrarian Reform in Zimbabwe，"作者有所修正和更新。 11

表 1-3　各部门对玉米和烟草生产的贡献及 2011 年的收成

	玉米		烟草	
	2011 年（千吨）	比重（%）	2011（千吨）	比重（%）
重新安置农场	712	49	53	40
A1 农场	357	24	37	28
A2 农场	285	20	16	12
老重新安置农场	70	5		/
村社农场	627	43	22	18
商业农场	87	6	56	42
小型商业农场	30	2	14	11
大型商业农场	57	4	41	31
城郊农场	32	2	0	0
总　计	1458		132	

资料来源：Tendai Biti，"2011 Mid-year Review，"*Financial Gazette*（Nov 2, 2011）：20。

虽然我们还不能对土地改革的最新情况进行全面的描述，但是我们相信：尽管新安置户的农业产量还没达到白人农场主曾经的水平，但现在他们对土地的利用率远远超过了 1/3（以前白人的利用率约为 1/3），因为耕作了更多的土地，意味着津巴布韦的农业生产已经恢复到 20 世纪 90 年代的水平。

津巴布韦与邻国南非和莫桑比克的不同之处在于，他们现在还活生生地记得失去土地的事情，而且独立斗争的领导人都有农村背景，而南非和莫桑比克的斗争却是由城里人领导的。白人商业农场和最近农村的历史都使农业显得很有吸引力：对于普通黑人家庭来说可以养家糊口，对于精英来说则是重要的积累方式。我们采访了成为 A1 农场主的老师，他们觉得现在生活得更好；我们还遇到从首都哈拉雷搬出来的精英人士，他们一直在农场生活和工作。

农业在津巴布韦非常赚钱，但它也是资本密集型产业，成功的农场主都有启动资金并进行积极的再投资。对于 A1 和 A2 农场主来说，与城市的联系和筹资的能力，如家庭成员在城里工作，有助于他们农场的起步。但另一个关键因素是再投入——不是建一座好房子或买一辆车，而是将初期的利润再投入农业生产中。一条重要的成功经验是：农场主卖了粮食后，马上就买了下一季的农用物资——种子、化肥和农具。如果所有的收入都用于补贴家用，如学费、改善生活和其他开销，就意味着没有足够的钱来买必不可少的化肥，从而使生产和收入都呈现螺旋下降。

照片 1-1　格罗蒙兹地区 A1 农场主运玉米去市场出售
注：除非特别说明，书中照片皆由约瑟夫·汉隆拍摄。

本书不讨论本来会怎样之类的问题

当前管理津巴布韦的《全面政治协议》承认"土地征收和再分配的不可逆转"。[1] 世界银行在最近的研究中也提到，"津巴布韦的土地再分配项目不可能逆转"。[2] 本书同意上述看法，并开始描述 2012 年的现实情况。重要的是，要理解津巴布韦怎样完成这次特别的土地改革，并指出其余的严重挑战。但是分析殖民政府和当前津巴布韦政府的对错不是本书的任务——理解津巴布韦如何发展成今天这样，以及历史如何限制了津巴布韦的发展道路，不应与对错误行为的辩护混在一起。

在第二章，我们将对过去的行为和未来的行为的背景性资料进行介绍。第三章讲述殖民历史，展示了用种族话语定义的土地以及其他政策通常如何为独立时代树立了糟糕的榜样。第四章至第六章回顾了独立以来的 30 年的历史以及两次土地改革，即 20 世纪 80 年代的土地重新安置和 2000 年开始的"快车道"土地改革。它们还展示了各个时期土地和农业政策是如何制定的：根据以前的殖民者和他们的态度，导致贫困率大幅上升的经济结构调整方案，以及 2003～2008 年的恶性高通货膨胀。后面三章（第七章至第九章）探讨了土地改革的现实情况。特别值得一提的是，自 2009 年初美元成为主导货币后，本书第一次探讨了津巴布韦经济的显著恢复，美元化极大地促进了土地改革后农民的发展。第十章至第十二章涉及一系列的问题。我们发现女性的地位得到了提高，但是环境、灌溉、前白人农

---

[1] "Agreement Between the Zimbabwe African National Union – Patriotic Front (ZANU – PF) and the Wwo Movement for Democratic Change (MDC) Formations, on Resolving the Challenges Facing Zimbabwe" (Harare, 15 Sept 2008) 5.5 (known as the Global Political Agreement, GPA). available at http://www.info.gov.za/issues/zimbabwe/zzimbabwe_global_agreement_20080915.pdf (January 4, 2012). 《全面整治协议》是在南共体的斡旋下，津民盟—爱国阵线与民革运为解决选举纷争而在 2008 年 9 月 11 日签署的政治和解条约。根据该协议，津巴布韦在 2009 年 1 月组成联合政府，穆加贝担任总统，茨万基拉伊担任总理。——译者注

[2] Simon Pazvakavambwa & Vincent Hungwe, "Land Redistribution in Zimbabwe," in Hans Binswanger – Mkhize, Camille Bourguignon & Rogerius van den Brink, eds., *Agricultural Land Redistribution: Toward Greater Consensus* (Washington: World Bank Publications, 2009), 161. 帕兹瓦卡凡布瓦和洪圭都是前农业部常务秘书，他们二人均租赁了大型农场，但他们都没有受到制裁，也没有登上"登戈名单"（见第五章）。

场工人、土地所有制以及安全等都面临严重的挑战，这些都需要津巴布韦的政治干预才能决定如何向前发展。在第十三章，我们得出了一些结论，并强调了尚未解决、需要优先考虑的重要问题。

百年以来，在津巴布韦，土地一直是广受争议、存在观点严重对立和高度政治化的问题。后来担任英国外交大臣的马尔科姆·里夫金德爵士①的硕士论文研究的就是罗得西亚的土地问题。他写道："今天（1968 年 10 月），土地问题在罗得西亚是一个迫在眉睫的问题，但那只是对非洲人而言。对欧洲人来说，这个问题早已经按照对他们有利的方式解决了……然而，违背了 95% 的人口意愿的解决方案不可能是最终方案，土地问题将一直是个生死攸关的问题，至少到整个政治体系改变之前都是如此。"②当时他还是只是一个学生，而不是爵士。假如政府听了他的话，事情会如何发展？

有无数诸如此类的问题，在事情将会如何发展上也存在无尽的争论：假如津巴布韦人在 1897 年的第一次奇木兰加中没有失败，假如 1930 年《土地分配法》的条款不同，假如 1945 年复员的二战黑人老兵和白人老兵享受同样的待遇，假如津巴布韦在 20 世纪 80 年代的土地改革中进展得更快，或者假如捐助国在 1998 年接受了津巴布韦政府关于土地改革的提议。

这不是一本关于可能会发生什么，本来会发生什么，或者应该发生什么的书。相反，这是一本在 2011 年探讨津巴布韦土地改革和新农场主等问题——他们的成败、希望与前景的书。津巴布韦黑人已经夺回了自己的土地，他们不会允许土地改革被逆转。

14

① 在英国政府中，大臣是一个高级职位，也是内阁成员，而部长是一个低级职位。

② Malcolm Rifkind, *The Politics of Land in Rhodesia*（MSc thesis, Edinburgh University, 1968），196, available at http：//www. mct. /open. ac. UK/zimbabwe（June 20, 2012）.

第二章 起点

欧洲国家间有很多相似之处，但是由于历史、地理、社会差异以及战争等原因，它们之间也有一些明显的不同。与此相似，在外人眼中，南部非洲地区经常也是一样的，但走近一点观察就会发现这些国家因殖民历史、地理和文化等原因形成的差异。历史无法选择，但是许多人努力去重塑他们继承的遗产。津巴布韦推翻了少数白人的统治，但是30年后仍在努力克服历史带来的不利影响，土地改革是纠正历史遗产的一次明确尝试。在本章中，我们指出了津巴布韦的8个方面，这些方面使它有别于周边国家和发达国家，也使它形成了自己土地改革的方式。教育等积极因素推动了农民的进步，而经常性暴力等则很成问题，非常有害，而且有一段很长的惨痛历史。这些起点塑造了土地改革，有些还对未来提出了严重的挑战。

教　育

津巴布韦拥有非洲最高的识字率。根据联合国发展署的报告，津巴布韦93%的成人都具备读写能力。[1] 甚至在刚独立时，78%的识字率在当时的非洲也是最高的，而且独立后对教育的巨大投入还意味着更多的孩子可以接受更长时间的教育。图2-1显示，自独立以来，15岁以上人口受教育的平均时间翻了一番。

19

这对农业有直接影响。照片2-1显示的是女性小型土地改革农场主在格罗蒙兹地区召开的一次会议，很多人正在做笔记。甚至一些小型农场在

---

[1]　International Human Development Indicators, available at http：//hdrs. undp. org（July 27, 2011）.

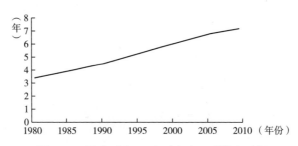

图 2 - 1　独立以来 15 岁以上人口受教育时间

资料来源：联合国开发计划署（CUNDP）。

技术方面也非常复杂，其中包括挑选种子、准确的播种时间以及化肥和杀虫剂的复杂配比，特别是烟草在养护和分级时需要照顾和关注。

受过高水平的教育意味着农场主能够利用农技员的技术支持，可以在了解情况后选择农作物的组合。我们参加了马佐维地区（Mazowe district）基奥拉农场（Kiaora farm）小型（A1）土地改革农场主一天的田间工作（参见第十三章的照片）。他们讨论了四种不同玉米的优点和所需条件、大豆种植的问题以及其他一些具体的农家话题，让人印象深刻。

照片 2 - 1　2011 年 4 月 15 日，格罗蒙兹地区 A1 女农场主会议

种　植

相比一些邻国，在津巴布韦的独立斗争以及对经济发展和积累的看法上，农业和土地占有更中心的位置。南非和莫桑比克独立斗争的领导力量

20

主要来自城市，如1976年南非的索维托大起义等都发生在城市。虽然莫桑比克的游击战争主要在农村地区进行，但解放运动的领导组织莫桑比克解放阵线有很现代的城市规划。津巴布韦独立的领导力量部分是受过良好教育的、专业的新一代，但是他们的文化源泉和孩提时代的农村生活发挥了更大的作用。祖辈和父辈被从自己的土地上赶走是口述历史的一部分，经常被人记起。在津巴布韦，夺回土地是独立斗争的中心，而在南非和莫桑比克则完全不同。

殖民历史也发挥了作用。在莫桑比克，白人农场主通常是葡萄牙送来的目不识丁的农民，他们经济上可能相对宽裕但谈不上富有。在罗得西亚，白人农场主则往往是富有的大商业农场主；甚至对津巴布韦中产阶级来说，现代商品农业也可以带来舒适的生活。许多精英视农业为财富积累的手段。最后，还有一些非物质的东西。津巴布韦中上层阶级经常谈论他们在农村的根，还经常想去到自己的农场干活，而莫桑比克的城市精英压根就不想种地。

纳马沙是离莫桑比克首都马普托60公里群山之中的一个小镇。在殖民时期，这里被高产的水果和蔬菜农场环绕。今天，那些农场归新的精英所 21 有，只是作为他们周末游玩的地方。在津巴布韦首都哈拉雷北部同样距离的地方，有一个小镇马佐维，那里也有相似的良田，许多也被新的津巴布韦精英们所有。如果前去参观，你会发现那里仍然是一幅作物茂盛、生机勃勃的田间美景。一些精英甚至还搬到农场居住，只是需要的时候才去哈拉雷。

老兵——采取行动

美国总统艾森豪威尔（1953～1961年在位）是一位将军、二战时欧洲盟军总司令，他的继任者是二战英雄约翰·肯尼迪（1961～1963年在位）。此后的6任美国总统二战期间也都曾在军中服役。于是，战后40年间，只有老兵才能成为总统。美国的二战老兵接受了大学或职业教育，获得了专项贷款以购买房子和经商，以及其他一些好处。作为美国那个时代的孩子，本书作者之一还记得两大老兵组织"美国军团"和"对外战争老兵"的巨大的政治能量。在罗得西亚，二战中的白人老兵也得到了土地和其他好处。

津巴布韦新政府也以相似的方式给予那些为独立而战的老兵以特殊地位，他们或是游击队员，或是白人统治下的政治犯。老兵享有特殊的社会和政治地位，让他们有了额外的权威和一些特权——虽然也有人指责一些老兵滥用他们的特殊地位。

与之相关的是，应该尊重那些采取行动达到目标的人，特别是那些参加过解放战争，或参加贾姆班加并实际占领土地的人。

"公平"总是一个很主观的概念，但是有这样一种观念：许多津巴布韦人认为，要公平就在安置时优先照顾老兵和占地者，至少要分给他们 A1 农场。这其中可能也有一些实际的考量，因为人们认为给予老兵和参加占地行动的人以优待，是在表明给予社会中更具创业精神的人以优待。

没有什么好让人吃惊的是，许多部长和高级公职人员是参加过解放战争的老兵。他们是独立战争时期充满活力的年轻领导人，他们继承了被他们击败的白人少数政权，并借此上升到高位。但是他们当中一些参加过 30 多年前解放战争的人，越来越认为他们有必要捍卫那场斗争的价值和目标。这导致他们与津民盟—爱国阵线和政府在土地、就业和腐败等问题上的冲突日益增多。1992 年，在津民盟和津人盟合并后两党老兵的联合组织——津巴布韦民族解放战争老兵协会（Zimbabwe National Liberation War Veterans Association）的成立大会上，老兵批评党已经被机会主义分子和媚上的人所绑架，因为他们占据了党和政府的领导位置。他们说津民盟—爱国阵线在支持白人农场主，他们要求得到土地，并称他们将去夺取土地。①

军方和政界的一些领导人认为，国家不能让那些没有参加过解放战争的人来发号施令，这主要针对的是反对党领导人——总理茨万吉拉伊，他是一名矿业工会活动家，而不是老兵。有些人认为，这只是便于他们捍卫个人地位的方式；其他人则认为这是他们真实的信念：他们冒着生命危险去解放他们的祖国，因而不愿看它"落到"以前压迫者的同盟手里。

但是 30 年过去了。因为老兵发挥了主导性作用，那些因年纪小而没有参加过解放战争的一代人已经没有什么空间。老兵数量的日益减少还存在这样的风险，即曾经被边缘化的年轻人将形成新的反对派。

---

① Zvakanyorwa Wilbert Sadomba, *War Veterans in Zimbabwe's Revolution* (Woodbridge, Suffolk, UK: James Currey, 2011), 103 [Sadomba, *War Veterans*].

暴 力

津巴布韦 2008 年的《全面政治协议》指出："为了解决政治分歧和达成政治目标，政党、国家行为体、非国家行为体及其他组织都不能轻易诉诸暴力。"

政治活动中充斥着严重的不宽容，政治话语充满暴力和分裂性，其使用诸如"出卖"和"叛徒"等词语，指责对方有地方民族主义和参与间谍活动，这也助长了分裂和暴力。伯恩（Richard Bourne）认为："暴力和不受惩罚的文化已经融入赛西尔·约翰·罗德斯所创立的国家的基因之中。"① 劳埃德·萨希科尼（Lloyd Sachikonye）在一项他称之为"体制化暴力"的详细研究中，将根源追溯到殖民时代。② 从 1960 年起，殖民政府采用折磨、压迫、暴力殴打、非法暗杀和集体惩罚来对付罢工、示威游行人员以及任何被认为支持新生的解放运动的人。我们曾去参加津巴布韦最重要的环保主义者之一西番雅·菲里（Zephaniah Phiri）的关于他的著作《蓄水人》的研讨会。他并没有谈自己遭遇暴力的事情，但他拄着拐杖，23 这是因为他在 50 年前被罗得西亚警察毒打致残。③ 到 20 世纪 70 年代晚期，当局使用了包括有毒的衣服在内的生化武器，杀害了至少 79 位民族主义战士。

但是在 1960～1987 年，民族主义运动组织一直处于分裂状态。萨希科尼指出，这两个民族主义集团之间一直存在暴力活动：房屋被烧毁，人员被攻击，在分裂最严重尖锐的 20 世纪 70 年代中期，还有人被杀害。这开启了恶劣的先例——用暴力打击政治对手。

独立后，在 1982～1987 年，马塔贝莱兰地区发生了古库拉洪迪（Gukurahundi，绍纳语，意即"大雨扫尽糟糠"）事件④，该事件所针对的

---

① Richard Bourne, *Catastrophe：What Went Wrong in Zimbabwe?* (London：Zed, 2011), 23.
② Lloyd Sachikonye, *When a State Turns on Its Citizens* (Pretoria：Jacana, 2011).
③ 西番雅·菲里（Zephaniah Phiri）先生已经于 2015 年辞世，他在蓄水方面的创新思想和生态技术通过他的学校和他的作品在非洲大陆和全球不断传播。——译者注
④ 请注意：两个马塔贝莱兰省（Matebeleland）的拼写有所变化，但以前的写法马塔贝莱兰（Matabeleland）依然很常见。所谓古库拉洪迪事件，是指 20 世纪 80 年代津巴布韦政府在马塔贝莱兰地区镇压持不同政见者的军事行动。

是受南非种族隔离政府支持的约 500 名异见者派，至少 6000 人在这一事件中被杀害。[①] 有位津民盟前游击队员为之辩护，他引用了美国在阿富汗战争中使用无人飞机攻击巴基斯坦，杀害了 2000 多人的事件。布鲁克林基金会估计，每消灭 1 个塔利班军事人员，就有 10 个平民遇难。这位前游击队员说，这个数字看来比较准确，因为他知道需要多少人才能隐藏一个游击战士，他们也清楚正在冒的风险。其他一些前津民盟游击队员认为政府的这种做法令人无法接受，威尔伯特·萨多马（Wilbert Sadoma）称之为"古库拉洪迪战争的暴行"。[②] 但问题的关键在于，美国和津巴布韦的暴力历史创造了好战的领导人，而他们认为这是可以接受的。

2000 年、2002 年和 2008 年选举期间都发生了暴力活动。萨希科尼（Sachikonye）和人权组织成员将大多数（而不是全部）责任归结于津民盟—爱国阵线。2008 年大选期间，针对反对党争取民主变革运动的支持者和活动家的暴力活动特别严重。国际劳工组织的一个调查委员会得出结论说，"暴力是对罢工和示威游行活动的通常回应"。委员会说："他们听到的无数声明都揭示了针对工会活动家的严重暴力活动，政府官员也明确或含蓄地承认这些现象的存在。"他们也注意到："在很多事例中，工会官员和会员惨遭毒打，在一些案例中他们还被安全部门的人员和津民盟—爱国阵线的民兵折磨，这给许多工会活动家的身心造成了严重的伤害，一些人还被折磨致死。"[③] 茨万吉拉伊放弃了第二轮选举，南共体介入谈判《全面政治协议》，该协议号召各方"促进宽容、尊重、非暴力与对话的价值与实践，并将它们作为解决政治分歧的手段"。全面协议的这些价值通过 2011 年 4 月 18 日的独立日庆典得到宣扬，并登上了津民盟—爱国阵线联合政府的官方报纸《先驱报》的头条。

但是，暴力活动拥有很长的历史，除了新闻头条和演讲之外，还需要

---

① Catholic Commission for Justice and Peace in Zimbabwe, "Breaking the Silence – Building True Peace: A Report Into the Disturbances in Matabeleland and the Midlands" (1999), available at http://www.zwnews.com/BTS/BTS.html (July 31, 2011).

② Sadomha, *War Veterans*, 82.

③ 以 2008 年选举中的抱怨为基础。"Truth, Reconciliation and Justice in Zimbabwe. Report of the Commission of Inquiry Appointed Under Article 26 of the Constitution of the International Labour Organization …" (Geneva: International Labour Office, 2009), 545 – 546, available at http://www.ilo.org/gb/GBSessions/WCMS_123293/langen/index.htm (December 29, 2011).

照片 2 – 2　哈拉雷《先驱报》2011 年 4 月 19 日头版：反对暴力

其他方面的努力来纠正这种不宽容和冲突的文化，甚至反对党也受其影响。民革运在 2005 年分裂，但即使在主流派民革运—茨派内部，2011 年 4 月 9 日，不同派系在马塔贝莱兰省议会发生了肢体冲突。[①] 和解和走向正常的政治活动需要转变思考方式，人们已经在正确的道路上迈出了一步：在会见来访的国际劳工组织调查小组时承认过去的暴力活动，《全面政治协议》本身以及如照片 2 – 2 所示的新闻头条。

腐败和贪婪

很多国家都有人说，"曾经我为国家舍生忘死，现在应该过点好日子"，或者"我努力工作，还有一些过人之处，所以我该享受享受"，以及"我的人民期望他们的领导人比他们过得更好"。商界领袖运用政治关系去违反规则，甚至去违法增加他们的利润。在炫耀性消费日益全球化的世界

---

① Thabani Ndlovu，"Violence at MDC – T Bulawayo Elections," *Bulawayo 24 News*，Apr 10，2011，available at http：//bulawayo24．com/index – id – news – sc – local – byo – 2665 – article – Violence + at + MDC – T + Bulawayo + elections + ．html（July 31，2011）．

里，某些商业寡头、政治领袖和高级军官渴望生活达到全球超级富人的标准。比如，有领导人租用飞机到伦敦或香港购物。

津巴布韦也不例外。一些领导人利用他们的职位非法获取土地、积累财富，例如通过钻石和矿产以及 2006~2008 年恶性通货膨胀期间外汇等的不透明交易。对于可以接受的程度，津民盟—爱国阵线内部的看法也是分裂的。一名高级官员向我们抱怨说："他们中的一些人如此贪婪，以至于他们想方设法拿走你立足的那块土地。"

贪婪不只是非洲才有的问题。英国首相托尼·布莱尔下台后，仅在两年内就挣了数百万英镑，而且他利用担任首相期间引入的避税方式避税。[①]在法国，前总统希拉克和前总理朱佩被指控侵吞超过百万欧元的公款。[②]在美国，切尼在 1989~1993 年担任国防部长，在 1995~2000 年担任军事承包商哈里伯顿公司的主席和首席执行官，在 2001~2009 年担任美国副总统。1995 年以来，哈里伯顿公司因为行为不端 11 次被处罚，包括 3 次被控对外贿赂（切尼卷入其中一次，为此他支付了超过 6 亿美元的罚款）。直到 2007 年还是哈里伯顿公司子公司的凯洛格布朗路特公司，有 23 次行为不端，包括 6 次政府合同欺诈。[③]

在富裕的国家，腐败是一笔可以承受的税负，但是在津巴布韦及其他穷国，贪婪和腐败夺走了其他地方急需的钱和资源。缺乏透明使人们只能猜来猜去，但是广泛流传的诸多报告表明，直到 2009 年签署《全面政治协议》和组建联合政府，腐败水平是如此之高以至于对经济发展产生了巨大的影响。

英国殖民模式

津巴布韦学生仍然参加英国式的从 O 到 A 的等级考试。直到 2002 年，

---

① David Leigh & Ian Griffiths, "The Mystery of Tony Blair's Finances," *Guardian*, December 1, 2009; and Jamie Doward, "Blair Inc's 'Baffling' 40% Rise in Earnings," *Observer*, January 1, 2012.

② Kim Willsher, "Jacques Chirac Verdict Welcomed by Anti - Corruption Campaigners," *Guardian*, December 15, 2011.

③ Project On Government Oversight (POGO), Federal Contractor Misconduct Database (FCMD), Washington DC, accessed July 31, 2011.

这一考试仍然由津巴布韦学校考试委员会和剑桥大学国际考试部联合组　26
织，而且许多独立性学校（学生通常都是有钱人）仍然在使用剑桥大学的
试卷。尽管对前宗主国意见很大，但许多殖民模式与机构仍在发挥作用，
这只是这种模式的其中的一个例子。行政部门仍按英国模式运作，议会依
然保持英国的结构（虽然津巴布韦现在采用强有力的总统制）。然而，津
巴布韦新政府也采用史密斯的独裁专制模式，特别是在对付反对派上。

独立时，津巴布韦迅速消除了立法和机构的种族色彩，但是基本结构
大部分都没有动。土地所有权方面的种族歧视在独立前夕才结束，但是新
政府没有采取行动改变继承下来的土地体系：一方面是一些大型商业农
场，另一方面则是大多数农户生活在拥挤的、由"部落托管地"改名而来
的"村社地区"。然而，大的变化是变革殖民时期两个关键的机构，农业
推广服务中心和粮食销售委员会，让它们同时为小型黑人农场主和大农场
主提供同样的服务。

对本书来说，最重要的是津民盟—爱国阵线政府最终采用了殖民时期
和单方面独立时期的方式来处理土地问题。里卡伊·唐维纳酋长（Chief
Rekayi Tangwena）的案例成为一种典范。他在 1966 年，也就是伊恩·史密
斯政府刚宣布单方面独立后，被任命为马尼卡兰省因汉贾市嘉瑞仕地区
（Gaeresi）酋长。① 他立刻收到一个白人农场主的驱逐通告，后者宣称拥有
这块土地。这块土地曾在 1904 年和 1944 年被转卖过，但从没被耕种过。
然而，它被确定为白人的土地，而且 1941 年的《土地分配法》定义"非
法占地者"为："非洲人，他们的家碰巧位于被宣布为欧洲人土地的区域
内。"② 唐维纳拒绝搬走，他被罚款后上诉到高等法院，后者在 1968 年裁
决他有权留在原地。政府随后在 1969 年创立了一个重要先例：同为获得土
地的二战白人老兵、史密斯的副手克利福德·杜邦（Clifford Dupont），仅
仅发布了一道政府命令就推翻了高等法院的判决。议会被告知：唐维纳与
非洲民族主义分子和共产党的同情者，如作家多丽丝·莱辛（Doris Le-
ssing）等，一直有联系。1969 年 9 月 18 日，警察和军队到场逮捕了唐维
纳，驱逐了他手下的人。160 位村民在警察局外抗议时被抓，后被释放，

① 里卡伊·唐维纳酋长（Chief Rekayi Tangwena）的土地案例的细节参见 Henry V. Moyana, *The Political Economy of Land in Zimbabwe*（Gweru：Mambo Press, 1984）的第六章。
② Moyana, *Political Economy of Land*, 158.

然后又占领了村子并重建家园。10 月 2 日，他们的家被捣毁，他们再次被
驱逐。他们再次占领并重建，在 11 月 21 日又被破坏，但他们还是再一次
27 占领，还种了庄稼，因为雨季已经来临。1970 年 11 月 24 日，他们在又一
次被驱逐后搬到因汉贾山上。唐维纳酋长与在邻国莫桑比克的津民盟游击
队建立联系，帮助穆加贝、特克雷（Edgar Tekere，津民盟的另一位创建
者）和数百名其他人员穿越边界到莫桑比克去参加解放战争。唐维纳最后
也加入了他们，独立后当选为国会议员。

　　这个故事的重点是，二战老兵史密斯和杜邦强化了殖民时期和单方
面独立时期的先例——土地是政治问题，那些违背国家意志占领土地的
人是"非法占地者"，他们将遭到武力驱逐，而法庭对土地政治没有发
言权。

政府的作用

　　面对一个规模庞大、日益动荡不安的黑人多数群体，自 1931 年以来
就一直执政的罗得西亚政府在单方面独立时期采取了更严厉的控制措施，
尤其是在经济和农业领域。不仅是黑人农户被管制，越来越多的白人农
场主也被迫种植政府规定的农作物，大部分农产品都得卖给政府。此外，
农业服务也由政府及其代理商提供。到 1978 年，玉米、高粱、花生、大
豆、小麦、咖啡、棉花和烟草都被政府控制，而茶叶、水果、牲畜和奶制
品则受行业协会管理。① 国际制裁迫使政府控制外汇和进口，并建立了产
业政策。

　　许多限制性政策都被独立后的津巴布韦新政府保留，以此对过渡时期
进行管理，保持产业活力，促进白人和黑人农户共同发展。在第一次土地
改革及重建这个以前由少数人统治的国家的过程中，政府发挥了核心的作
用。但是在 20 世纪 80 年代后半期，在新自由主义、自由市场模式的支配
下，新政府受到世界银行和其他国际机构越来越大的压力，被要求取消殖
民时代的经济管制、减少政府的作用——恰好就在农场主大声疾呼获得传

---

　　① Mudziviri Nziramasanga, "Agriculture Sector in Zimbabwe," in *Zimbabwe*: *Towards a New Or-*
der, *Working Papers Vol. 1* (New York: United Nations, 1980), 53.

统水平的政府支持、多数人希望得到以前只有白人才能享受的津贴的时候。到 20 世纪 90 年代中期，这种感觉越来越明显：新的模式正在陷入失败，罢工和抗议越来越大，部分是因为大众要求政府实施更多干预。这使津巴布韦政府恢复了以前发挥更积极作用的状态，却导致它与国际社会关系的破裂。

28

极端化

无论在津巴布韦国内还是国外，对穆加贝政府的看法都很极端，也很夸张，没有中间立场。在英国，这一立场体现在颇具讽刺性的津巴布韦女孩恩加姆·恩亨古（Gamu Nhengu）的故事中。在电视选秀节目"X 音素"中被淘汰、留在英国被拒绝后，她发起了一场宣传运动并因此而登上 2010 年 10 月英国《每日电讯》报的头条，题目是"别赶我走，否则我将被枪毙"。她声称，假如回到津巴布韦，她将会被穆加贝总统严惩，"射击队在那儿等着我们，我回去他们会毙了我"。津巴布韦没有行刑的射击队，但她在 2011 年 11 月被获准继续留在英国。①

这 8 个方面有些是津巴布韦和它的历史所独有的，其他一些则在很多国家都有。所有这些方面，无论好坏，都共同塑造了津巴布韦的土地改革进程。宽泛地讲，消极因素在恶性通货膨胀期间日益突出并降低了土地转移的效率，而自 2009 年以来，积极因素不断涌现，并使最好的农户得到了发展。

---

① "X Factor Reject Gamu Pleads With Simon and Cheryl: Don't Let Me Be Deported, I Will Face a Firing Squad," Mail Online, October 10, 2010, available at http://www.dailymail.co.uk/tvshowbiz/article-1319282/X-Factor-2010-Gamu-Nhengu-begs-Cheryl-Cole-Simon-Cowell-dont-let-deported.html? printingPage=true (November 30, 2011); "X Factor Contestant Gamu Wins Deportation Battle," *Guardian*, November 30, 2011.

第三章 土地隔离

"1930年《土地分配法》的颁布无疑是南罗得西亚历史上的一个里程碑，它标志着南部非洲第一次尝试在欧洲人和非洲人之间推行种族隔离制度"，① 时任南罗得西亚首相戈弗雷·哈金斯在1935年写道，"它比南非正式实行种族隔离还要早十多年"。法案提交给伦敦下院后，英国政府表态支持新法。② 因此，独立后的津巴布韦政府按照种族来划分土地，就像其他许多事务方面，只是延续了英国殖民时期的规定和实践。

罗得西亚议员沃尔特·理查兹（Walter Richards）曾在1941年警告说："如果没有隔离，殖民地将在50年内回到黑人手里变'黑'，那时我们欧洲人只能去经商、传教或做公务员。"③

1935年，英国《皇家非洲协会》杂志的一篇文章解释说，"欧洲人需要保持一定的生活水准，而不是仅仅去从事自给农业"，因此，"那些土地肥沃，海拔、气候和降雨量都适中的地区适合欧洲人"。有些地区"不适合白人居住"，因为那些地方海拔低，充斥着萃萃蝇，或有其他问题，没有"什么实际的理由这些低地不能被土著人占有"。④

在一个多世纪的时间里，土地分配一直是这个国家的中心问题。从1890年开始，欧洲人强行把津巴布韦黑人从他们的土地上赶走，1896 ~

---

① Godfrey Huggins, forward to A. C. Jennings, "Land Apportionment in Southern Rhodesia," *African Affairs*, XXXIV, no. CXXXVI（1935）：296 ［Jennings, "Land"］. 哈金斯在1955年被授予罗得西亚和肯特郡贝克斯利的马尔文子爵（因此成为上议院的议员）。

② *Hansard*, House of Commons Debate 26 March 1930, vol. 237, 409 – 410.

③ Malcolm Rifkind, "The Politics of Land in Rhodesia"（MSc thesis, Edinburgh University, 1968）, 62 ［Rifkind, "Politics of land"］, citing *Legislative Assembly Debates*（*Hansard*）June 24, 1941, col. 1646, available at http：//www. mct. open. ac. uk. zimbabwe（June 20, 2012）.

④ Jennings, "Land," 308 – 311.

1897 年反抗白人侵略者的第一次奇木兰加战争失败之后更是如此。1898
年，英国女王签署《南罗得西亚枢密令》，① 创立"土著保留区"，称其土
地是"英国南非公司的财产，被分割出来专门用于安置土著"。该法令进
一步说，"'土著'就是任何南非或中非的非欧洲人"。而且，"土著专员 31
将通过'部落酋长和头人'来控制土著"，他们将"遵循土著法，以便法
律不会违反自然正义和道德"。行政长官有权任免酋长和头人。

1930 年的《土地分配法》明确划分了"欧洲人"和"土著"土地的
范围。该法案把 51% 的土地——自然是最好的——分给了 5 万欧洲人（其
中只有 11000 人实际住在他们的土地上②），而将 30% 的土地——贫瘠的土
地——分给了 100 万津巴布韦人。（见表 3－1、表 3－2）

表 3－1 1930 年南罗得西亚《土地分配法》规定的土地分配

	面积（百万公顷）	占比（%）
欧洲人地区	19.9	51
土著保留地	8.5	22
土著购买地	3.0	8
其他	7.5	19
总　计	38.9	100

表 3－2 1962 年的自然生态区及其分配

自然生态区		总计	欧洲人的		非洲人的	
农业用途	年均降水	数量（百万公顷）	数量（百万公顷）	占比（%）	数量（百万公顷）	占比（%）
Ⅰ 特殊用途	>1050mm，各月均有降水	0.6	0.5	82	0.1	18
Ⅱ 充分种植地区	700～1050mm，夏季降水	7.3	5.7	77	1.7	23
Ⅲ 半充分种植地区	500～700mm，夏季降水，常有干旱	6.9	4.4	64	2.5	36

① available at http：//www. rhodesia. me. uk/documents/Order In Council 1898. pdf（accessed January 8，2012）.
② Jennings，"Land，" 310.

续表

自然生态区			总计	欧洲人的		非洲人的	
	农业用途	年均降水	数量 （百万公顷）	数量 （百万公顷）	占比 （%）	数量 （百万公顷）	占比 （%）
IV	放牧	450～600mm，夏季降水，有次数不多的暴雨及严重干旱	13.0	6.8	52	6.2	48
V	放牧	＜500mm，降水不稳定，甚至对于耐旱作物来说降水也太少	10.3	4.6	45	5.7	55

资料来源：Rifkind, "Politics of Land," 200；Kay Muir - Leresche, "Agriculture in Zimbabwe," in Mandivamba Rukuni, Patrick Tawonezvi, and Carl Eicher, eds. , *Zimbabwe's Agricultural Revolution Revisited*（Harare：University of Zimbabwe Publications, 2006）, 103。

1960 年，罗得西亚被正式分成 5 个自然区，① 从那以后，这些生态区一直被用来作为划分土地的标准。具体标准见表 3 - 2。Ⅰ类自然区为马尼卡兰省的高地。Ⅱ类自然区是最好的耕地，集中在马绍纳兰三省。Ⅲ类自然区有一些种植农作物的潜力，主要在马斯温戈省和中部省。表 3 - 2 显示非洲人的绝大部分土地属于Ⅳ类和Ⅴ类。

1930 年法案还创建了"土著购买区"（native purchase area），津巴布韦黑人可以在那里购买土地，并根据欧洲人的法律获得证书，其82%的土地在干旱的Ⅲ类或Ⅳ类地区。② 非洲人购买土地的价格比白人要高，而且不能获得贷款或抵押借款，也没有水井和水坝等基础设施（这些设施却给白人农场主提供）。即使有许多黑人农户申请那些区域的土地，但几乎从未获得。③ 70 年后一些事情被重复："土著购买区"的土地经常被作为奖励分配给公务员和政府的忠实支持者。④

① V. Vincent & R. G. Thomas, *An Agricultural Survey of Southern Rhodesia*（Salisbury：Government Printer, 1960）.

② John Blessing Karumbidza, "A Fragile and Unsustained Miracle：Analysing the Development Potential of Zimbabwe's Resettlement Schemes, 1980 - 2000"（PhD thesis, University of KwaZulu - Natal, 2009）, citing Roger Riddell, "The Land Problem in Rhodesia," *From Rhodesia to Zimbabwe*, pamphlet 11（Gwelo：Mambo, 1978）, 51.

③ Rifkind, "Politics of Land," 68, 206.

④ Robin Palmer, *Land and Racial Domination in Rhodesia*（Berkeley：University of California Press, 1977）, 214 - 218［Palmer, *Land and Racial*］.

根据 1930 年法案，在欧洲人地区，不准有新的"土著"占地行为，津巴布韦黑人被期望搬到"土著"地区。① "土著保留区"人口日益过剩， 32 到 20 世纪 30 年代中期，那里的生态明显退化。土地法被反复修改，条款也被收紧，但是哈金斯首相在 1941 年告诉议会：在此前十多年，只有 5 万土著搬到保留区，仍然有 146475 名黑人待在欧洲皇家土地上，169023 人待在欧洲人的农场里。② 所以在 1941 年，法律再次被收紧，规定"土著不允许获得、租赁或占有欧洲人地区的土地"，那些还留在欧洲人土地上的土著被称为"擅自占地者"。③ 正如马尔科姆·里夫金德评论的那样，"相关黑人仅仅是法律意义上的'擅自占地者'，因为在欧洲人踏入这个国家之前，他们大部分祖祖辈辈都一直生活在那里"。④ 1945 年，法律进一步收紧，规定欧洲人土地的所有者或占领者，或他们的代理人，如果允许土著占有欧洲人的土地，即为犯罪。

土地法和土地的种族标签经常会有一些变化：1931～1965 年的 35 年间，有 44 条关于土地的法规，这导致了议会里无休止的争议。但是随着 33 1962 年新的罗得西亚阵线政府的成立，一次严格的调查显示仅占总人口 1/16 的白人不仅拥有一半以上的土地，而且还是最好的土地（见表 3 - 2）。⑤ "'土著保留区'的土地大多都很贫瘠，而几乎殖民地所有的肥沃土地都收纳入欧洲人地区"，前殖民部官员肯·布朗在 1959 年写道，"（如果你是欧洲人的话）开车从一片欧洲人地区进入土著保留区会让人非常尴尬。土壤类型的变化几乎恰好与边界线一致，而且令人吃惊的是如此之明显"。⑥ 1949 年，哈金斯首相承认，"30% 的土著保留区和大约 45% 的土著

① Ifor Leslie Evans, *Native Policy in Southern Africa* (Cambridge：Cambridge University Press, 1934)，121；Robin Palmer, *Land and Racial*, 216. 罗宾·帕尔默指出，津巴布韦黑人也被从新的土著购买地赶走，共有 5 万名"非法占地者"居住在土著购买地，并因此而在那里导致了冲突。
② Rifkind, "Politics of Land," 63. 引自哈金斯 1941 年 6 月 19 日在立法会议的讲话。
③ Jennings, "Land," 307.
④ Rifkind, "Politics of Land," 91.
⑤ Rifkind, "Politics of Land," 200, citing the 1962 Phillips Report；Kay Muir - Leresche, "Agriculture in Zimbabwe," in Mandivamba Rukuni, Patrick Tawonezvi & Carl Eicher (eds.), *Zimbabwe's Agricultural Revolution Revisited* (Harare：University of Zimbabwe Publications, 2006)，103 ［Rukuni, Tawonezvi & Eicher］.
⑥ Rifkind, "Politics of Land," 202, citing Ken Brown, *Land in Southern Rhodesia* (London：Africa Bureau, 1959).

购买区的土地不适合土著或他们的牲畜居住，因为这些地区都缺水"。① 大多数非洲人的土地还充斥着萃萃蝇。②

土地法还规定了种族隔离。1959 年，主要的白人宾馆被允许改成多种族宾馆。1961 年的《土地分配法修正案》规定，如果是跨种族婚姻，丈夫的种族决定了夫妻的居住地。③

从大萧条到绿色革命

20 世纪 30 年代的大萧条对白人农场主的影响十分严重，烟草、肉类和玉米销量大跌，许多人面临破产。政府的应对举措是把双刃剑：以黑人为代价支持白人农场主，大力加强政府对白人农业经营的干预。接下来的几十年里，政府日益加强的控制把大多数白人农场主变成了订单农户。例如，根据 1936 年的《烟草销售法》，所有烟草种植户必须由政府颁发许可证，政府还定价、控制出口。政府还分别建立了烟草、玉米和奶业管理委员会。1912 年建立的向白人农场主提供贷款的"土地银行"增加了贷款，且所有债务延期三年。1931 年和 1934 年的玉米管控法，确保给予白人农场主的玉米收购价比给予黑人农场主的高得多。20 世纪 30 年代晚期，随着引进的弗吉尼亚烤烟代替了当地自然风干的白肋烟，以及二战期间需求的增加，白人农场主经济恢复了往日的繁荣。截至 20 世纪 30 年代中期，非洲黑人和欧洲白人一直都使用相同的技术——只是规模不同。④ 事实上，早在殖民时期之前，今天戈奎地区的尚维人（Shangwe）就是知名的烟草生产者。通过白人商人的推动，烟草产业在 20 世纪 20 年代发展起来，但是政府后来把烟草变成了白人的种植物。⑤

20 世纪 50 年代，新种子的引入和化肥的大量使用，给白人农场主带

34

① Rifkind, "Politics of Land," 79, citing Prime Minister Huggins speaking in a parliamentary debate, June 30, 1949.

② Rifkind, "Politics of Land"; Barry Floyd, "Land Apportionment in Southern Rhodesia," *Geographical Review*, 52, no. 4 (1962): 567 [Floyd, "Land Apportionment"].

③ Rifkind, "Politics of Land," 127, 147.

④ Palmer, *Land and Racial*, 242.

⑤ Mandivamba Rukuni, "The Evolution of Agricultural Policy: 1890 – 1990," in Rukuni, Tawonezvi and Eicher, 43.

来了农业革命。从 1948 年到 20 世纪 60 年代中期，每公顷玉米产量增加了
155%、小麦增加了 185%、马铃薯增加了 300%。① 这些都是由政府推动起
来的：对农业严格控制、大量补贴和科研投入。1949 年，罗得西亚成为继美
国之后第二个向农场主出售杂交玉米种子的国家，而直到 20 世纪 50 年代，
当地的种子产业实力都还非常强。发展一个玉米新品种，包括在农场进行测
试和推广，大概需要 10 年时间，这都要求政府加以扶持。曼迪瓦姆巴·鲁
库里（Mandivamba Rukuni）评论说："当地科研人员花了 28 年的时间
（1932～1960年）去开发津巴布韦绿色革命的玉米品种（SR52）。"②

与此同时，自 1903 年以来，罗得西亚政府一直在推动欧洲人移民，但
是白人人口增长非常缓慢。部分原因是罗得西亚政府只想要"正确类型的"
移民，即拥有一定资本的英国人，而且曾试图确保至少80%的"欧洲人"都
是英国人。事实上，20 世纪 30 年代逃离希特勒迫害的犹太人被拒绝移入，
二战后波兰人和南欧人也同样被拒绝移入，即使他们有投资能力也是如
此。③ 但是二战结束时，欧洲经济紧缩与罗得西亚农业的增长相伴，政府也
期望白人实际占有那些分给他们的土地，这导致了白人移民的持续增加。

从 1943 年开始，罗得西亚政府开始准备用来专门安置白人退伍老兵的
农场，而首相戈弗雷·哈金斯明确规定：退伍的黑人士兵，即使那些在前
线服役的，都被排除在该计划之外。结果，政府把黑人从他们的土地上赶
走，为白人老兵腾出土地：每一个农场安置一名老兵，专门修一段与该农
场相连接的公路，建一座配备基本设施的房屋，土地被开辟并围了起来，
40 公顷土地被犁过，提供必要的农具、种子和化肥。"退役士兵安置项目"
就这样实施了。④

---

① Patrick Tawonezvi and Danisile Hikwa, "Agricultural Research Policy," in Rukuni, Tawonezvi
and Eicher, 199.

② Mandivamba Rukuni, "Revisiting Zimbabwe's Agricultural Revolution," in Rukuni, Tawonezvi
and Eicher, 6.

③ Alois Mlambo, *White Immigration Into Rhodesia* (Harare: University of Zimbabwe, 2002),
49, 50, 59 – 67, 70 [Mlambo, *White Immigration*].

④ Asher Walter Tapfumaneyi, "A Comparative Study of Forces Demobilisation: Southern Rhode-
sia 1945 – 1947 and Zimbabwe 1980 – 1985" (BA Honours dissertation, University of Zimb-
abwe, 1996), 21 – 24, 28, 36, 77. 让津巴布韦新政府愤怒的诸多事情之一，便是独
立后它被迫继续支付二战白人老兵的养老金和其他福利，而同样参加过二战的黑人老
兵却一无所获。

1951 年和 1957 年还特别针对退伍的英国军人引入"辅助通道项目"，这些新来的定居者被安置在农场培训两年，在此期间食宿免费。① 白人从1945 年的 80500 人猛增到 1960 年的 219000 人。大多数人去了城市，但是拥有农场或在农场工作的白人数量翻了一番，从 1845 年的 4673 人增加到1960 年的 8632 人。为了给新来的农场主腾出土地，仅仅在 1945～1955 年十年内，超过 10 万津巴布韦黑人被强迫迁入保留区以及荒凉的萃萃蝇肆虐的未分配的地区。

但是分配给欧洲人的土地被利用的并没有那么多。巴瑞·弗劳德曾是一位南罗得西亚政府在土著保留区的土地发展官员，他于 1962 年在《美国地理学会》杂志上发表文章说："迟至 1955 年，大约 4000 名非洲人被从欧洲人地区赶走。在他们搬走后，被放弃的耕地有时被耕作，但经常被撂荒。"②

"单方面宣布独立"和制裁

黑人的不满、抗议和罢工不断增加一点都不令人吃惊。巴瑞·弗劳德（Barry Floyd）1959 年在博士论文中写道："对于保留区的土著来说，每天都有关于土地分配不公的活生生记忆，许多保留区与欧洲人辽阔的农场或没有开发和耕种的皇家土地相邻。"带刺的铁丝围栏沿着肥沃土地与贫瘠土地的边界架设，非洲人挤在贫瘠且"过度开发"的土地上，紧邻的就是辽阔的白人农场的肥沃土地。"南罗得西亚最终被武力征服并占领，以及欧洲人通过征战而成为土地的继承人这一历史事实，也成了分配土地的理由"，巴瑞·弗劳德写道。③

1951 年，土著保留区被重新命名为"部落托管地"，但更名并没有带来改善。到 1960 年，政府开始建议撤销《土地分配法》。1962 年的大选围绕这个问题展开，罗得西亚阵线党在大选中获胜，其选举纲领说："《土地

---

① Mlambo, *White Immigration*, 29.

② Barry Floyd, "Land Apportionment in Southern Rhodesia," *Geographical Review*, 52, no. 4 (1962): 577.

③ Barry Floyd, "Changing Patterns of African Land Use in Southern Rhodesia" (PhD thesis, Syracuse University, 1959), Lusaka: Rhodes – Livingstone Institute, 280 – 281.

分配法》在土地拥有、使用和租赁的方式和原则上所建立的种族差异必须保留。"① 英国政府提出去殖民化和给予占人口多数的黑人更多权利，罗得西亚阵线政府对它的抵制直接导致 1965 年《单方面宣布独立》的出台。黑人的回应是发动解放战争。罗宾·帕尔默在《罗得西亚的土地问题和种族统治》一书中评论说："游击队最初在东北部圣塔纳里、斯珀力罗和芒特达尔文地区获得了百姓广泛的支持，那里的土地就是过去 20 年里被夺去分给欧洲人的，因此人民的怨恨源于最近的事件。"② 36

在《单方面宣布独立》发布两周后，联合国安理会呼吁各国自愿对罗得西亚实行制裁；1966 年 12 月，它对罗得西亚 60% 的出口和 15% 的进口采取了强制制裁。1968 年 5 月，安理会又实施了全面制裁，禁止一切进出口、空中和外交联系。③《单方面宣布独立》时期的经济分为三个阶段：制裁开始实施的 1966～1968 年期间收入大幅度下降，随后 6 年以进口替代为导向的增长，1975 年后因战争升级及南非撤出对它的支持而导致的大幅下降。

几个至关重要的因素影响了罗得西亚的残存和此后的崩溃。首先是，对外汇的严格控制。1966 年出口收入减少了 1/3，因此罗得西亚拒绝偿还世界银行和欧洲债权人 2.5 亿美元的债务，还禁止所有公司将利润汇回母国，从而减少外汇流出。优先进口化肥、燃料和军事装备等必需品，还对其他物品的进口实行严格的许可证制度，所有当地能生产的东西都不能进口。另一个关键因素是制裁有漏洞。南非在罗得西亚投资了 6.5 亿美元。英国和美国也破坏了联合国的"强制"制裁（与 35 年后对津巴布韦实行的制裁相反）。英国公司提供了油料，据称受英国政府的纵容。④ 美国最初支持制裁，约翰逊总统在 1967 年 1 月 5 日签署《执行令》，执行联合国的第一次制裁，与罗得西亚的贸易很快就中断了。接任的尼克松总统（1969～1974 年在位）反对制裁，1971 年国会通过《比尔德修正案》，允许美国公司突破制裁，特别是从罗得西亚进口铬。

---

① Palmer, *Land and Racial*, 244, 249.
② Palmer, *Land and Racial*, 245–246.
③ 详见 Joseph Hanlon & Roger Omond, *The Sanctions Handbook* (London: Penguin, 1987), Chap. 22 [Hanlon & Omond, *Sanctions*]。
④ Martin Bailey, *Oilgate* (London: Hodder & Stoughton, 1979).

福特总统时期（1974～1977年）维持了该政策，但是1977年卡特总统一上台就取消了《比尔德修正案》，重新对罗得西亚实施制裁。① 1979年，美国陆军战争学院访问教授唐纳德·罗斯曼（Donald Losman）写道："必须强调的是，如果制裁没有巨大的空隙，罗得西亚是活不下去的。一个真正的、没有漏洞的全球性禁运将很快让罗得西亚政府缴械投降。"②

美国历史学家杰拉尔德·霍恩（Gerald Horne）在《一枪之管：美国与反对津巴布韦的斗争》一书中，记录了外界对罗得西亚单方面宣布独立的正式和非正式支持。③ 随着罗得西亚解放战争的发展以及美国逐步从越南撤军，数百名美国雇佣兵加入罗得西亚军队。前雇佣兵在接受霍恩采访时宣称他们得到了美国中央情报局的支持。④ 罗得西亚在美国有一个游说团体，它在美国国会中有一些支持者（他们为后者提供竞选资金），它强调需要保留罗得西亚白人政府和打击"共产主义"。这也被罗得西亚情报组织头目肯·弗劳尔（Ken Flower）证实，他评论说："国际犬儒主义帮助罗得西亚打败了制裁。"⑤

直到1973～1975年，罗得西亚都做得很好。解放战争逐步深入，特别是游击队员在莫桑比克有了后方基地之后。这开始于1972年，莫桑比克解放阵线党控制了紧邻津巴布韦东北的太特省，游击队员有了进入罗得西亚马里卡兰和马绍纳兰地区的通道。1975年摆脱葡萄牙的殖民统治独立后，莫桑比克政府公开支持津巴布韦非洲民族联盟，更多津巴布韦人也越过边界到莫桑比克加入解放运动。赞比亚那时也为津巴布韦非洲人民联盟提供了更大的空间，后者也派来更多的游击队员。他们对罗得西亚国内纵深地区公路、铁路、经济目标和安全部队的进攻更加频繁。

根据本书作者之一1987年发表的对制裁进行研究的相关成果，有5个因素导致了变化。

---

① Gerald Horne, *From the Barrel of a Gun*：*The United States and the War Against Zimbabwe*, *1965 - 1980*（Chapel Hill, NC：University of North Carolina Press, 2001），143 - 154 ［Horne, *From the Barrel*］.

② Donald Losman, *International Economic Sanctions*（Albuquerque, NM：University of New Mexico Press, 1979），122.

③ 杰拉尔德·霍恩现为休斯敦大学约翰和丽贝卡·摩尔历史学教授。

④ Horne, *From the Barrel*, 25 - 27, 44 - 46, 60 - 61, 75, 150, 201 - 240.

⑤ Ken Flower, *Serving Secretly*（London：John Murray, 1987），70 - 73 ［Flower, *Serving*］.

（1）日益激烈的游击战争对经济的消耗——战争每天耗资 160 万美元。①

（2）制裁漏洞的减少。包括赞比亚在 1973 年、莫桑比克在 1975 年关闭与罗得西亚的边界，以及美国在 1977 年停止从罗得西亚进口铬。

（3）1973 年国际石油价格的上涨。

（4）以前就存在的制裁的隐性影响，包括机器耗损而不能替换。

（5）南非在美国总统卡特的支持下，转而向罗得西亚施加压力。艾迪·克洛斯，这位直到 1980 年任职罗得西亚农业销售局的首席经济学家说，"南非对罗得西亚政府的经济制裁"正是最终接受调解和多数人统治的关键因素。② 肯·弗劳尔在 1979 年 6 月 12 日给政府的一份简报中写道："随着时间的推移，制裁越来越不可忍受。"③

1979 年 12 月 17 日，战争结束，关于多数人统治的《兰开斯特大厦协议》得以签署。选举在 1980 年 2 月 28 日至 3 月 1 日举行。④ 穆加贝领导的津巴布韦非洲民族联盟赢得议会 80 个席位中的 57 席，恩科莫领导的津巴布韦非洲人民联盟获得 20 席，穆佐雷瓦领导的非洲人全国委员会占 3 席（英国和南非之所以都支持《兰开斯特大厦协议》，部分原因是他们期望穆佐雷瓦获胜）。1980 年 4 月 18 日，津巴布韦宣布独立。

单方面宣布独立、战争与农业

20 世纪 50 年代以来，白人农场主就一直被鼓励生产供出口的农作物，特别是烟草。但是由于单方面宣布独立和国际制裁，白人农场主被劝说不种烟草，转而种植玉米、棉花和养牛。20 世纪 70 年代中期，为了支持白

---

① Carolyn Jenkins, "Economic Objectives, Public – Sector Deficits and Macroeconomic Stability in Zimbabwe," Centre for the Study of African Economies (CSAE) Working Paper 97 – 14 (Oxford: CSAE, 1997), 6, available at http://www.csae.ox.ac.uk/workingpapers/pdfs/9714text.pdf. (Nov 15, 2011).

② Hanlon & Omond, *Sanctions*, 208 – 209.

③ Ken Flower, *Serving*, 163, 227. 他提到，迫于美国国务卿基辛格的压力，南非政府于 1976 年开始向罗得西亚政府施压。

④ 在 1980 年 2 月 14 日，白人有一个单独的投票，20 个席位毫无争议地全部被伊恩·史密斯的罗得西亚阵线获得。

人农场主应对制裁，罗得西亚政府向他们提供了补贴和贷款，估计每个农场每年可获得 12000 美元①，大约相当于现在的 40000 美元②。这种转变严重挤压了部落托管地上的黑人农户，导致他们收入下降；在 20 世纪 50 年代晚期，这些黑人农场主为市场提供了 32% 的产品，但是在 20 世纪 60 年代晚期下滑到 18%。许多年轻人失去土地和工作，于是加入解放斗争。

从 1972 年底开始，战争对农村人口的影响不断扩大。作为对当地人的集体惩罚，罗得西亚安全部队轰炸了村庄，破坏了农作物，没收了牛群。到 1977 年年中，1/5 的农村人口被迫搬到"保护村"，他们在那里一天只能在地里干几小时的活。部落托管地上的大多数农民拥有的耕地不到 2.5 公顷，这是一个家庭糊口所需最低数量的土地；一半的人没有牲口。③ 1981 年里德尔收入、价格和服务环境调查委员会指出："由于土地所面临的巨大压力，农民已经开始清理牧场用于耕作，甚至一些存在水土流失危险而不应被开发的土地也种上了庄稼。"④

白人农场：遗弃，利用不足，国家的耻辱

白人农场的丑闻是他们实际利用的土地是如此之少，而黑人农民却被
39 塞到本已非常拥挤的部落托管地。马尔科姆·里夫金德 1968 年在论文中提到，罗得西亚当局自己也抱怨只有很少的土地得到耕种。⑤ 1957 年议会的一个委员会得出结论说，欧洲人的耕地只有 6%~12% 被实际耕作。

马绍纳兰三省拥有津巴布韦 75% 的最好的耕地。1965 年，农村土地委员会的主席写道："只要登上飞机飞越马绍纳兰省欧洲人的农业区，你就

---

① Ian Phimister, "The Combined and Contradictory Inheritance of the Struggle Against Colonialism," in Colin Stoneman (ed.), *Zimbabwe's Prospects* (London: Macmillan, 1998), 8. 每年 8000 津元，数据基于菲利普斯 (M. Phillips) 1984 年在开普敦大学的学士学位论文。

② http://www.measuringworth.com/uscompare/ (Oct 30, 2011).

③ Roger Riddell, "The Land Question", *From Rhodesia to Zimbabwe*, pamphlet 2 (Gwelo: Mambo, 1978), 10 [Riddell, "Land Question"].

④ Roger Riddell, *Report of the Commission of Inquiry into Incomes, Prices and Conditions of Service*, 1981, 34.

⑤ Rifkind, "Politics of land," 204–208.

会看到实际上每个农场都有大片的土地撂荒，草场很好，这是上天和农村土地委员会给予那些农场主的……如此之多的土地被闲置，而没有被利用，这是国家的耻辱。"① 15 年之后，这种状况并没有改善。1981/1982 农业季，在马绍纳兰三省的 190 万公顷耕地中，只有 44 万公顷（23%）被耕种，这意味着有 150 万公顷左右的土地被撂荒。即使获得政府对休耕地慷慨的补贴后，马绍纳兰省的白人农场主也仅仅利用了他们耕地的 34%。最糟糕的是东马绍纳兰省，只有 15% 的耕地被耕种。②

对土地的利用有各种估计。根据 1976 年罗格·里德尔的计算，在白人农场中，只有 15% 的潜在可耕地被开发。甚至在 20 世纪 70 年代早期，许多白人农场只是被用于居住，或作为周末度假的地方。③ 津巴布韦在 1982 年的《国家发展过渡计划》中说，"在大、小型商业农场里，潜在可耕地的利用率分别是 21% 和 18%"。④

根据乌泰泰委员会 2003 年的报告，1980 年独立时，"津巴布韦 6000 个白人农场主拥有的大型商业农场占地 1550 万公顷，其中一半以上位于雨量丰沛的农业生态区，那里的农业生产潜力最大——白人商品农业的典型特色是：土地没被利用或利用率很低，或被不在地的农场主所有，或仅仅作为投机的目的而闲置"。报告接着说，"另一方面，8500 个黑人农场主拥有小型商业种植农场，占地 140 万公顷，大多数位于更干旱的农业生态区，土质也很差"。⑤

① Rifkind, "Politics of Land," 205, quoting "Idle Land a National Disgrace," *Rhodesian Farmer*, Apr 9, 1965.

② Dan Weiner, Sam Moyo, Barry Munslow & Phil O'Keefe, "Land Use and Agricultural Productivity in Zimbabwe," *Journal of Modern African Studies*, 23, no. 2 (1985): 251 – 285; Sam Moyo, "The Land Question," in Ibbo Mandaza (ed.), *Zimbabwe: The Political Economy of Transition 1980 – 1986* (Dakar: Codesria, 1986), 174.

③ Riddell, "Land Question," 13.

④ Republic of Zimbabwe, "Transitional National Development Plan 1982/83 – 1984/85," Vol. 1 (Harare: Government of Zimbabwe, 1982), 65.

⑤ *Report of the Presidential Land Review Committee*, under the chairmanship of Dr. Charles M. B. Utete (Harare: Presidential Land Review Committee, 2003), Vol. 1, 14. Volume Ⅰ, Main Report, available at http://www.sarpn.org/documents/d0001932/Utete_PLRC_Vol－Ⅰ_2003.pdf, and Volume Ⅱ, Special Studies, available at http://www.sarpn.org/documents/d0000746/Utete_Report_intro.pdf.

罗格·里德尔密切关注津巴布韦独立前不久和独立后不久的农业活动。[1] 他发现大多数白人农场没有效率，仅"能勉强存续，因为政府直接或间接给予各种形式的援助，包括贷款、价格支持、现金补贴、低工资结构和'人为的'土地价格"。罗得西亚全国农场主联盟在 1977 年发现 30% 的白人农场是破产的，之所以还存活着是主要是靠贷款、价格支持和补贴。里德尔提到，在 1975/1976 年度，60% 的农场（6682 户中的 4023 户）的盈利达不到缴纳所得税的标准，而 52% 的税收仅来自 271 户白人农场。

本章小结：设立基准

　　殖民当局（和单方面宣布独立政府）的政策为后来独立政府的行动奠定了基础。殖民当局使土地种族化，把肥沃的土地确定为"欧洲人的"，而贫瘠的土地则为"非洲人的"，并把占绝大多数的非洲黑人赶到国家贫瘠的那一半土地上。殖民政府还制定政策，占地者被暴力驱逐，以便白人老兵和其他被政府选中的人能拥有土地。

　　白人政府也承认，白人农场主靠他们自己是难以发展壮大的。新安置的农场主可接受两年的培训。体系庞大的研究、培训和市场委员会支持这些新农场主，而且把他们变成实际上的订单农场主，种植国家要求的农作物，并出售给国家运营或管理的机构。为保护白人农场主，非洲人农场主被排挤和被边缘化。所有这些甚至都还不够，在 20 世纪 70 年代中期，每年给予每个白人农场的补贴和"贷款"达到了 40000 美元。

　　但是，被宠溺的白人农场主表现还是不太好：30% 的人破产，30% 持平但不赢利，30% 稍有盈利，只有 5% 的农场很赚钱。白人农场主只利用了 15%～34% 的可耕地。这确立了一个基准，我们可以用来判断土地改革后的农民。

---

① Riddell, "Land Question," 11–13.

第四章　独立与第一次土地改革

独立时，新政府面临着社会明显的种族分化，它优先处理了三件事情。

第一，不破坏现状，尽可能维持现存体系和经济结构。

第二，让占人口少数的白人相信，在新的津巴布韦他们仍有一席之地，强调和解，让白人农场主维持生产。1981 年 3 月，津巴布韦政府准备的津巴布韦重建和发展会议捐助者文件中谈到，"津巴布韦政府正在进行现代化与和解的实验"。

第三，通过大幅扩展医疗和教育和让农技服务惠及黑人农场主等方式，缩小白人和黑人之间的鸿沟。

作为世界贫富最悬殊的国度之一，津巴布韦看来更多是在"提升"——提高占人口绝大多数的黑人的生活水准，而不是挑战占少数的富裕白人。这还包括大幅增加教育和医疗方面的投入：引入免费小学教育，学生入学人数从 1979 年的 819000 人激增到 1986 年的 2260000 人，初中入学人数猛增 6 倍；[1] 医疗卫生条件改善，婴儿死亡率从 1980 年的每千人 120 人大幅下降到每千人 83 人。不过未来的路还很长——白人新生婴儿的死亡率仅为每千人 14 名。[2]

但是三年严重的干旱、南非种族隔离政府进行的破坏、捐助者承诺而不能够兑现的援助，这些都限制了新政府的活动空间。

于是津巴布韦进行了第一次土地改革，后来证明这是非洲历史上规模

45

---

[1]　Colin Stoneman & Lionel Cliffe, *Zimbabwe：Politics, Economics and Society*（London：Pinter, 1989），122, 133 ［Stoneman & Cliffe, *Politics*］.

[2]　René Loewenson & David Saunders, "The Political Economy of Health and Nutrition," in Colin Stoneman（ed.），*Zimbabwe's Prospects*（London：Macmillan, 1988），133, 146.

最大的一次土地改革，而且非常成功。我们暂不讨论土地改革的效果，而首先介绍土地改革的背景及其有限的空间。

支持黑人农户

20 世纪 70 年代，非洲人保留区〔在罗得西亚时期名为"部落托管土地"（Tribal Trust Land），独立后被称为"村社土地"（Communal Land）〕的棉花产量只占全国总产量的 10% ~15%、商业玉米占 5%，由于价格太高，只有 5% 的小农户使用化肥。① 独立后，政府的重点是促进村社地区农业的发展，因为绝大多数津巴布韦黑人都生活在那里。政府将靠雨水浇灌的玉米和棉花生产转移到这些地区，并推动白人商业农场主种植更赚钱的出口农作物。

鲁库里指出："1980 年独立时，新政府将政治重心放在村社地区的农户上面，强令政府机构清除阻碍他们贷款的种族障碍，增加村社地区农技人员的数量，并向他们开放农产品收购点。"② 1980/1981 农业季，政府的难民重新安置项目为玉米地少于 1 英亩（0.4 公顷）、生产被战争破坏的小农户免费发放种子和化肥。许多农民第一次用上化肥，加上那年雨量充沛，这一揽子要素投入产生了积极的效果。随后的年份里，很多小农户继续使用化肥和杂交种子。如表 4 - 1 所示，杂交种子和化肥销量增长了 4 倍，这是由服务于季节性生产投入的"小农基金项目"所支持的。1979/1980 农业季，贷款总量仅 100 万美元，但到 1986/1987 年度，就激增到 4000 万美元。

新政府立刻重建了农业技术推广服务中心③，以便服务绝大多数村社地区的黑人农户，而非主要服务于白人商业农场主。这项新政策有助于小农户使用良种和化肥。麦琪·马斯特在中马绍纳兰省达尔文山地区坎迪亚

① Mette Masst, *The Harvest of Independence: Commodity Boom and Socio - Economic Differentiation Among Peasants in Zimbabwe*, PhD thesis, Roskilde University, 1996, 65 - 66, 80 [Masst, "Harvest"], available at http: //www. open. ac. uk/technology/mozambique/p11 _ 3. shtml (Nov 1, 2011).

② Mandivamba Rukuni, "Revisiting Zimbabwe's Agricultural Revolution," in Mandivamba Rukuni, Patrick Tawonezvi & Carl Eicher (eds.), *Zimbabwe's Agricultural Revolution Revisited* (Harare: University of Zimbabwe Publications, 2006), 17 - 18 [Rukuni, Tawonezvi and Eicher].

③ Agritex 是农业技术推广服务中心的英文缩写，在 2003 年它被命名为 Agricultural Research and Extension (Arex)，即农业研究和技术推广中心，在 2008 年它又重新被命名为 Agritex。

（Kandeya）村社地区的研究表明，60%的村社农户参加过农业技术推广服务中心组织的培训课，78%与农技人员保持联系。她还提到农技人员"在农民中间的地位很高"。最后或许也是最重要的支持是，玉米价格大幅上涨（见表4-2），粮食销售委员会增加了村社地区的收购网点，从独立时的仅1个增加到1991年的37个。在1985年的高峰时期，全国有135个专门收购点。①

如表4-3所示，政府政策效果显著。在农业技术推广服务中心的支持下，更好的肥料和种子意味着产量翻番，种植面积也增加了一倍。到1985年，在粮食销售委员会收购的玉米中，1/3来自村社地区农户。② 1983/1984农业季遭遇干旱，农作物产量大幅下降，但是村社地区，特别是在马绍纳兰三省村社地区的农户仍然卖了大量余粮。较高的农业产量一直保持到1986/1987农业季。如表4-2所示，尽管玉米价格从1981年的高峰下跌，但当时小农户的生产力如此之高，以至于他们继续保持高水平的生产。收入最好的农户改种棉花，随后种植白肋烟，而其他小农户则扩大了玉米的生产。在马斯特看来，农业生产大幅度提高的原因主要包括以下四个方面：

- 农业市场化设施的改善；
- 农业技术服务的推广；
- 种子、化肥和杀虫剂等农业投入的增加；
- 更高的农产品价格。③

乌泰泰委员会评论说："1980~1986年间，津巴布韦小农户的绿色革命得力于政府大力发展基础设施和加强对农业技术服务的投入，这清楚地表明，由政府支持在农业供应端持续进行公共投入是实现农业变革的关键因素。"④

---

① Masst, "Harvest," 81, 82, 204, 208.
② Esbern Friis-Hansen, *Seeds for African Peasants: Peasants' Needs and Agricultural Research, the Case of Zimbabwe* (Uppsala: Nordic Africa Institute, 1995), 63. 然而，绝大部分多余的玉米都由降雨丰沛村社地区中15%~20%的玉米种植户生产，参见 Mandivamba Rukuni, "Revisiting Zimbabwe's agricultural revolution" in Rukuni, Tawonezvi and Eicher, 12。
③ Masst, "Harvest," 75.
④ Charles Utete, "Report of the Presidential Land Review Committee on the Implementation of the Fast Track Land Reform Programme, 2000 - 2002" (Harare, 2003), 74, http://www.sarpn.org/documents/d0000622/P600 - Utete_PLRC_00 - 02. pdf (Oct 23, 2011). ［官方称之为乌泰泰委员会报告，本书在引文中用作乌泰泰报告（Utete Report）］。

联合国粮农组织（UN Food and Agriculture Organization）的研究也指出："在1980年独立后，津巴布韦的农业政策定向支持小农户和降低不平等。小农户在供应端的回应也很强烈，他们在独立后五年内（1980～1985年）就成了正规市场中玉米和棉花的最大供应者。"①

表4-1　小农户购买的现代农业物资

单位：吨

年　度	化　肥	杂交玉米种子
1979/1980	27 000	4 300
1984/1985	127 664	19 500

资料来源：Masst，"Harvest，" 83。

表4-2　玉米和棉花的生产成本

单位：美元/千克

年　份	玉　米	棉　花
1979	0. 09	0. 52
1980	0. 13	0. 60
1981	0. 16	0. 56
1983	0. 11	0. 46
1985	0. 11	0. 41
1987	0. 11	0. 48
1989	0. 09	0. 41
1991	0. 05	0. 27

资料来源：Masst，"Harvest，" 86。

表4-3　村社地区出售给粮食销售委员会的玉米数量

单位：吨

1980～1981年	1981～1982年	1982～1983年	1983～1984年	1984～1985年
66 565	290 488	317 884	137 243	335 130

资料来源：Esbern Friis - Hansen, *Seeds for African Peasants*：*Peasants' Needs and Agricultural Research, the Case of Zimbabwe* (Uppsala, Sweden：Nordic Africa Institute, 1995)，63。

---

① Moses Tekere，"Zimbabwe，" Harare：Trade and Development Studies Centre, in Harmon C. Thomas, *WTO Agreement on Agriculture*：*The Implementation Experience* (Rome：FAO, 2003)，available at http：//www. fao. org/docrep/005/y4632e/y4632e01. htm#bm01 (Dec 3, 2011)。

政局不稳

回顾 30 多年前津巴布韦刚独立的时期，需要理解那个时代现在已大多被遗忘的历史。那时，种族隔离仍是南非最典型的意识形态。罗纳德·里根于 1981 年 1 月出任美国总统后，冷战加剧，他重视南非并把它作为对抗共产主义的堡垒，视津巴布韦为"共产主义"国家并敌视它。这实际上准许南非去破坏周边国家的稳定。那时和现在一样，罗伯特·穆加贝的形象被严重扭曲。在独立后不久的 1981 年，一个做小买卖的人和本书作者中的两位一起在穆塔雷附近搭顺风车，他告诉我们："有人说穆加贝是共产党，将会把一切国有化；但是你知道，他没有，生意照旧。"

在津巴布韦独立后的前十年里，种族隔离政权是最主要的破坏性力量。南非白人政权在津巴布韦实施了大量破坏性活动，而且实施事实上的制裁。最突出的事例是 1981 年 12 月 18 日，南非轰炸了津民盟在首都哈拉雷马尼卡路 88 号的总部，津民盟这一天原本要在那里召开中央委员会。因为推迟了会议，穆加贝和党的其他领导人躲过一劫。但是有 7 人因此丧生，124 人受伤，他们中的绝大多数都是圣诞节前上街的购物者。南非其他的攻击还包括：1981 年 8 月 16 日对尹科莫军营的袭击破坏了价值 7000 万美元的军火，1982 年 7 月 25 日对索恩希尔空军基地的袭击毁坏 13 架飞机。南非种族隔离政府还利用津民盟与白人少数的和解政策，在津巴布韦许多关键部门安插代理人，包括穆加贝总统的卫士长，此人涉嫌参与了"马尼卡路轰炸"事件。①

除了直接破坏津巴布韦之外，南非还在安哥拉、莫桑比克、莱索托和津巴布韦建立或支持武装反对派。在津巴布韦西南的马塔贝莱兰地区，南非建立了"超级津人盟"——这是津人盟的一群持不同政见者，他们反对津民盟和津人盟这两支矛盾重重的前解放运动组织合并成一支军队。南非还将间谍打入津巴布韦反对派和津巴布韦新组建的警察机构内部，藏匿南非提供的武器，然后"发现"这些武器的藏匿点，由此导致津巴布韦两支军队整合失败以及津人盟两位领导人杜米索·达本古瓦（Dumiso Dabengwa）和卢库特·

① Teresa Smart, "Zimbabwe: South African Military Intervention," in Joseph Hanlon, *Beggar Your Neighbours* (London: James Currey, 1986), 173–177 [Hanlon, *Beggar*].

马苏库（Lookout Masuku）被捕受审（两人在审判后都被无罪释放）。南非能够操纵利用津民盟和津人盟业已存在的紧张关系，导致津巴布韦政府产生大规模的过度反应，并派出"第五旅"前往马塔贝莱兰地区发动古库拉洪迪战争。① 简单地将阴谋论和控制说斥为疑神疑鬼可能很容易，但数名在津巴布韦新警察机构中位居关键位置的高官，以及数名在法庭上作证指控达本古瓦和马苏库的人员，20 世纪 80 年代后期在南非露面，其中一些人承认他们是南非的间谍。2000 年，皮特·史蒂夫（Peter Stiff）在广受好评的关于南非种族隔离时期情报机构的三部著作中，证实南非特种部队在津巴布韦安插间谍、储存武器、加强反对派武装及发动攻击等行为。②

津巴布韦是一个内陆国家，南非控制着它的对外交通。津巴布韦对外最近的铁路线路是到莫桑比克的贝拉港和马普托。南非的突击队和后来的莫桑比克全国抵抗运动③的游击队，反复攻击这两条铁路及到贝拉的输油管线，迫使津巴布韦通过更长的铁路运送货物到南非的港口，而南非会定期中断津巴布韦的货运，特别是糖的出口和染料的进口。在 1981 年底，津巴布韦积压了 1.5 亿美元的物资等待出口。时任津巴布韦冷藏委员会（Cold Storage Commission）负责人的艾迪·克洛斯（Eddie Cross）在 1984 年估计，由于南非的破坏活动导致更高的运输成本，津巴布韦每年要损失 7000 万美元。随着南非攻击的增多，津巴布韦被迫派部队去保卫到贝拉港的铁路和输油管线，一度在莫桑比克部署了 12500 名军人，每周花费 300 万美元。

南非还结束了以前与罗得西亚签订的优惠贸易协议，后来还对津巴布韦出口的钢材等物品征收关税，并遣返了 40000 名津巴布韦矿工，这导致津巴布韦每年至少损失 7500 万美元的侨汇。④ 最后，还有数亿美元被"偷运"出津巴布韦，而这主要是南非公司通过调拨价格和其他花招进行。仅举一例：科恩纺织公司（Cone Textiles）通过从南非进口英国的染料，就向它在南非的母公司多支付了 200 万美元。⑤

49

---

① Teresa Smart, "Zimbabwe: South African Military Intervention," 179 – 183.

② Peter Stiff, *Cry Zimbabwe* (Alberton, South Africa: Galago, 2000).

③ 莫桑比克全国抵抗运动（Renamo）最先由南罗得西亚白人政权创立以对抗新独立的莫桑比克政府，它后来被南非种族隔离政权接管，经常攻击运输管线。

④ Hanlon, *Beggar*, 185 – 197.

⑤ Colin Stoneman, "Zimbabwe: The Private Sector and South Africa," in Hanlon, *Beggar*, 212.

1998 年的一项研究估计，南非种族隔离政府的破坏活动给津巴布韦造成了 100 亿美元的损失，津巴布韦被迫借债 38 亿美元来弥补这些损失。[①]津巴布韦政府继承了罗得西亚政府 7 亿美元的债务，那些钱主要被用于维持白人少数统治的战争，但新政府却被要求偿还。[②] 津巴布韦债务和发展联合会发起一场运动，要求审计政府 70 亿美元的债务，但是最终放弃了。它认为绝大部分债务可能来源于罗得西亚政府的借款和后来新政府为应对南非破坏活动的借款。[③]

降雨与干旱

津巴布韦的降雨量不仅在年度之间变化很大，而且在不同地区之间的变化也很大，这在一个农业主要依赖雨水灌溉的国家是一个大问题。图 4 - 1 的官方数据显示了降雨量偏离平均值的情况，也显示了独立后的 15 年里降雨量低于平均值的情况。在更长的时间范围内，如 1953 ~ 2003 年的 50 年间，有 14 个干旱年份（降雨量至少低于正常值的 20%），其中 5 年是严重干旱年份（降雨量低于正常值的 50%）。[④] 这意味着农民每 3 ~ 4 年都 50 会遇到一个干旱年份，每 10 年会遇到一次严重干旱的年份。但是如图 4 - 1 所示，干旱年份经常持续好几年。

干旱可能带来严重的政治和经济影响。津巴布韦独立后的前三年全是干旱年份——1981/1982 年度（降雨量低于平均值的 32%）、1982/1983 年度（低于 50%）和 1983/1984 年度（低于 31%），这导致津巴布韦去借款

① Joseph Hanlon, "Paying for Apartheid Twice" (London：Action for Southern Africa, 1998). Part of document on http：//www. africa. upenn. edu/Urgent_Action/apic_72798. html (Nov 4, 2011).

② Tim Jones, *Uncovering Zimbabwe's Debt* (London：Jubilee Debt Campaign, 2011), 6.

③ Darlington Musarurwa, "Every Zimbabwean Owes US＄500," Harare：*Sunday Mail*, Dec 5, 2010, http：//www. afrodad. org/index. php? option = com _content&view = article&id = 395：every - zimbabwean - owes - us500&catid = 1：about - us&Itemid = 19 (Nov 4, 2011).

④ 已出版的降雨量和干旱报告中的数据差异来源于不同的气象监测站及数据如何被平均。图 4 - 1 来自 Leonard Unganai, "Climate Change and Its Effects on Agricultural Productivity and Food Security：A Case of Chiredzi District," paper presenteded at National Climate Change Workshop, Harare, 23 Nov 2011。14 个干旱年的数据来自 Craig J. Richardson, "The Loss of Property Rights and the Collapse of Zimbabwe," *Cato Journal*, 25, no. 3 (2005)：Table 1，将 93 个气象监测站的数据平均所得。两者都基于津巴布韦国家气象局的数据。里查德森给出的 50 年平均降雨量为 755 毫米。

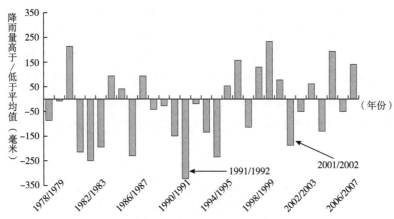

图 4 - 1 津巴布韦雨季，偏离平均降水量情况

资料来源：Leonard Unganai，"Climate Change and Its Effects on Agricultural Productivity and Food Security：A Case of Chiredzi District，"paper presented at National Climate Change Workshop，Harare，November 23，2011。

（在国际货币基金组织和世界银行的鼓励下），从而引发后来的债务问题。1990/1991 年度又是一个干旱年份（降雨量低于平均值的 29%），而随后的 1991/1992 年度遇到 20 世纪最严重的干旱，这迫使津巴布韦接受了世界银行经济结构调整计划的一揽子协议（部分是由于早些年干旱而借的债务）。1993/1994 年度（低于 22%）和 1994/1995 年度（低于 53%）的干旱恶化了经济结构调整带来的经济问题，引发罢工和破坏。然后，2001/2002 年度，即实行"快车道"土地改革的第一年，也是一个干旱年（低于 22%），这使津巴布韦新农户更加难以立足。

经济挤压

在单方面宣布独立时期，史密斯政府总体上维持了对外汇和经济的严格控制。作为进口替代工业的一部分，罗得西亚的公司经常在国家的保护下免于外国公司的竞争，但它们也被政府严密控制。新独立政府维持了那些控制措施，并没有像 15 年以后南非独立时那样立即对经济实行自由化。这在一定程度上是为了维持相对于南非的独立，促进国内的生产和自力更生。

单方面宣布独立政府因为被制裁而无法从外国借款，所以国际货币基金组织和世界银行视独立以后的津巴布韦为"借款不足"的国家，并因此

51

而鼓励它多举债。1981 年，津巴布韦与这两家机构商谈了第一批贷款。牛津大学非洲经济研究中心（Oxford University Centre for the Study of African Economies）的研究表明："对大量外部援助涌入的预期鼓励了津巴布韦政府举债，它预期未来能得到外国的大量援助，但是结果却非常少。"1981 年 3 月，捐助者在津巴布韦重建与发展会议（Zimbabwe Conference on Reconstruction and Development）上承诺援助 19 亿美元，但截至 1985 年，主要捐助者只提供了 5.74 亿美元，仅占承诺额的 30%——而且许多还与购买援助国的商品捆绑在一起，从而降低了援助的价值。[①] 津巴布韦新政府还借款以应对抵御南非种族隔离政府破坏活动所带来的支出，支付不断增加的教育和医疗开销、重建经济；三年干旱给政府带来的 4.8 亿美元的社会开支，其中 2.1 亿美元用于进口粮食。[②] 这项研究还指出："津巴布韦的巨额外债是在刚独立的那三年累积起来的。"[③]

津巴布韦与世界银行和国际货币基金组织的关系很复杂。在给津巴布韦第一批贷款以后，这两个机构加大了它们对津巴布韦的压力。当津巴布韦政府在 1984 年对独立前投资的分红进行限制，允许政府预算赤字上升到 10% 而非国际货币基金组织规定的 5% 时，它与国际货币基金组织在 1982 年签订的一项协议被终止。[④] 自 1960 年离开津巴布韦、在 1977～1980 年担任联合国贸易和发展会议副秘书长的伯纳德·齐泽罗（Bernard Chidzero），1980 年担任津巴布韦政府的经济计划和发展部长，1985～1990 年担任财政部长，1986～1990 年他又就任世界银行发展委员会的主席。

伯纳德遵循世界银行的自由化政策，在 1984 年通过大幅度削减政府开支、减少对本国产业的保护来回应世界银行的压力，这使小规模农业失去

[①]　Roger Riddell, "Some Lessons From the Past and From Global Experiences to Help Move Zimbabwe Forward out of Poverty and Towards Sustainable Development," speech at the Moving Zimbabwe Forward Conference: Pathways out of Poverty for Zimbabwe, Harare, Nov 30, 2011.

[②]　马兰波提到，虽然世界银行对该项目的正式名称是 Economic and Structural Adjustment Program，但是在津巴布韦通常去掉 and。见 Alois Mlambo, *The Economic Structural Adjustment Programme—The Case of Zimbabwe 1990 – 95*（Harare: University of Zimbabwe, 1997），42 ［Mlambo, *Adjustment*］。

[③]　Carolyn Jenkins, "Economic Objectives, Public – Sector Deficits and Macroeconomic Stability in Zimbabwe"（Working Paper 97 – 14, Oxford: CSAE, 1997），11, 22. http: //www.csae.ox.ac.uk/workingpapers/pdfs/9714text.pdf（Nov 15, 2011）.

[④]　Stoneman and Cliffe, *Politics*, 163.

了很多支持。津巴布韦的经济在 1987 年遇到问题，这部分是因偿还债务而引起的。在独立后的前四年（1980～1983 年），津巴布韦获得 15 亿美元的新贷款，但是在接下来的五年中（1984～1988 年），它不得不偿还 12 亿美元。[①] 世界银行还拒绝对一项出口周转基金进行延期，直到津巴布韦实行贸易自由化。[②]

小农户高水平的玉米和棉花生产持续到 1987～1988 农业季。从 1987 年开始，经济政策发生变化，政府削减了开支。为了支持城市贫民和村社农场主，政府实行了相当高的玉米收购价格和玉米粉补贴政策，这两项开支在 1982/1983 年度高达 4900 万美元。[③] 在世界银行的压力下，玉米粉补贴被取消，玉米价格不再受政府保护，这导致玉米价格下跌（见表 4 - 2），并因此而打击了农场主。农业技术推广方面的开支被缩减，对小农户的支持也随之降低，信贷和化肥购买量都出现下降，粮食销售委员会还减少了粮食收购网点，这些都对小农户造成了打击。在 1987～1988 年度之后，小农户生产和销售都大幅下降。小农户减少了化肥的使用，导致玉米产量下滑。全球棉花价格也出现下降，所以小农户减少了棉花种植面积。[④] 这是历史的重复。史密斯政府在单方面宣布独立时期已经领受此教训——农民需要支持，假如他们得到支持，他们就加强生产，但是支持一旦减少，生产就会下滑。

但是白人农场主获得了支持。在 20 世纪 80 年代中期，政府采取激励

---

① 世界银行的《全球金融发展报告》（*Global Development Finance*）指出，津巴布韦的债务达 50 亿美元。它报告说，在津巴布韦独立的头四年（1980～1983 年），它获得了一笔 15 亿美元的新贷款。从那之后，它一直在还债，但是现在它债务逾期了。在 1984～2009 年这 26 年间，津巴布韦债务净额支付 28 亿美元（也就是说，在扣除新的贷款之后，津巴布韦偿还了这么多钱给债主。债务净额 = 债务本金 + 利息 - 新的贷款）。津巴布韦在 1984 年的债务是 22 亿美元，但是在偿还了比之更多的钱后，到 2009 年它的债务总额剧增到 48 亿美元（http：//databank. worldbank. org/ Jan 9, 2012）。

② Benson Zwizwai, Admore Kambudzi & Bonface Mauwa, "Zimbabwe: Economic Policy - Making and Implementation: A Study of Strategic Trade and Selective Industrial Policies," in Charles Soludo, Osita Ogbu, & Ha - Joon Chang (eds.), *The Politics of Trade and Industrial Policy in Africa* (Trenton, NJ: Africa World Press/IDRC, 2004), available at http：//irsm. gc. ca/ geh/ev - 71257 - 201 - 1 - DO_TOPIC. html (Nov 8, 2011).

③ Godfrey Kanyenze, "Economic Structural Adjustment Programme," in Medicine Masiiwa, *Post - independence Land Reform in Zimbabwe* (Harare: Friedrich Ebert Stiftung, 2004), 97.

④ Masst, "Harvest," 78 - 81, 91, 206.

措施刺激出口，包括安排外汇以支持出口商和改善空运。花卉促进协会也建立起来。

津巴布韦是重要的农业出口国之一，出口产品包括烟草、棉花、牛肉、花卉和蔗糖。历史上，津巴布韦粮食不能自给，必须进口，尤其在降雨量偏低的年份更是如此。在单方面宣布独立时期，政府给予白人农场主大量补贴以推动他们转而生产粮食，罗得西亚开始接近粮食自给，但村社地区仍然长期缺粮。[①] 20 世纪 80 年代早期的政策推动了商业农场主的粮食生产，从而实现了粮食自给，但是到 80 年代末期，政策又回到促进出口农业的老路上了。

第一次土地改革

1980 年 9 月，津巴布韦政府在刚独立 6 个月后就宣布了集中重新安置计划（Intensive Resettlement Programme），准备重新安置 1.8 万个家庭。这个目标先后两次翻了三番，到 1982 年加速重新安置计划（Accelerated Resettlement Programme）试图重新安置 16.2 万个家庭——这一目标最终并没有完成。但是到 1996 年，津巴布韦第一次土地改革确实重新安置了 7.3 万个家庭，这是非洲规模最大的土地改革。以生活在村子里的小农户为目标的 A 模式占到了重新安置农户的 85.5%。如表 4-4 所示，到 1983/1984 农业季结束的时候，按照 A 模式重新安置的家庭总数至少有 3.8 万个，而到 1988/1989 农业季的时候，共有 6 万农户被重新安置，这意味着在仅仅四年的时间里，就有一半的家庭被重新安置。

表 4-4　A 模式重新安置的家庭总数

1980/1981 农业季	1981/1982 农业季	1982/1983 农业季	1983/1984 农业季	1984/1985 农业季	1985/1986 农业季	1986/1987 农业季	1987/1988 农业季	1988/1989 农业季
1 971	10 819	24 819	32 957	36 616	41 332	42 582	48 724	51 411

资料来源：Friis-Hansen，*Seeds of African Peasants*，61。

---

① Clever Mumbengegwi, "Continuity and Change in Agricultural Policy," in Ibo Mandaza (ed.), *Zimbabwe: The Political Economy of Transition 1980-1986* (Dakar: Codesria, 1986), 209.

"（加速重新安置计划的）基本目标是在最短的时间内通过最简洁的规划和无限期推迟基础设施建设来重新安置尽可能多的人。它假设该计划的安置户可以利用邻近村社地区的基础设施，虽然政府承认那些基础设施也不充足"，比尔·金赛（Bill Kinsey）在当时写道。①

土地优先给予难民或其他因战争而流离失所的人，包括城市难民和以前在"保护村"的居民。其次是给予失业人员和村社地区土地不足以维持生计的人。户主可以是已婚者或丧偶的人，年龄在 25～50 岁，没有正式工作。金赛发现："总体而言，这些标准似乎都得以贯彻执行。在这个案例中，20 世纪 80 年代初被安置的家庭中，大约有 90% 都为争取独立而受过某种形式的战争伤害。在被重新安置前，大多数人（66%）是小农户，剩余的是在商业农场干活的无地劳工、非正规农业部门的工人或城市里的工薪族。"②

大多数人被安置在小块土地上，有 5 公顷耕地、0.4 公顷宅基地，外加一些草场（这在 A 模式中很知名，和 2000 年"快车道"土地改革中的 A1 模式很相似）。

家庭中的男户主被要求在家务农，不准在别人的农场工作，也不能独自前往城市而让自己的妻子在家里种地。自给自足农民的神话一直是整个津巴布韦土地改革中最受争议的话题之一。在村社地区，许多家庭——包括最成功的家庭在内，都是工农结合型的：一个家庭成员务工赚取工资，部分用于农场投资。各种研究也表明，独立后在村社地区出现了明显的贫富差距，引发这一差距的主要因素包括畜力（耕牛）、土地、人工、信贷和农场之外的收入。③ 用贷款或农场之外的收入来发展新的重新安置农场的需求逐步显现，1992 年重新安置农场主被正式允许外出务工。这在第

① Bill Kinsey, "Forever Gained: Resettlement and Land Policy in the Context of National Development in Zimbabwe," *Africa*, 52, no. 3 (1982): 101 [Kinsey, "Forever Gained"].

② Jan Willem Gunning, John Hoddinott, Bill Kinsey and Trudy Owens, "Revisiting Forever Gained: Income Dynamics in the Resettlement Areas of Zimbabwe, 1983–1997," working paper WPS/99–14, Centre for the Study of African Economies (CSAE), Oxford University, May 1999) version 2, available at http://www.csae.ox.ac.uk/workingpapers/pdfs/9914text.PDF (accessed Nov 5, 2011) [Gunning, Hoddinott, Kinsey and Owens, CSAE].

③ Daniel Weiner, "Land and Agricultural Development," in Colin Stoneman (ed.), *Zimbabwe's Prospects* (London: Macmillan, 1988), 73, 83.

二次土地改革中又成了一个议题，我们将在第六章指出在城里打工对于筹集发展新农场资金的重要性。

1983/1984 年度，重新安置农场主才刚刚开始耕种，他们生产的黑玉米就占到了黑玉米总产量的 10%。到 1987/1988 年度，他们生产的农产品占了全国农产品总量的 11%。① 金赛连续跟踪了 400 户重新安置家庭近 20 年的时间②，这给了他一个独特的观察视角。③ 到 1997 年，他和同事得出结论说，"那些家庭的农业收入增长显著"，增幅远大于津巴布韦的平均值，"所有家庭的收入都有增长"。他还指出："那些家庭累积的资产令人印象深刻。"④ 值得注意的是，许多家庭开始种植棉花、花生和向日葵等经济价值更高的作物。考虑到大多被买来用于土地改革的土地的品质很差，这些结果让人印象更加深刻。在最先被用于重新安置的 300 万公顷土地中，只有 22% 属于 I 类或 II 类农业生态区。⑤（自然生态区的定义见表 3 - 2）

一次不情愿的土地改革

土地一直是解放战争的中心问题，无论是 1976 年在日内瓦举行的第一

① Daniel Weiner, "Agricultural Restructuring in Zimbabwe and South Africa," *Development and Change*, 20, no. 3 (1989)：405 [Weiner, "Restructuring"], quoting the Central Statistical Office for 1983/84 and *The Herald*, May 8, 1988.
② 初始抽样框架是津巴布韦安置计划在头两年设立的所有重新安置项目，这些项目位于三个最重要的农业气候区域内。它们是第二、第三、第四类自然生态区，分别对应较高、中等和较低的农业开发潜力。项目从每个生态区中随机选出，姆普弗鲁德兹（Mupfurudzi）位于中马绍纳兰省（在哈拉雷北部，属于第二类自然生态区），圣格兹（Sengezi）位于东马绍纳兰省（在哈拉雷东南，属于第三类自然生态区），姆坦达（Mutanda）位于马尼卡兰省（在哈拉雷东南，但是比圣格兹更偏远，属于第四类自然生态区）。在每个选定的采用随机抽样选择实施项目的村子里，作者力争涵盖所有被选的农户。在 1983/1984 年度，我们访谈了约 90% 的农户，并在 1997 年进行了回访。见 Gunning, Hoddinott, Kinsey, Owens, CSAE, 2 - 3。经修改后发表于 *Journal of Development Studies* 36 (6)，2000，131 - 154。
③ 这是在非洲做过的持续时间最长的家庭追踪研究。见 Marleen Dekker & Bill Kinsey, "Contextualizing Zimbabwe's Land Reform：Long - Term Observations From the First Generation," *Journal of Peasant Studies*, 38 (5), 2011, fn 2。
④ Gunning, Hoddinott, Kinsey, and Owens, CSAE, 1.
⑤ John Blessing Karumbidza, "A Fragile and Unsustained Miracle：Analysing the Development Potential of Zimbabwe's Resettlement Schemes, 1980 - 2000" (PhD thesis, University of KwaZulu - Natal, 2009), 122 [Karumbidza, "Fragile"].

次独立谈判，还是随后于 1979 年 9 月 10 日至 12 月 15 日在伦敦兰开斯特大厦成功举行的谈判，土地都是谈判焦点。英国保护白人农场主的利益，在英国与美国政府承诺为购买土地出资之后，津巴布韦爱国阵线才接受英国的要求。①

在兰开斯特大厦达成的宪法草案设置了一项在十年内不能修改的"权利宣言"，其内容包括"免于财产剥夺的自由"，特别是对于"利用不足的土地"，政府只有在"迅速支付了足额的补偿"后才能用强制征收的土地重新安置或发展农业；"当个人财产被以此征收时，其有权寻求高等法院确定补偿金额"；补偿金"可汇到津巴布韦之外的任何国家，汇款时政府不能克扣、征税或收费"。② 宪法的这一条款从未被使用过。相反，政府在与英国和其他捐助者谈判时，同意按照"愿卖愿买"的原则收购土地，在此过程中不会出现强行购买的行为，而且政府只购买那些自愿出售的土地来进行重新安置。

但是，兰开斯特会议的主席卡灵顿爵士认为，虽然津巴布韦未来的政府"希望扩大土地所有权……但根据我们的判断，花费将非常巨大，远远超出任何单个捐助国的能力"。③ 坦桑尼亚总统尼雷尔（Julius Nyerere）则评论说，对于津巴布韦的独立政府而言，"向津巴布韦人征税以补偿那些拿着枪从他们手中夺走土地的人"是不可能的。④

两者都是对的。购买土地花费太大，津巴布韦新政府完全没有这个能力。2003 年，乌泰泰委员会关于"快车道"土地改革的报告发现："在大多数情况下，提供给政府的土地都价格昂贵，位置偏远，且零星分布在全国各地，这就使得政府很难去实施系统的、有序的土地改革。而且，土地供应也无法满足土地重新安置的需求。国际社会帮助津巴布韦政府购买土地的资金不到位进一步加剧了这种复杂的局面。"⑤ 兰开斯特大厦谈判时担任英联邦秘书长的兰法尔爵士后来说："英国让津巴布韦人失望，它没有履行承诺。

---

① Utete Report, 12 – 13.

② "Southern Rhodesia. Report of the constitutional conference, Lancaster House, London September – December 1979," Cmnd. 7802（London: HMSO, 1980）, Annex C, available at http://www.zwnews.com/Lancasterhouse.doc（accessed October 23, 2011）.

③ Utete Report, 13, quoting Lord Carrington, in a statement issued October 11, 1979.

④ Utete Report, 13, quoting Julius Nyerere speaking at a press conference on October 16, 1979.

⑤ Utete Report, 15.

英国找各种借口去摆脱责任，很不幸的是，这导致了后面的一些苦难。"①

　　第一次土地改革计划是在"愿卖愿买"的原则之下，依靠购买白人农场来获得土地。这基本上规定了所有要出售的土地必须首先卖给政府，如果政府不想购买，它会签发"当前没有兴趣"（No Present Interest）证书，以此允许将土地卖给其他人。如表4-5所示，最多的土地购买和大部分的重新安置项目在第一次土地改革计划头4年内迅速落实。在1980～1984年的5年间，210万公顷土地被收购；接下来的6年中，只有44.8万公顷土地被收购。② 到20世纪80年代中期，在经济紧缩的冲击下，政府已经没有资金再来收购土地。在1986～1989年，有1856个农场被提供给政府，但都被拒绝，因为出售者的要价几乎是政府当时购买农场价格的10倍。政 56 府向这些农场颁发"当前没有兴趣"证书，③ 这等于允许农场被卖给其他白人农场主。而这些农场的成交价格经常比向政府的要价低得多，这就是那些决定收购多个农场的白人农场主的固定套路。

表4-5　购买用于重新安置土地的数量

年　份	面积（公顷）	金额（百万美元）	价格（美元/公顷）
1979/1980	162 555	4.9	30
1980/1981	326 972	5.3	16
1981/1982	819 155	18.8	23
1982/1983	807 573	21.2	26
1983/1984	173 848	3.5	20
1984/1985	74 848	2.0	26
1985/1986	86 187	2.1	24
1986/1987	133 515	2.3	17
1987/1988	80 554	1.6	20
1988/1989	78 097	3.5	45
总　计	2 743 304	65.3	

资料来源：John Blessing Karumbidza, "A Fragile and Unsustained Miracle: Analysing the Development Potential of Zimbabwe's Resettlement Schemes, 1980 - 2000" (PhD thesis, Syracuse University, 1959), 120; Mandivamba Rukuni et al., "Policy Options for Optimisation of the Use of Land for Agricultural Productivity and Production" (report submitted to the World Bank Agrarian Sector Technical Review Group, 2009), 53。

①　Utete Report, 16, citing an interview on the BBC "HardTalk" programme, March 22, 2002.
②　Sam Moyo, "The Evolution of Zimbabwe's Land Acquisition", in Rukuni, Tawonezvi & Eicher, 146.
③　Karumbidza, "Fragile," 121.

安格斯·塞尔比（Angus Selby）在博士论文中调查了马佐维的康塞森地区（Concession）的 70 个白人农场，他发现在 1980～2000 年，有 52 个（占 74%）被出售，14 个（20%）还被卖了不止一次，但是没有一个卖给政府。拥有多个农场的农场主增加了，到 2000 年，这 70 家农场只有 51 个所有者。①

土地可能曾经是游击队和政治演讲中的首要问题，但是新政府并未优先进行土地改革，并且似乎经常怀疑是否应优先进行该项改革。虽然《兰开斯特大厦宪法》使土地改革很艰难，但是新政府也没有采取其他可行的方案。例如，里德尔委员会（Riddell Commission）曾在 1981 年表示，为了提高农村贫困人口的收入，"尽快让他们使用更多更好的土地"是必要的。他认为应征收土地税，以推动闲置土地出售，接下来还应发行土地债券以确保用硬通货进行支付。② 这些建议都没有被采纳。政府用于重新安置的资金只占 1981 年 3 月津巴布韦重建与发展会议所要求的投资资金的 3%。③

国际上也有起源于世界银行一些人、流传甚广的看法，④ 认为大型机械化农场效率更高、产量更高。在外交层面和援助机构的压力下，津巴布韦政府放慢了土地改革的步伐。出于三个不同但重叠的原因，新领导层中的许多人也接受了这种看法。第一，他们想保护大型商业农场以作为出口的驱动力，这在津巴布韦政府努力为日益上涨的预算筹集资金时变得日益重要。第二，他们想阻止白人农场主逃离津巴布韦，五年之前在莫桑比克就发生了这样的事，所以津巴布韦的白人大农场主受到了保护。第三，新政府中有一群人只是简单地想用黑人农场主代替一些白人大农场主，而不是如十年后南非的《黑人经济振兴法案》（BEE）那样支持普通大众。在20 世纪 80 年代初期，据估计有 300 名津巴布韦黑人购买了大型商业农场，

---

① Angus Selby, "Commercial Farmers and the State: Interest Group Politics and Land Reform in Zimbabwe" (PhD thesis, University of Oxford, 2006), Appendix 1 [Selby, "Commercial"].

② Roger Riddell, *Report of the Commission of Inquiry into Incomes, Prices and Conditions of Service*, 1981, 148 [known as the Riddell Commission report].

③ Stoneman and Cliffe, *Politics*, 169.

④ "A Degree of Dualism in Zimbabwe Agriculture Appears to Be the Optimal Solution," in World Bank, *Agriculture Sector Study*, 1983, vi.

600 名黑人租赁了大型农场。① 大型 A2 农场主也可被视为大型商业农场主，到 2010 年的时候，共有 1173 名黑人大型商业农产主，拥有 100 万公顷土地，占土地总量的 3.1%（见表 1 - 1）。

1983 年，议会评估委员会由一名来自罗得西亚阵线并得到津民盟支持的白人农场主议员担任主席。他对土地改革进行了谴责，称负责重新安置的官员们"失控"。② 金赛认为政府对土地改革的承诺"迅速降低"。③ 他进一步说："政府和白人工农业巨头之间的旧协议已被政府的主要代表和黑人资本家之间的新政治联盟所取代。"④

占地运动

现在，小农户比大农场主效率和产量可能更高的观点已经成了常识，但是在 30 年前，这种看法是非主流的，有时被认为与极左思想有关。当时，发展前景是在没有削弱富裕的白人少数群体的情况下增强黑人群体的地位。对于新的精英而言，这可能是一种敏感的前景，而且它在当时经常不被人们接受。战争让许多津巴布韦人流离失所，大规模的群众运动只是为了占领土地。占地运动所占领的不仅是"白人"的土地，还包括那些边角地和未分配的土地。1982 年的"加速重新安置计划"（Accelerated Resettlement Programme）"是集中重新安置计划的应急性或阶段性版本，是为了处理一些最严重的非法占地行为和针对一些人口过度密集的地区"，金赛在当时写道。⑤ 丹·韦纳（Dan Weiner）在 1989 年得出结论说："一半的重新安置家庭在独立后很快就通过非法占地获得了土地。"⑥

① Sam Moyo, "The Land Question," in Ibo Mandaza (ed.), *Zimbabwe: The Political Economy of Transition 1980 - 1986* (Dakar: Codesria, 1986), 188.
② Lionel Cliffe, "The Politics of Land Reform in Zimbabwe," in Tanya Bowyer - Bower and Colin Stoneman (eds.), *Land Reform in Zimbabwe: Constraints and Prospects* (Aldershot, UK: Ashgate, 2000), 40.
③ Bill Kinsey, "Zimbabwe's Land Reform Program: Underinvestment in Post - Conflict Transformation," *World Development*, 32, no. 10 (2004): 1671.
④ Bill Kinsey, "Land Reform, Growth and Equity: Emerging Evidence From Zimbabwe's Resettlement Programme," *Journal of Southern African Studies*, 25, no. 2 (1999): 174.
⑤ Kinsey, "Forever Gained," 101.
⑥ Weiner, "Restructuring," 402.

在 20 世纪 50 年代和 60 年代，没有土地的人的占领农场运动很普通，特别是从"白人"土地上被赶出来的人和在村社地区找不到土地的孩子们。许多家庭占据了村社地区的边角地、牧场和没分配的土地。60 年代末，马里卡兰省的民族主义者曾号召"自由耕作"，占地运动直接与不断发展中的民族主义运动联系在一起。① 70 年代的战争意味着有更多的占地运动。国家独立带来了许多自发的占地运动，特别是针对战争中被白人抛弃的农场，由希望夺回土地的酋长们发动，这些土地是白人农场主数十年前从他们手中夺走的。无地家庭自发在野生动植物保护区安家，或者搬到被政府收购用于重新安置的白人农场里。

全国土地委员会主席弗朗西斯·果尼思（Francis Gonese）曾指出，在靠近莫桑比克边界的地区，人们将占领土地视为莫桑比克解放阵线自由战士创立"解放区"，是收复被白人偷去土地。他还补充说，"实际上，殖民时期白人移民过程本身就显示……夺回土地最有效的方式就是实际占有和有效使用"。

一些看来不完善的调查和数据必须从论文和文章中删除。例如，一项关于邻近西马绍纳兰省胡伦格韦区（Hurungwe）仁格韦村社地区（Rengwe）的野生保护区的研究发现，到 1982 年有 8000 人已经自发在那里安家，到 2000 年增加到 5234 个家庭的 2.5 万人。② 1985 年，马里卡兰省官员报告，该省有 5 万名"非法占地者"。③

乔斯林·亚历山大（Jocelyn Alexander）在 20 世纪 80 年代研究了马里卡兰省，在 1981 年报告说，在奇马尼马尼地区有"一个大规模的占地运动，占了那个区的大片空地，在未来两年多时间里还将持续"。④ 有人认为应该有一个正式的重新安置登记流程，但是马尼卡兰省发了 9.3 万份登记表，只收回来 10909 份。人们不信任中央政府官员，他们经常在酋长、当地津民盟—爱国阵线党干部甚至当地一些政府官员的支持下，直接夺

---

① Jocelyn Alexander, *The Unsettled Land* (Oxford: James Currey, 2006), 87 [Alexander, *Unsettled*].

② Admos Chimhowu and David Hulme, "Livelihood Dynamics in Planned and Spontaneous Resettlement in Zimbabwe," *World Development* 34, no. 4 (2006): 732.

③ Alexander, *Unsettled*, 156.

④ Alexander, *Unsettled*, chap. 7.

取土地。该省的省长还为占地者辩护，说他们是解放战争的英雄和渴望土地的农民。国土部的副部长莫温·马哈希（Moven Mahachi）来奇马尼马尼解释中央政府的政策，强调将由是中央而不是地方政府来分配土地，农民对土地的权利诉求将不会基于过去的驱逐行动和酋长制度来解决。总理办公室在1981年12月10日发布了第10号通告，列出将会对非法占地者采取的措施，授权警察和军队立即处理非法占地者。① 1982年，新任命的国土部副部长马克·杜比（Mark Dube）宣布对马里卡兰省的非法占地者"全面开战"。国土部的秘书长说，这将会"向那些非法占地者显示，是整个政府在反对非法占地行为"。1983年，时任土地部长马哈希把占地者描述为"没有纪律的犯罪分子"。独立后的新政府再次采用了殖民时期政府的话语和政策——"自由农民"现在被称为"非法占地者"。然而，亚历山大提到"占领运动非常成功"，自发占地的农民通常都分到了土地。

从1985年起，占地行动过程确实变得更集中，政府对"非法占地者"的反对立场更加强硬，驱逐行动也增多了。莫约评论说："警察和农民在那些驱逐行动中都非常野蛮，像殖民时代驱逐行为的重现。"② 1988年的一次占地行动与1976年马里卡兰省唐维纳酋长（Chief Rekayi Tangwena）被驱逐的过程惊人地相似，一群非法占地者在奇马尼马尼地区被驱逐，他们的家园被烧毁。无论如何，非正式的占领活动继续进行，莫约和塞尔比都指出了非正式的占领者夺回白人农场部分土地的办法：他们在不能被赶走的地方，经常通过与白人农场主和当地官员的默契留下来。③

本章小结：被债务扼杀的乐观主义

在20世纪80年代前半期，独立后的乐观主义带来巨大的变革。医疗

---

① Karumbidza, "Fragile," 136.

② Sam Moyo, "Land Movements and the Democratisation Process in Zimbabwe," in Medicine Masi-iwa, ed. , *Post – independence Land Reform in Zimbabwe* (Harare: Friedrich Ebert Stiftung, 2004), 203.

③ Sam Moyo, *Land Reform Under Strnctural Adjustment in Zimbabwe* (Uppsala, Sweden: Nordiska Afrikainstitutet, 2002), 81 – 83; Selby, "Commercial," 167.

和教育领域的重要改进是解决以前白人少数统治造成的严重不平等的开始。对社区黑人农场主的支持使他们成了重要的商业生产者。非洲规模最大的土地改革在四年内就重新安置了 38000 户家庭，最后共安置了 73000 户。与白人社会和解是那个时代最重要的事，保留了二元农业体系——大型白人农场和小规模黑人农场，但是它们的比重已经改变。

可是津巴布韦独立政府遇到了意想不到的困难。南非种族隔离政府的破坏活动打断了津巴布韦经济的发展，迫使它扩军；三年干旱重创了这个新国家；买回 30 多年前被白人偷走的土地耗资巨大；捐款国不支付 1981 年热情澎湃中承诺的 10 多亿美元。到 20 世纪 80 年代中期，因为缺少资金和如山的债务，改革被扼杀了。

60

第五章　政策调整与占地运动

　　1990 年 2 月 11 日，曼德拉被释放出狱，南非结束了对津巴布韦事实上的制裁并停止了针对津巴布韦的干涉活动。但是 1990/1991 年度是一个干旱年份（降雨量低于年均水平的 29%），紧接着的 1991/1992 年度又是 20 世纪最干旱的一年（降雨量低于年均水平的 77%）。津巴布韦被迫接受世界银行的经济结构调整计划，从而加深了贫困，也停止了重新安置活动。独立以来的好日子真正结束了。

　　世界银行的经济结构调整计划（ESAP）意味着进行市场化改革和大量削减政府开支。津巴布韦不得不放弃进口替代和工业化战略、对黑人农民的支持、土地改革和任何残留的社会主义豪言壮语。世界银行的调整计划包括货币快速贬值、实行浮动外汇（见表 6 - 7）、取消对物价和工资的控制、对贸易和投资实行自由化、减少包括医疗及教育的民生和政府开支、取消各种补贴、对国有企业私有化。解除对农业市场化的管制，除少部分商品外，还取消了对国内物价的控制。

　　独立后的经济收益受到了损害。到 1992 年，实际工资低于独立时。[1] 到 1993 年底，45000 ~ 60000 人失去工作。[2] 削减工作岗位又恰逢扩大后的教育系统每年有 100000 名高中毕业生进入劳动力市场。[3] 取消物价控制则意味着，从 1991 年年中到 1992 年年中，津巴布韦城市低收入家庭的生活

---

① Alois Mlambo, *The Economic Structural Adjustment Programme—The Case of Zimbabwe 1990 - 1995* (Harare: University of Zimbabwe, 1997), 85 ［Mlambo, *Adjustment*］.

② Nazneen Kanji, "Gender, Poverty and Economic Adjustment in Harare, Zimbabwe," *Environment and Urbanization*, 7, no. 1 (1995): 39 ［Kanji, "Gender"］.

③ Kanji, "Gender," citing *Sunday Mail*, December 19, 2003. 津巴布韦工会大会提供的数字是 60000 人（包括公共和私营部门），而津巴布韦工业联合会则认为有 45000 人。

67　开支上升 45%，收入更高人群的生活开支上升 36%。研究表明，在首都哈拉雷郊区人口稠密的堪布祖马地区，1992 年居民的人均真实收入下降了 26%，占人口 1/4 的最贫困人口削减了 15% 的食品开支。①

　　同时，医疗预算被削减 20%，教育预算被削减 14%。1991 年，医疗和教育又重新开始收费，导致入学和就医人数大幅度下降，在医疗卫生机构之外出生孩子的人数和产妇的死亡率都上升了。这些开支的削减刚好在艾滋病正成为一个严重问题的时候，疾病给医疗服务又增加了一个额外的负担。

　　但是，卫生部长提摩斯·斯坦普斯（Timothy Stamps）在 1992 年警告说，艾滋病不能再被视为 "对健康最大的威胁"；相反，"作为世界银行经济结构调整计划的结果，最大的健康危机是生活水平不可避免的下降"。到 1993 年，1/3 的津巴布韦医生离开了这个国家，许许多多的教师和医疗卫生人员也选择了出国，主要去了南非和博茨瓦纳。②

　　联合国粮农组织的一项研究表明，"市场化改革大大增加了农业生产的开销，特别是种子储存、化肥、运输以及农用设备等方面的花费"。③

　　津巴布韦的贫困水平从 1990/1991 年度的 26% 上升到 1995 年的 55%，随后在 2003 年上升到 72%。④

　　甚至世界银行自己的独立评估小组的结论也是："该项目没有如它的设计师们所希望的那样减少贫困和失业。"⑤ 粮农组织的一份报告说，

① Kanji, "Gender," 42, 48.

② Mlambo, *Adjustment*, 83 – 92.

③ Moses Tekere, "Zimbabwe," Harare: Trade and Development Studies Centre, in Harmon Thomas, *WTO Agreement on Agriculture: The Implementation Experience* (Rome: FAO, 2003) [Tekere, FAO], available at http://www.fao.org/docrep/005/y4632e/y4632e01.htm#bm01 (Dec 3, 2011).

④ Government of Zimbabwe, *Zimbabwe 2003 Poverty Assessment Study Survey Summary Report*, (Harare: Ministry of Public Service, Labour and Social Welfare, 2006), 22; Admos Chimhowu, Jeanette Manjengwa and Sara Feresu (eds.), *Moving Forward in Zimbabwe: Reducing Poverty and Promoting Growth*, Second Edition (Harare: Institute of Environmental Studies, 2010), 9. 1995 年和 2003 年的数据指总消费贫困线以下的人口比例。由于统计方法的差异，1991 年的数据不能直接进行对比，但数据本身可以接受。

⑤ World Bank Independent Evaluation Group, "Structural Adjustment and Zimbabwe's Poor" (Washington: World Bank, 1995), available at http://lnweb90.worldbank.org/oed/oeddoclib.nsf/DocUNIDViewForJavaSearch/15A937F6B215A053852567F5005D8B06 (October 31, 2011).

"1990年结构调整项目实施后，国家经济从自力更生转向了贸易"；还提到了"经济改革对物价和消费者福利的消极后果"，以及"在经济自由化期间，家庭食品安全恶化了"。[1]

但是有些人挣的不少

穷人正被压榨，但是在1996年前的七年时间里，企业的利润却上升了80%，[2] 白人农场主的收入也不错。"大多数研究发现，正是大商业农场主从世界银行的经济结构调整计划中获益"，古德弗雷·坎因泽（Godfrey Kanyenze）提到。[3] 塞尔比写道，"经济增长的大部分收益都涌向同国际市场有联系的老牌资本，它们绝大多数属白人所有。社会低端工薪阶层、小企业家、村社地区生产者都直接面对通货膨胀和政府开支的削减"。

园艺业已成为优先发展产业。政府首先推出了"促进出口项目"，以便为进口产品提供外汇。根据世界银行的经济结构调整计划，这些出口刺激措施被逐步取消，但是在整个20世纪90年代，津巴布韦元的贬值弥补了这些措施并刺激了出口。1990年出台的出口保留计划（Export Retention Scheme）特别重要，并迅速扩大。1993年，50%的出口创汇被用于广泛的进口；1993年外汇交易对个人开放，1994年对企业开放；到1995年，外汇可以用于度假和教育，公司利润又可以汇回国外的母公司。[4]

到1995年，1/3的白人农场主（拥有超过1600家大农场）出口园艺产品，特别是嫩豌豆、百香果和鲜花。[5] 出口量从1989/1990年度的14474

---

① Tekere, FAO.

② Benson Zwizwai, Admore Kambudzi & Bonface Mauwa, "Zimbabwe: Economic Policy – Making and Implementation: A Study of Strategic Trade and Selective Industrial Policies," in Charles Soludo, Osita Ogbu, & Ha – Joon Chang (eds.), *The Politics of Trade and Industrial Policy in Africa* (Trenton, NJ: Africa World Press/IDRC, 2004), citing the Central Statistical Office, http: //irsm. gc. ca/geh/ev – 71257 – 201 – 1 – DO_TOPIC. html (Nov 8, 2011).

③ Godfrey Kanyenze, "Economic Structural Adjustment Programme," in Medicine Masiiwa, *Post – independence Land Reform in Zimbabwe* (Harare: Friedrich Ebert Stiftung, 2004), 113 [Kanyenze, "Economic Structural"].

④ Kanyenze, "Economic Structural," 99 – 100.

⑤ Sam Moyo, *Land Reform Under Structural Adjustment in Zimbabwe* (Uppsala: Nordiska Afrikain-stitutet, 2000), 91, 192 [Moyo, *Land Reform*, 2000].

吨猛增到 1999/2000 年度的 64650 吨。津巴布韦主要的出口市场是欧盟，95% 的鲜切花，90% 的蔬菜、辛香料，75% 的柑橘类水果都出口到那里。[①] 蔬菜主要出口英国，鲜花主要出口荷兰。这种农业新产业属于资本密集型，莫约估计，1 公顷的鲜花大棚每年要花费 100000 美元。[②] 虽然农场里长期工作的工人数量稳定，但是临时工和季节工人从 1983 年的 52000 人增至 1996 年的 163000 人，在 2000 年回落到 146000 人；其中 55% 的临时工是女性。到 20 世纪 90 年代晚期，许多小农场从事订单园艺项目生产（这也显示他们在土地改革后有成为更大规模农场主的潜力）。

表 5 - 1　津巴布韦园艺出口

单位：百万美元

	1990 年	1995 年	2000 年	2005 年	2007 年
鲜花出口	12.8	52.4	67.9	43.6	33.3
水果出口	16.2	13.2	29.4	33.4	37.2
蔬菜出口	5.7	19.9	24.5	15.1	12.5
总计	34.7	85.5	121.8	92.1	83.0

资料来源：UN Comtrade database。引自 Stephen Golub and Jeffery McManus，"Horticulture Exports and African Development," paper for the Expert Meeting of LDCs in preparation for the 4th United Nations Conference on Least Developed Countries，October 28 - 30，2009，Kampala（Geneva，Switzerland：UN Conference on Trade and Development），available at www. unctad. org/templates/Download. asp? docid = 12323&lang = 1&intItemID = 2068（December 4，2011）。

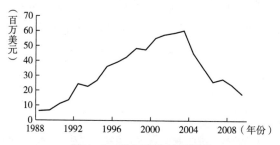

图 5 - 1　出口到荷兰的鲜花

注：荷兰从津巴布韦的进口数据。这个数据比津巴布韦的出口数据更准确，由于恶性通货膨胀的影响，以美元计价的津巴布韦出口数据不够准确。平均下来，荷兰进口了津巴布韦 80% 的鲜花，因为鹿特丹是欧洲主要的鲜花配送中心。

资料来源：UN Comtrade, un. comtrade. org。

---

① Tekere，FAO citing "Agricultural Sector of Zimbabwe," *Statistical Bulletin*，2001.
② Moyo，*Land Reform*，93.

一些白人农场主经营得特别好。塞尔比在对肯塞申地区的 70 家农场研究后发现，在实行世界银行的经济结构调整计划期间，一半的农场主实行了多元化的经营——种植鲜花、园艺、柑橘，养殖鸵鸟，发展旅游业。一些人与欧洲公司建立了合资企业。农场主还送他们的孩子到国外念书，一些人带回新的技术和市场渠道。一些人建立了数百万美元的企业，包括南半球最大的玫瑰花种植企业和全球最大的两家烟草生产企业。

但是，塞尔比承认，"年轻白人百万富翁出现的背景是其他行业不断加深的困境，这暗示白人特权的遗毒还没被去除"。奢侈品，诸如汽艇需要进口。被塞尔比采访的白人叹息这些年轻人炫耀财富，把他们视为阶级和种族怨恨的关键驱动因素。塞尔比还发现，一些出口商正把外汇转移到国外，他们通过双重报税转移定价，比如鲜花贸易，出口商在向津巴布韦官员报税时，账单上显示的是比实际交易低得多的价格，其中的差额进入了他们在欧洲的银行账户。如塞尔比所言，"白人农场主误判了政治争端，部分原因是他们假设自己是'不可或缺的'"。他继续写道："虽然出现了一个黑人商业农场主阶级，但是它对这个行业中单一种族垄断性影响甚微，这一直是它的关键弱点。"①

70

社会日益动荡

如果说一些白人农场主在世界银行的结构调整项目实施期间经营得很好，大多数津巴布韦人却并非如此。1994 年很多行业人员都开展了罢工活动，包括教师和医务人员。在 1996 年 8 月和 9 月，数千公务员进行了长达 3 周的罢工。政府放弃了世界银行的经济结构调整计划，采用了一个折中项目（津巴布韦经济和社会改革计划）。在那之后，津巴布韦的经济动荡持续了 10 年。老兵们变得焦躁不安，他们认为自己从解放战争的胜利中一无所获。他们开始要求按照罗得西亚法获得补偿，而该法是为白人士兵制定的，同时他们也抱怨政府腐败。在彻杰莱·洪兹维（Chenjerai Hitler Hunzvi）的领导下，津巴布韦民族解放战争老兵协会举行了更大规模的示

---

① Angus Selby, "Commercial Farmers and the State: Interest Group Politics and Land Reform in Zimbabwe" (PhD thesis, University of Oxford, 2006), 182, 189 – 196, 334 [Selby, "Commercial"].

威游行。

老兵们要求政府给曾参战的每名战士4000美元的补偿，外加每月16美元的退休金，未料到穆加贝总统在1997年10月竟然同意了这些要求。然而，无论这笔巨款的具体数额是多少，它都远远超出津巴布韦的支付能力——它不得不通过印钞票来支付这些补偿，结果津元兑美元的汇率一天之内骤降73%。事实上，这也开启了印钞过程，造成了10年之后的恶性通货膨胀和经济崩溃。这个决定也引发了争议，因为这比用于实施土地改革上的钱还要多，这笔巨款也可用于满足公务员涨工资的要求。更糟糕的是，政府还试图通过对工人和农民额外征税以支付这笔钱，造成老兵们和津巴布韦工会大会（Zimbabwe Congress of Trade U-nions）之间不和。

老兵们公开挑战津民盟—爱国阵线和穆加贝总统。戏剧性的是，1997年8月他们通过唱歌和打断穆加贝总统在独立烈士陵园英雄日纪念活动上的讲话来顶撞他。① 玛格丽特·东戈（Margaret Dongo）② 15岁那年越过边界到莫桑比克参加了津巴布韦的游击队，在1989年，她参与组建了"津巴布韦民族解放战争退伍军人协会"。1990年，在参战老兵的支持下，东戈被选为津民盟—爱国阵线国会议员。对党的挑战导致了她的落选，但是1995年她以独立候选人的身份再次当选。在她的要求下，议会作出一份书面回复，她在2000年1月将它公开。回复显示，政府的部长、法官、将军和高级公职人员从政府手中租赁了大农场，很多农场是政府通过自愿买卖项目收购的。③

土地问题日益成为一个更严重的政治问题，因为失业人员和低收入的工人渴望种地以增加收入或作为新的谋生手段。白人农场日益集约化，如在温室里种花。这意味着到20世纪90年代中期，更多的生产和雇佣是在

---

① Zvakanyorwa Wilbert Sadomba, *War Veterans in Zimbabwe's Revolution* (Woodbridge, Suffolk: James Currey, 2011), 121 [Sadomba, *War Veterans*].

② 引人关注的是，当时许多放在今天将被作为"童子军"遣散的人在津巴布韦政治中变得很重要；许多津巴布韦青少年明白解放战争的重要性，就参与其中。

③ "State Farms Given to Government Officials in Zimbabwe," Agence France Presse – English, March 29, 2000. 东戈名单见 http://www.zwnews.com/dongolist.xls，对东戈名单的解释见 http://www.zwnews.com/dongolist.cfm (nd, but accessed Nov 9, 2011)。

一个相对小块的土地上进行的。① 比以前更穷的人渴望地看着那些闲置的优质土地。土地是解放战争的中心问题，老兵们利用他们在战争中组织农民的动员技巧，成功领导了土地改革，并得到社区领袖的支持。1997 年年底发生了 30 次占地运动，一些人自愿撤出后等待政府重新安置，一些人被驱逐。② 随后又发生两次影响更大的占领白人农场事件，一次是 1998 年 6月在东马绍纳兰省马龙德拉市的斯沃斯韦（Svosve），另一次是 1998 年 11月在该省的格罗蒙兹区的齐夸卡（Chikwaka）。退伍老兵威尔伯特·萨多姆巴（Zvakanyorwa Wilbert Sadomba）对长达数月的准备工作作了详细记录。③ 政府强烈反对这些占地运动，派出副总统同时也是津民盟—爱国阵线党副主席穆增达到斯沃斯韦，试图说服占领者离开。在格罗蒙兹，政府还派出警察驱赶占领者，烧了他们临时搭建的窝棚，逮捕了老兵组织的领导人。但是占领运动扩大到格罗蒙兹区的其他农场，老兵利用游击战中的经验，建立组织机构，协调日益增加的农民占领者。乌泰泰委员会（2003年建立，参见第六章）回顾并发现 1998 年就有 "对白人商业农场相似的、广泛蔓延的占领"，虽然在许多案例中，"村民不情愿地服从了政府从农场撤出的命令，然而，农民对土地的渴求和日益增长的烦躁情绪第一次被点燃"。④

不连贯的政府决策与行为使得津巴布韦土地政策日益混乱，而且没有一个负责部门。⑤ 无地人员试图夺取白人的土地，而白人则拼命保护自己的土地，政府对非法占地者的含混立场迫使白人农场主和无地人员用各自

---

① Selby, "Commercial," 335.

② Sam Moyo, "Land Movements and the Democratisation Process in Zimbabwe," in Medicine Masiiwa, *Post - independence Land Reform in Zimbabwe* (Harare: Friedrich Ebert Stiftung, 2004), 204 [Moyo, "Land movements"].

③ Sadomba, *War Veterans*, 123 – 135, 155.

④ Charles Utete, "Report of the Presidential Land Review Committee on the Implementation of the Fast Track Land Reform Programme, 2000 - 2002," Harare, 2003, 15. http://www.sarpn.org/documents/d0000622/P600 - Utete_PLRC_00 - 02. pdf (accessed Oct 23, 2011).

⑤ John Blessing Karumbidza, *A Fragile and Unsustained Miracle: Analysing the Development Potential of Zimbabwe's Resettlement Schemes, 1980 – 2000*, PhD thesis, University of KwaZulu - Natal, 2009, 177 [Karumbidza, "Fragile"]; Mandivamba Rukuni, "The Evolution of Agriculture Policy: 1890 – 1990," in Mandivamba Rukuni, Patrick Tawonezvi & Carl Eicher (eds.), *Zimbabwe's Agricultural Revolution Revisited* (Harare: University of Zimbabwe Publications, 2006), 49 [Rukuni, Tawonezvi and Eicher, *Revolution*].

的方法抢占、保护土地。塞尔比评论说，"国家对非法占地者缺乏清晰或前后一致的政策，在某些特定地区，该问题的性质更多由特定地区的政治家个人和非法占领者委员会的性质决定"。①

政府及津民盟—爱国阵线内部存在两大分歧。一个分歧可以追溯到刚独立时，至今仍未解决：是应该继续维持相当数量的大型白人和黑人商业农场以种植出口作物，还是应该把更多的大农场拆分给小农户。另一个分歧涉及土地改革进程本身——应该进行激进的土地改革，还是应该进行更渐进的改革以获取国际社会的支持。

1997 年，津民盟—爱国阵线的强硬派中出现了更强烈反对白人农场主的论调，政府第一次实行 1992 年制定的《土地征收法》，指定 1471 位农民为潜在的强制接管者。但是与之相对立的另一派仍然希望获得国外捐款者对重新安置项目的支持，在他们的影响下，政府于 1998 年 6 月提出"土地改革和重新安置二期项目"，该项目与 20 世纪 80 年代的第一次重新安置非常相似。

该项目需要购买 500 万公顷土地，以分给 91000 户农民，项目还明确指出收购 500 万公顷土地来安置这些农民不会损害大型商业农业的战略地位。受益者将包括无地贫民、人多地少的家庭、年轻人、农学院毕业生以及其他有种植经验的人，他们将按照性别平等的方式被挑选。② 该计划被提交给 1998 年 9 月 9 ~ 11 日在哈拉雷召开的国际援助者会议，国际援助者们还被带到斯沃斯韦地区实地考察了占地运动。③

在英国政府中，许多人对津巴布韦的土地改革总是持敌视态度。在兰开斯特大厦会议上，英国承诺给土地改革捐款 4400 万英镑（当时约合 9000 万美元），但是后来它只捐了 1700 万英镑。④ 1997 年 5 月 2 日布莱尔就任英国首相，一些津巴布韦人还期望这届英国新政府的政策将会有所不

---

① Selby, "Commercial," 168.

② United Nations Development Programme, "Zimbabwe: Land Reform and Resettlement: Assessment and Suggested Framework for the Future," Interim Mission Report (New York: UNDP, 2002), 6. http://www.eisa.org.za/PDF/zimlandreform.pdf (accessed Nov 9, 2011).

③ Jocelyn Alexander, *The Unsettled Land: State - making & the Politics of Land in Zimbabwe, 1893 - 2003* (Oxford: James Currey, 2006), 184.

④ 由于英国设立了额外的限制条件，它为津巴布韦土地改革提供的 2000 万英镑资金援助只使用了 1700 万英镑。英国还辩解说，它在 1980 ~ 1985 年为津巴布韦提供的 2700 万英镑一般预算支持也应被视为对土地改革的资金支持。见 Paul Boateng (British High Commissioner in South Africa), "Zim Broke Land Reform Deal," *The Star* (South Africa), June 18, 2007.

同，但是希望很快破灭。时任英国国际发展大臣的克莱尔·肖特（Claire Short）1997 年 11 月在写给津巴布韦农业部长昆比莱·坎盖（Kumbirai Kangai）的信中说："一个像你设想中那样快速征收土地的项目将不可能得到我们的支持。"她继续写道："应该澄清的是，我们不承认英国在津巴布韦有承担土地购置费用的特殊义务。我们是来自不同背景的新一届政府，与以前的殖民地利益没有联系。你知道，我出身爱尔兰，我们也被殖民，而不是殖民者。"①

这封信在津巴布韦引起一些人的震惊。他们认为，作为以前殖民国家的英国狂妄自大和拒绝承担任何责任。敌视的情绪在整个捐款者会议上蔓延。捐款者认同土地改革是必需的，但是拒绝提供任何资金。津巴布韦政府说英国的"拖延战术有效地杀死了"这次会议上提出的计划。②

问题的严重性显而易见。金赛（Bill Kinsey）在 1999 年的一篇学术文章中警告说，"在津巴布韦每次大选前，那些受国家无法再分配土地影响最严重的人越来越不愿意安心坐下来听那些夸夸其谈的政客讲话，政客们承诺重新安置却无法兑现。民间不满情绪正在上升"。③

1999 年的一次会议制定了一部宪法草案，以替代《兰开斯特大厦宪法》。会议最初通过的草案指出，政府将对被征收以用于重新安置的土地给予补偿。但老兵对此予以反对，在他们的压力下，这部分内容被修改为"津巴布韦人民必须能够再次主张他们的权利，重新获得他们以前的土地"，而且任何对土地的赔偿都应该由前殖民国家支付，土地补偿本来就该由前殖民国家支付。④ 况且，赔偿将会用于改善生产条件。

反对党"争取民主改革运动"创立于 1999 年，2000 年 1 月前"津巴布韦工会联合会"主席茨万吉拉伊当选为主席。该组织发起反对新宪法的运动，因为新宪法一旦通过将增大总统的行政权，允许穆加贝总统寻求额外的两届任期。民主改革运动立刻获得白人农场主的支持，他们反对宪法

---

① http：//politics. guardian. co. uk/foi/images/0, 9069, 1015120, 00. html（Oct 23, 2011）.

② "Background to Land Reform in Zimbabwe," Embassy of Zimbabwe in Sweden（and other embassies）, n. d. , available at http：//www. zimembassy. se/land_reform_document. htm（Jan 2, 2011）.

③ Bill Kinsey, "Land Reform, Growth and Equity：Emerging Evidence From Zimbabwe's Resettle-ment Programme," *Journal of Southern African Studies*, 25, no. 2（1999）：195.

④ Sadomba, *War Veterans*, 156 – 159.

年 7 月 15 日批准了一项旨在加快土地改革的重新安置项目的："快车道"。到了 8 月，国土部长恩科莫宣布占地运动必须停下。在 2000 年后期，马里卡兰省奇平盖地区的老兵组织了对马坎德（Makande）和南丘（Southdowns）等农场的占地运动，但是他们被防暴警察武力赶走，甚至被殴打。[①] 2000 年 11 月 6 日，白人商业农场主联盟在法庭起诉占地运动时，津民盟—爱国阵线党还在报纸上登了整版广告说，"土地属于你们，不要让他们使用法庭和宪法来反对人民大众"。[②] 在 2001 年年中，议会通过的《农村土地占领者法》宣布，2001 年 3 月 1 日之后的所有占地运动都是非法的，必须停下（但是保护此前占领的土地）。然而，42% 的占地运动发生在 2001～2002 年，[③] 大多数是在法律通过之后发生的。

全国土地委员会的主席哥尼思（Francis Gonese）评论说："在殖民和后殖民时期，津巴布韦'驱逐非法占地者'的政策从未成功过。鉴于土地资源政策，在 20 世纪 80 年代和 90 年代，白人农场主和政府官员不得不学会使用强硬手段。"

认识到占地运动的规模和占领者拒绝搬走的强烈意愿后，津民盟—爱国阵线被迫接受现实。但这不是津民盟—爱国阵线的倡议，而是由反对它的老兵们首先提出的。萨多姆巴（Sadomba）提到，"认为穆加贝'没收'白人土地是明显搞错了对象，因为那不是穆加贝，而是老兵们干的"。[④] 莫约评论说："津民盟—爱国阵线和政府的决策受占地运动形式的发展而被动调整，并试图与它合作并遏制它。"[⑤]

斯库恩斯（Ian Scoones）和他的同事报道了马斯温戈省的情况，他们从 2000 年以来一直在那里调研。占地运动始于 1999 年，2000 年加速推进。典型的占地运动是这样的，老兵们事先秘密在农场建立一个大本营，然后带来更多的人建立避难所，有时甚至开始进行农业生产。1999 年晚期

① Phillan Zamchiya, "A Synopsis of Land and Agrarian Change in Chipinge District, Zimbabwe," *Journal of Peasant Studies*, 38, no. 5 (2011): 1063.

② "Zimbabwe Farmers Launch Challenge," BBC, Nov 6, 2000. http://news.bbc.co.uk/1/hi/world/africa/1009463.stm (Dec 28, 2011).

③ Sam Moyo et al., *Fast Track Land Reform Baseline Survey in Zimbabwe* (Harare: African Institute for Agrarian Studies, 2009), 20.

④ Sadomba, *War Veterans*, 161.

⑤ Moyo, "Land Movements," 207.

年7月15日批准了一项旨在加快土地改革的重新安置项目的："快车道"。到了8月，国土部长恩科莫宣布占地运动必须停下。在2000年后期，马里卡兰省奇平盖地区的老兵组织了对马坎德（Makande）和南丘（Southdowns）等农场的占地运动，但是他们被防暴警察武力赶走，甚至被殴打。[1] 2000年11月6日，白人商业农场主联盟在法庭起诉占地运动时，津民盟—爱国阵线党还在报纸上登了整版广告说，"土地属于你们，不要让他们使用法庭和宪法来反对人民大众"。[2] 在2001年年中，议会通过的《农村土地占领者法》宣布，2001年3月1日之后的所有占地运动都是非法的，必须停下（但是保护此前占领的土地）。然而，42%的占地运动发生在2001~2002年，[3] 大多数是在法律通过之后发生的。

全国土地委员会的主席哥尼思（Francis Gonese）评论说："在殖民和后殖民时期，津巴布韦'驱逐非法占地者'的政策从未成功过。鉴于土地资源政策，在20世纪80年代和90年代，白人农场主和政府官员不得不学会使用强硬手段。"

认识到占地运动的规模和占领者拒绝搬走的强烈意愿后，津民盟—爱国阵线被迫接受现实。但这不是津民盟—爱国阵线的倡议，而是由反对它的老兵们首先提出的。萨多姆巴（Sadomba）提到，"认为穆加贝'没收'白人土地是明显搞错了对象，因为那不是穆加贝，而是老兵们干的"。[4] 莫约评论说："津民盟—爱国阵线和政府的决策受占地运动形式的发展而被动调整，并试图与它合作并遏制它。"[5]

斯库恩斯（Ian Scoones）和他的同事报道了马斯温戈省的情况，他们从2000年以来一直在那里调研。占地运动始于1999年，2000年加速推进。典型的占地运动是这样的，老兵们事先秘密在农场建立一个大本营，然后带来更多的人建立避难所，有时甚至开始进行农业生产。1999年晚期

① Phillan Zamchiya, "A Synopsis of Land and Agrarian Change in Chiping District, Zimbabwe," *Journal of Peasant Studies*, 38, no. 5 (2011): 1063.

② "Zimbabwe Farmers Launch Challenge," BBC, Nov 6, 2000. http://news.bbc.co.uk/1/hi/world/africa/1009463.stm (Dec 28, 2011).

③ Sam Moyo et al., *Fast Track Land Reform Baseline Survey in Zimbabwe* (Harare: African Institute for Agrarian Studies, 2009), 20.

④ Sadomba, *War Veterans*, 161.

⑤ Moyo, "Land Movements," 207.

（恰逢复活节）的行动进展很大。他们试图在每个农庄建立基地，由一位老兵担任指挥，使用手机联络。某些活动中，老兵们还能组织大巴车和其他交通工具运送占领人员。除了一些有老兵工作的部门，政府显得不太支持占地运动，即使非正式的也没有。食品、燃料和资金主要来自占领者的亲朋好友。①

在地方上，占地行动有时能得到津民盟—爱国阵线的支持。一名43岁、带着3个孩子的离异女性一直待在埃普沃思（Epworth），那是哈拉雷一个十分拥挤的郊区。她和孩子们住在一间屋子里，作为卖鱼和蜡烛的非正式小贩，她没钱再租一间屋子。她在津民盟—爱国阵线的妇联中很活跃，在2000年7月召集了一次会议，鼓励那些住在过分拥挤房屋里的人去占领白人农场，还为那些想去格罗蒙兹区参加占地行动的人安排了交通服务（来自一个私人老板，他当时拥有全国最大的巴士车队）。她还是策划格罗蒙兹区扎那多（Zanado）农场占地运动的67人之一。让她感到骄傲的是，现在她有了一个称之为"家"的地方。②

照片5–1　2004年一名占领者在马里卡兰省奇马尼马尼地区的塔尔卡庄园。有些人把占地运动命名为"第三次齐木兰加"，认为它是第三次解放战争。（图片来源：联合木材公司）

75

但是，在国家层面上，津民盟—爱国阵线并不同情占领农场运动。在3月和4月，代理总统姆西卡和内政部长达本古瓦派出警察去驱赶占领者。但是党内态度开始转变。在2000年4月6日，政府在还有效的旧宪法中插入一项新的条款——有关土地的第16A条，一条在被否决的宪法草案中存在的条款。2000年5月23日通过了新的《土地征收法》，2000

① Sadomba, *War Veterans*, 170–181.
② Nelson Marongwe, "Interrogating Zimbabwe's Fast Track Land Reform and Resettlement Programme: A Focus on Beneficiary Selection" (PhD thesis, Institute for Poverty, Land and Agrarian Studies [PLAAS], University of the Western Cape, 2008), 213–215 [Marongwe, "Interrogating"].

草案中的新土地条款。塞尔比评论说："白人农场主付支票给民主改革运动的秀带有拒绝执政党的象征性姿态，后来证明这是不明智的。"① 2000年2月12～13日举行全民公投，在只有26%的低投票率中，反对和支持的比例分别为55%对46%，新宪法草案未被通过。

这构成了新的三足鼎立，民主改革运动和老兵都反对津民盟—爱国阵线，但他们彼此也对立。在2000年6月24～25日的议会选举中，土地是一个关键议题，白人农场主支持民主改革运动，希望颠覆土地改革。欧盟和其他观察者指责津民盟—爱国阵线使用恐吓和暴力。② 津民盟—爱国阵线赢得47%的选票、62个席位，而民主改革运动获得46%的选票、57个席位。在哈拉雷、布拉瓦约和马塔贝莱兰等城市区域，民主改革运动（MDC）的支持力量最强，而津民盟—爱国阵线则主宰了农村。

贾姆班加运动

对于老兵和无地人员来说，政府在捐款人会议上的失败和新宪法草案未被通过意味着不会进行土地改革。鲁库里（Mandivamba Rukuni）提到，"土地改革项目是在骚动农民的支持下开始的，他们频频指责社会不公和无效率的政策，从而导致不平等的农业产业结构。20世纪90年代末期的土地和农业自由化改革政策没能解决土地问题"。③

于是老兵开始采取行动，在2000年3月和4月发动了超过1000次的占领白人农场行动。这些行动被称为"贾姆班加"而闻名（jambanja，绍纳语，意为"武力"或"愤怒的行动"）。行动过程有点复杂——组织城镇的失业人员和农村社区的无地农民，随后开展有序的占领活动。侦查队试图与白人农场主进行谈判，有时还成功发动农场工人参加。老兵们相对较少，他们事儿太多，所以只能请他们周末过来帮忙。4月21～24日周末

74

---

① Selby, "Commercial," 297.

② European Parliament, "Account of the Mission to Observe the Parliamentary Elections in Zimbabwe 24 – 25 June 2000," 6 July 2000, 9. http：//www. europarl. europa. eu/intcoop/election_ observation/missions/20000624_zimbabwe_en. pdf（Nov 9, 2011）.

③ Mandivamba Rukuni, "Revisiting Zimbabwe's Agricultural Revolution," in Rukuni, Tawonezvi and Eicher, 13.

同，但是希望很快破灭。时任英国国际发展大臣的克莱尔·肖特（Claire Short）1997 年 11 月在写给津巴布韦农业部长昆比莱·坎盖（Kumbirai Kangai）的信中说："一个像你设想中那样快速征收土地的项目将不可能得到我们的支持。"她继续写道："应该澄清的是，我们不承认英国在津巴布韦有承担土地购置费用的特殊义务。我们是来自不同背景的新一届政府，与以前的殖民地利益没有联系。你知道，我出身爱尔兰，我们也被殖民，而不是殖民者。"①

这封信在津巴布韦引起一些人的震惊。他们认为，作为以前殖民国家的英国狂妄自大和拒绝承担任何责任。敌视的情绪在整个捐款者会议上蔓延。捐款者认同土地改革是必需的，但是拒绝提供任何资金。津巴布韦政府说英国的"拖延战术有效地杀死了"这次会议上提出的计划。②

问题的严重性显而易见。金赛（Bill Kinsey）在 1999 年的一篇学术文章中警告说，"在津巴布韦每次大选前，那些受国家无法再分配土地影响最严重的人越来越不愿意安心坐下来听那些夸夸其谈的政客讲话，政客们承诺重新安置却无法兑现。民间不满情绪正在上升"。③

1999 年的一次会议制定了一部宪法草案，以替代《兰开斯特大厦宪法》。会议最初通过的草案指出，政府将对被征收以用于重新安置的土地给予补偿。但老兵对此予以反对，在他们的压力下，这部分内容被修改为"津巴布韦人民必须能够再次主张他们的权利，重新获得他们以前的土地"，而且任何对土地的赔偿都应该由前殖民国家支付，土地补偿本来就该由前殖民国家支付。④ 况且，赔偿将会用于改善生产条件。

反对党"争取民主改革运动"创立于 1999 年，2000 年 1 月前"津巴布韦工会联合会"主席茨万吉拉伊当选为主席。该组织发起反对新宪法的运动，因为新宪法一旦通过将增大总统的行政权，允许穆加贝总统寻求额外的两届任期。民主改革运动立刻获得白人农场主的支持，他们反对宪法

---

① http：//politics. guardian. co. uk/foi/images/0, 9069, 1015120, 00. html（Oct 23, 2011）.

② "Background to Land Reform in Zimbabwe," Embassy of Zimbabwe in Sweden（and other embassies）, n. d. , available at http：//www. zimembassy. se/land_reform_document. htm（Jan 2, 2011）.

③ Bill Kinsey , "Land Reform, Growth and Equity：Emerging Evidence From Zimbabwe's Resettlement Programme," *Journal of Southern African Studies*, 25, no. 2（1999）：195.

④ Sadomba, *War Veterans*, 156 – 159.

马斯温戈省地区翁得左（Wondedzo）农场的占地运动是由一名老兵和一名农场工人组织协调的。他们首先在农场建立"基地"，然后到社区挨家挨户动员那些想要土地的人过来加入他们，大约来了30人。①

　　每次占地运动都是不同的。正如斯库恩斯和同事所报道的，"在某些案例中，土地占地运动由有组织的老兵团体领导，得到了政府的支持；其他案例中，行动是由农场附近社区的村民小组领导的；有时农场工人参与甚至领导土地占地运动，其他时候他们又被排除在外"。"在贾姆班加时期，老兵的作用非常关键，如在2000年11月29日，时任津巴布韦民族解放战争退伍军人协会主席的珲至韦（Hunzvi）同志，在马斯温戈镇的省酋长院对群众发表讲话，敦促他们赶紧去占领农场。"党和政府的政治回应经常是矛盾的，反映了马斯温戈省"津民盟—爱国阵线党组织的内部长期处于分裂状态"，"中央政府日益失去了权威和控制"，斯库恩斯和同事们得出了这样的结论。②

　　占领土地运动与世界银行的经济结构调整计划也有联系。卡特桑特先生（Katsande）出生于齐古图市（Chegutu），1988年他开始为"大卫·怀特黑德"纺织公司工作，结婚后有4个孩子。1966年，公司缩小规模裁员，卡特桑特是其中之一。他在镇上无法养家糊口，于是就搬到他祖父所属的位于东马绍纳兰省姆瑞哈地区的社区。但是酋长说他"不知道"有卡特桑特这个人，因为他从来没拜访过祖辈所在的地方，所以就分不到土地。考虑到自己很穷，贾姆班加运动一开始，1999年12月卡特桑特就在一小群老兵的带领下头一批参加了对阿斯隆农场（Athlone）的占地运动。由于实行经济结构调整，其他一些占地者也是丢了工作的失业者。③

　　纳尔逊·马荣格韦（Nelson Marongwe）研究了东马绍纳兰省格罗蒙兹地区的情况，到2000年3月那里有16家大型商业农场被占领。他介绍了邓斯坦（Dunstan）农场的占领和安置情况。一位生活在那里15年、做油

---

① Ian Scoones, et al., *Zimbabwe's Land Reform* (Woodbridge, Suffolk, UK: James Currey, 2010), 45 –47.

② Ian Scoones, et al., *Land Reform*, 43, 45.

③ Shingirai Mandizadza, "The Fast Track Land Reform Programme and Livelihoods in Zimbabwe: A Case Study of Households at Athlone Farm in Murehwa District," Livelihoods After Land Reform in Zimbabwe, Working Paper 2 (Cape Town: Institute for Poverty for Land and Agrarian Studies [PLAAS], University of the Western Cape, 2010), avaible at http://www.larl.org.za.

漆工的老兵在 2002 年 2 月联合其他老兵一同占领了这个农场。最开始的占地者由 25 名老兵和 12 名普通人组成，但是后来暴增到 218 人，他们中绝大部分是乘从私人运营商租来的巴士到农场的。虽然白人农场主一开始强硬抵抗，但最终还是被赶出农场。马荣格韦在格罗蒙兹区 A1 型案例中提到，有 89% 的受益者参加了土地占领运动。①

本章小结：结构调整引发了占地运动

20 世纪最严重的干旱迫使津巴布韦接受了世界银行的"经济结构调整计划"，该计划造成了破坏性的后果。贫困率迅速上升，政府大幅削减医疗和教育预算，并重新收费。多达 60000 人失业，许多教师和医生远走他乡，去了南非和博茨瓦纳。唯有出口鲜花和蔬菜的白人农场主受益。

经济紧缩引发罢工和社会动荡。反对党民主改革运动（MDC）建立起来了。捐款者反对按预定阶段实行的土地改革，选民否决了包含土地改革的新宪法草案。老兵们直接挑战津民盟—爱国阵线，推动了占领土地的行动，而政府对此持反对态度。

或许穆加贝总统和英国政府达成一致本身就是虚构的，但是名义上他对占领土地运动负有责任。

---

① Marongwe, "Interrogating," 211, 213.

第六章　第二次土地改革

持续抢占土地，一系列法律、修正案和规章，以及 2000 年的宪法修正案，最终塑造了"快车道"土地改革。但这次改革发生的速度如此之快，以致政客和政府官员几乎难以跟上改革的步伐。许多占地者在 2000/2001 农业季就开始耕作，然而政府真正分配土地是 2001 年的事情。因此当工作人员前去分地的时候，一些占地者不得不搬往新的地方。尽管如此，截至 2003 年，仍有将近 13.5 万户家庭分配到土地，而到 2010 年的时候，分配到土地的家庭达到近 16.9 万户。在短短三年的时间里，津巴布韦此前由白人大农场主所掌握的大量土地，就这样转移到黑人小农户手中，持续了一个世纪之久的殖民主义土地占有制度，就此寿终正寝。如果再加上 20 世纪 80 年代的土地改革，共有 24.5 万户家庭（超过 150 万津巴布韦人）生活在了自己的农场里。

"快车道"土地改革采取了 A1 和 A2 两种模式，延续了津巴布韦农业自殖民时代以来就采取的划分标准，即小型农户和大型商业农场。就像世界银行的一份报告指出的那样，"'快车道'土地改革的任务之一就是鼓励当地人控制大型商业农场。它的大门不仅向穷人敞开，而且还向愿意冒险进入商业种植的富人敞开"。①

A1 代表的是小农户模式，主要面向此前没有土地的人，一个典型的白人农场通常被分成 40 ~ 45 个 A1 农场（参见表 6 - 1）。如此一来，A1 农场就有 6 公顷良田（贫瘠地区面积要大一些），通常还有一些公共牧场，而

---

① Simon Pazvakavambwa and Vincent Hungwe, "Land Redistribution in Zimbabwe," in Hans Binswanger – Mkhize, Camille Bourguignon and Rogerius van den Brink, *Agricultural Land Redistribution: Toward Greater Consensus* (Washington: World Bank Publications, 2009), 157 [Pazvakavambwa and Hungwe, World Bank].

后者非常重要，因为大部分农户都要用牲口耕地。这与 20 世纪 80 年代重
新安置进程中的 A 模式很相似。省级和地区土地鉴定委员会选择和安置
A1 农场的定居者。技术推广官员通常会把每块土地都打上界桩。约有一半
的定居者是贾姆班加运动时期的占地者，另一半则是通过正式和非正式的
申请。乌泰泰（Utete）委员会在 2003 年的报告中指出，97% 的 A1 农场主
都已经开始在他们的土地上耕作。① 政府的确曾试着帮助 A1 农场主，但

表 6 - 1　重新安置前后农场规模的变化（2003 年）

	白人农场			重新安置后的农场		
	数量（个）	面积（公顷）	平均规模（公顷）	数量（个）	平均规模（公顷）	白人农场被分割后的平均数量（个）
A1						
马尼卡兰省	246	195 644	795	11 019	18	45
东马绍纳兰省	382	302 511	792	16 702	18	44
西马绍纳兰省	670	792 513	1 183	27 052	29	40
中马绍纳兰省	353	513 195	1 454	14 756	35	42
中部省	306	513 672	1 679	16 169	32	53
北马塔贝莱兰省	258	543 793	2 108	9 901	55	38
南马塔贝莱兰省	226	683 140	3 023	8 923	77	39
马斯温戈	211	686 612	3 254	22 670	30	107
A2						
马尼卡兰省	138	77 533	562	463	167	3
东马绍纳兰省	319	250 030	784	1 646	152	5
西马绍纳兰省	568	369 995	651	2 003	185	4
中马绍纳兰省	241	230 874	958	1 684	137	7
中部省	106	181 966	1 717	229	795	2
北马塔贝莱兰省	65	142 519	2 193	191	746	3
南马塔贝莱兰省	65	191 697	2 949	271	707	4
马斯温戈	170	753 300	4 431	773	975	5

资料来源：Utete Report, 24。

---

① Charles Utete, *Report of the Presidential Land Review Committee on the Implementation of the Fast
Track Land Reform Programme, 2000 - 2002*（Harare, 2003）, 24. ［也就是人们所说的
《乌泰泰委员会报告》（Report of the Utete Committee），本书将其简称为《乌泰泰报告》。］
http://www.sarpn.org/documents/d0000622/P600 - Utete_PLRC_00 - 02.pdf（accessed Oc-
tober 23, 2011）。

《乌泰泰委员会报告》发现，A1 农场主"需要种子、化肥和耕作设施等方面的农用物资，但在过去一个耕作季（2002/2003 农业季），政府只是很随意地给了他们一些，且数量严重不足"。此外，"分配给这一项目的财政预算仍然少得可怜"。①

A2 模式旨在培育黑人大型商业农场，其方法是将一个白人农场划分为 3~7 个 A2 农场。申请者必须向土地、农业和农村重新安置部递交申请，并且还需要省级和地区级土地鉴定委员会的推荐信。土地、农业和农村重新安置部在全国主要报纸上刊登广告，邀请人们前去申请。在申请的时候，需要附有商业计划书，其中包括设定预算和现金流，详细列出申请者的收入、财产、经历、资格和培训情况等。申请者需要在没有政府支持的情况下，独立使用自己的资源进行耕作。老兵、曾在解放战争中帮助过津民盟的人、被拘禁过的人以及女性都受到了特殊照顾。

学者出身的查尔斯·乌泰泰（Charles Utete）博士曾担任总统与内阁的秘书长，他在 2003 年 4 月退休后被任命为"快车道"土地改革计划实施情况总统土地审查委员会的主席，主持发布了第一份关于"快车道"土地改革的详细报告。② 由于经常被标榜为罗伯特·穆加贝的亲密顾问，③ 他受到了国际制裁，④ 并因 1991 年 10 月 1 日从政府手中租赁了西马绍纳兰省洛马贡迪的 3350 公顷土地而名列"东戈名单"。尽管他身处高位，但或许正是因为这一政治地位，他的报告写得非常详细，而且大胆列出了"快车道"土地改革的一些问题。尤其值得一提的是，他毫不客气地指出，A2 农场充满了组织混乱、官僚习气和政治斗争。⑤ 区域信息综合网络（Integrated Regional Information Network）认为，该报告"尽管称赞了政府'快车道'计划的目标，但也指出农业改革因官僚作风和行为不当而被涂上了污点"。⑥

---

① Utete Report，22，30.

② 乌泰泰在 2003 年 3 月获得任命，在 2003 年 10 月发布报告。

③ David Masunda，"Double Blow for Bob," Johannesburg：*Mail & Guardian*，April 18，2003.

④ 他主要是作为"总统土地审查委员会的主席"而被列入欧盟的制裁名单。

⑤ Utete Report，21-22，31.

⑥ "Zimbabwe：Focus on Utete Committee Report on Agrarian Reform," IRIN，November 6，2003. http：//www. irinnews. org/report. aspx？reportid＝47101（November 10，2011）.

A1 和 A2 农场有一半是在 2000 年和 2001 年正式分配的，有 1/4 是在 2002 年正式分配的，此后直到 2006 年，每年还会分配一点。大部分 A1 和 A2 农场主在土地分配的当年就开始耕种，几乎所有农场主在分配的第二年都开始耕种。①

共有 5 项调查向我们很好地展示了土地改革农场与农民的图景，这些图景所描绘的内容非常相似。在这五项调查中，有 3 项是全国性的：

- 乌泰泰委员会在 2003 年的调查。
- "土地、土地改革和重新安置部"在 2006 年针对各省发布的一系列《A2 农场土地审查报告》。② 这些报告共调查了 10513 个农场，占 A2 农场总数的 79%。
- 萨姆·莫约及其非洲农业研究所（African Institute of Agrarian Studies）团队的《基本调查》。他们于 2006 年年初分别在 6 个省的 6 个地区采访了 2089 个重新安置的农户（1651 个 A1 农户，438 个 A2 农户）。③ 截至目前，这项调查的引用率仍然最高。莫约的团队还采访了 760 名农业工人，见第十二章。

85　　另外，还有两项地域性的调查：

- 在马斯温戈省的调查。该调查由一个团队开展，成员包括英国苏塞克斯大学发展研究所的伊恩·斯库恩斯（Ian Scoones）、哈拉雷的纳尔逊·马荣格韦、曾在津巴布韦大学农业经济学院任教的克里斯彭·苏库姆（Crispen Sukume）和马斯温戈省农技推广服务中心（Agricultural, Technical and Extension Services, Agritex）的布拉索·马沃德曾格（Blasio Mavedzenge）。他们的调查结果后成书出版，名为《津

---

① Sam Moyo, et al., *Fast Track Land Reform Baseline Survey in Zimbabwe：Trends and Tendencies, 2005/06*（Harare：African Institute for Agrarian Studies, 2009）18, 19, 51［Moyo, et al., *Baseline Survey*］.

② Ministry of Lands, Land Reform and Resettlement & Informatics Institute, *A2 Land Audit Report*（Harare 2006）. 该报告共分 8 卷，每卷一个省，先后在 2006 年发布［*A2 Land Audit Reports*］。

③ Moyo et al., *Baseline Survey*.

巴布韦的土地改革：神话与现实》。[①] 这个团队从 2000 年开始共调查了 400 个"快车道"农场主，尽管他们的研究对象仅限于一个省，但仍然很好地向我们展示了重新安置农场主的境况。

●2004 年，普罗斯珀·马通迪（Prosper Matondi）带领一个团队在中马绍纳兰省的马佐韦地区开展的一项调查。该调查汇集了 19 个被分成 A1 农场和 13 个被分成 A2 农场的前白人农场的数据。[②] 这项调查的结果与上述调查大致相同。

占有与使用率

这些调查使我们对新农场主如何迅速地占领土地以及使用了多少土地有了基本的了解。

乌泰泰委员会发现，截至 2003 年 7 月 31 日，总面积为 420 万公顷的 2652 个农场根据 A1 重新安置模式被分配给 127192 个农户。受惠者的占用率高达 97%。[③] 截至 2010 年，共有 145800 个受惠者获得了 580 万公顷的土地（见表 1 - 1）。

尽管 A1 农场的重新安置进程相对比较顺利，但 A2 农场则要复杂得多，且进展缓慢。这在一定程度上是 2001/2002 年严重旱灾的结果（见图 4 - 1），它对刚刚获得土地的新农场主们而言是一记打击，[④] 而且似乎对资本密集型的 A2 农场影响更为严重。尽管农场主们只需抵押房屋就能筹集

---

① Ian Scoones, et al., *Zimbabwe's Land Reform: Myths & Realities*(Woodbridge, Suffolk: James Currey, 2010) [Scoones, et al., *Land Reform*]. 他们共研究了 4 个地区的 400 个农场：古图地区（自然条件属于第三类的地区，为贫瘠的沙土地，降水稀少，73 个 A1 农场，12 个 A2 农场）、马斯温戈地区（第三类和第四类地区，贫瘠的沙土地，194 个 A1 农场，4 个 A2 农场）、齐雷济地区（第五类地区，干旱，重质土，但也包括甘蔗种植区，29 个 A2 农场和 57 个非正规农场）和姆韦内济地区（第五类地区，非常干旱，重质土，23 个 A1 农场，26 个非正规农场和 14 个 A2 农场）。

② Prosper Matondi, "Mazowe District Report—Findings on Land Reform, Volume Ⅱ", Harare, 2005 [Matondi, "Mazowe"].

③ Utete Report, 5.

④ Mandivamba Rukuni, "Revisiting Zimbabwe's Agricultural Revolution," in Madnivamba Rukuni, Patrick Tawonezvi and Carl Eicher, eds., *Zimbabwe's Agricultural Revolution Revisited* (Harare, Zimbabwe: University of Zimbabwe Publications, 2006), 14.

到所需要的资金，但还是延误了他们的农业生产。农场安置过程中还存在政治方面的问题，我们将在第九章对此进行详细讨论。对于 A2 农场而言，《乌泰泰委员会报告》发现，总面积为 220 万公顷的 1672 个前白人农场被分配给 7260 个申请者，其在全国的平均占用率为 66%。"大约 34% 的申请者没有占用他们的农场表明有大量土地被闲置，然而具有讽刺意味的是，还有成千上万申请 A2 农场的人在向政府施压，要求分配土地"，乌泰泰委员会如此表示。①

截至 2006 年，A2 农场的受惠者达到 15607 人。《A2 农场土地审查报告》表明，只有 7% 的 A2 地块因没有被占用而闲置，但另有 15% 的闲置地块没有分配。② 截至 2010 年，A2 农场的面积增加到 350 万公顷，农场主增加到 22409 个（其中包括 217 个总面积为 50.9 万公顷的大型农场，它们实际上可以被看作黑人大型商业农场，见表 6 – 1）。

《基础调查》和《A2 农场土地审查报告》都对 2006 年的土地使用情况进行了考察。《基础调查》（见表 6 – 2）表明有 25% 的新农场主已经耕种了他们几乎所有的可耕地，有 50% 以上的 A1 农场主和 43% 的 A2 农场主已经耕种了 40% 以上的可耕地。鉴于白人农场主只耕种了他们 15% ~ 34% 的土地，③ 这表明新农场主所耕种的土地总量很快便超过了此前的白人。《基础调查》还发现，有 14% 的 A1 农场主和 28% 的 A2 农场主使用了灌溉系统，但这两类农场主均有 20% 没有耕种他们的土地。④《A2 农场土地审查报告》发现，有 55% 的新 A2 农场主效益不错，有 37% 的农场主没有很好地使用他们的土地，另有 7% 的农场主完全没有耕种土地（见第九章）。

谁得到了土地？

这一问题被提问的方式，以及人们在多大程度上只能选择单一的身份，在上述调查中均有所不同。表 6 – 2 至表 6 – 6 从不同的角度对土地改革的受益者进行了描述，让人印象深刻的是，这些不同的调查几乎得出了

① Utete Report, 5.

② A2 Land Audit Reports.

③ 参见第三章。

④ Moyo et al., Baseline Survey, 64.

完全相同的结论。

表 6 - 2   可耕地在 2006 年的使用情况

土地使用率（%）	A1（%）	A2（%）
0	21	18
1～20	11	22
21～40	15	17
41～60	14	13
61～80	12	8
81～100	27	22

资料来源：Moyo et al.，*Baseline Survey*，Table 4.5。

87

表 6 - 3   土地接收者的来源（基础调查）

	A1（%）	A2（%）
村社地区	66	53
白人农场	9	4
城 市	20	35
其他地方的就业人员	3	8
其 他	2	1

资料来源：Moyo et al.，*Baseline Survey* Table 2.6。

表 6 - 4   之前的职业（基础调查）

	A1	A2
无业人员和农场主占比（%）	40	36
从业人员占比（%）		
私营部门占比（%）		
技术和管理人员占比（%）	3	5
半技术人员占比（%）	14	7
非技术人员占比（%）	7	5
公务员占比（%）		
技术和管理人员占比（%）	2	3
半技术人员占比（%）	2	5
非技术人员占比（%）	1	1
军人、警察占比（%）	11	9
其他占比（%）	19	29
农场数量（个）	1651	438

资料来源：Moyo et al.，*Baseline Survey* table 2.11。

表 6 – 5　马斯温戈抽样调查的定居者概况

	A1（%）	A2（%）
来自农村的普通人占比（%）	54	12
来自城市的普通人占比（%）	12	44
公务员占比（%）	17	26
安全人员占比（%）	4	2
商人占比（%）	5	10
前农业工人占比（%）	8	5
农场数量（个）	266	57
其中老兵的比例（%）	9	9

注：安全人员包括军人、警察和中央情报组织的人。

资料来源：Scoones, et al., *Zimbabwe's Land Reform*, Tables 2.6 & 2.7.

对于小农户而言，引自《基础调查》和马斯温戈省研究的表 6 – 3 和表 6 – 5 均给出了重新安置农场主的来源，从中我们可以看到大部分 A1 农场主都来自村社地区。这两项调查均发现有 1% 的农场主来自 20 世纪 80 年代重新安置农场或购买地农场，且均显示有很大一部分为城市贫民。表 6 – 4 和表 6 – 5 表明，有大量新的小农户来自军队和公务员系统。对马斯温戈省 A1 农场的调查也发现，有 66% 的农场主为"普通人"（见表 6 – 5）。①

《基础调查》、《A2 农场土地审查报告》和马斯温戈省的研究以不同的方式提出了关于 A2 农场的问题，但很难将它们的结果综合在一起，尽管很多 A2 农场主显然都是"普通人"。很大一部分 A2 农场主来自城市地区，这反映了筹集资金方面的需要。《基础调查》发现，有 77% 的 A1 农场主生活在农场，生活在城市地区的仅为 17%，相较而言，A2 农场主的数字则分别为 60% 和 34%。《基础调查》还发现，有 45% 的 A2 农场主仍然在从事其他工作（有 17% 在政府部门工作），这意味着他们仍然需要为发展 A2 农场筹集资金。

这些调查还为我们提供了一些其他方面的信息。《A2 农场土地审查报

---

① Matondi, "Mazowe".

告》表明人们的受教育程度相当高：有 17% 的 A2 农场主曾接受过正规的农业培训，另有 13% 的 A2 农场主拥有大学学位。①

但最初也存在一些不稳定因素。《基础调查》发现，有 14% 的 A1 农场主和 11% 的 A2 农场主被威胁赶出农场，有 5% 的 A1 农场主和 4% 的 A2 农场主确实被赶了出去——基本都是地方政府或中央政府的行为，但也有一些是被士兵和老兵赶走的。在所有接受调查的地方，问题最大的是格罗蒙兹地区，因为其临近哈拉雷，对土地的争夺非常激烈。② 然而普洛斯珀·马通迪对马佐韦地区的调查发现，只有很少的农场主被威胁赶出农场，其中 A1 的比例为 3%，A2 的比例为 1%。③

精英还是亲信？

对土地改革计划抱怨最多的是，大量土地（通常被指为 40%）流入"穆加贝亲信"的手中。表 1－1 表明，自独立以来，有 1350 万公顷前白人农场被分给黑人农场主，其中 950 万公顷（71%）的土地被分给小农场主，即 20 世纪 80 年代的重新安置农场主和 A1 农场主，另有 300 万公顷（22%）被分给小型 A2 农场主，100 万公顷（7%）被分给大型 A2 农场主和黑人大型商业农场主。④

津巴布韦独立后仍然采用殖民时代大型商业农场与小型农户并存的双重农业战略。尽管相较之前的白人农场，A2 农场的规模要小很多，但它们仍然相当大，且仍属于资本密集型的农场，因此申请者在申请的时候，需要证明他们有钱进行投资。许多黑人大型商业农场的所有者是出钱购买的农场。毫无疑问，他们都是精英，都是相对比较富有甚至非常富裕的人。人们不应该像国际社会的大多数人那样，一边支持继续发展大型商业农

---

① Nelson Marongwe, "Interrogating Zimbabwe's Fast Track Land Reform and Resettlement Programme: A Focus on Beneficiary Selection" (PhD thesis, Institute for Poverty, Land and Agrarian Studies [PLAAS], University of the Western Cape, 2008), 154.

② Moyo et al., *Baseline Survey*, 44－45.

③ Prosper Matondi, "Juggling Land Ownership Rights in Uncertain Times in Fast Track Farms in Mazowe District," 2011.

④ 之所以会出现 "40%" 这个数据，可能是因为 A2 农场占据了 "快车道" 土地改革全部 920 万公顷土地的 38%，然后有人声称这些 A2 土地都流入 "穆加贝亲信" 的手中。

场，一边反对农场掌握在精英人士的手里。

就像白人政府在殖民时代将土地作为奖赏送给其支持者一样，独立后的政府也做了同样的事情。事实上，大部分国家（包括欧洲国家和美国）在政治层面都存在一定程度的恩宠行为，其中获胜政党会奖赏其主要的支持者。

对于 A2 农场甚至所有农场而言，身为津民盟—爱国阵线的党员或有能说得上话的朋友肯定会大有帮助。但这会使得 2.3 万名 A2 农场主和大型农场主都成为"穆加贝的亲信"吗？我们不想如此草率地讨论这么大的一群人，即便有些高层的人确实有好几个大型的好农场。如果我们反对精英所掌握的大型农场，那就意味着我们反对拥有 A2 农场和大型农场的整个体系，因为只有精英才能够承担这些农场的投资。同样，A2 农场的申请者必须表明他们有钱进行投资，因此毫不奇怪，大部分 A2 农场主都具有城市背景（见表 6-3 和表 6-5）。津巴布韦农业推广官员、伊恩·斯库恩斯研究小组的成员之一布拉索·马沃德曾格也是一位 A1 农场主，他曾表示："我在政府工作，但我不是所谓的亲信，我认为许多人都是如此。"①

在这种情况下，"亲信"可以用来指那些因为与津民盟—爱国阵线或政府关系密切才获得大型农场或多个农场，否则便一个农场都得不到的人。毫无疑问，有些"亲信"得到了土地，有些还是最好的土地，而且他们通常还能获得拖拉机等普通土地改革农场主无法获得的支持。表 6-6 表明，在接受调查的所有 A2 农场中，有 1.2% 也就是 130 个 A2 农场分给了总统和内阁办公室的人，另有 38 个农场被部长们拿走。根据东戈名单，②在政府租赁给单个农场主的大型农场中，有相当大的一部分租给了将军、部长、法官以及其他明显具有政治或军方背景的人。而且，还有好几百人拥有多个农场，或拥有比 2001 年所设定的最大面积还要大很多的农场③（见表 9-1 和表 9-2）。但我们还没有掌握具体的数据，这主要是因为

① Interviewed by Martin Plaut, "Crossing Continents: Farming Zimbabwe," BBC Radio 4, December 1, 2011 and December 5, 2011, available at http://www.bbc.co.uk/programmes/b017mvx6#synopsis (December 6, 2011).

② 参见第五章。东戈名单见 http://www.zwnews.com/dongolist.xls，对东戈名单的解释见 http://www.zwnews.com/dongolist.cfm (n.d., accessed November 9, 2011)。

③ Pazvakavambwa and Hungwe, World Bank, 157, 159.

《全面政治协议》（第5.9条）"为确定责任归属和杜绝拥有多个农场……而开展全面、透明与无党派的土地审查"的呼吁还没有得到落实。

表6-6 定居者概况（2006年《A2农场土地审查报告》）

A2农场定居者背景	定居者比例（%）	农场数量（个）	政府部门定居者的详细情况	
			比例（%）	数量（个）
"普通人"	37	3936		
老兵	17	1974		
商人	9	916		
政府人员	27	2862		
公务员			17	1822
安全人员			7	787
总统与内阁办 公室人员			1.2	130
部长			0.4	38
其他政府人员			0.8	85
传统领袖	0.5	48		
其他和无法确定的人	7	777		
农场总数		10513		

注：老兵包括帮助过津民盟的人和被拘禁过的人等；政府人员包括从那些部门中退休的人；其他政府人员包括议员和省级与地区级政府人员；传统领袖包括酋长、灵媒和牧师。受惠者选择自己的身份，而且只能选择一种，即便他们可能既是老兵，又是公务员，还是商人。

资料来源：*A2 Land Audit Reports*。

我们需要记住的是，因为需要自己筹集资金进行大规模的农业耕作，所以导致所有大型农场都掌握在精英的手里。但这些精英并不全都是"亲信"。比如在东戈名单中，还有相当多的农业专家和职业农场主，以及工程师、医生和其他专业人员。我们估计，只有不到5%的新农场主属于"亲信"，他们所掌握的土地不到总面积的10%。

在第七章和第九章，我们还会问另外一个问题：这些精英的农场是否得到了有效利用？

91

制　裁

作为对"快车道"土地改革和2000年选举中的暴力行为的反应，美国、欧盟和澳大利亚先后在 2002 年和 2003 年对津巴布韦进行制裁，并在随后的几年中不断修改制裁措施。欧盟 2011 年的制裁措施主要包括冻结 163 名个人的财产并向他们实施旅行禁令（包括入境和过境），同时冻结 31 家与津民盟—爱国阵线及政府领导人有关联企业的资产。欧盟制裁的具体目标是要确保"一分钱或一丁点经济资源都不会直接或间接"流入名单上的个人或企业的腰包，或为他们"带来好处"。①

美国的制裁措施比欧洲更为严格，"禁止无论居住在何地的美国人或居住在美国的他国人"与名单上的人或"他们所掌控的实体"、"他们的直系亲属"以及任何"代表受制裁对象开展活动的人"从事交易。② 制裁对象涵盖 118 名个人和 11 家企业，其中包括一些政府拥有股份的大银行，如农业银行、基础设施发展银行和津巴布韦银行。制裁名单上还有一家大型半国营公司——津巴布韦钢铁有限公司。据维基解密披露，津巴布韦财政部长腾代·比蒂（Tendai Biti）希望美国能将上述三家银行从制裁名单中去掉，因为那样将有助于津巴布韦的经济改革。这项建议在 2009 年 12 月得到美国驻津巴布韦大使查尔斯·雷（Charles Ray）的支持，③ 但遭到美国政府的拒绝。将银行纳入制裁名单产生了连锁效应，导致美国公民和企业很难与津巴布韦进行生意往来。例如，津巴布韦是为数不多的几个贝宝国际（Paypal）在线支付系统没有覆盖的国家之一，④ 据称这是因为美国财政部曾授意贝宝国际不要与津巴布韦做生意。⑤

① The Council of the European Union, "Council Decision 2011/101/CFSP of 15 February 2011 Concerning Restrictive Measures Against Zimbabwe," *Official Journal of the European Union*, 16 (February 2011).

② 相关法律见美国财政部网站：http：//www. treasury. gov/resource – center/sanctions/Programs/Pages/zimb. aspx，受制裁个人与企业名单见美国驻津巴布韦大使馆网站：http：// harare. usembassy. gov/uploads/GA/r_/GAr_mydP5GsiV8xOy – zfcQ/SDN_List1. pdf（both accessed November 11, 2011）.

③ "Biti Sought Sanctions Removal — WikiLeaks," *NewsDay*, September 20, 2011, available at http：//www. newsday. co. zw/article/2011 – 09 – 20 – biti – sought – sanctions – removal – wikileaks（November 11, 2011）.

④ 贝宝国际覆盖了 188 个国家，但是不包括津巴布韦。见 https：//www. paypal. com/uk/cgi – bin/webscr? cmd =_display – country – functionality – outside（November 11, 2011）。

⑤ Walter Nyamukondiwa, "Sanctions：US Blocks Couple's US＄30 000 Transfer," *The Herald*, March 9, 2011.

最终，无论欧盟①还是美国都不允许向土地改革农场主提供援助。美国和英国还禁止世界银行和国际货币组织向津巴布韦提供援助。

让人印象深刻一点的是，相较于对白人统治时期罗得西亚的制裁，美国对津巴布韦的制裁要严厉得多（见第三章）。

2010 年，总部位于哈拉雷的贸易与发展研究中心比较了罗得西亚政府和津巴布韦政府对制裁的不同反应。②罗得西亚严格管控外汇和进口，尤其是严禁进口任何可在本地生产的产品；鼓励发展进口替代工业（在一定程度上依赖于无法外流的国内储蓄）；货币供应受到严格控制，以防止通货膨胀。津巴布韦则完全相反：由于没有进口限制，进口量激增；没有对国内的工业化加以支持，始于经济结构调整方案的去工业化进程继续发展；"印制钞票成了每天最重要的事情，导致津巴布韦陷入恶性通货膨胀，以致破坏了所有其他的经济领域"。这份报告暗示，津巴布韦政府可能试图同时在多条战线开战：罗得西亚政府从商界获得了支持，但津巴布韦政府却"向私营企业家们开战，因为私营企业家被认为是反对派的左膀右臂"。

恶性通货膨胀与政治分裂

土地改革开始的时机也非常不好。两年旱灾让新农场主损失严重。津巴布韦元与美元的汇率在 1997 年还是 19 比 1，到 2000 年便下降为 55 比 1。2002 年年中，二者的汇率跌到 1000 比 1。2003 年 11 月，吉登·戈诺（Gideon Gono）被任命为储备银行的行长。他所奉行的政策是通过大量印钞、补贴当地产品与关键商品的方式来扩展经济，同时利用行政手段控制通货膨胀和投机行为。这种非正统的政策最终失败，并导致腐败和恶性通货膨胀。2006 年 1 月，津元对美元的汇率变成 10 万比 1，到 2007 年年中

---

① "No EU Farm Aid... Until Land Audit," *Zimbabwean*, July 30, 2010. http：//www. thezimbabwe-an. co. uk/news/33149/no – eu – farm – aid – – until – land – audit. html （November 11, 2011）.

② James Hurungo, "An inquiry Into How Rhodesia Managed to Survive Under Economic Sanctions：Lessons for the Zimbabwe Government"（Harare, Zimbabwe：TRADES Centre, 2011）. ht-tp：//www. tradescentre. org. zw/index. php? option = com_docman&task = doc_download&gid = 62&Itemid = 8 （December 24, 2011）.

的时候，黑市汇率达到了1亿比1。2008年年中，黑市汇率为1后面14个零，物价每天翻一倍；2008年底，汇率创造了1后面22个0的纪录（见表6-7）。

表6-7　津巴布韦元对美元汇率的变化（部分日期）

	官方汇率	黑市汇率
1980 年	0.68	
1983 年	0.96	
1984 年	1.50	
1990 年	2.64	
1991 年	5.05	
1994 年	6.82	
1997 年	10.50	
1999 年	36.23	
2001 年 1 月	55	70
2003 年 1 月	55	1 400
2003 年 7 月	824	3 000
2004 年 1 月	4 196	5 000
2005 年 1 月	5 730	6 400
2005 年 7 月	17 600	25 000
2006 年 1 月	99 202	150 000
2006 年 8 月	250 000	550 000
2007 年 1 月	250 000	6 000 000
2007 年 7 月	250 000	300 000 000
2008 年 1 月	30 000 000	6 000 000 000
2008 年 5 月 6 日	187 073 020 880	200 000 000 000
2008 年 6 月 30 日	11 378 472 550 240	40 928 000 000 000
2008 年 9 月 30 日	1 322 500 000 000 000	10 000 000 000 000 000
2008 年 10 月 29 日	6 195 200 000 000 000	900 000 000 000 000 000
2008 年 11 月 24 日	441 825 000 000 000 000	12 000 000 000 000 000 000 000

　　注：这是津巴布韦最初货币的汇率，2006年1月、2008年8月1日和2009年2月2日发行的新货币后面的零要少一些。

　　这是有史以来最为严重的通货膨胀之一,[①] 它给所有人（包括农场主）都带来混乱。腐败变得更为严重，因为精英阶层可以按照毫无意义的官方汇率兑换货币，然后用几千美元就可以修建豪宅。到 2007 年年中的时候，黑市汇率已经是官方汇率的 1000 倍。政府对农业投入与产出、交通运输、利率和外汇市场偶尔为之的干预行为，只能导致危机进一步恶化。对农用物资（种子、化肥和燃料）和服务等定价过低，以致无法弥补生产与维修（比如机械）的成本，最终导致供应商因无法收回成本而供应不足及农作物产量低下，与此同时，高价黑市开始出现。全国化肥产量从 1999 年的 50.5 万吨下降到 2007 年的 16.6 万吨。[②] 政府对公路和铁路等交通部门的干预，也没有产生什么效果。[③] 但恶性通货膨胀对于有些人而言却是天降馅饼，比如当柴油或化肥必须以官方价格出售而实际市场价格远高于官方价格，那些有购买渠道的人（有时也包括普通农场主）就可以使用这些农用物资或用它们换取别的东西。农场主们不得不转向非正规市场，采取以物易物的方式进行买卖，而且他们还越来越依靠亲属从国外汇来的钱。辛吉瑞·曼迪扎达（Shingirai Mandizadza）在 2008 年采访了东马绍纳兰省的阿斯隆农场，对途经当地的出售衣服和肥皂等家用物品的商人进行了报道，他发现 1 条裙子值 3 桶玉米，家畜也被用来交换农资和设备。[④]

93

94

---

① 匈牙利辨戈在 1946 年的通货膨胀达到了 29 个零。更为著名的通货膨胀发生在魏玛德国，马克在 1921～1924 年涨了 14 个零。维基百科的表格详细列出了津巴布韦元的汇率变化，见 http://en. wikipedia. org/wiki/Zimbabwean_dollar#Exchange_rate_history（December 1, 2011）。

② Tendai Murisa, "Farmer Groups, Collective Action and Production Constraints: Cases from A1 Settlements in Goromonzi and Zvimba," Livelihoods After Land Reform in Zimbabwe, Working Paper 10 (Cape Town, South Africa: PLAAS, University of the Western Cape, 2010).

③ Kingstone Mujeyi, "Emerging Agricultural Markets and Marketing Channels Within Newly Resettled Areas of Zimbabwe," Livelihoods After Land Reform in Zimbabwe Working Paper 1 (Cape Town, South Africa: PLAAS, University of the Western Cape, 2010), available at www. larl. org. za [Mujeyi, "Emerging Agricultural Markets"].

④ Shingirai Mandizadza, "The Fast Track Land Reform Programme and Livelihoods in Zimbabwe: A Case Study of Households at Athlone Farm in Murehwa District," Livelihoods After Land Reform in Zimbabwe, Working Paper 2, 2010 (Cape Town, South Africa: PLAAS, University of the Western Cape, 2010), available at www. larl. org. za. See also Philani Moyo, "Land Reform in Zimbabwe and Urban Livelihoods Transformation," Livelihoods After Land Reform in Zimbabwe, Working Paper 15 (Cape Town, South Africa: PLAAS, University of the Western Cape, 2010).

政府试图用强制性力量来抑制通货膨胀，却打击了正在经历土地改革的农场主们。将白人农场主分割开来和改变定居方式导致贸易模式发生根本性的变化，许多新的小农场主开始在市场上出售牛肉和其他产品，而且在那些有人居住的重新安置农场附近，也出现了一些非正规的市场。2005年，政府启动"清理运动"（Operation Murambatsvina），试图清理在自由化浪潮中大规模成长起来的非正规贸易。以被重新安置的农场主们为服务对象、新建立却没有注册的市场被摧毁。伊恩·斯库恩斯与他的团队指出，"在许多城市，这一运动所针对的是反对派的支持者，具有很严重的政治倾向，许多人遭到驱逐。但在新的重新安置点情况则有所不同，因为津民盟—爱国阵线的支持者和老兵也像其他人一样深受其害"，即便有位占地运动的老兵领导人请求别拆，最终也没能保住当地的一个市场。① 直到2009年美元化实施之后，各地的市场才慢慢恢复起来。

与之相类似，在殖民时代和独立最初的几年间，牛肉贸易曾被牢牢地控制在政府和冷藏委员会的手中。② 但随着结构调整方案和土地改革的实施，一个由小商贩构成的新的大型市场网络开始主宰牛肉贸易。2007年，政府宣布对牛肉实行价格管制，关闭私人屠宰场，并要求所有牛肉都必须通过冷藏委员会进行交易。布拉索·马维曾格（Blasio Mavedzenge）与他的研究小组通过对马斯温戈省的调查指出，在安全机构的支持下，因其制服颜色而被称为"绿色轰炸机"的青年人组织全国青年服务中心，"一个小贩又一个小贩、一个肉店又一个肉店地检查牛肉的价格，武断地处罚和逮捕那些违反规定的人。当然，由于实际价格因通货膨胀而以指数比率增长，价格控制在公布之前就已经变得毫无意义，而且无论谁通过正规渠道出售牛肉都会赔得血本无归。黑市进一步扩张……价格控制政策很快乱成一锅粥，安全机构开始禁止营业、索取贿赂和随意罚款，牛肉市场则转移到了地下"。③

95　　　据估计，截至2007年，有200万人离开津巴布韦，其中一半前往南非——相当于延续了始于结构调整时期的移民潮。他们每年汇回大约5亿

---

① Scoones et al. , *Zimbabwe's Land Reform*, 210.

② 后来改名为冷藏公司，但仍为国有公司。

③ Blasio Mavedzenge et al. , "The Dynamics of Real Markets: Cattle in Southern Zimbabwe Following Land Reform," *Development and Change*, 39, no. 4 (2008): 620, 633.

美元的现金。但联合国开发计划署（United Nations Development Program）指出，"人才外流对公共服务领域的影响是灾难性的，以医疗行业为例，据估计在 1980 年以来培训的医生、护士、药剂师、放射科医生和临床医学家当中，有 80% 的人离开了津巴布韦"。[①]

在 2011 年的采访中，我们发现了两个令人吃惊的结论。首先，货币美元化之后，经济恢复的速度如此之快，以致人们不再提及此前的通货膨胀，而是将眼光放到了未来。其次，当被问及通货膨胀的时候，农场主们并非持完全否定的看法。他们还是从政府那里获得了一些供应，比如在 2005～2006 农业季，有 1/3 的 A1 农场主得到了一些种子。[②] 实际利率为负数意味着在还贷的时候只需要还实际贷款额度的一部分，而且所获得的投入几乎相当于免费。实行美元化后，他们抱怨必须全额偿还贷款，而且虽然获得农用物资比以前容易，却太贵。尽管如此，农场主们还是对美元化举手欢迎，并生产和出售了更多的农产品。

政治危机

在政治战线，反对党在 2005 年分裂成两个党派，分别为由茨万吉拉伊（Morgan Tsvangirai）领导的争取民主变革运动和由穆坦巴拉（Arthur Mutambara）领导的争取民主变革运动。

2007 年 3 月底，南部非洲发展共同体在坦桑尼亚召开特别首脑会议，委托南非总统塔博·姆贝基推动津巴布韦各方进行谈判，以求解决该国政治危机。总部位于约翰内斯堡的南非选举研究中心报道指出，津巴布韦在 2007 年和 2008 年年初存在一些政治暴力行为，其中"对争取民主变革运动的支持者、成员和领导人的攻击尤为严重。当然，争取民主变革运动也对津民盟——爱国阵线进行了攻击，但相比较而言次数要少很多"。2007 年年底，津民

---

① Dale Doré, Tony Hawkins, Godfrey Kanyenze, Daniel Makina & Daniel Ndlela, "Comprehensive Economic Recovery in Zimbabwe" (Harare, Zimbabwe: UNDP, 2008), 109 – 112, available at http://www.humansecuritygateway.com/documents/UNDP_Zimbabwe_ComprehensiveEconomicRecovery.pdf; Daniel Makina, "Survey of Profile of Migrant Zimbabweans in South Africa," 2007, 2, available at http://www.idasa.org/our_products/resources/output/survey_of_profile_of_migrant/? pid = states_in_transition (both accessed November 11, 2011).

② Mujeyi, "Emerging Agricultural Markets," 9.

盟—爱国阵线与争取民主变革运动开始谈判。2008年3月29日，总统选举与议会选举同时进行。南非选举研究中心表示，在选举进程中"基本维持了和平的环境"。"与之前的选举相比，此次选举之前一段时间内和平与宁静的环境以及有助于人们表达自己政治意愿的环境，都要宽松很多。"①

选举结果迟至5月2日才公布。津巴布韦选举委员会称茨万吉拉伊和穆加贝分别获得48%和43%的选票，第二轮选举定在2008年6月27日举行。众议院（议会）的选举结果是争取民主变革运动（最初由茨万吉拉伊领导的争取民主变革运动，有时也指争取民主变革运动—茨派）获得100个席位，津民盟—爱国阵线获得99个席位，争取民主变革运动—穆派获得10个席位，另有1个独立席位。参议院的选举结果为津民盟—爱国阵线获得30个席位，争取民主变革运动—茨派获得24个席位，争取民主变革运动—穆派获得6个席位。

这场无明确定局的选举结束之后，人们的情绪发生了变化。津民盟—爱国阵线的高层官员开始指责反对派为"叛徒"、"卖国贼"、"巫婆"和"妓女"。在第一轮选举开始前不久，津巴布韦国防军司令官康斯坦丁·奇温加（Constantine Chiwenga）曾宣称"军队绝不会在总统选举前、选举中和选举后支持或向卖国贼与西方的代理人敬礼。除了穆加贝总统之外，我们将不会支持任何人"。② 罗伯特·穆加贝也表示，永远不会允许"我们为之奋斗的土地被争取民主变革运动抢走并交给白人"。③ 他后来又说："3月份的选举刚结束不久，老兵们就来到我这里，说如果茨万吉拉伊赢得选举，他们将拿起武器来保护他们的农场和国家独立……圆珠笔（用来在选票上画钩的）无法与火箭筒辩论。老兵们不会让这种事情发生。"④

---

① Eleceteral Institute for Sustainable Democracy in Africa（EISA），"Election Observer Mission Report：The Zimbabwe Harmonised Elections of 29 March 2008，" Election Observer Mission Report, No. 28（Pretoria, South Africa：EISA, 2008），27, 41. http：//www.eisa.org.za/PDF/zimomr08.pdf（November 4, 2011）.

② *The Language of Hate*（Harare, Zimbabwe：Media Monitoring Project Zimbabwe, 2009），7, 20, quoting，"I'll Only Salute Mugabe, Not Sellouts：Chiwenga," *The Standard*, March 9, 2009.

③ "Safeguard revolution—President," *Herald*, June 13, 2008, quoted in *The Language of Hate* （Harare, Zimbabwe：Media Monitoring Project Zimbabwe, 2009），51.

④ "Maize Imports Supported," Harare：*Sunday Mail*, June 22, 2008. Quoted in *The Language of Hate*（Harare, Zimbabwe：Media Monitoring Project Zimbabwe, 2009），56.

第七章　西红柿、玉米和烟草

"我父亲只是一个自耕农。但我做的就和他不一样，我是在做纯粹的生意"，法努埃尔·穆坦迪罗（Fanuel Mutandiro）解释说。他现在已经是最为成功的 A2 农场主之一，每个月都要向哈拉雷的市场运送上千箱 8 公斤装的西红柿。他一边带我们参观他在马佐韦地区诺曼戴尔（Normandale）农场的 60 公顷土地，一边告诉我们虽然西红柿是他的主业，但他为了产业多元化，正在将西红柿的利润投资到其他领域。他带我们看了刚刚开始养殖，以土豆、大豆和玉米为食的小鸡，以及新的鱼池（用来养殖罗非鱼）。他还计划建一座冷库。我们还参观了他妻子桃乐茜（Dorothy）的菜园，她正进行商业化种植，这个家庭内部显然也存在竞争。接下来我们看到了牛群，"这是我的银行"，法努埃尔说。2009 年那个糟糕的农业季过后，他卖了 25 头牛，用卖牛的钱进行投入，购买拖拉机的燃油和支付工人的工资，直到西红柿又开始盈利。

法努埃尔曾是一名保安，20 世纪 90 年代末的时候，他开始做蔬菜生意，先从白人农场主那里购买，然后运往哈拉雷销售。"快车道"土地改革实施后，他递交申请并在诺曼戴尔农场获得一块土地，当时那块土地没被开垦，也没有任何基础设施。他承认自己对农业几乎一窍不通，于是向别人请教。"一开始的时候，我从农技推广服务中心那里获得了帮助。然后我开始自己尝试，如果失败了，我就再试。现在我都可以教他们了。"他还和白人农场主们交流，其中有位白人农场主给了他一条至关重要的建议："在你有两台拖拉机之前，不要购买卡车。你不能用卡车耕地，但你却能用拖拉机运货。"

于是他抵押了自己在哈拉雷的房子，从一位离开诺曼戴尔农场的白人农场主那里购买了一辆二手拖拉机和一些灌溉管道，并接上了电。他用拖 105

拉机清理土地和钻井取水。西红柿成熟后，他在拖拉机后面挂了个车斗，沿着 45 公里主路向哈拉雷的穆巴里市场送了 70 趟西红柿。"有些人笑话我"，他说。但大多数在公路上超他车的司机都记住了他。后来他购买了一辆大型拖拉机。他继续扩大规模，设立了每月种植 1 公顷西红柿的制度，以确保他的西红柿能不断上市，并开着更大的拖拉机和更大的车斗前往哈拉雷。最终，他购买了一辆卡车。此后，他为家里盖了一栋房子。法努埃尔还进行了各种尝试。他在某一年的雨季试种了一个新的西红柿品种，但这种西红柿很容易发霉，他几乎颗粒无收。但另外的尝试成功了，因为他及时总结了经验。

对于法努埃尔而言，西红柿可能利润丰厚，但判断土地改革的标准却是玉米和烟草，因为烟草是最重要的出口物资，玉米则是人们的主要食物，就像我们在第三章中所指出的那样，是得到人们广泛研究与培植的农作物。农民与重新安置农场都很熟悉杂交玉米种子、化肥和各种各样的杀虫剂，偶尔也会见到除草剂。玉米产量受降雨影响很大，20 世纪 90 年代末和 21 世纪初，村社地区农场主的产量为每公顷 1～1.5 吨，20 世纪 80 年代，重新安置农场主的产量约为每公顷 2 吨，商业农场主则约为每公顷 5 吨。[①]

2011 年 5 月，我们来到艾斯特·马克瓦拉（Esther Makwara）A1 农场的玉米地。那里的玉米很高，间距很密，玉米穗很大，杂草控制得也很好，一切都让人过目难忘。陪同我们前来的农技推广服务中心官员估计，艾斯特女士玉米地每公顷的产量可以达到 8 吨，这比大多数老白人商业农场主的产量都高。艾斯特是一名教师，但她祖父曾是一位购买地农场主，因此她得以在农场长大。她在 2002 年开始种地。她的丈夫仍然在哈拉雷工作并住在那里，但给钱让她租了一辆拖拉机、买了一些农用物资，其他投入则来自政府。除了耕种自己的 6 公顷土地外，她还耕种了其他农场主不准备耕种的 9 公顷土地。她一共收获了 100 吨玉米，利润足够买一辆拖拉机。她现在每年种两季庄稼，其中冬季种植需要灌溉的大豆和小麦，夏季种植靠天吃饭的玉米。接下来的几年，她继续将利润用于投资，购买各种设备、更多的灌溉管道、第二辆拖拉机，甚至还买了一辆小汽车。当我们

① Kingstone Mashingaidze, "Maize Research and Development," in Mandivamba Rukuni, Patrick Tamonezvi, and Carl Eicher（eds.）, *Zimbabwe's Agricultural Revolution Revisited*（Harare, Zimbabwe: University of Zimbabwe, 2006）.

问她是如何买下这些东西的时候，她弯腰抓了一把土——她是用从农场获得的利润购买了这些东西。她的小农场现在有 6 个全职工人，另外还有一些季节工人。

艾斯特的住宅位于马佐韦地区克雷冈瓦（Craigengower）农场之前白人农场主的居住区，距诺曼戴尔农场正好 25 公里。当我们在 2011 年 5 月拜访她家的时候，客厅里堆满了成袋的大豆，外面是一个装满玉米的粮仓，厨房里则是艾斯特新买的花生酱机，用来加工她刚刚丰收的 2 吨花生。克雷冈瓦农场被分成 74 个 A1 农场，每个农场约有 6 公顷的土地。我们曾在第一章引述过争取民主变革运动政策协调员艾迪·克罗斯（Eddie Cross）的说法，即"（前白人农场）大多数都已经荒废，他们的家园和农场建筑被抛弃，他们的良田重新长满了灌木"。艾迪应该参观一下克雷冈瓦农场。如果驱车前往前白人农场的居住区，你会发现那是一个热闹非凡的地方。每栋建筑都已投入使用：粮店和机械店，一些农场主的住宅，以及一栋为这个农场及另外两个农场服务的农业推广官员的住宅。事实上，他只要打开谷歌卫星地图，就能够看到克雷冈瓦农场被耕种得多么充分。但有一件事情艾迪是对的，居住区里有一样的确荒废了：旧游泳池的水已经干枯，里面长满了杂草。

照片 7-1　艾斯特（右一）在克雷冈瓦农场与她的邻居讨论玉米种植情况

各种各样的农场主

107　　这里有津巴布韦最好的土地，艾斯特和法努埃尔也是津巴布韦最好的农场主。参观了艾斯特的田地，并在四处走动中采访了另外一些对我们感到好奇的农场主之后，我们前往克雷冈瓦的其他农田。斯蒂芬·奇古达（Stephen Chigodza）是村子里的副村长，他的玉米长势也不错，而且也没有多少杂草。陪同我们的农技推广服务中心的官员估计他的玉米每公顷产量可达 5 吨。但与之相邻的地里的玉米却长得很矮小，且杂草丛生。我们都认为那块地的主人是一个很糟糕的农场主；他仍然生活在哈拉雷，根本不重视他的土地。农技推广服务中心的官员说："他需要一些帮助。"

　　接下来，我们顺着小路走到了米勒卡·桑格瓦（Milca Changwa）的田里。她辞去教职，从父亲那里接过土地。她承认自己今年做得不够好，如果幸运的话，每公顷产量能够达到 3 吨。但她很坚定，而且正在学习。"艾斯特是我们的榜样，"她说，"我可以求助于她。"

　　在诺曼戴尔农场，法努埃尔说他的土地已经全部耕种，现在他从前面路边的农场借了 20 公顷——这也说明许多新农场主仍然没有耕种他们全部的土地。当谈到前面路边另外一个 A2 农场主的时候，他气不打一处来。那个农场主凭借政治关系得到土地，还获得了拖拉机等全套农具。"但他将农具全都卖了，拖拉机甚至根本就没用过"，法努埃尔说。他指着附近从诺曼戴尔农场分出来的一个长满杂草的农场说："他在政府工作，分到土地之后什么都没做。"然后我们前往诺曼戴尔的另一个农场。我们到达的时候，农场主正在玉米剥皮机旁边，他的身体两边一边是玉米皮和剥掉皮的玉米棒子，另一边是还没有剥皮的玉米棒子。他走过来欢迎我们的时候，身上满是玉米皮，甚至眼镜上都沾满了玉米皮的碎屑。他是部队里的一名将军，但他生活在农场里。当他在诺曼戴尔获得这块 50 公顷的农场的时候，里面种了 3 公顷的玫瑰花。白人农场主刚刚种了一年，然后将这位将军介绍给了出口商，以便他能够履行合同。玫瑰又丰收了两年，但随后被恶性通货膨胀击垮了。由于必须将欧元兑换为津巴布韦元，以出口为导向但没有良好外部联系的农场主都破产了，因为当他们试图购买农用物资的时候，他们手中的现金几乎已经分文不值。此外，大棚所需要的塑料布也到处都买不到了。于是他只好放弃玫瑰种植。但就像所有的优秀农场主一样，他转而种植其他作物。他现在正在从事一体化生产，即用玉米和大豆喂鸡，然后再用鸡粪和大豆喂鱼。

我们发现"农场"一词可能令人感到困惑，因为现在农场中有农场。白人大型商业农场都有自己的名字，那些名字仍然被用来指称大的社区。因此艾斯特的 A1 农场或小块土地被定义为克雷冈瓦农场的一部分，而克雷冈瓦就是此前白人农场的名字。我们试图明确的是，我们所指的到底是新农场还是老农场。

108

照片 7-2　诺曼戴尔的一个 A2 农场主正在给玉米脱皮

烟草与玉米

就像之前的白人农场主那样，只有一小部分土地改革农场主变成收益丰厚的商业农场主。但许多人在相对较小的规模上也取得了成功。烟草、棉花与订单农业在后美元化时代发挥了重要作用。

我们在第一章中提到的齐班达（Chibanda）女士，对她在格罗蒙兹贝莱韦（Bellevue）农场的 6 公顷土地而自豪。"我们当时正生活在我父亲在穆托克（Mutoko）村社的农场里，老兵前往那里并告诉我们：'如果跟我们走，你们就能得到土地。'我们跟他们走了。白人农场主封锁了道路，他们试图阻止我们，但我们最后还是占领了他们的农场。我们分得了这块土地。我们刚到这里的时候，除了灌木别的什么都没有。"十年过去了，她和丈夫及两个孩子已经有了一栋两室的砖房，以及绍纳人传统的用砖砌的圆形厨房。他们种了半公顷玉米和一个菜园，这为他们提供了大部分的食物。但他们的主业是 1.5 公顷烟草和 2 个新的烤烟房，北方烟草公司为烤烟房提供贷款，他们自己制作了砖头。烤制烟叶是烟草生产业最为困难的一个环节，因为需要让烟叶保持柔软而非一碰就碎。烤制过程需要一周的时间，其间必须让炉子底部的火一直燃烧，而且火力还要大小适中。齐班达夫妇晚上就住在烤烟房前面，以确保火不会熄灭。扣除投入成本，他们在 2011 年的利润有 1000 多美元，这些钱可能不是很多，但足以让他们跻身商业农场主的行列。

艾尼斯·马津巴姆托（Enisi Madzimbamuto）在马切凯村的斯普林戴尔（Springdale）农场拥有一个 A1 农场，她丈夫仍在哈拉雷的一个工厂上班。她笑着告诉我们，她比丈夫挣得还要多。她有一头牛，她还用从农场赚的钱购买了犁、耕耘机、耙子和手推车。她曾尝试过种植烟草，但最终放弃了，因为那需要做太多的事情。她只种玉米，除了请一些季节工人之外，她基本上是单枪匹马地耕种那块 6 公顷的农场。在 5 公顷玉米种植地，她每公顷能收获 3 吨玉米，虽然达不到其他高产农场主的产量，但每年还能使她赚取 2000 美元，她表示这要高于烟农的收入。此外，她还有时间在剩下的 1 公顷土地上种植自己吃的粮食。

如此一来，似乎每个 A1 农场主都能成为真正的商业农场主，而且他们种植玉米所获得的收入，似乎比种植烟草还多。

20 世纪 80 年代的成功——但用了一代人的时间外加各种支持

我们不应对 A1 农场主的成功感到惊讶，因为对 20 世纪 80 年代重新安置工作的最好的研究总结指出："由于获得了土地，即使在津巴布韦经济陷入停滞的时候，重新安置农场主仍然保持了强劲的发展势头。"①比

---

① Jan Willem Gunning, John Hoddinott, Bill Kinsey & Trudy Owens, "Revisiting Forever Gained: Income Dynamics in the Resettlement Areas of Zimbabwe, 1983 – 1997," *Journal of Development Studies*, 36, no. 6 (2000): 133 [Gunning, Hoddinott, Kinsey, and Owens, 2000].

尔·金赛（Bill Kinsey）1983/1984 年以来先后采访了 400 个重新安置家庭，他发现"重新安置以后，生产水平和生产率都有了显著提高"，① 并因此导致"农业收入大幅增加"，即从刚刚获得农场的 1982/1983 农业季的每户平均收入 200 美元增加到 1995/1996 农业季的每户平均收入 1100 美元。② 他的团队还将这些重新安置家庭与仍然生活在村社地区的一些家庭进行了对比，发现前者的耕作面积虽然是后者 2 倍多（分别为 3.5 公顷和1.7 公顷），但收入却要高 2 倍多（分别为每公顷 250 美元和 80 美元）。③

他们还非常快地积累了资产。牛群以每年 16% 的速度增加。到 1995年的时候，50% 的土地改革农场主都在银行有存款。但金赛发现，在通货膨胀的情况下，牛"作为一项投资，在津巴布韦的经济中比所有金融工具都要牢靠"。④

20 世纪 80 年代初，土地改革的受惠者获得了各种重要的支持。比尔·金赛及其同事指出，"在改革最初的阶段，各种支持覆盖范围很广，获得信贷也很容易，而且都配套了市场设施、学校、清洁水供应及其他基础设施"。他们注意到研究人员"很清楚受惠者有多么重视他们在非经济方面所获得的机会"，而且"绝大多数受惠者都变成了更好的农场主"。⑤据估计，每户农民平均获得了 597 美元的实际耕种支持（119 美元用来培训、推广和准备土地等，478 美元为贷款），另外每户还获得了 763 美元的基础设施经费（592 美元用来建设学校，171 美元用来建设公路、供水和浸槽等基础设施）。土地与征收的成本最高为 2684 美元，这要高于实际花在新农场里的费用。⑥ 但与 20 世纪 70 年代白人农场所获得的补助相比

110

① Bill Kinsey, "Zimbabwe's Land Reform Program: Underinvestment in Post - Conflict Transformation," *World Development*, 32, no. 10 (2004): 1682 [Kinsey, 2004].

② Gunning, Hoddinott, Kinsey, and Owens, 2000, 136.

③ Bill Kinsey, "Land Reform, Growth and Equity: Emerging Evidence From Zimbabwe's Resettlement Programme," *Journal of Southern African Studies*, 25, no. 2 (1999): 184 [Kinsey, 1999].

④ Kinsey, 2004, 1686.

⑤ Kinsey, 2004, 1686.

⑥ Kinsey, 2004, 1682; Klaus Deininger, Hans Hoogeveen & Bill Kinsey, "Economic Benefits and Costs of Land Redistribution in Zimbabwe in the Early 1980s," *World Development*, 32, no. 10 (2004): 1707 [Deininger, Hoogeveen and Kinsey, 2004], citing Anne - Sophie Robilliard, Crispen Sukume, Yuki Yanoma, and Hans Löfgren, "Land Reform and Poverty Alleviation in Zimbabwe: Farm - Level Effects and Cost - Benefit Analysis" (Mimeo, 2001).

（见第三章），这已经是小巫见大巫了。

金赛及其同事还对重新安置的内部收益率进行了考察，他们发现即便将土地的费用考虑在内——农业项目的土地费用相当高，收益率还是能达到 15% ~20%。[①] 然而经济结构调整开始实施后，所有这些支持都减少了。

我们从中得到的一个经验是：土地改革农场主用了一代人的时间才学会如何最有效地耕种土地。金赛及其同事写道："20 世纪 80 年代初，人们经常会看到三个人赶着几头牛耕地：一个人扶犁，一个人用绳子牵牛，第三个人在旁边拿着鞭子，哪头牛不听话就抽它一下。15 年之后，有人看到一个人在田里耕地，而且只是吹吹口哨和吆喝几声就完全可以控制住牛群。更重要的是，这些农户可能已经完全掌握了如何'边学边做'。他们 20 世纪 80 年代初刚定居下来的时候，对脚下的土地完全不熟悉。随着时间的推移，他们知道了哪块土地最适合种植哪种作物，以及应采取什么样的方式种植新的农作物等。"[②] 金赛还补充说，"就像人一样，牛也是'边学边做'，随着时间的推移，它们也习惯了一个人的号令，并且知道了它们需要做的事情"。而且，"20 世纪 80 年代初分配给定居者的耕地大部分都荒废了很多年"。新的定居者要想耕种，首先需要清理土地，而彻底清理干净杂草和灌木花费了他们好几年的时间。接下来，他们还要投入资金来保护土壤和控制水资源，以及购买新的设备并学会如何使用它们。

事实上，世界各地均有充足的证据表明，人们要想在重新安置后丰衣
111 足食，至少需要一代人的时间。[③]

但如何从总体上对土地改革进行评价呢？土地改革的支持者会引证法努埃尔和他的西红柿，而反对者则会引证公路两旁闲置的土地。就像我们在克雷冈瓦农场所看到的那样，农场主们的表现各不相同，从好到坏都有，虽然只有很少的农场主做的和艾斯特一样好，但大部分还说得过去。当然，只举出这么少数几个或好或坏的例子并不能说明问题。我们将在第八章和第九章中分别对 A1 农场主和 A2 农场主进行更加详细的考察。那两

① Deininger, Hoogeveen and Kinsey, 2004, 1707.
② Jan Willem Gunning, John Hoddinott, Bill Kinsey & Trudy Owens, "Revisiting Forever Gained: Income Dynamics in the Resettlement Areas of Zimbabwe, 1983 – 1997," Working Paper 98 (Oxford, UK: Centre for the Study of African Economies, May 1999 version), 8.
③ Kinsey, 1999, 175.

为小型商业农场的重要性提供另一个例证，为这些著作添砖加瓦。我们还强调了在农用物资、机械、灌溉和信贷等方面进行持续支持的必要性，因为它们将确保新农场主去耕种更多的土地并实现更高的产量。小型商业农场主正在引领农村发展和粮食安全的步伐——但他们无法完全依靠自己的力量，他们需要政府的支持。

津巴布韦土地与农业改革的经历在全球各地产生了强烈反响，它为世界上关于农业生产率与粮食安全的讨论提供了更为丰富的经验与教训。

第一章　老兵与土地

二战结束后，南罗得西亚政府给想种地的白人复员老兵①分了土地，把公路修到了农场，还为他们提供种子、化肥和生产工具。在他们到来之前，每个农场主40公顷的土地都已经被开垦过。对于那些没有耕作经验的人，还有两年种植和财政管理方面的培训。当时大部分土地都已经有人耕作，因此原有的黑人农场主被赶走——经常是被塞进货车里，直接丢到偏远地方，他们的家也被烧掉。这是1945～1947年发生在罗得西亚的故事，而这些白人老兵则来自第二次世界大战。

一些黑人农场主进行了抵抗。穆赫波·马瓦基里·马欣齐（Mhepo Mavakire Mashinge）谈到，那个"杀德国鬼子的人"带着他的"黑人守卫者"骑马过来，强迫村社的牲畜离开"他"的土地，还经常烧掉一些房子，最后竖起护栏。这场战争进行了十年，马欣齐那边的人砍掉围栏，在"白人的土地"上放火，而白人农场主则烧掉黑人的房子，强迫黑人青年劳动。② 最后，当地黑人村社被赶到现在位于东马绍纳兰省所在的一小片区域。

二战之后的十年内，白人的人口和农场数量都增长了一倍，而黑人则继续被迫流离失所。1952年的《南罗得西亚官方年鉴》提到，"黑人土著

---

① 这些白人复员老兵包括两部分，一是英国在南罗得西亚招募并在二战后回到南罗得西亚的白人老兵，二是二战后涌入南罗得西亚的白人移民中的退伍士兵，其中主要为英国退伍士兵。——译者注

② 该资料来自马欣齐之孙乔治·塞尔（George Shere）所做的记录，是1962年2～3月系列访谈的一部分，这些访谈内容记录在35本学校练习本内。乔治·塞尔为英国开放大学的学者，曾是一独立战争时期的老兵。他的祖父马欣齐曾被白人驱离自己的土地。——译者注

被逐步从欧洲人区迁到保留区和土著专属区"。① 乔伊·马沙温加纳（Joe Musavengana）讲述了他的故事："那时我只有五岁，所以记不太多。但是我清楚地记得人们被白人士兵和警察赶上卡车，他们的小件行李被扔在车厢后面。卡车被塞得满满的，人们不知道他们会被赶到哪里。我还记得我没法带上我的小狗。一些人的房子被烧掉，许多人被直接扔在戈奎地区的森林里。"那是 1958 年。②

伊恩·史密斯是这些新农场主的一员，他曾是"喷火"式战斗机的飞行员。他在回忆录中承认，他的新土地曾被黑人"非法占地者"③ 占据。"非法占地者"是对世代都生活在那些突然被宣布为"白人"土地上的津巴布韦黑人的蔑称。史密斯后来成为罗得西亚的统治者，在 1965 年宣布《单方面独立宣言》（Unilateral Declaration of Independence），随后发动了野蛮的战争以维持白人的统治。在乔伊·马沙温加纳被迫离开他的土地 15 年后，他和其他很多人都参加了游击队，在 1979 年打败了史密斯政府的正规军。罗得西亚变成了津巴布韦。

根据罗得西亚政府在 1930 年颁布的《土地分配法》，土地问题被明确种族化。它规定：全国土质和水源最好的那一半土地是"欧洲人的"，禁止把这些土地转卖给黑人。剩下的那一半土地留给占总人口 95% 的当地黑人。由于没有足够的白人去实际占有那些"白人的"土地，所以黑人被允许作为"非法占地者"暂时留在那里，不过随着战后大量白人的涌入，黑人被赶走。但是当越来越多的黑人被赶到那一半指定为"非洲人"的贫瘠土地后，严重过剩的人口引起土地退化。土著农业部的一位名叫肯·布朗（Ken Brown）的前土地开发官员在 1959 年写道，"保留区绝大部分耕地的肥力都已耗尽、土壤严重退化，至少需要通过 12～15 年的休耕才能恢复土

---

① Central African Statistical Office, *Official Year Book of Southern Rhodesia, With Statistics Mainly up to 1950 - No 4 - 1952* (Salisbury, Southern Rhodesia: Rhodesian Printing and Publishing Company, 1952).

② 该资料来自笔者于 2010 年 8 月 30 日在乔伊·马沙温加纳位于马佐韦的农场采访。本书中所涉及人物的名字都是真实的，没有使用化名。

③ Ian Douglas Smith, *The Great Betrayal: The Memoirs of Ian Douglas Smith* (London: Blake, 1997).

土地与政治：津巴布韦土地改革的迷思

地肥力和土壤结构，之后才可以开始种植经济作物"。①

　　津巴布韦占少数的白人拼命维护他们的特权，经过 14 年的解放战争，黑人多数的统治直到 1980 年才实现。新政府很快就着手解决不平等问题，独立后的前十年变化巨大。医疗和教育大幅提升，农产品销售部门和农技推广服务部门②都进行了激进的改革，转而服务所有农民。然而，南非的种族隔离政策还未结束，那里的白人政府又挣扎了 10 年以维护白人的统治。一个多种族津巴布韦政府的成功建立，在意识形态和现实层面对南非构成了严重的挑战，所以南非不断攻击新独立的邻国，造成津巴布韦政局动荡。

　　夺回土地一直是津巴布韦解放战争的中心目标，但新政府面临的问题是如此之多，以至于土地改革没有成为首要问题——国内要完全改变数十年来白人至上的问题，国外有南部邻国的敌视。即便白人政府在战场上失败了，大多数白人农场主仍然都还占有土地。独立后不久，开始了第一次土地改革，有 75000 个家庭分到了土地③——这是非洲历史上规模最大的土地改革④，但是远远不能满足需求。毫无疑问，这次土地改革是成功的，甚至世界银行的研究人员也发现，"新安置的农户极大地提高了生产效率"。⑤但是大部分最好的土地还在白人手里，许多白人农场主仍然发展良好，特别是针对罗得西亚的禁运被取消后，园艺作物的出口增长较快。

---

① Charles Utete, *Report of the Presidential Land Review Committee on the Implementation of the Fast Track Land Reform Programme*, 2000 – 2002 (Harare, Zimbabwe, 2003) [known as the Report of the Utete Committee and cited here as the Utete Report], 12, citing Ken Brown, "Land in Southern Rhodesia" (London: Africa Bureau, 1959), available at http://www.sarpn.org/documents/d0000622/P600 – Utete_PLRC_00 – 02.pdf (accessed October 23, 2011).
② 农技推广服务部门的技术人员都受过专业训练，他们通常是政府职员，帮助农民改良耕作方法，引入新品种，提高生产和收入，帮助除虫，还常常提供销售支持。
③ 土地改革将大块土地分成小块土地，然后从有权势的人手中移交给无权势的人。在非洲，这通常意味着土地从以前殖民时代的白人移民移交给本地黑人。南非遵循的是恢复原状模式，将土地归还给百年之前被从土地上赶走人员的后代。津巴布韦选择的是重新安置模式，分到土地的新农民与历史上的土地所有者没有关系。
④ 肯尼亚在 20 年内重新安置了 50000 个家庭。参见 Lionel Cliffe, "The Prospects for Agricultural Transformation in Zimbabwe," in Colin Stoneman (ed.), *Zimbabwe's Prospects* (London: Macmillan, 1988), 309, fn 2.
⑤ Klaus Deininger, Hans Hoogeveen & Bill Kinsey, "Economic Benefits and Costs of Land Redistribution in Zimbabwe in the Early 1980s," *World Development*, 32, no.10, (2004): 1698. 德林格 (Deininger) 和胡戈文 (Hoogeveen) 在世界银行工作，只有金赛 (Kinsey) 对 20 世纪 80 年代津巴布韦的重新安置项目做了长期研究。

6

南非直到 1990 年的颠覆活动、几次严重的干旱以及对过去种族隔离社会耗资巨大的重建，迫使津巴布韦政府接受了世界银行的经济结构调整方案（Economic and Structural Adjustment Program）。因为造成工厂倒闭、工人失业，该方案给津巴布韦经济造成很大压力。[1] 世界银行和资助津巴布韦新政权的外国政府都认为，土地改革花费太高，津当局也不热心，因此土地改革就停了下来。20 世纪 90 年代中期，由于津巴布韦非洲民族联盟—爱国阵线（Zimbabwe African National Union – Patriotic Front，简称津民盟—爱国阵线）[2] 政府无法妥善处理各种国际与国内压力，津巴布韦经济陷入困境。随后爆发了罢工和抗议，建立了新的反对党。解放战争老兵日益不安，他们表示从战争中一无所获。津民盟—爱国阵线政府没能将土地问题提上议事的优先议程，但其严重性又变得十分突出。

最终，老兵在 1998 年采取行动。他们利用解放战争期间学到的动员技巧，组织无地和失业人员，看准白人农场后在一夜之间占领它们，这被称为贾姆班加（绍纳语，指武力或愤怒的行为）[3]，与巴西无地人员的占地运动很相似。最初的时候，津民盟—爱国阵线的领导层对占地运动持反对态度，但是占地者得到了基层党组织和基层政府的支持。津民盟—爱国阵线最终改变了态度，将"快车道土地改革"合法化，并希望为此获得好评。但是，老兵们也清楚：他们正在挑战自己政党的领袖们。

阿格奈丝·马齐拉（Agnes Matsira）[4] 在 1979 年被地雷夺去一条腿，

[1] 经济结构调整也对津巴布韦的土地改革进程产生了不利影响，可参见 Sam Moyo, *Land Reform under Structural Adjustment in Zimbabwe: Land Use Change in the Mashonaland Provinces*, Nordiska Afrikainstitutet, Uppsala, 2000。——译者注

[2] 津巴布韦非洲民族联盟—爱国阵线，它在解放战争时期以津巴布韦非洲民族联盟（Zanu）之名而闻名；在 1980 年大选期间，它与其他解放运动组织——津巴布韦非洲人民联盟联合组成了爱国阵线联盟，名称就变成了津巴布韦非洲民族联盟—爱国阵线（Zanu – PF）。独立后它又重新使用以前的名称——津巴布韦非洲民族联盟（Zanu），随后在 1987 年与津巴布韦非洲人民联盟合并后成立了津巴布韦非洲民族联盟—爱国阵线（Zanu – PF）。在本书中，津巴布韦非洲民族联盟（Zanu）指解放运动组织，而津巴布韦非洲民族联盟—爱国阵线（Zanu – PF）指执政党。

[3] Joseph Chaumba, Ian Scoones & William Wolmer, "From Jambanja to Planning: The Reassertion of Technocracy in Land Reform in South – Eastern Zimbabwe," *Journal of Modern African Studies*, 41, no. 4 (2003): 540.

[4] 除特别说明外，本书中的访谈资料都来自笔者 2010 年和 2011 年在相关农场所做的实地采访。

那时她已是一位有 18 年战斗经验的老游击队员。20 年后，她帮助组织了贾姆班加运动，现在她在格罗蒙兹区（Goromonzi district）拥有方圆 6 公顷的农场。她最近最好的收成是：仅仅 4 公顷地就收获了 27 吨玉米，单产比大多数白人农场主的都高。现在她在农场里有一栋砖房，由于女儿过世，她还照顾三个外孙。

离马齐拉家不远是齐班达（Chibanda）女士家。她和丈夫也参加了贾姆班加运动，他们以前靠她父亲在附近人口稠密的村社地区的土地为生。"生活虽然还很艰难，但是现在好些了，因为我们能生产足够的粮食，吃饭没问题"，她说。他们清理了 6 公顷土地，刚来的时候那里长着没用的灌木丛。他们现在有两个小孩，修了两居室的砖房，还带有绍纳人传统的圆形厨房。当她向我们展示厨房时，她开心地笑了——厨房现在变成了烤烟分级房，然后她又给我们指了屋外做饭的地方。这是他们第一次种烤烟。她们种了 1.5 公顷，并修建了一小间烤烟房。烟叶必须小心翻烤，今年他们就睡在烤房隔壁，以确保晚上不会熄火。当我们 2011 年 4 月去采访时，他们已经卖了 8 包烤烟，挣了 1100 美元，预计当月晚些时候还要卖 7 包。

农业改革是一个缓慢的过程，它需要一代人的时间才能让新农场主完全学会生产。在贾姆班加运动十年后，津巴布韦的农业生产大致恢复到 20 世纪 90 年代的水平。像齐班达那样的小型黑人农场主，现在的烤烟单产几乎和以前大型白人农场主的一样高。

务农是个苦活，新农场主的起步条件普遍都不是很好。政治暴力活动持续不断，尤其选举期间更是如此，贪污和腐败也很严重。在土地改革后，津巴布韦遭到国际制裁，外援锐减，政府对策非常糟糕——它选择印钞票，这导致了 2007 年和 2008 年的恶性通货膨胀。2009 年，津巴布韦放弃本国货币，转而使用美元，没想到却促进了经济的快速恢复，社会也在一定程度上恢复了正常。

这些新农场主也有一些优势。津巴布韦建立在现代农业，其中包括良种、化肥、拖拉机（或至少使用牛犁）和灌溉的基础之上。恶性通货膨胀无法保证重要生产资料的稳定供应，但是美元化意味着可以买到那些物资。津巴布韦人的识字率在非洲最高，这意味着那些新农民可以正确使用设备，获得高产。熬过了恶性通货膨胀，农技服务局和粮食销售委员会（Grain Marketing Board）这两大政府机构在美元化后恢复了正常运转，很有效率。通过订单农业，津巴布韦的棉花、烟草、大豆和其他农作物拓展很快，有力地促进了小型农业的发展。

4

殖民与反抗的历史

回顾罗得西亚和津巴布韦的历史有助于理解它现在的土地改革。在这方面已经出版了许多好的历史书籍，因此我们不想再重复那些内容。津巴布韦历史悠久，从公元 8 世纪起就与阿拉伯人①在莫桑比克海岸有贸易往来，大津巴布韦王国则在 14 世纪崛起。但是殖民主义和反抗时期，有几个重要事件对本书至关重要：

1886 年，在南非的兰德发现了黄金，据信津巴布韦高原也有黄金。罗德斯的英国南非公司在 1898 年被授予特许经营权后，立即对它所称的南罗得西亚（现在的津巴布韦）进行占领。他没有找到大量的黄金，就转而占领土地用于养殖和发展农业。1893 年和 1896 ～ 1897年的反抗斗争，即第一次奇木兰加，②被拥有先进武器的殖民者打败。

殖民地此后被作为商业公司统治，直到 1923 年被赋予自治领的地位。种族隔离日益严重，1930 年的《土地分配法》尤其突出，本书第三章将对此加以讨论。

二战后的 1945 ～ 1955 年见证了工业化、城市化、矿业发展和白人农场主的农业革命，"欧洲人"大量移民罗得西亚，超过 10 万津巴布韦人被从"欧洲人"的土地上赶走。

到 20 世纪 50 年代后期，在加菲德·托德总理的推动下，白人政府向占多数的黑人作了一些让步。但是，在 1958 年，托德总理因"太亲非洲人"而被撤职。1962 年，随着罗得西亚阵线赢得大选，白人的态度日益强硬。伊恩·史密斯在 1964 年出任总理，1965 年 11 月

---

① G. Pwiti, "Trade and Economics in Southern Africa: The Archaeological Evidence," *Zambezia*, 18, no. 2 (1991): 199 – 229.

② 奇木兰加（Chimurenga）：一场全民参与的战斗（绍纳语）。第一次（1896 ～ 1897）是反对英国南非公司的占领，第二次是津巴布韦独立战争（1966 ～ 1979），2000 ～ 2001 年的占地运动有时被称为第三次奇木兰加。——译者注

11 日，他发布南罗得西亚《单方面独立宣言》（UMI），试图阻止整个非洲正向南推进的非殖民化和多数统治进程。马拉维和赞比亚都在 1964 年实现了独立。

非洲人的抵抗首先以工人运动的方式发起：1945 年的铁路罢工，1948 年的总罢工。1960 年，民族民主党（National Democratic Party）成立，要求实现多数人的统治。1963 年，该党分裂成津巴布韦非洲人民联盟（Zimbabwe African People's Union，简称津人盟）和津巴布韦非洲民族联盟（Zimbabwe African National Union，简称津民盟）。1964～1974 年，民族民主党的创始人恩科莫和穆加贝被史密斯政府监禁。被释放后，他们分别前往津人盟和津民盟在国外的总部。1962 年有人前往赞比亚，在那里被送往国外进行军事训练——津人盟前往苏联，津民盟前往中国。第一次军事行动发生在 1966 年，随后第二次奇木兰加开始，战争在 20 世纪 70 年代早期升级。

1966 年和 1968 年，联合国对单方面宣布独立的罗得西亚实行全面强制性制裁。莫桑比克在 1975 年独立意味着罗得西亚失去了一个盟友，因为前者曾帮助它绕开禁运，而津民盟现在则可以在那里建立后方基地并使战争升级。南非以前钻国际禁运的空子对罗得西亚提供支持，现在也减少了，史密斯白人政权最后被迫让步。①

1979 年 9 月，双方在伦敦的兰开斯特大厦进行谈判，最后于 12 月 21 日达成协议。在 1980 年 2 月的选举中，80 个议席中的 57 个被津民盟获得，20 个议席归津人盟（另有 20 个议席留给白人，全部被史密斯的罗得西亚阵线获得，这显示 20 年来变化是多么小）。穆加贝当选总理，1980 年 4 月 18 日，津巴布韦宣布独立。到战争结束时，游击队员多达 50000 人，至少 40000 人在战争中被杀，20% 的农村黑人被扣押在"保护村"。②

---

① Joseph Hanlon & Roger Omond, *The Sanctions Handbook* (Harmondsworth, UK: Penguin, 1987), chap. 22.

② Kevin Shillington (ed.), *Encyclopedia of African History* (New York: Fitzroy Dearborn, 2005), 1724 - 1734; Roger Riddell, "The Land Question," *From Rhodesia to Zimbabwe*, pamphlet 2 (Gwelo: Mambo, 1978), 10.

资料来源

津巴布韦是非洲教育水平最高的国家之一，而且在土地改革方面已经有一些质量很高的研究和实地研究。尤其是以下5位研究人员长期跟踪重新安置问题：萨姆·莫约（Sam Moyo）、比尔·金赛（Bill Kinsey）、普罗斯珀·马通迪（Prosper Matondi）、纳尔逊·马荣格韦（Nelson Marongwe）和伊恩·斯库恩斯（Ian Scoones）。如果没有他们的研究、真知灼见和帮助，就不可能有本书的面世。当然，我们利用他们的数据进行分析时得出的结论由我们自己负责。我们也组织了津巴布韦大学及其他机构的博士和硕士研究生，以及其他研究人员进行实地调研，这其中包括昂古斯·塞尔比（Angus Selby）、威尔伯特·萨多姆巴（Wilbert Sadomba）、埃斯特·奇古米拉（Easther Chigumira）、辛吉瑞·曼迪扎达（Shingirai Mandizadza）、鲁斯瓦·古德胡普（Ruswa Goodhope）、威尔逊·保罗（Wilson Paulo）、恩卡尼索·斯班达（Nkanyiso Sibanda）、阿德马斯·齐姆霍武（Admos Chimhowu）、布莱森·卡鲁姆比扎（Blessing Karumbidza）、麦琪·马斯特（Mette Masst）、格瑞德·穆希姆博（Creed Mushimbo）、沃尔特·塔普夫马尼伊（Asher Walter Tapfumaneyi）、普瑞舍斯·奇科哈利（Precious Zikhali）。我们还看参考了马尔科姆·里夫金德（Malcolm Rifkind）在1968年写作的颇有远见的学位论文。 6

2010年和2011年，我们自己在中马绍纳兰省和东马绍纳兰省进行了实地考察。我们的研究团队包括科恩·马特马（Collen Matema）、菲得斯·马扎维达（Phides Mazhawidza）、法戴·奇瓦瑞（Fadzai Chiware）、贝拉·恩雅穆库瑞（Bella Nyamukure）、史蒂芬·马特玛（Stephen Matema）。如果没有那些农场主抽出时间配合我们调查（还经常给我们小南瓜），以及农技推广服务中心的优秀官员赫伯特·哈努法内提（Herbert Harufaneti）、因努森特·果维阿（Innocent Govea）和F. 库择热马（F. Kudzerema），这本书也写不出来。

在此需要指出的是，相关数据出奇地难找。殖民时期的记录声称能确定所有的黑人和白人，但事实上它经常是错误的，甚至包括白人农场主的数量等基本情况也是这样：数字不准确，因为越来越多的农场主有多处农场。土地改革时用的是不准确的旧地图和糟糕的档案。乌泰泰委员会

表1-1 1980年,2000年和2010年的土地

	户数 1980年 数量	户数 1980年 占比(%)	户数 2000年 数量	户数 2000年 占比(%)	户数 2010年 数量	户数 2010年 占比(%)	面积 1980年 百万公顷	面积 1980年 占比(%)	面积 2000年 百万公顷	面积 2000年 占比(%)	面积 2010年 百万公顷	面积 2010年 占比(%)
小农户												
村社农场	700 000	98	1 050 000	92	1 100 000	81	16.4	50	16.4	50	16.4	50
20世纪80年代重新安置户农场			75 000	7	75 000	6			3.7	11	3.7	11
A1农场					145 800	11					5.8	18
小计	700 000	98	1 125 000	99	1 321 000	98	16.4	50	20.0	61	25.8	79
中型农场												
非洲购买地农场	8 500	1.2	8 500	0.8	8 500	0.6	1.4	4.3	1.4	4.3	1.4	4.3
小型A2农场					22 700	1.7					3.0	9.1
小计	8 500	1.2	8 500	0.8	31 200	2.3	1.4	4.3	1.4	4.3	4.4	13
大型农场												
大型A2农场					217						0.5	1.6
黑人大型农场			956	0.1	956	0.1			0.5	1.6	0.5	1.6
白人大型农场	5 400	0.8	4 000	0.4	198		12.5	37	8.7	25	0.1	0.4
小计	5 400	0.8	4 956	0.4	1 371	0.1	12.5	37	8.7	27	1.2	3.5
农业庄园	296		296		296		2.6	7.9	2.6	7.9	1.5	4.5
总计	714 200	100	1 138 800	100	1 354 000	100	32.9	100	32.7	100	32.9	100
土改总数	75 000		75 000	6.6	243 717	18			3.7	11	13.0	40

资料来源:Sam Moyo, "Three Decades of Agrarian Reform in Zimbabwe," *Journal of Peasant Studies*, 38, no.3(2011):512, Table 4[Moyo, "Three Decades"]。

（The Utete Committee）在 2003 年调查土地改革时引用了最通用的数字，说"6000 个白人农场主拥有 1500 万公顷土地"；但是委员会进而指出，土地、农业和农村重新安置部说有 8758 个白人农场，而委员会自己的地区数据收集小组则发现有 9135 个。[1] 甚至 6000 个白人农场主这个数据，也存在争议。[2] 表 1-1[3] 展示的是最完整的一组数据，但是与其他报告在很多地方也不一致，其中包括乌泰泰委员会的报告。

两次土地改革

津巴布韦独立时，70 万个黑人农场主挤在 53% 的耕地上，6000 个[4]白人农场主却占了 46% 的土地，而且是最好的土地。但是白人农场主实际耕种的土地不到 1/3，而且地种得也不好。独立时，白人农场主 1/3 处于破产状态，1/3 持平，余下的才赢利，且只有几百人非常成功（参见第三章）。虽然一些白人家庭的祖先可以追溯到 19 世纪 90 年代被英国南非公司授予土地的士兵，或者 20 世纪早期的白人移民，但是到 2000 年，津巴布韦只有不到 5% 的白人农场主是那些早期移民的后代。根据商业农场主协会的记录，只有不到 10% 的白人来自二战前定居的家庭。祖传的农场极少；在 2000 年，白人农场有将近一半在独立后的 20 年中至少被买卖过一次。[5] 白人农场主为自己塑造了良好的公共形象：是他们的祖辈把这片条件恶劣的土地建成了一块新的"伊甸园"。实际上，确实有几个白人农场主世界闻名，但很多人对非洲的这些最好的耕地却利用得很糟糕，而且还大片荒芜。

津巴布韦共经历了两次土地改革，详细结果参加见表 1-1。第一次在

---

① Utete Report, 14, 24（see fn 5）.

② 根据维特森基金会（Whitsun Foundation）在一个支持白人农场主的报告，1980/1981 年度白人农场主的数目为 4926 人，而白人农场为 6034 个。*Land Reform in Zimbabwe*（Harare：Whitsun Foundation, 1983）.

③ Sam Moyo, "Three Decades of Agrarian Reform in Zimbabwe," *Journal of Peasant Studies*, 38, No. 3（2011）：512, Table 4［Moyo, "Three decades"］.

④ Utete Report, 14.

⑤ Angus Selby, "Commercial Farmers and the State：Interest Group Politics and Land Reform in Zimbabwe"（PhD thesis, University of Oxford, 2006）, 334.

20 世纪 80 年代中期，根据结束解放战争的《兰开斯特大厦协议》进行，其中政府必须依据"愿卖愿买"（willing seller, willing buyer）的原则收购重新安置用地。总体而言，只有那些土地最贫瘠、经营最失败的农场主才想卖地，但就是这样还是重新安置了 75000 个农业家庭。

2000 年，在贾姆班加运动之后的"快车道"土地改革设定了两种模式：小规模的 A1 模式——将以前的白人农场分成 40 个小农场，如在马绍纳兰等土地肥沃的地区，通常每个农场可以分到 6 公顷耕地，以及面积更大的牧场；A2 模式是将白人农场分成 4~6 个农场，通常在最好的地区每个农场可以分到 50~70 公顷耕地（由于有很多山和巨石，所以津巴布韦风景迷人，但这也意味着许多农场的部分土地不适合农业生产）。

A1 农场首先主要分给了那些在贾姆班加运动中占领土地的人，其次是那些申请的人。地块被正式划界，政府给农民颁发许可证书，授权他们拥有土地。根据 A1 方案，有 14.6 万个黑人家庭分到了土地。A2 方案的分配进程要复杂一些，申请者需要有正式的商业计划，掌握耕作技术的证明和资金。坦率地说，许多 A2 农民与城市有联系，因为他们能抵押不动产，如在哈拉雷的房产。将近 2.3 万个家庭分到了 A2 农场。加上最初的重新安置农场主，共有 24.4 万重新安置的家庭获得了全国 40% 的土地。

大多数农民仍然住在占全国土地 50% 的村社地区。余下 10% 的土地属于 8500 个在殖民时代购买了土地的黑人农场主（4%）、950 个黑人大型农场主（2%）①、不到 400 个白人大型农场主（少于 1%），以及 250 家大公司或国有种植园以及基本没开发的野生动物保护区（约占 4%）。②

反对党争取民主变革运动（Movement for Democratic Change）的国会议员和政策总协调员艾迪·克罗斯（Eddie Cross）在 2011 年 4 月说，白人农场被"收破烂的人侵占了"，这些人是"非法占地者"，"那些农场大多已

---

① 这个数字只是整个白人农场中黑人农场主和租户的数目，它还应该包括占有 1.6% 土地的 217 个大型 A2 农场主（见第九章）。莫约提到，"今天，如果我们把那些 300 公顷以上的农场主也包括进来，那么现在就有近 3000 个新的大型商业农场主"。参见 Moyo, "Three Decades," 514。

② Moyo, "Three Decades," 496, 499, 515.

经荒芜，房屋和农业设施被抛弃，耕地上又长满了灌木"。① 这也是许多国际机构的看法。

但是，我们看到了不一样的东西。我们拜访了 A2 农场主，他们主要是商业农场主，每年的收入在 10 万美元以上，而只有几公顷的 A1 商业农场主每年的利润也超过 1 万美元，他们的生产效率比以前的白人农场主还要高。当然，我们也看到一些 A1 和 A2 农场摆荒或没有充分利用。正如白人农场主有些比较好，有些比较差，大多数位于不好不坏一样，重新安置农场主也是这种情况。但一般来说，这些黑人农场主的生产仅在十年之内就赶上了以前的白人农场主。而以前普遍估计他们需要一代人的时间才能充分利用这些土地，这也是当年白人农场主和第一次土地改革时的情景，所以黑人农场主有望在未来十年得到巨大发展。

而且，这一幕正在迅速变化，这部分是因为恶性通货膨胀造成的伤害，部分是因为美元化之后经济的恢复。短期之内，土地改革将干扰经济，"快车道"土地改革（Fast Track Land Reform）确实打击了出口农业和粮食生产。国际社会的敌对回应意味着外来援助的减少和经济制裁，由此导致贷款，甚至短期银行授信都被取消。20 世纪 70 年代，罗得西亚在面临制裁时，常常通过严格控制外汇和经济来进行回应。21 世纪初，津巴布韦试图采取相反的对策——仅仅印制越来越多的钞票，希望以此促进经济增长。这项政策惨遭失败，且带来了恶性通货膨胀。2002 年，55 津元就可以兑换 1 美元，2004 年需要 800 津元，2005 年竟然需要 8 万津元，之后便是毫无意义的螺旋上升。越来越多的商业活动通过实物交易进行，有渠道获得外汇的人也用美元或兰特进行交易。农业，特别是那些参加过土地改革的农场主，深受打击，他们很难获得必不可少的生产资料，想要出售农产品获得现金也没有意义，因为钱隔天就贬值了。2008 年 1 月，政府发行了面值 1000 万津元的纸币，但是到了 7 月，它就不得不发行面值 1000 亿津元的钞票。2007/2008 年度经济最糟糕，粮食生产下降到 20 世纪 90 年代平均水平的 37%。② 在南部非洲发展共同体（Southern African Development Community）的调解下，津巴布韦各方在 2008 年 9 月达成协议，决定

---

① Eddie Cross, "Food Crisis in Zimbabwe," *Independent*, 29 Apr 2011, available at http://www.eddiecross.africanherd.com/（Sept 2, 2011）.

② Moyo, "Three Decades," 519, Table 9.

在 2009 年初建立联合政府。2009 年 1 月 29 日，津巴布韦政府规定使用外汇合法，在 2 月开始用美元支付公务员工资，政府账户也采用美元记账。津元被废弃，美元用戏剧性的方式推动了经济复苏。经济恢复很快。据津巴布韦工业联合会报告，工业部门的产能利用率在 2008 年下滑到 10%，在 2011 年上半年上升到 57%。①

　　2009/2010 年度是美元化的第一个年度，粮食生产恢复到 20 世纪 90 年代平均水平的 79%（见表 1 - 2）。2010/2011 年度，由于 1 月降雨量有些变化，玉米收成损失 10%。② 然而，该年度粮食生产达到了 20 世纪 90 年代平均水平的 83%。尽管降雨减少带来了不少困难，但是被重新安置的黑人农场主在 34% 的耕地上生产出了全国 49% 的玉米。A1 农场主产量增幅最大，比上一年增长了 20%。③ 2011/2012 年度生产前景看好。2011 年 10 月，《财政公报》评论说，"种子、农药、化肥等生产资料都很充足，这在十多年来还是头一回"。④ 生产恢复得如此之快，以至于财政部长比提（Tendai Biti）在 2011 年 7 月重新对进口的玉米粉和食用油等食材征收 10% ~ 25% 的关税，以保护本国生产商。⑤ 2003 年，由于粮食供应不足导致当地食品加工业停产，粮食进口关税被暂时取消。烟草是白人农场主最赚钱的农作物，他们总是强调需要高超的技能才能成功生产。但烟草产量正在恢复到以前的水平，其中 40% 由重新安置农场主种植，种植烟草的小农户从几百户增加到 5.3 万户。⑥

---

① Paul Nyakazeya, "Country Average Capacity Utilisation Up 13. 5 Percent," *Independent*, November 3, 2011, available at http：//allafrica. com/stories/printable/201111041155. html；Bright Madera, "Manufacturing Sector Grows, But …," *Herald*, November 4, 2011, available at http：//allafrica. com/stories/201111040199. html（both accessed November 6, 2011）.

② Finance Minister Tendai Biti, quoted in "New Farmers Doing Well：Biti," *Herald*, 7 Oct 2001.

③ Tendai Biti（Finance Minister）, *The 2011 Mid - Year Fiscal Policy Review*（Harare：Ministry of Finance, July 26, 2011）, 18 - 20, available at http：//www. zimtreasury. org/downloads/Mid - Year - Fiscal - Policy - Review. pdf（November 3, 2011）.

④ Tabitha Mutenga, "Farmers Decry Input Costs," *Financial Gazette*, October 12, 2011.

⑤ "Duty on Food Stuffs Restored", available at http：//www. zimtreasury. org/news - detail. cfm? News = 889（November 3, 2011）.

⑥ Tabitha Mutenga, "Small - Scale Farmers Boost Tobacco Production," *Financial Gazette*, November 2, 2011, available at http：//www. financialgazette. co. zw/national - report/10479 - small - scale - farmers - boost - tobacco - production. html（November 6, 2011）.

表1-2　津巴布韦全国农业生产

| 农作物 | 农业生产（千吨） | | | | 2010/11 年度相对于 20 世纪 90 年代平均水平的比重（%） |
	20 世纪 90 年代平均水平	2007/8	2009/10	2010/11	
粮食					
玉米	1686	575	1323	1458	86
小麦	284	35	42	12	4
杂粮	165	80	194	156	95
花生	86	132	186	230	267
大豆	93	48	70	84	90
出口					
烟草	198	70	123	132	66
棉花	207	226	260	220	106
种植园作物					
糖	439	259	350	450	103
茶	11	8	14	13	118

资料来源：Sam Moyo, "Three Decades of Agrarian Reform in Zimbabwe," 作者有所修正和更新。11

表1-3　各部门对玉米和烟草生产的贡献及 2011 年的收成

| | 玉米 | | 烟草 | |
	2011 年（千吨）	比重（%）	2011（千吨）	比重（%）
重新安置农场	712	49	53	40
A1 农场	357	24	37	28
A2 农场	285	20	16	12
老重新安置农场	70	5		/
村社农场	627	43	22	18
商业农场	87	6	56	42
小型商业农场	30	2	14	11
大型商业农场	57	4	41	31
城郊农场	32	2	0	0
总　计	1458		132	

资料来源：Tendai Biti, "2011 Mid - year Review," *Financial Gazette*（Nov 2, 2011）: 20。

　　虽然我们还不能对土地改革的最新情况进行全面的描述，但是我们相信：尽管新安置户的农业产量还没达到白人农场主曾经的水平，但现在他们对土地的利用率远远超过了 1/3（以前白人的利用率约为 1/3），因为耕作了更多的土地，意味着津巴布韦的农业生产已经恢复到 20 世纪 90 年代的水平。

津巴布韦与邻国南非和莫桑比克的不同之处在于，他们现在还活生生地记得失去土地的事情，而且独立斗争的领导人都有农村背景，而南非和莫桑比克的斗争却是由城里人领导的。白人商业农场和最近农村的历史都使农业显得很有吸引力：对于普通黑人家庭来说可以养家糊口，对于精英来说则是重要的积累方式。我们采访了成为 A1 农场主的老师，他们觉得现在生活得更好；我们还遇到从首都哈拉雷搬出来的精英人士，他们一直在农场生活和工作。

农业在津巴布韦非常赚钱，但它也是资本密集型产业，成功的农场主都有启动资金并进行积极的再投资。对于 A1 和 A2 农场主来说，与城市的联系和筹资的能力，如家庭成员在城里工作，有助于他们农场的起步。但另一个关键因素是再投入——不是建一座好房子或买一辆车，而是将初期的利润再投入农业生产中。一条重要的成功经验是：农场主卖了粮食后，马上就买了下一季的农用物资——种子、化肥和农具。如果所有的收入都用于补贴家用，如学费、改善生活和其他开销，就意味着没有足够的钱来买必不可少的化肥，从而使生产和收入都呈现螺旋下降。

照片 1-1　格罗蒙兹地区 A1 农场主运玉米去市场出售
注：除非特别说明，书中照片皆由约瑟夫·汉隆拍摄。

本书不讨论本来会怎样之类的问题

当前管理津巴布韦的《全面政治协议》承认"土地征收和再分配的不可逆转"。[①] 世界银行在最近的研究中也提到，"津巴布韦的土地再分配项目不可能逆转"。[②] 本书同意上述看法，并开始描述 2012 年的现实情况。重要的是，要理解津巴布韦怎样完成这次特别的土地改革，并指出其余的严重挑战。但是分析殖民政府和当前津巴布韦政府的对错不是本书的任务——理解津巴布韦如何发展成今天这样，以及历史如何限制了津巴布韦的发展道路，不应与对错误行为的辩护混在一起。

在第二章，我们将对过去的行为和未来的行为的背景性资料进行介绍。第三章讲述殖民历史，展示了用种族话语定义的土地以及其他政策通常如何为独立时代树立了糟糕的榜样。第四章至第六章回顾了独立以来的 30 年的历史以及两次土地改革，即 20 世纪 80 年代的土地重新安置和 2000 年开始的"快车道"土地改革。它们还展示了各个时期土地和农业政策是如何制定的：根据以前的殖民者和他们的态度，导致贫困率大幅上升的经济结构调整方案，以及 2003~2008 年的恶性高通货膨胀。后面三章（第七章至第九章）探讨了土地改革的现实情况。特别值得一提的是，自 2009 年初美元成为主导货币后，本书第一次探讨了津巴布韦经济的显著恢复，美元化极大地促进了土地改革后农民的发展。第十章至第十二章涉及一系列的问题。我们发现女性的地位得到了提高，但是环境、灌溉、前白人农

[①] "Agreement Between the Zimbabwe African National Union – Patriotic Front (ZANU – PF) and the Wwo Movement for Democratic Change (MDC) Formations, on Resolving the Challenges Facing Zimbabwe" (Harare, 15 Sept 2008) 5.5 (known as the Global Political Agreement, GPA). available at http：//www. info. gov. za/issues/zimbabwe/zzimbabwe_global_agreement_20080915. pdf (January 4, 2012). 《全面整治协议》是在南共体的斡旋下，津民盟—爱国阵线与民革运为解决选举纷争而在 2008 年 9 月 11 日签署的政治和解条约。根据该协议，津巴布韦在 2009 年 1 月组成联合政府，穆加贝担任总统，茨万基拉伊担任总理。——译者注

[②] Simon Pazvakavambwa & Vincent Hungwe, "Land Redistribution in Zimbabwe," in Hans Binswanger – Mkhize, Camille Bourguignon & Rogerius van den Brink, eds., *Agricultural Land Redistribution: Toward Greater Consensus* (Washington: World Bank Publications, 2009), 161. 帕兹瓦卡凡布瓦和洪圭都是前农业部常务秘书，他们二人均租赁了大型农场，但他们都没有受到制裁，也没有登上"登戈名单"（见第五章）。

场工人、土地所有制以及安全等都面临严重的挑战，这些都需要津巴布韦的政治干预才能决定如何向前发展。在第十三章，我们得出了一些结论，并强调了尚未解决、需要优先考虑的重要问题。

百年以来，在津巴布韦，土地一直是广受争议、存在观点严重对立和高度政治化的问题。后来担任英国外交大臣的马尔科姆·里夫金德爵士①的硕士论文研究的就是罗得西亚的土地问题。他写道："今天（1968 年 10 月），土地问题在罗得西亚是一个迫在眉睫的问题，但那只是对非洲人而言。对欧洲人来说，这个问题早已经按照对他们有利的方式解决了……然而，违背了 95% 的人口意愿的解决方案不可能是最终方案，土地问题将一直是个生死攸关的问题，至少到整个政治体系改变之前都是如此。"②当时他还是只是一个学生，而不是爵士。假如政府听了他的话，事情会如何发展？

有无数诸如此类的问题，在事情将会如何发展上也存在无尽的争论：假如津巴布韦人在 1897 年的第一次奇木兰加中没有失败，假如 1930 年《土地分配法》的条款不同，假如 1945 年复员的二战黑人老兵和白人老兵享受同样的待遇，假如津巴布韦在 20 世纪 80 年代的土地改革中进展得更快，或者假如捐助国在 1998 年接受了津巴布韦政府关于土地改革的提议。

这不是一本关于可能会发生什么，本来会发生什么，或者应该发生什么的书。相反，这是一本在 2011 年探讨津巴布韦土地改革和新农场主等问题——他们的成败、希望与前景的书。津巴布韦黑人已经夺回了自己的土地，他们不会允许土地改革被逆转。

14

---

① 在英国政府中，大臣是一个高级职位，也是内阁成员，而部长是一个低级职位。

② Malcolm Rifkind, *The Politics of Land in Rhodesia*（MSc thesis, Edinburgh University, 1968），196, available at http：//www. mct. /open. ac. UK/zimbabwe（June 20, 2012）.

第二章　起点

欧洲国家间有很多相似之处，但是由于历史、地理、社会差异以及战争等原因，它们之间也有一些明显的不同。与此相似，在外人眼中，南部非洲地区经常也是一样的，但走近一点观察就会发现这些国家因殖民历史、地理和文化等原因形成的差异。历史无法选择，但是许多人努力去重塑他们继承的遗产。津巴布韦推翻了少数白人的统治，但是30年后仍在努力克服历史带来的不利影响，土地改革是纠正历史遗产的一次明确尝试。在本章中，我们指出了津巴布韦的8个方面，这些方面使它有别于周边国家和发达国家，也使它形成了自己土地改革的方式。教育等积极因素推动了农民的进步，而经常性暴力等则很成问题，非常有害，而且有一段很长的惨痛历史。这些起点塑造了土地改革，有些还对未来提出了严重的挑战。

教　育

津巴布韦拥有非洲最高的识字率。根据联合国发展署的报告，津巴布韦93%的成人都具备读写能力。[①] 甚至在刚独立时，78%的识字率在当时的非洲也是最高的，而且独立后对教育的巨大投入还意味着更多的孩子可以接受更长时间的教育。图2-1显示，自独立以来，15岁以上人口受教育的平均时间翻了一番。

这对农业有直接影响。照片2-1显示的是女性小型土地改革农场主在格罗蒙兹地区召开的一次会议，很多人正在做笔记。甚至一些小型农场在

19

---

① International Human Development Indicators, available at http://hdrs.undp.org（July 27, 2011）.

土地与政治：津巴布韦土地改革的迷思

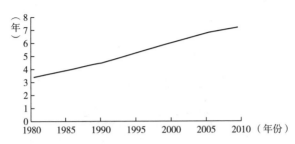

图 2-1 独立以来 15 岁以上人口受教育时间

资料来源：联合国开发计划署（CUNDP）。

技术方面也非常复杂，其中包括挑选种子、准确的播种时间以及化肥和杀虫剂的复杂配比，特别是烟草在养护和分级时需要照顾和关注。

受过高水平的教育意味着农场主能够利用农技员的技术支持，可以在了解情况后选择农作物的组合。我们参加了马佐维地区（Mazowe district）基奥拉农场（Kiaora farm）小型（A1）土地改革农场主一天的田间工作（参见第十三章的照片）。他们讨论了四种不同玉米的优点和所需条件、大豆种植的问题以及其他一些具体的农家话题，让人印象深刻。

照片 2-1 2011 年 4 月 15 日，格罗蒙兹地区 A1 女农场主会议

种 植

相比一些邻国，在津巴布韦的独立斗争以及对经济发展和积累的看法上，农业和土地占有更中心的位置。南非和莫桑比克独立斗争的领导力量

20

主要来自城市，如 1976 年南非的索维托大起义等都发生在城市。虽然莫桑比克的游击战争主要在农村地区进行，但解放运动的领导组织莫桑比克解放阵线有很现代的城市规划。津巴布韦独立的领导力量部分是受过良好教育的、专业的新一代，但是他们的文化源泉和孩提时代的农村生活发挥了更大的作用。祖辈和父辈被从自己的土地上赶走是口述历史的一部分，经常被人记起。在津巴布韦，夺回土地是独立斗争的中心，而在南非和莫桑比克则完全不同。

殖民历史也发挥了作用。在莫桑比克，白人农场主通常是葡萄牙送来的目不识丁的农民，他们经济上可能相对宽裕但谈不上富有。在罗得西亚，白人农场主则往往是富有的大商业农场主；甚至对津巴布韦中产阶级来说，现代商品农业也可以带来舒适的生活。许多精英视农业为财富积累的手段。最后，还有一些非物质的东西。津巴布韦中上层阶级经常谈论他们在农村的根，还经常想去到自己的农场干活，而莫桑比克的城市精英压根就不想种地。

纳马沙是离莫桑比克首都马普托 60 公里群山之中的一个小镇。在殖民时期，这里被高产的水果和蔬菜农场环绕。今天，那些农场归新的精英所 21 有，只是作为他们周末游玩的地方。在津巴布韦首都哈拉雷北部同样距离的地方，有一个小镇马佐维，那里也有相似的良田，许多也被新的津巴布韦精英们所有。如果前去参观，你会发现那里仍然是一幅作物茂盛、生机勃勃的田间美景。一些精英甚至还搬到农场居住，只是需要的时候才去哈拉雷。

老兵——采取行动

美国总统艾森豪威尔（1953～1961 年在位）是一位将军、二战时欧洲盟军总司令，他的继任者是二战英雄约翰·肯尼迪（1961～1963 年在位）。此后的 6 任美国总统二战期间也都曾在军中服役。于是，战后 40 年间，只有老兵才能成为总统。美国的二战老兵接受了大学或职业教育，获得了专项贷款以购买房子和经商，以及其他一些好处。作为美国那个时代的孩子，本书作者之一还记得两大老兵组织"美国军团"和"对外战争老兵"的巨大的政治能量。在罗得西亚，二战中的白人老兵也得到了土地和其他好处。

津巴布韦新政府也以相似的方式给予那些为独立而战的老兵以特殊地位，他们或是游击队员，或是白人统治下的政治犯。老兵享有特殊的社会和政治地位，让他们有了额外的权威和一些特权——虽然也有人指责一些老兵滥用他们的特殊地位。

　　与之相关的是，应该尊重那些采取行动达到目标的人，特别是那些参加过解放战争，或参加贾姆班加并实际占领土地的人。

　　"公平"总是一个很主观的概念，但是有这样一种观念：许多津巴布韦人认为，要公平就在安置时优先照顾老兵和占地者，至少要分给他们 A1 农场。这其中可能也有一些实际的考量，因为人们认为给予老兵和参加占地行动的人以优待，是在表明给予社会中更具创业精神的人以优待。

　　没有什么好让人吃惊的是，许多部长和高级公职人员是参加过解放战争的老兵。他们是独立战争时期充满活力的年轻领导人，他们继承了被他们击败的白人少数政权，并借此上升到高位。但是他们当中一些参加过 30 多年前解放战争的人，越来越认为他们有必要捍卫那场斗争的价值和目标。这导致他们与津民盟—爱国阵线和政府在土地、就业和腐败等问题上的冲突日益增多。1992 年，在津民盟和津人盟合并后两党老兵的联合组织——津巴布韦民族解放战争老兵协会（Zimbabwe National Liberation War Veterans Association）的成立大会上，老兵批评党已经被机会主义分子和媚上的人所绑架，因为他们占据了党和政府的领导位置。他们说津民盟—爱国阵线在支持白人农场主，他们要求得到土地，并称他们将去夺取土地。①

　　军方和政界的一些领导人认为，国家不能让那些没有参加过解放战争的人来发号施令，这主要针对的是反对党领导人——总理茨万吉拉伊，他是一名矿业工会活动家，而不是老兵。有些人认为，这只是便于他们捍卫个人地位的方式；其他人则认为这是他们真实的信念：他们冒着生命危险去解放他们的祖国，因而不愿看它"落到"以前压迫者的同盟手里。

　　但是 30 年过去了。因为老兵发挥了主导性作用，那些因年纪小而没有参加过解放战争的一代人已经没有什么空间。老兵数量的日益减少还存在这样的风险，即曾经被边缘化的年轻人将形成新的反对派。

22

---

① Zvakanyorwa Wilbert Sadomba, *War Veterans in Zimbabwe's Revolution* (Woodbridge, Suffolk, UK: James Currey, 2011), 103 [Sadomba, *War Veterans*].

暴 力

津巴布韦2008年的《全面政治协议》指出："为了解决政治分歧和达成政治目标，政党、国家行为体、非国家行为体及其他组织都不能轻易诉诸暴力。"

政治活动中充斥着严重的不宽容，政治话语充满暴力和分裂性，其使用诸如"出卖"和"叛徒"等词语，指责对方有地方民族主义和参与间谍活动，这也助长了分裂和暴力。伯恩（Richard Bourne）认为："暴力和不受惩罚的文化已经融入赛西尔·约翰·罗德斯所创立的国家的基因之中。"① 劳埃德·萨希科尼（Lloyd Sachikonye）在一项他称之为"体制化暴力"的详细研究中，将根源追溯到殖民时代。② 从1960年起，殖民政府采用折磨、压迫、暴力殴打、非法暗杀和集体惩罚来对付罢工、示威游行人员以及任何被认为支持新生的解放运动的人。我们曾去参加津巴布韦最重要的环保主义者之一西番雅·菲里（Zephaniah Phiri）的关于他的著作《蓄水人》的研讨会。他并没有谈自己遭遇暴力的事情，但他拄着拐杖，这是因为他在50年前被罗得西亚警察毒打致残。③ 到20世纪70年代晚期，当局使用了包括有毒的衣服在内的生化武器，杀害了至少79位民族主义战士。

但是在1960~1987年，民族主义运动组织一直处于分裂状态。萨希科尼指出，这两个民族主义集团之间一直存在暴力活动：房屋被烧毁，人员被攻击，在分裂最严重尖锐的20世纪70年代中期，还有人被杀害。这开启了恶劣的先例——用暴力打击政治对手。

独立后，在1982~1987年，马塔贝莱兰地区发生了古库拉洪迪（Gukurahundi，绍纳语，意即"大雨扫尽糟糠"）事件④，该事件所针对的

---

① Richard Bourne, *Catastrophe: What Went Wrong in Zimbabwe?* (London: Zed, 2011), 23.

② Lloyd Sachikonye, *When a State Turns on Its Citizens* (Pretoria: Jacana, 2011).

③ 西番雅·菲里（Zephaniah Phiri）先生已经于2015年辞世，他在蓄水方面的创新思想和生态技术通过他的学校和他的作品在非洲大陆和全球不断传播。——译者注

④ 请注意：两个马塔贝莱兰省（Matebeleland）的拼写有所变化，但以前的写法马塔贝兰（Matabeleland）依然很常见。所谓古库拉洪迪事件，是指20世纪80年代津巴布韦政府在马塔贝莱兰地区镇压不同政见者的军事行动。

是受南非种族隔离政府支持的约 500 名异见者派，至少 6000 人在这一事件中被杀害。① 有位津民盟前游击队员为之辩护，他引用了美国在阿富汗战争中使用无人飞机攻击巴基斯坦，杀害了 2000 多人的事件。布鲁克林基金会估计，每消灭 1 个塔利班军事人员，就有 10 个平民遇难。这位前游击队员说，这个数字看来比较准确，因为他知道需要多少人才能隐藏一个游击战士，他们也清楚正在冒的风险。其他一些前津民盟游击队员认为政府的这种做法令人无法接受，威尔伯特·萨多马（Wilbert Sadoma）称之为"古库拉洪迪战争的暴行"。② 但问题的关键在于，美国和津巴布韦的暴力历史创造了好战的领导人，而他们认为这是可以接受的。

2000 年、2002 年和 2008 年选举期间都发生了暴力活动。萨希科尼（Sachikonye）和人权组织成员将大多数（而不是全部）责任归结于津民盟—爱国阵线。2008 年大选期间，针对反对党争取民主变革运动的支持者和活动家的暴力活动特别严重。国际劳工组织的一个调查委员会得出结论说，"暴力是对罢工和示威游活动的通常回应"。委员会说："他们听到的无数声明都揭示了针对工会活动家的严重暴力活动，政府官员也明确或含蓄地承认这些现象的存在。"他们也注意到："在很多事例中，工会官员和会员惨遭毒打，在一些案例中他们还被安全部门的人员和津民盟—爱国阵线的民兵折磨，这给许多工会活动家的身心造成了严重的伤害，一些人还被折磨致死。"③ 茨万吉拉伊放弃了第二轮选举，南共体介入谈判《全面政治协议》，该协议号召各方"促进宽容、尊重、非暴力与对话的价值与实践，并将它们作为解决政治分歧的手段"。全面协议的这些价值通过 2011 年 4 月 18 日的独立日庆典得到宣扬，并登上了津民盟—爱国阵线联合政府的官方报纸《先驱报》的头条。

24

但是，暴力活动拥有很长的历史，除了新闻头条和演讲之外，还需要

① Catholic Commission for Justice and Peace in Zimbabwe, "Breaking the Silence – Building True Peace: A Report Into the Disturbances in Matabeleland and the Midlands" (1999), available at http://www.zwnews.com/BTS/BTS.html (July 31, 2011).

② Sadomba, *War Veterans*, 82.

③ 以 2008 年选举中的抱怨为基础。"Truth, Reconciliation and Justice in Zimbabwe. Report of the Commission of Inquiry Appointed Under Article 26 of the Constitution of the International Labour Organization …" (Geneva: International Labour Office, 2009), 545 – 546, available at http://www.ilo.org/gb/GBSessions/WCMS_123293/langen/index.htm (December 29, 2011).

照片 2 - 2　哈拉雷《先驱报》2011 年 4 月 19 日头版：反对暴力

其他方面的努力来纠正这种不宽容和冲突的文化，甚至反对党也受其影响。民革运在 2005 年分裂，但即使在主流派民革运—茨派内部，2011 年 4 月 9 日，不同派系在马塔贝莱兰省议会发生了肢体冲突。① 和解和走向正常的政治活动需要转变思考方式，人们已经在正确的道路上迈出了一步：在会见来访的国际劳工组织调查小组时承认过去的暴力活动，《全面政治协议》本身以及如照片 2 - 2 所示的新闻头条。

腐败和贪婪

很多国家都有人说，"曾经我为国家舍生忘死，现在应该过点好日子"，或者"我努力工作，还有一些过人之处，所以我该享受享受"，以及 25 "我的人民期望他们的领导人比他们过得更好"。商界领袖运用政治关系去违反规则，甚至去违法增加他们的利润。在炫耀性消费日益全球化的世界

---

① Thabani Ndlovu, "Violence at MDC - T Bulawayo Elections," *Bulawayo 24 News*, Apr 10, 2011, available at http：//bulawayo24. com/index - id - news - sc - local - byo - 2665 - article - Violence + at + MDC - T + Bulawayo + elections +. html（July 31, 2011）.

里，某些商业寡头、政治领袖和高级军官渴望生活达到全球超级富人的标准。比如，有领导人租用飞机到伦敦或香港购物。

津巴布韦也不例外。一些领导人利用他们的职位非法获取土地、积累财富，例如通过钻石和矿产以及 2006～2008 年恶性通货膨胀期间外汇等的不透明交易。对于可以接受的程度，津民盟—爱国阵线内部的看法也是分裂的。一名高级官员向我们抱怨说："他们中的一些人如此贪婪，以至于他们想方设法拿走你立足的那块土地。"

贪婪不只是非洲才有的问题。英国首相托尼·布莱尔下台后，仅在两年内就挣了数百万英镑，而且他利用担任首相期间引入的避税方式避税。①在法国，前总统希拉克和前总理朱佩被指控侵吞超过百万欧元的公款。②在美国，切尼在 1989～1993 年担任国防部长，在 1995～2000 年担任军事承包商哈里伯顿公司的主席和首席执行官，在 2001～2009 年担任美国副总统。1995 年以来，哈里伯顿公司因为行为不端 11 次被处罚，包括 3 次被控对外贿赂（切尼卷入其中一次，为此他支付了超过 6 亿美元的罚款）。直到 2007 年还是哈里伯顿公司子公司的凯洛格布朗路特公司，有 23 次行为不端，包括 6 次政府合同欺诈。③

在富裕的国家，腐败是一笔可以承受的税负，但是在津巴布韦及其他穷国，贪婪和腐败夺走了其他地方急需的钱和资源。缺乏透明使人们只能猜来猜去，但是广泛流传的诸多报告表明，直到 2009 年签署《全面政治协议》和组建联合政府，腐败水平是如此之高以至于对经济发展产生了巨大的影响。

英国殖民模式

津巴布韦学生仍然参加英国式的从 O 到 A 的等级考试。直到 2002 年，

① David Leigh & Ian Griffiths, "The Mystery of Tony Blair's Finances," *Guardian*, December 1, 2009; and Jamie Doward, "Blair Inc's 'Baffling' 40% Rise in Earnings," *Observer*, January 1, 2012.
② Kim Willsher, "Jacques Chirac Verdict Welcomed by Anti‑Corruption Campaigners," *Guardian*, December 15, 2011.
③ Project On Government Oversight (POGO), Federal Contractor Misconduct Database (FCMD), Washington DC, accessed July 31, 2011.

这一考试仍然由津巴布韦学校考试委员会和剑桥大学国际考试部联合组　26
织，而且许多独立性学校（学生通常都是有钱人）仍然在使用剑桥大学的
试卷。尽管对前宗主国意见很大，但许多殖民模式与机构仍在发挥作用，
这只是这种模式的其中的一个例子。行政部门仍按英国模式运作，议会依
然保持英国的结构（虽然津巴布韦现在采用强有力的总统制）。然而，津
巴布韦新政府也采用史密斯的独裁专制模式，特别是在对付反对派上。

独立时，津巴布韦迅速消除了立法和机构的种族色彩，但是基本结构
大部分都没有动。土地所有权方面的种族歧视在独立前夕才结束，但是新
政府没有采取行动改变继承下来的土地体系：一方面是一些大型商业农
场，另一方面则是大多数农户生活在拥挤的、由"部落托管地"改名而来
的"村社地区"。然而，大的变化是变革殖民时期两个关键的机构，农业
推广服务中心和粮食销售委员会，让它们同时为小型黑人农场主和大农场
主提供同样的服务。

对本书来说，最重要的是津民盟—爱国阵线政府最终采用了殖民时期
和单方面独立时期的方式来处理土地问题。里卡伊·唐维纳酋长（Chief
Rekayi Tangwena）的案例成为一种典范。他在 1966 年，也就是伊恩·史密
斯政府刚宣布单方面独立后，被任命为马尼卡兰省因汉贾市嘉瑞仕地区
（Gaeresi）酋长。[1] 他立刻收到一个白人农场主的驱逐通告，后者宣称拥有
这块土地。这块土地曾在 1904 年和 1944 年被转卖过，但从没被耕种过。
然而，它被确定为白人的土地，而且 1941 年的《土地分配法》定义"非
法占地者"为："非洲人，他们的家碰巧位于被宣布为欧洲人土地的区域
内。"[2] 唐维纳拒绝搬走，他被罚款后上诉到高等法院，后者在 1968 年裁
决他有权留在原地。政府随后在 1969 年创立了一个重要先例：同为获得土
地的二战白人老兵、史密斯的副手克利福德·杜邦（Clifford Dupont），仅
仅发布了一道政府命令就推翻了高等法院的判决。议会被告知：唐维纳与
非洲民族主义分子和共产党的同情者，如作家多丽丝·莱辛（Doris Le-
ssing）等，一直有联系。1969 年 9 月 18 日，警察和军队到场逮捕了唐维
纳，驱逐了他手下的人。160 位村民在警察局外抗议时被抓，后被释放，

---

[1] 里卡伊·唐维纳酋长（Chief Rekayi Tangwena）的土地案例的细节参见 Henry V. Moyana,
The Political Economy of Land in Zimbabwe（Gweru：Mambo Press, 1984）的第六章。

[2] Moyana, *Political Economy of Land*, 158.

然后又占领了村子并重建家园。10 月 2 日，他们的家被捣毁，他们再次被
驱逐。他们再次占领并重建，在 11 月 21 日又被破坏，但他们还是再一次
占领，还种了庄稼，因为雨季已经来临。1970 年 11 月 24 日，他们在又一
次被驱逐后搬到因汉贾山上。唐维纳酋长与在邻国莫桑比克的津民盟游击
队建立联系，帮助穆加贝、特克雷（Edgar Tekere，津民盟的另一位创建
者）和数百名其他人员穿越边界到莫桑比克去参加解放战争。唐维纳最后
也加入了他们，独立后当选为国会议员。

这个故事的重点是，二战老兵史密斯和杜邦强化了殖民时期和单方
面独立时期的先例——土地是政治问题，那些违背国家意志占领土地的
人是"非法占地者"，他们将遭到武力驱逐，而法庭对土地政治没有发
言权。

政府的作用

面对一个规模庞大、日益动荡不安的黑人多数群体，自 1931 年以来
就一直执政的罗得西亚政府在单方面独立时期采取了更严厉的控制措施，
尤其是在经济和农业领域。不仅是黑人农户被管制，越来越多的白人农
场主也被迫种植政府规定的农作物，大部分农产品都得卖给政府。此外，
农业服务也由政府及其代理商提供。到 1978 年，玉米、高粱、花生、大
豆、小麦、咖啡、棉花和烟草都被政府控制，而茶叶、水果、牲畜和奶制
品则受行业协会管理。[①] 国际制裁迫使政府控制外汇和进口，并建立了产
业政策。

许多限制性政策都被独立后的津巴布韦新政府保留，以此对过渡时期
进行管理，保持产业活力，促进白人和黑人农户共同发展。在第一次土地
改革及重建这个以前由少数人统治的国家的过程中，政府发挥了核心的作
用。但是在 20 世纪 80 年代后半期，在新自由主义、自由市场模式的支配
下，新政府受到世界银行和其他国际机构越来越大的压力，被要求取消殖
民时代的经济管制、减少政府的作用——恰好就在农场主大声疾呼获得传

---

① Mudziviri Nziramasanga, "Agriculture Sector in Zimbabwe," in *Zimbabwe: Towards a New Order*, *Working Papers Vol. 1* (New York: United Nations, 1980), 53.

统水平的政府支持、多数人希望得到以前只有白人才能享受的津贴的时候。到 20 世纪 90 年代中期，这种感觉越来越明显：新的模式正在陷入失败，罢工和抗议越来越大，部分是因为大众要求政府实施更多干预。这使津巴布韦政府恢复了以前发挥更积极作用的状态，却导致它与国际社会关系的破裂。

28

极端化

无论在津巴布韦国内还是国外，对穆加贝政府的看法都很极端，也很夸张，没有中间立场。在英国，这一立场体现在颇具讽刺性的津巴布韦女孩恩加姆·恩亨古（Gamu Nhengu）的故事中。在电视选秀节目"X 音素"中被淘汰、留在英国被拒绝后，她发起了一场宣传运动并因此而登上 2010 年 10 月英国《每日电讯》报的头条，题目是"别赶我走，否则我将被枪毙"。她声称，假如回到津巴布韦，她将会被穆加贝总统严惩，"射击队在那儿等着我们，我回去他们会毙了我"。津巴布韦没有行刑的射击队，但她在 2011 年 11 月被获准继续留在英国。①

这 8 个方面有些是津巴布韦和它的历史所独有的，其他一些则在很多国家都有。所有这些方面，无论好坏，都共同塑造了津巴布韦的土地改革进程。宽泛地讲，消极因素在恶性通货膨胀期间日益突出并降低了土地转移的效率，而自 2009 年以来，积极因素不断涌现，并使最好的农户得到了发展。

---

① "X Factor Reject Gamu Pleads With Simon and Cheryl: Don't Let Me Be Deported, I Will Face a Firing Squad," Mail Online, October 10, 2010, available at http://www.dailymail.co.uk/tvshowbiz/article-1319282/X-Factor-2010-Gamu-Nhengu-begs-Cheryl-Cole-Simon-Cowell-dont-let-deported.html?printingPage=true (November 30, 2011); "X Factor Contestant Gamu Wins Deportation Battle," *Guardian*, November 30, 2011.

第三章　土地隔离

"1930 年《土地分配法》的颁布无疑是南罗得西亚历史上的一个里程碑，它标志着南部非洲第一次尝试在欧洲人和非洲人之间推行种族隔离制度"，① 时任南罗得西亚首相戈弗雷·哈金斯在 1935 年写道，"它比南非正式实行种族隔离还要早十多年"。法案提交给伦敦下院后，英国政府表态支持新法。② 因此，独立后的津巴布韦政府按照种族来划分土地，就像其他许多事务方面，只是延续了英国殖民时期的规定和实践。

罗得西亚议员沃尔特·理查兹（Walter Richards）曾在 1941 年警告说："如果没有隔离，殖民地将在 50 年内回到黑人手里变'黑'，那时我们欧洲人只能去经商、传教或做公务员。"③

1935 年，英国《皇家非洲协会》杂志的一篇文章解释说，"欧洲人需要保持一定的生活水准，而不是仅仅去从事自给农业"，因此，"那些土地肥沃，海拔、气候和降雨量都适中的地区适合欧洲人"。有些地区"不适合白人居住"，因为那些地方海拔低，充斥着萃萃蝇，或有其他问题，没有"什么实际的理由这些低地不能被土著人占有"。④

在一个多世纪的时间里，土地分配一直是这个国家的中心问题。从 1890 年开始，欧洲人强行把津巴布韦黑人从他们的土地上赶走，1896 ~

---

① Godfrey Huggins, forward to A. C. Jennings, "Land Apportionment in Southern Rhodesia," *African Affairs*, XXXIV, no. CXXXVI (1935): 296 [Jennings, "Land"]. 哈金斯在 1955 年被授予罗得西亚和肯特郡贝克斯利的马尔文子爵（因此成为上议院的议员）。

② *Hansard*, House of Commons Debate 26 March 1930, vol. 237, 409 – 410.

③ Malcolm Rifkind, "The Politics of Land in Rhodesia" (MSc thesis, Edinburgh University, 1968), 62 [Rifkind, "Politics of land"], citing *Legislative Assembly Debates (Hansard)* June 24, 1941, col. 1646, available at http://www.mct.open.ac.uk.zimbabwe (June 20, 2012).

④ Jennings, "Land," 308 – 311.

1897 年反抗白人侵略者的第一次奇木兰加战争失败之后更是如此。1898
年，英国女王签署《南罗得西亚枢密令》，[①] 创立"土著保留区"，称其土
地是"英国南非公司的财产，被分割出来专门用于安置土著"。该法令进
一步说，"'土著'就是任何南非或中非的非欧洲人"。而且，"土著专员
将通过'部落酋长和头人'来控制土著"，他们将"遵循土著法，以便法
律不会违反自然正义和道德"。行政长官有权任免酋长和头人。

　　1930 年的《土地分配法》明确划分了"欧洲人"和"土著"土地的
范围。该法案把 51% 的土地——自然是最好的——分给了 5 万欧洲人（其
中只有 11000 人实际住在他们的土地上[②]），而将 30% 的土地——贫瘠的土
地——分给了 100 万津巴布韦人。（见表 3 - 1、表 3 - 2）

表 3 - 1　1930 年南罗得西亚《土地分配法》规定的土地分配

	面积（百万公顷）	占比（%）
欧洲人地区	19.9	51
土著保留地	8.5	22
土著购买地	3.0	8
其他	7.5	19
总　计	38.9	100

表 3 - 2　1962 年的自然生态区及其分配

自然生态区		总计	欧洲人的		非洲人的	
农业用途	年均降水	数量（百万公顷）	数量（百万公顷）	占比（%）	数量（百万公顷）	占比（%）
I　特殊用途	>1050mm，各月均有降水	0.6	0.5	82	0.1	18
II　充分种植地区	700～1050mm，夏季降水	7.3	5.7	77	1.7	23
III　半充分种植地区	500～700mm，夏季降水，常有干旱	6.9	4.4	64	2.5	36

----

① available at http：//www. rhodesia. me. uk/documents/Order In Council 1898. pdf（accessed
January 8，2012）.

② Jennings，"Land，" 310.

续表

自然生态区		总计	欧洲人的			非洲人的	
农业用途	年均降水	数量 （百万公顷）	数量 （百万公顷）	占比 （%）		数量 （百万公顷）	占比 （%）
Ⅳ 放牧	450~600mm，夏季降水，有次数不多的暴雨及严重干旱	13.0	6.8	52		6.2	48
Ⅴ 放牧	<500mm，降水不稳定，甚至对于耐旱作物来说降水也太少	10.3	4.6	45		5.7	55

资料来源：Rifkind，"Politics of Land，" 200；Kay Muir - Leresche，"Agriculture in Zimbabwe，" in Mandivamba Rukuni, Patrick Tawonezvi, and Carl Eicher, eds. , *Zimbabwe's Agricultural Revolution Revisited* （Harare：University of Zimbabwe Publications, 2006），103。

1960 年，罗得西亚被正式分成 5 个自然区，[1] 从那以后，这些生态区一直被用来作为划分土地的标准。具体标准见表 3－2。Ⅰ类自然区为马尼卡兰省的高地。Ⅱ类自然区是最好的耕地，集中在马绍纳兰三省。Ⅲ类自然区有一些种植农作物的潜力，主要在马斯温戈省和中部省。表 3－2 显示非洲人的绝大部分土地属于Ⅳ类和Ⅴ类。

1930 年法案还创建了"土著购买区"（native purchase area），津巴布韦黑人可以在那里购买土地，并根据欧洲人的法律获得证书，其 82% 的土地在干旱的Ⅲ类或Ⅳ类地区。[2] 非洲人购买土地的价格比白人要高，而且不能获得贷款或抵押借款，也没有水井和水坝等基础设施（这些设施却给白人农场主提供）。即使有许多黑人农户申请那些区域的土地，但几乎从未获得。[3] 70 年后一些事情被重复："土著购买区"的土地经常被作为奖励分配给公务员和政府的忠实支持者。[4]

---

[1] V. Vincent & R. G. Thomas, *An Agricultural Survey of Southern Rhodesia* （Salisbury：Government Printer, 1960）.

[2] John Blessing Karumbidza, "A Fragile and Unsustained Miracle：Analysing the Development Potential of Zimbabwe's Resettlement Schemes, 1980 - 2000" （PhD thesis, University of KwaZulu - Natal, 2009）, citing Roger Riddell, "The Land Problem in Rhodesia," *From Rhodesia to Zimbabwe*, pamphlet 11 （Gwelo：Mambo, 1978）, 51.

[3] Rifkind, "Politics of Land," 68, 206.

[4] Robin Palmer, *Land and Racial Domination in Rhodesia* （Berkeley：University of California Press, 1977）, 214 - 218 ［Palmer, *Land and Racial*］.

　　根据 1930 年法案，在欧洲人地区，不准有新的"土著"占地行为，津巴布韦黑人被期望搬到"土著"地区。[①] "土著保留区"人口日益过剩，到 20 世纪 30 年代中期，那里的生态明显退化。土地法被反复修改，条款也被收紧，但是哈金斯首相在 1941 年告诉议会：在此前十多年，只有 5 万土著搬到保留区，仍然有 146475 名黑人待在欧洲皇家土地上，169023 人待在欧洲人的农场里。[②] 所以在 1941 年，法律再次被收紧，规定"土著不允许获得、租赁或占有欧洲人地区的土地"，那些还留在欧洲人土地上的土著被称为"擅自占地者"。[③] 正如马尔科姆·里夫金德评论的那样，"相关黑人仅仅是法律意义上的'擅自占地者'，因为在欧洲人踏入这个国家之前，他们大部分祖祖辈辈都一直生活在那里"。[④] 1945 年，法律进一步收紧，规定欧洲人土地的所有者或占领者，或他们的代理人，如果允许土著占有欧洲人的土地，即为犯罪。

　　土地法和土地的种族标签经常会有一些变化：1931～1965 年的 35 年间，有 44 条关于土地的法规，这导致了议会里无休止的争议。但是随着 1962 年新的罗得西亚阵线政府的成立，一次严格的调查显示仅占总人口 1/16 的白人不仅拥有一半以上的土地，而且还是最好的土地（见表 3－2）。[⑤] "'土著保留区'的土地大多都很贫瘠，而几乎殖民地所有的肥沃土地都收纳入欧洲人地区"，前殖民部官员肯·布朗在 1959 年写道，"（如果你是欧洲人的话）开车从一片欧洲人地区进入土著保留区会让人非常尴尬。土壤类型的变化几乎恰好与边界线一致，而且令人吃惊的是如此之明显"。[⑥] 1949 年，哈金斯首相承认，"30% 的土著保留区和大约 45% 的土著

① Ifor Leslie Evans, *Native Policy in Southern Africa* (Cambridge：Cambridge University Press, 1934), 121；Robin Palmer, *Land and Racial*, 216. 罗宾·帕尔默指出，津巴布韦黑人也被从新的土著购买地赶走，共有 5 万名"非法占地者"居住在土著购买地，并因此而在那里导致了冲突。

② Rifkind, "Politics of Land," 63. 引自哈金斯 1941 年 6 月 19 日在立法会议的讲话。

③ Jennings, "Land," 307.

④ Rifkind, "Politics of Land," 91.

⑤ Rifkind, "Politics of Land," 200, citing the 1962 Phillips Report；Kay Muir – Leresche, "Agriculture in Zimbabwe," in Mandivamba Rukuni, Patrick Tawonezvi & Carl Eicher (eds.), *Zimbabwe's Agricultural Revolution Revisited* (Harare：University of Zimbabwe Publications, 2006), 103 [Rukuni, Tawonezvi & Eicher].

⑥ Rifkind, "Politics of Land," 202, citing Ken Brown, *Land in Southern Rhodesia* (London：Africa Bureau, 1959).

购买区的土地不适合土著或他们的牲畜居住，因为这些地区都缺水"。① 大多数非洲人的土地还充斥着萃萃蝇。②

土地法还规定了种族隔离。1959 年，主要的白人宾馆被允许改成多种族宾馆。1961 年的《土地分配法修正案》规定，如果是跨种族婚姻，丈夫的种族决定了夫妻的居住地。③

从大萧条到绿色革命

20 世纪 30 年代的大萧条对白人农场主的影响十分严重，烟草、肉类和玉米销量大跌，许多人面临破产。政府的应对举措是把双刃剑：以黑人为代价支持白人农场主，大力加强政府对白人农业经营的干预。接下来的几十年里，政府日益加强的控制把大多数白人农场主变成了订单农户。例如，根据 1936 年的《烟草销售法》，所有烟草种植户必须由政府颁发许可证，政府还定价、控制出口。政府还分别建立了烟草、玉米和奶业管理委员会。1912 年建立的向白人农场主提供贷款的"土地银行"增加了贷款，且所有债务延期三年。1931 年和 1934 年的玉米管控法，确保给予白人农场主的玉米收购价比给予黑人农场主的高得多。20 世纪 30 年代晚期，随着引进的弗吉尼亚烤烟代替了当地自然风干的白肋烟，以及二战期间需求的增加，白人农场主经济恢复了往日的繁荣。截至 20 世纪 30 年代中期，非洲黑人和欧洲白人一直都使用相同的技术——只是规模不同。④ 事实上，早在殖民时期之前，今天戈奎地区的尚维人（Shangwe）就是知名的烟草生产者。通过白人商人的推动，烟草产业在 20 世纪 20 年代发展起来，但是政府后来把烟草变成了白人的种植物。⑤

20 世纪 50 年代，新种子的引入和化肥的大量使用，给白人农场主带

34

① Rifkind, "Politics of Land," 79, citing Prime Minister Huggins speaking in a parliamentary debate, June 30, 1949.

② Rifkind, "Politics of Land"; Barry Floyd, "Land Apportionment in Southern Rhodesia," *Geographical Review*, 52, no. 4 (1962)：567 ［Floyd, "Land Apportionment"］.

③ Rifkind, "Politics of Land," 127, 147.

④ Palmer, *Land and Racial*, 242.

⑤ Mandivamba Rukuni, "The Evolution of Agricultural Policy: 1890 – 1990," in Rukuni, Tawonezvi and Eicher, 43.

来了农业革命。从 1948 年到 20 世纪 60 年代中期，每公顷玉米产量增加了
155%、小麦增加了 185%、马铃薯增加了 300%。[1] 这些都是由政府推动起
来的：对农业严格控制、大量补贴和科研投入。1949 年，罗得西亚成为继美
国之后第二个向农场主出售杂交玉米种子的国家，而直到 20 世纪 50 年代，
当地的种子产业实力都还非常强。发展一个玉米新品种，包括在农场进行测
试和推广，大概需要 10 年时间，这都要求政府加以扶持。曼迪瓦姆巴·鲁
库里（Mandivamba Rukuni）评论说："当地科研人员花了 28 年的时间
（1932 ~1960 年）去开发津巴布韦绿色革命的玉米品种（SR52）。"[2]

与此同时，自 1903 年以来，罗得西亚政府一直在推动欧洲人移民，但
是白人人口增长非常缓慢。部分原因是罗得西亚政府只想要"正确类型的"
移民，即拥有一定资本的英国人，而且曾试图确保至少 80% 的"欧洲人"都
是英国人。事实上，20 世纪 30 年代逃离希特勒迫害的犹太人被拒绝移入，
二战后波兰人和南欧人也同样被拒绝移入，即使他们有投资能力也是如
此。[3] 但是二战结束时，欧洲经济紧缩与罗得西亚农业的增长相伴，政府也
期望白人实际占有那些分给他们的土地，这导致了白人移民的持续增加。

从 1943 年开始，罗得西亚政府开始准备用来专门安置白人退伍老兵的
农场，而首相戈弗雷·哈金斯明确规定：退伍的黑人士兵，即使那些在前
线服役的，都被排除在该计划之外。结果，政府把黑人从他们的土地上赶
走，为白人老兵腾出土地：每一个农场安置一名老兵，专门修一段与该农
场相连接的公路，建一座配备基本设施的房屋，土地被开辟并围了起来，
40 公顷土地被犁过，提供必要的农具、种子和化肥。"退役士兵安置项目"
就这样实施了。[4]

---

[1] Patrick Tawonezvi and Danisile Hikwa, "Agricultural Research Policy," in Rukuni, Tawonezvi and Eicher, 199.

[2] Mandivamba Rukuni, "Revisiting Zimbabwe's Agricultural Revolution," in Rukuni, Tawonezvi and Eicher, 6.

[3] Alois Mlambo, *White Immigration Into Rhodesia* (Harare: University of Zimbabwe, 2002), 49, 50, 59 –67, 70 [Mlambo, *White Immigration*].

[4] Asher Walter Tapfumaneyi, "A Comparative Study of Forces Demobilisation: Southern Rhodesia 1945 – 1947 and Zimbabwe 1980 – 1985" (BA Honours dissertation, University of Zimbabwe, 1996), 21 –24, 28, 36, 77. 让津巴布韦新政府愤怒的诸多事情之一，便是独立后它被迫继续支付二战白人老兵的养老金和其他福利，而同样参加过二战的黑人老兵却一无所获。

35　　1951 年和 1957 年还特别针对退伍的英国军人引入"辅助通道项目"，这些新来的定居者被安置在农场培训两年，在此期间食宿免费。[1] 白人从 1945 年的 80500 人猛增到 1960 年的 219000 人。大多数人去了城市，但是拥有农场或在农场工作的白人数量翻了一番，从 1845 年的 4673 人增加到 1960 年的 8632 人。为了给新来的农场主腾出土地，仅仅在 1945～1955 年十年内，超过 10 万津巴布韦黑人被强迫迁入保留区以及荒凉的萃萃蝇肆虐的未分配的地区。

　　但是分配给欧洲人的土地被利用的并没有那么多。巴瑞·弗劳德曾是一位南罗得西亚政府在土著保留区的土地发展官员，他于 1962 年在《美国地理学会》杂志上发表文章说："迟至 1955 年，大约 4000 名非洲人被从欧洲人地区赶走。在他们搬走后，被放弃的耕地有时被耕作，但经常被撂荒。"[2]

"单方面宣布独立"和制裁

　　黑人的不满、抗议和罢工不断增加一点都不令人吃惊。巴瑞·弗劳德（Barry Floyd）1959 年在博士论文中写道："对于保留区的土著来说，每天都有关于土地分配不公的活生生记忆，许多保留区与欧洲人辽阔的农场或没有开发和耕种的皇家土地相邻。"带刺的铁丝围栏沿着肥沃土地与贫瘠土地的边界架设，非洲人挤在贫瘠且"过度开发"的土地上，紧邻的就是辽阔的白人农场的肥沃土地。"南罗得西亚最终被武力征服并占领，以及欧洲人通过征战而成为土地的继承人这一历史事实，也成了分配土地的理由"，巴瑞·弗劳德写道。[3]

　　1951 年，土著保留区被重新命名为"部落托管地"，但更名并没有带来改善。到 1960 年，政府开始建议撤销《土地分配法》。1962 年的大选围绕这个问题展开，罗得西亚阵线党在大选中获胜，其选举纲领说："《土地

---

① Mlambo, *White Immigration*, 29.

② Barry Floyd, "Land Apportionment in Southern Rhodesia," *Geographical Review*, 52, no. 4 (1962): 577.

③ Barry Floyd, "Changing Patterns of African Land Use in Southern Rhodesia" (PhD thesis, Syracuse University, 1959), Lusaka: Rhodes – Livingstone Institute, 280 – 281.

分配法》在土地拥有、使用和租赁的方式和原则上所建立的种族差异必须保留。"① 英国政府提出去殖民化和给予占人口多数的黑人更多权利，罗得西亚阵线政府对它的抵制直接导致 1965 年《单方面宣布独立》的出台。黑人的回应是发动解放战争。罗宾·帕尔默在《罗得西亚的土地问题和种族统治》一书中评论说："游击队最初在东北部圣塔纳里、斯珀力罗和芒特达尔文地区获得了百姓广泛的支持，那里的土地就是过去 20 年里被夺去分给欧洲人的，因此人民的怨恨源于最近的事件。"② 36

在《单方面宣布独立》发布两周后，联合国安理会呼吁各国自愿对罗得西亚实行制裁；1966 年 12 月，它对罗得西亚 60% 的出口和 15% 的进口采取了强制制裁。1968 年 5 月，安理会又实施了全面制裁，禁止一切进出口、空中和外交联系。③《单方面宣布独立》时期的经济分为三个阶段：制裁开始实施的 1966~1968 年期间收入大幅度下降，随后 6 年以进口替代为导向的增长，1975 年后因战争升级及南非撤出对它的支持而导致的大幅下降。

几个至关重要的因素影响了罗得西亚的残存和此后的崩溃。首先是，对外汇的严格控制。1966 年出口收入减少了 1/3，因此罗得西亚拒绝偿还世界银行和欧洲债权人 2.5 亿美元的债务，还禁止所有公司将利润汇回母国，从而减少外汇流出。优先进口化肥、燃料和军事装备等必需品，还对其他物品的进口实行严格的许可证制度，所有当地能生产的东西都不能进口。另一个关键因素是制裁有漏洞。南非在罗得西亚投资了 6.5 亿美元。英国和美国也破坏了联合国的"强制"制裁（与 35 年后对津巴布韦实行的制裁相反）。英国公司提供了油料，据称受英国政府的纵容。④ 美国最初支持制裁，约翰逊总统在 1967 年 1 月 5 日签署《执行令》，执行联合国的第一次制裁，与罗得西亚的贸易很快就中断了。接任的尼克松总统（1969~1974 年在位）反对制裁，1971 年国会通过《比尔德修正案》，允许美国公司突破制裁，特别是从罗得西亚进口铬。

---

① Palmer, *Land and Racial*, 244, 249.

② Palmer, *Land and Racial*, 245 – 246.

③ 详见 Joseph Hanlon & Roger Omond, *The Sanctions Handbook* (London：Penguin, 1987), Chap. 22 ［Hanlon & Omond, *Sanctions*］。

④ Martin Bailey, *Oilgate* (London：Hodder & Stoughton, 1979).

福特总统时期（1974～1977 年）维持了该政策，但是 1977 年卡特总统一上台就取消了《比尔德修正案》，重新对罗得西亚实施制裁。① 1979年，美国陆军战争学院访问教授唐纳德·罗斯曼（Donald Losman）写道："必须强调的是，如果制裁没有巨大的空隙，罗得西亚是活不下去的。一个真正的、没有漏洞的全球性禁运将很快让罗得西亚政府缴械投降。"②

美国历史学家杰拉尔德·霍恩（Gerald Horne）在《一枪之管：美国与反对津巴布韦的斗争》一书中，记录了外界对罗得西亚单方面宣布独立的正式和非正式支持。③ 随着罗得西亚解放战争的发展以及美国逐步从越南撤军，数百名美国雇佣兵加入罗得西亚军队。前雇佣兵在接受霍恩采访时宣称他们得到了美国中央情报局的支持。④ 罗得西亚在美国有一个游说团体，它在美国国会中有一些支持者（他们为后者提供竞选资金），它强调需要保留罗得西亚白人政府和打击"共产主义"。这也被罗得西亚情报组织头目肯·弗劳尔（Ken Flower）证实，他评论说："国际犬儒主义帮助罗得西亚打败了制裁。"⑤

直到 1973～1975 年，罗得西亚都做得很好。解放战争逐步深入，特别是游击队员在莫桑比克有了后方基地之后。这开始于 1972 年，莫桑比克解放阵线党控制了紧邻津巴布韦东北的太特省，游击队员有了进入罗得西亚马里卡兰和马绍纳兰地区的通道。1975 年摆脱葡萄牙的殖民统治独立后，莫桑比克政府公开支持津巴布韦非洲民族联盟，更多津巴布韦人也越过边界到莫桑比克加入解放运动。赞比亚那时也为津巴布韦非洲人民联盟提供了更大的空间，后者也派来更多的游击队员。他们对罗得西亚国内纵深地区公路、铁路、经济目标和安全部队的进攻更加频繁。

根据本书作者之一 1987 年发表的对制裁进行研究的相关成果，有 5 个因素导致了变化。

---

① Gerald Horne, *From the Barrel of a Gun：The United States and the War Against Zimbabwe,* *1965 - 1980*（Chapel Hill, NC：University of North Carolina Press, 2001），143 - 154 ［Horne, *From the Barrel*］.

② Donald Losman, *International Economic Sanctions*（Albuquerque, NM：University of New Mexico Press, 1979），122.

③ 杰拉尔德·霍恩现为休斯敦大学约翰和丽贝卡·摩尔历史学教授。

④ Horne, *From the Barrel*, 25 - 27, 44 - 46, 60 - 61, 75, 150, 201 - 240.

⑤ Ken Flower, *Serving Secretly*（London：John Murray, 1987），70 - 73 ［Flower, *Serving*］.

（1）日益激烈的游击战争对经济的消耗——战争每天耗资 160 万美元。[①]

（2）制裁漏洞的减少。包括赞比亚在 1973 年、莫桑比克在 1975 年关闭与罗得西亚的边界，以及美国在 1977 年停止从罗得西亚进口铬。

（3）1973 年国际石油价格的上涨。

（4）以前就存在的制裁的隐性影响，包括机器耗损而不能替换。

（5）南非在美国总统卡特的支持下，转而向罗得西亚施加压力。艾迪·克洛斯，这位直到 1980 年任职罗得西亚农业销售局的首席经济学家说，"南非对罗得西亚政府的经济制裁"正是最终接受调解和多数人统治的关键因素。[②] 肯·弗劳尔在 1979 年 6 月 12 日给政府的一份简报中写道："随着时间的推移，制裁越来越不可忍受。"[③]

1979 年 12 月 17 日，战争结束，关于多数人统治的《兰开斯特大厦协议》得以签署。选举在 1980 年 2 月 28 日至 3 月 1 日举行。[④] 穆加贝领导的津巴布韦非洲民族联盟赢得议会 80 个席位中的 57 席，恩科莫领导的津巴布韦非洲人民联盟获得 20 席，穆佐雷瓦领导的非洲人全国委员会占 3 席（英国和南非之所以都支持《兰开斯特大厦协议》，部分原因是他们期望穆佐雷瓦获胜）。1980 年 4 月 18 日，津巴布韦宣布独立。

38

单方面宣布独立、战争与农业

20 世纪 50 年代以来，白人农场主就一直被鼓励生产供出口的农作物，特别是烟草。但是由于单方面宣布独立和国际制裁，白人农场主被劝说不种烟草，转而种植玉米、棉花和养牛。20 世纪 70 年代中期，为了支持白

[①] Carolyn Jenkins, "Economic Objectives, Public - Sector Deficits and Macroeconomic Stability in Zimbabwe," Centre for the Study of African Economies (CSAE) Working Paper 97 - 14 (Oxford: CSAE, 1997), 6, available at http://www.csae.ox.ac.uk/workingpapers/pdfs/9714text.pdf. (Nov 15, 2011).

[②] Hanlon & Omond, *Sanctions*, 208 - 209.

[③] Ken Flower, *Serving*, 163, 227. 他提到，迫于美国国务卿基辛格的压力，南非政府于 1976 年开始向罗得西亚政府施压。

[④] 在 1980 年 2 月 14 日，白人有一个单独的投票，20 个席位毫无争议地全部被伊恩·史密斯的罗得西亚阵线获得。

人农场主应对制裁，罗得西亚政府向他们提供了补贴和贷款，估计每个农场每年可获得12000美元[1]，大约相当于现在的40000美元[2]。这种转变严重挤压了部落托管地上的黑人农户，导致他们收入下降；在20世纪50年代晚期，这些黑人农场主为市场提供了32%的产品，但是在20世纪60年代晚期下滑到18%。许多年轻人失去土地和工作，于是加入解放斗争。

从1972年底开始，战争对农村人口的影响不断扩大。作为对当地人的集体惩罚，罗得西亚安全部队轰炸了村庄，破坏了农作物，没收了牛群。到1977年年中，1/5的农村人口被迫搬到"保护村"，他们在那里一天只能在地里干几小时的活。部落托管地上的大多数农民拥有的耕地不到2.5公顷，这是一个家庭糊口所需最低数量的土地；一半的人没有牲口。[3]1981年里德尔收入、价格和服务环境调查委员会指出："由于土地所面临的巨大压力，农民已经开始清理牧场用于耕作，甚至一些存在水土流失危险而不应被开发的土地也种上了庄稼。"[4]

白人农场：遗弃，利用不足，国家的耻辱

白人农场的丑闻是他们实际利用的土地是如此之少，而黑人农民却被
39 塞到本已非常拥挤的部落托管地。马尔科姆·里夫金德1968年在论文中提到，罗得西亚当局自己也抱怨只有很少的土地得到耕种。[5]1957年议会的一个委员会得出结论说，欧洲人的耕地只有6%～12%被实际耕作。

马绍纳兰三省拥有津巴布韦75%的最好的耕地。1965年，农村土地委员会的主席写道："只要登上飞机飞越马绍纳兰省欧洲人的农业区，你就

① Ian Phimister, "The Combined and Contradictory Inheritance of the Struggle Against Colonialism," in Colin Stoneman (ed.), *Zimbabwe's Prospects* (London: Macmillan, 1998), 8. 每年8000津元，数据基于菲利普斯 (M. Phillips) 1984年在开普敦大学的学士学位论文。

② http://www.measuringworth.com/uscompare/ (Oct 30, 2011).

③ Roger Riddell, "The Land Question", *From Rhodesia to Zimbabwe*, pamphlet 2 (Gwelo: Mambo, 1978), 10 [Riddell, "Land Question"].

④ Roger Riddell, *Report of the Commission of Inquiry into Incomes, Prices and Conditions of Service*, 1981, 34.

⑤ Rifkind, "Politics of land," 204–208.

会看到实际上每个农场都有大片的土地摞荒，草场很好，这是上天和农村土地委员会给予那些农场主的……如此之多的土地被闲置，而没有被利用，这是国家的耻辱。"① 15 年之后，这种状况并没有改善。1981/1982 农业季，在马绍纳兰三省的 190 万公顷耕地中，只有 44 万公顷（23%）被耕种，这意味着有 150 万公顷左右的土地被摞荒。即使获得政府对休耕地慷慨的补贴后，马绍纳兰省的白人农场主也仅仅利用了他们耕地的 34%。最糟糕的是东马绍纳兰省，只有 15% 的耕地被耕种。②

对土地的利用有各种估计。根据 1976 年罗格·里德尔的计算，在白人农场中，只有 15% 的潜在可耕地被开发。甚至在 20 世纪 70 年代早期，许多白人农场只是被用于居住，或作为周末度假的地方。③ 津巴布韦在 1982 年的《国家发展过渡计划》中说，"在大、小型商业农场里，潜在可耕地的利用率分别是 21% 和 18%"。④

根据乌泰泰委员会 2003 年的报告，1980 年独立时，"津巴布韦 6000 个白人农场主拥有的大型商业农场占地 1550 万公顷，其中一半以上位于雨量丰沛的农业生态区，那里的农业生产潜力最大——白人商品农业的典型特色是：土地没被利用或利用率很低，或被不在地的农场主所有，或仅仅作为投机的目的而闲置"。报告接着说，"另一方面，8500 个黑人农场主拥有小型商业种植农场，占地 140 万公顷，大多数位于更干旱的农业生态区，土质也很差"。⑤

---

① Rifkind, "Politics of Land," 205, quoting "Idle Land a National Disgrace," *Rhodesian Farmer*, Apr 9, 1965.

② Dan Weiner, Sam Moyo, Barry Munslow & Phil O'Keefe, "Land Use and Agricultural Productivity in Zimbabwe," *Journal of Modern African Studies*, 23, no. 2 (1985): 251 – 285; Sam Moyo, "The Land Question," in Ibbo Mandaza (ed.), *Zimbabwe: The Political Economy of Transition 1980 – 1986* (Dakar: Codesria, 1986), 174.

③ Riddell, "Land Question," 13.

④ Republic of Zimbabwe, "Transitional National Development Plan 1982/83 – 1984/85," Vol. 1 (Harare: Government of Zimbabwe, 1982), 65.

⑤ *Report of the Presidential Land Review Committee*, under the chairmanship of Dr. Charles M. B. Utete (Harare: Presidential Land Review Committee, 2003), Vol. 1, 14. Volume Ⅰ, Main Report, available at http://www.sarpn.org/documents/d0001932/Utete_PLRC_Vol-Ⅰ_2003.pdf, and Volume Ⅱ, Special Studies, available at http://www.sarpn.org/documents/d0000746/Utete_Report_intro.pdf.

罗格·里德尔密切关注津巴布韦独立前不久和独立后不久的农业活动。[①] 他发现大多数白人农场没有效率，仅"能勉强存续，因为政府直接或间接给予各种形式的援助，包括贷款、价格支持、现金补贴、低工资结构和'人为的'土地价格"。罗得西亚全国农场主联盟在 1977 年发现 30%的白人农场是破产的，之所以还存活着是主要是靠贷款、价格支持和补贴。里德尔提到，在 1975/1976 年度，60%的农场（6682 户中的 4023 户）的盈利达不到缴纳所得税的标准，而 52%的税收仅来自 271 户白人农场。

本章小结：设立基准

殖民当局（和单方面宣布独立政府）的政策为后来独立政府的行动奠定了基础。殖民当局使土地种族化，把肥沃的土地确定为"欧洲人的"，而贫瘠的土地则为"非洲人的"，并把占绝大多数的非洲黑人赶到国家贫瘠的那一半土地上。殖民政府还制定政策，占地者被暴力驱逐，以便白人老兵和其他被政府选中的人能拥有土地。

白人政府也承认，白人农场主靠他们自己是难以发展壮大的。新安置的农场主可接受两年的培训。体系庞大的研究、培训和市场委员会支持这些新农场主，而且把他们变成实际上的订单农场主，种植国家要求的农作物，并出售给国家运营或管理的机构。为保护白人农场主，非洲人农场主被排挤和被边缘化。所有这些甚至都还不够，在 20 世纪 70 年代中期，每年给予每个白人农场的补贴和"贷款"达到了 40000 美元。

但是，被宠溺的白人农场主表现还是不太好：30%的人破产，30%持平但不赢利，30%稍有盈利，只有 5%的农场很赚钱。白人农场主只利用了 15%~34%的可耕地。这确立了一个基准，我们可以用来判断土地改革后的农民。

---

① Riddell, "Land Question," 11 – 13.

第四章　独立与第一次土地改革

独立时，新政府面临着社会明显的种族分化，它优先处理了三件事情。

第一，不破坏现状，尽可能维持现存体系和经济结构。

第二，让占人口少数的白人相信，在新的津巴布韦他们仍有一席之地，强调和解，让白人农场主维持生产。1981 年 3 月，津巴布韦政府准备的津巴布韦重建和发展会议捐助者文件中谈到，"津巴布韦政府正在进行现代化与和解的实验"。

第三，通过大幅扩展医疗和教育和让农技服务惠及黑人农场主等方式，缩小白人和黑人之间的鸿沟。

作为世界贫富最悬殊的国度之一，津巴布韦看来更多是在"提升"——提高占人口绝大多数的黑人的生活水准，而不是挑战占少数的富裕白人。这还包括大幅增加教育和医疗方面的投入：引入免费小学教育，学生入学人数从 1979 年的 819000 人激增到 1986 年的 2260000 人，初中入学人数猛增 6 倍；[1] 医疗卫生条件改善，婴儿死亡率从 1980 年的每千人 120 人大幅下降到每千人 83 人。不过未来的路还很长——白人新生婴儿的死亡率仅为每千人 14 名。[2]

但是三年严重的干旱、南非种族隔离政府进行的破坏、捐助者承诺而不能够兑现的援助，这些都限制了新政府的活动空间。

于是津巴布韦进行了第一次土地改革，后来证明这是非洲历史上规模

---

[1] Colin Stoneman & Lionel Cliffe, *Zimbabwe*: *Politics*, *Economics and Society* (London: Pinter, 1989), 122, 133 [Stoneman & Cliffe, *Politics*].

[2] René Loewenson & David Saunders, "The Political Economy of Health and Nutrition," in Colin Stoneman (ed.), *Zimbabwe's Prospects* (London: Macmillan, 1988), 133, 146.

最大的一次土地改革，而且非常成功。我们暂不讨论土地改革的效果，而首先介绍土地改革的背景及其有限的空间。

支持黑人农户

20 世纪 70 年代，非洲人保留区〔在罗得西亚时期名为"部落托管土地"（Tribal Trust Land），独立后被称为"村社土地"（Communal Land）〕的棉花产量只占全国总产量的 10% ~ 15%、商业玉米占 5%，由于价格太高，只有 5% 的小农户使用化肥。① 独立后，政府的重点是促进村社地区农业的发展，因为绝大多数津巴布韦黑人都生活在那里。政府将靠雨水浇灌的玉米和棉花生产转移到这些地区，并推动白人商业农场主种植更赚钱的出口农作物。

鲁库里指出："1980 年独立时，新政府将政治重心放在村社地区的农户上面，强令政府机构清除阻碍他们贷款的种族障碍，增加村社地区农技人员的数量，并向他们开放农产品收购点。"② 1980/1981 农业季，政府的难民重新安置项目为玉米地少于 1 英亩（0.4 公顷）、生产被战争破坏的小农户免费发放种子和化肥。许多农民第一次用上化肥，加上那年雨量充沛，这一揽子要素投入产生了积极的效果。随后的年份里，很多小农户继续使用化肥和杂交种子。如表 4 - 1 所示，杂交种子和化肥销量增长了 4 倍，这是由服务于季节性生产投入的"小农基金项目"所支持的。1979/1980 农业季，贷款总量仅 100 万美元，但到 1986/1987 年度，就激增到 4000 万美元。

新政府立刻重建了农业技术推广服务中心③，以便服务绝大多数村社地区的黑人农户，而非主要服务于白人商业农场主。这项新政策有助于小农户使用良种和化肥。麦琪·马斯特在中马绍纳兰省达尔文山地区坎迪亚

---

① Mette Masst, *The Harvest of Independence*: *Commodity Boom and Socio - Economic Differentiation Among Peasants in Zimbabwe*, PhD thesis, Roskilde University, 1996, 65 - 66, 80〔Masst, "Harvest"〕, available at http：//www. open. ac. uk/technology/mozambique/p11 _ 3. shtml（Nov 1，2011）.

② Mandivamba Rukuni, "Revisiting Zimbabwe's Agricultural Revolution," in Mandivamba Rukuni, Patrick Tawonezvi & Carl Eicher（eds.）, *Zimbabwe's Agricultural Revolution Revisited*（Harare：University of Zimbabwe Publications, 2006）, 17 - 18〔Rukuni, Tawonezvi and Eicher〕.

③ Agritex 是农业技术推广服务中心的英文缩写，在 2003 年它被命名为 Agricultural Research and Extension（Arex），即农业研究和技术推广中心，在 2008 年它又重新被命名为 Agritex。

(Kandeya) 村社地区的研究表明，60% 的村社农户参加过农业技术推广服务中心组织的培训课，78% 与农技人员保持联系。她还提到农技人员"在农民中间的地位很高"。最后或许也是最重要的支持是，玉米价格大幅上涨（见表 4 - 2），粮食销售委员会增加了村社地区的收购网点，从独立时的仅 1 个增加到 1991 年的 37 个。在 1985 年的高峰时期，全国有 135 个专门收购点。[①]

如表 4 - 3 所示，政府政策效果显著。在农业技术推广服务中心的支持下，更好的肥料和种子意味着产量翻番，种植面积也增加了一倍。到 1985 年，在粮食销售委员会收购的玉米中，1/3 来自村社地区农户。[②] 1983/1984 农业季遭遇干旱，农作物产量大幅下降，但是村社地区，特别是在马绍纳兰三省村社地区的农户仍然卖了大量余粮。较高的农业产量一直保持到 1986/1987 农业季。如表 4 - 2 所示，尽管玉米价格从 1981 年的高峰下跌，但当时小农户的生产力如此之高，以至于他们继续保持高水平的生产。收入最好的农户改种棉花，随后种植白肋烟，而其他小农户则扩大了玉米的生产。在马斯特看来，农业生产大幅度提高的原因主要包括以下四个方面：

- 农业市场化设施的改善；
- 农业技术服务的推广；
- 种子、化肥和杀虫剂等农业投入的增加；
- 更高的农产品价格。[③]

乌泰泰委员会评论说："1980～1986 年间，津巴布韦小农户的绿色革命得力于政府大力发展基础设施和加强对农业技术服务的投入，这清楚地表明，由政府支持在农业供应端持续进行公共投入是实现农业变革的关键因素。"[④]

[①] Masst, "Harvest," 81, 82, 204, 208.

[②] Esbern Friis-Hansen, *Seeds for African Peasants*: *Peasants' Needs and Agricultural Research*, *the Case of Zimbabwe* (Uppsala: Nordic Africa Institute, 1995), 63. 然而，绝大部分多余的玉米都由降雨丰沛村社地区中 15%～20% 的玉米种植户生产，参见 Mandivamba Rukuni, "Revisiting Zimbabwe's agricultural revolution" in Rukuni, Tawonezvi and Eicher, 12。

[③] Masst, "Harvest," 75.

[④] Charles Utete, "Report of the Presidential Land Review Committee on the Implementation of the Fast Track Land Reform Programme, 2000 - 2002" (Harare, 2003), 74, http://www.sarpn.org/documents/d0000622/P600 - Utete_PLRC_00 - 02. pdf (Oct 23, 2011).［官方称之为乌泰泰委员会报告，本书在引文中用作乌泰泰报告（Utete Report）］。

联合国粮农组织（UN Food and Agriculture Organization）的研究也指出："在1980年独立后，津巴布韦的农业政策定向支持小农户和降低不平等。小农户在供应端的回应也很强烈，他们在独立后五年内（1980～1985年）就成了正规市场中玉米和棉花的最大供应者。"①

表4-1　小农户购买的现代农业物资

单位：吨

年　度	化　肥	杂交玉米种子
1979/1980	27 000	4 300
1984/1985	127 664	19 500

资料来源：Masst，"Harvest，" 83。

表4-2　玉米和棉花的生产成本

单位：美元/千克

年　份	玉　米	棉　花
1979	0.09	0.52
1980	0.13	0.60
1981	0.16	0.56
1983	0.11	0.46
1985	0.11	0.41
1987	0.11	0.48
1989	0.09	0.41
1991	0.05	0.27

资料来源：Masst，"Harvest，" 86。

表4-3　村社地区出售给粮食销售委员会的玉米数量

单位：吨

1980～1981年	1981～1982年	1982～1983年	1983～1984年	1984～1985年
66 565	290 488	317 884	137 243	335 130

资料来源：Esbern Friis - Hansen, *Seeds for African Peasants*：*Peasants' Needs and Agricultural Research*, *the Case of Zimbabwe* (Uppsala, Sweden：Nordic Africa Institute, 1995), 63。

---

① Moses Tekere, "Zimbabwe," Harare：Trade and Development Studies Centre, in Harmon C. Thomas, *WTO Agreement on Agriculture*：*The Implementation Experience* (Rome：FAO, 2003), available at http：//www. fao. org/docrep/005/y4632e/y4632e01. htm#bm01 (Dec 3, 2011).

政局不稳

回顾 30 多年前津巴布韦刚独立的时期，需要理解那个时代现在已大多被遗忘的历史。那时，种族隔离仍是南非最典型的意识形态。罗纳德·里根于 1981 年 1 月出任美国总统后，冷战加剧，他重视南非并把它作为对抗共产主义的堡垒，视津巴布韦为"共产主义"国家并敌视它。这实际上准许南非去破坏周边国家的稳定。那时和现在一样，罗伯特·穆加贝的形象被严重扭曲。在独立后不久的 1981 年，一个做小买卖的人和本书作者中的两位一起在穆塔雷附近搭顺风车，他告诉我们："有人说穆加贝是共产党，将会把一切国有化；但是你知道，他没有，生意照旧。"

在津巴布韦独立后的前十年里，种族隔离政权是最主要的破坏性力量。南非白人政权在津巴布韦实施了大量破坏性活动，而且实施事实上的制裁。最突出的事例是 1981 年 12 月 18 日，南非轰炸了津民盟在首都哈拉雷马尼卡路 88 号的总部，津民盟这一天原本要在那里召开中央委员会。因为推迟了会议，穆加贝和党的其他领导人躲过一劫。但是有 7 人因此丧生，124 人受伤，他们中的绝大多数都是圣诞节前上街的购物者。南非其他的攻击还包括：1981 年 8 月 16 日对尹科莫军营的袭击破坏了价值 7000 万美元的军火，1982 年 7 月 25 日对索恩希尔空军基地的袭击毁坏 13 架飞机。南非种族隔离政府还利用津民盟与白人少数的和解政策，在津巴布韦许多关键部门安插代理人，包括穆加贝总统的卫士长，此人涉嫌参与了"马尼卡路轰炸"事件。①

除了直接破坏津巴布韦之外，南非还在安哥拉、莫桑比克、莱索托和津巴布韦建立或支持武装反对派。在津巴布韦西南的马塔贝莱兰地区，南非建立了"超级津人盟"——这是津人盟的一群持不同政见者，他们反对津民盟和津人盟这两支矛盾重重的前解放运动组织合并成一支军队。南非还将间谍打入津巴布韦反对派和津巴布韦新组建的警察机构内部，藏匿南非提供的武器，然后"发现"这些武器的藏匿点，由此导致津巴布韦两支军队整合失败以及津人盟两位领导人杜米索·达本古瓦（Dumiso Dabengwa）和卢库特·

48

---

① Teresa Smart, "Zimbabwe: South African Military Intervention," in Joseph Hanlon, *Beggar Your Neighbours* (London: James Currey, 1986), 173–177 [Hanlon, *Beggar*].

马苏库（Lookout Masuku）被捕受审（两人在审判后都被无罪释放）。南非能够操纵利用津民盟和津人盟业已存在的紧张关系，导致津巴布韦政府产生大规模的过度反应，并派出"第五旅"前往马塔贝莱兰地区发动古库拉洪迪战争。① 简单地将阴谋论和控制说斥为疑神疑鬼可能很容易，但数名在津巴布韦新警察机构中位居关键位置的高官，以及数名在法庭上作证指控达本古瓦和马苏库的人员，20 世纪 80 年代后期在南非露面，其中一些人承认他们是南非的间谍。2000 年，皮特·史蒂夫（Peter Stiff）在广受好评的关于南非种族隔离时期情报机构的三部著作中，证实南非特种部队在津巴布韦安插间谍、储存武器、加强反对派武装及发动攻击等行为。②

津巴布韦是一个内陆国家，南非控制着它的对外交通。津巴布韦对外最近的铁路线路是到莫桑比克的贝拉港和马普托。南非的突击队和后来的莫桑比克全国抵抗运动③的游击队，反复攻击这两条铁路及到贝拉的输油管线，迫使津巴布韦通过更长的铁路运送货物到南非的港口，而南非会定期中断津巴布韦的货运，特别是糖的出口和染料的进口。在 1981 年底，津巴布韦积压了 1.5 亿美元的物资等待出口。时任津巴布韦冷藏委员会（Cold Storage Commission）负责人的艾迪·克洛斯（Eddie Cross）在 1984 年估计，由于南非的破坏活动导致更高的运输成本，津巴布韦每年要损失 7000 万美元。随着南非攻击的增多，津巴布韦被迫派部队去保卫到贝拉港的铁路和输油管线，一度在莫桑比克部署了 12500 名军人，每周花费 300 万美元。

南非还结束了以前与罗得西亚签订的优惠贸易协议，后来还对津巴布韦出口的钢材等物品征收关税，并遣返了 40000 名津巴布韦矿工，这导致津巴布韦每年至少损失 7500 万美元的侨汇。④ 最后，还有数亿美元被"偷运"出津巴布韦，而这主要是南非公司通过调拨价格和其他花招进行。仅举一例：科恩纺织公司（Cone Textiles）通过从南非进口英国的染料，就向它在南非的母公司多支付了 200 万美元。⑤

① Teresa Smart，"Zimbabwe：South African Military Intervention，" 179 – 183.

② Peter Stiff，*Cry Zimbabwe*（Alberton，South Africa：Galago，2000）.

③ 莫桑比克全国抵抗运动（Renamo）最先由南罗得西亚白人政权创立以对抗独立的莫桑比克政府，它后来被南非种族隔离政权接管，经常攻击运输管线。

④ Hanlon，*Beggar*，185 – 197.

⑤ Colin Stoneman，"Zimbabwe：The Private Sector and South Africa，" in Hanlon，*Beggar*，212.

1998 年的一项研究估计，南非种族隔离政府的破坏活动给津巴布韦造成了 100 亿美元的损失，津巴布韦被迫借债 38 亿美元来弥补这些损失。[①]津巴布韦政府继承了罗得西亚政府 7 亿美元的债务，那些钱主要被用于维持白人少数统治的战争，但新政府却被要求偿还。[②] 津巴布韦债务和发展联合会发起一场运动，要求审计政府 70 亿美元的债务，但是最终放弃了。它认为绝大部分债务可能来源于罗得西亚政府的借款和后来新政府为应对南非破坏活动的借款。[③]

降雨与干旱

津巴布韦的降雨量不仅在年度之间变化很大，而且在不同地区之间的变化也很大，这在一个农业主要依赖雨水灌溉的国家是一个大问题。图 4-1 的官方数据显示了降雨量偏离平均值的情况，也显示了独立后的 15 年里降雨量低于平均值的情况。在更长的时间范围内，如 1953～2003 年的 50 年间，有 14 个干旱年份（降雨量至少低于正常值的 20%），其中 5 年是严重干旱年份（降雨量低于正常值的 50%）。[④] 这意味着农民每 3～4 年都会遇到一个干旱年份，每 10 年会遇到一次严重干旱的年份。但是如图 4-1 所示，干旱年份经常持续好几年。

干旱可能带来严重的政治和经济影响。津巴布韦独立后的前三年全是干旱年份——1981/1982 年度（降雨量低于平均值的 32%）、1982/1983 年度（低于 50%）和 1983/1984 年度（低于 31%），这导致津巴布韦去借款

---

① Joseph Hanlon, "Paying for Apartheid Twice" (London: Action for Southern Africa, 1998). Part of document on http: //www. africa. upenn. edu/Urgent_Action/apic_72798. html (Nov 4, 2011).

② Tim Jones, *Uncovering Zimbabwe's Debt* (London: Jubilee Debt Campaign, 2011), 6.

③ Darlington Musarurwa, "Every Zimbabwean Owes US $500," Harare: *Sunday Mail*, Dec 5, 2010, http: //www. afrodad. org/index. php? option = com _content&view = article&id = 395: every - zimbabwean - owes - us500&catid = 1: about - us&Itemid = 19 (Nov 4, 2011).

④ 已出版的降雨量和干旱报告中的数据差异来源于不同的气象监测站及数据如何被平均。图4-1来自 Leonard Unganai, "Climate Change and Its Effects on Agricultural Productivity and Food Security: A Case of Chiredzi District," paper presenteded at National Climate Change Workshop, Harare, 23 Nov 2011。14 个干旱年的数据来自 Craig J. Richardson, "The Loss of Property Rights and the Collapse of Zimbabwe," *Cato Journal*, 25, no. 3 (2005): Table 1，将 93 个气象监测站的数据平均所得。两者都基于津巴布韦国家气象局的数据。里查德森给出的 50 年平均降雨量为 755 毫米。

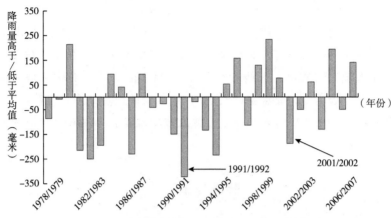

图4-1　津巴布韦雨季，偏离平均降水量情况

资料来源：Leonard Unganai，"Climate Change and Its Effects on Agricultural Productivity and Food Security: A Case of Chiredzi District," paper presented at National Climate Change Workshop, Harare, November 23, 2011。

（在国际货币基金组织和世界银行的鼓励下），从而引发后来的债务问题。1990/1991年度又是一个干旱年份（降雨量低于平均值的29%），而随后的1991/1992年度遇到20世纪最严重的干旱，这迫使津巴布韦接受了世界银行经济结构调整计划的一揽子协议（部分是由于早些年干旱而借的债务）。1993/1994年度（低于22%）和1994/1995年度（低于53%）的干旱恶化了经济结构调整带来的经济问题，引发罢工和破坏。然后，2001/2002年度，即实行"快车道"土地改革的第一年，也是一个干旱年（低于22%），这使津巴布韦新农户更加难以立足。

经济挤压

在单方面宣布独立时期，史密斯政府总体上维持了对外汇和经济的严格控制。作为进口替代工业的一部分，罗得西亚的公司经常在国家的保护下免于外国公司的竞争，但它们也被政府严密控制。新独立政府维持了那些控制措施，并没有像15年以后南非独立时那样立即对经济实行自由化。这在一定程度上是为了维持相对于南非的独立，促进国内的生产和自力更生。

单方面宣布独立政府因为被制裁而无法从外国借款，所以国际货币基金组织和世界银行视独立以后的津巴布韦为"借款不足"的国家，并因此

51

而鼓励它多举债。1981 年，津巴布韦与这两家机构商谈了第一批贷款。牛津大学非洲经济研究中心（Oxford University Centre for the Study of African Economies）的研究表明："对大量外部援助涌入的预期鼓励了津巴布韦政府举债，它预期未来能得到外国的大量援助，但是结果却非常少。"1981 年 3 月，捐助者在津巴布韦重建与发展会议（Zimbabwe Conference on Reconstruction and Development）上承诺援助 19 亿美元，但截至 1985 年，主要捐助者只提供了 5.74 亿美元，仅占承诺额的 30%——而且许多还与购买援助国的商品捆绑在一起，从而降低了援助的价值。[1] 津巴布韦新政府还借款以应对抵御南非种族隔离政府破坏活动所带来的支出，支付不断增加的教育和医疗开销、重建经济；三年干旱给政府带来的 4.8 亿美元的社会开支，其中 2.1 亿美元用于进口粮食。[2] 这项研究还指出："津巴布韦的巨额外债是在刚独立的那三年累积起来的。"[3]

津巴布韦与世界银行和国际货币基金组织的关系很复杂。在给津巴布韦第一批贷款以后，这两个机构加大了它们对津巴布韦的压力。当津巴布韦政府在 1984 年对独立前投资的分红进行限制，允许政府预算赤字上升到 10% 而非国际货币基金组织规定的 5% 时，它与国际货币基金组织在 1982 年签订的一项协议被终止。[4] 自 1960 年离开津巴布韦、在 1977～1980 年担任联合国贸易和发展会议副秘书长的伯纳德·齐泽罗（Bernard Chidzero），1980 年担任津巴布韦政府的经济计划和发展部长，1985～1990 年担任财政部长，1986～1990 年他又就任世界银行发展委员会的主席。

伯纳德遵循世界银行的自由化政策，在 1984 年通过大幅度削减政府开支、减少对本国产业的保护来回应世界银行的压力，这使小规模农业失去

---

[1] Roger Riddell, "Some Lessons From the Past and From Global Experiences to Help Move Zimbabwe Forward out of Poverty and Towards Sustainable Development," speech at the Moving Zimbabwe Forward Conference: Pathways out of Poverty for Zimbabwe, Harare, Nov 30, 2011.

[2] 马兰波提到，虽然世界银行对该项目的正式名称是 Economic and Structural Adjustment Program，但是在津巴布韦通常去掉 and。见 Alois Mlambo, *The Economic Structural Adjustment Programme—The Case of Zimbabwe 1990 – 95*（Harare: University of Zimbabwe, 1997），42 ［Mlambo, *Adjustment*］。

[3] Carolyn Jenkins, "Economic Objectives, Public – Sector Deficits and Macroeconomic Stability in Zimbabwe"（Working Paper 97 – 14, Oxford: CSAE, 1997），11, 22. http://www.csae.ox.ac.uk/workingpapers/pdfs/9714text.pdf（Nov 15, 2011）.

[4] Stoneman and Cliffe, *Politics*, 163.

52 了很多支持。津巴布韦的经济在 1987 年遇到问题，这部分是因偿还债务而引起的。在独立后的前四年（1980~1983 年），津巴布韦获得 15 亿美元的新贷款，但是在接下来的五年中（1984~1988 年），它不得不偿还 12 亿美元。[1] 世界银行还拒绝对一项出口周转基金进行延期，直到津巴布韦实行贸易自由化。[2]

小农户高水平的玉米和棉花生产持续到 1987~1988 农业季。从 1987 年开始，经济政策发生变化，政府削减了开支。为了支持城市贫民和村社农场主，政府实行了相当高的玉米收购价格和玉米粉补贴政策，这两项开支在 1982/1983 年度高达 4900 万美元。[3] 在世界银行的压力下，玉米粉补贴被取消，玉米价格不再受政府保护，这导致玉米价格下跌（见表 4-2），并因此而打击了农场主。农业技术推广方面的开支被缩减，对小农户的支持也随之降低，信贷和化肥购买量都出现下降，粮食销售委员会还减少了粮食收购网点，这些都对小农户造成了打击。在 1987~1988 年度之后，小农户生产和销售都大幅下降。小农户减少了化肥的使用，导致玉米产量下滑。全球棉花价格也出现下降，所以小农户减少了棉花种植面积。[4] 这是历史的重复。史密斯政府在单方面宣布独立时期已经领受此教训——农民需要支持，假如他们得到支持，他们就加强生产，但是支持一旦减少，生产就会下滑。

但是白人农场主获得了支持。在 20 世纪 80 年代中期，政府采取激励

---

① 世界银行的《全球金融发展报告》（*Global Development Finance*）指出，津巴布韦的债务达 50 亿美元。它报告说，在津巴布韦独立的头四年（1980~1983 年），它获得了一笔 15 亿美元的新贷款。从那之后，它一直在还债，但是现在它债务逾期了。在 1984~2009 年这 26 年间，津巴布韦债务净额支付 28 亿美元（也就是说，在扣除新的贷款之后，津巴布韦偿还了这么多钱给债主。债务净额 = 债务本金 + 利息 - 新的贷款）。津巴布韦在 1984 年的债务是 22 亿美元，但是在偿还了比之更多的钱后，到 2009 年它的债务总额剧增到 48 亿美元（http：//databank. worldbank. org/ Jan 9，2012）。

② Benson Zwizwai, Admore Kambudzi & Bonface Mauwa, "Zimbabwe: Economic Policy - Making and Implementation: A Study of Strategic Trade and Selective Industrial Policies," in Charles Soludo, Osita Ogbu, & Ha - Joon Chang (eds.), *The Politics of Trade and Industrial Policy in Africa* (Trenton, NJ: Africa World Press/IDRC, 2004), available at http: //irsm. gc. ca/ geh/ev - 71257 - 201 - 1 - DO_TOPIC. html (Nov 8, 2011).

③ Godfrey Kanyenze, "Economic Structural Adjustment Programme," in Medicine Masiiwa, *Post - independence Land Reform in Zimbabwe* (Harare: Friedrich Ebert Stiftung, 2004), 97.

④ Masst, "Harvest," 78 - 81, 91, 206.

措施刺激出口，包括安排外汇以支持出口商和改善空运。花卉促进协会也建立起来。

津巴布韦是重要的农业出口国之一，出口产品包括烟草、棉花、牛肉、花卉和蔗糖。历史上，津巴布韦粮食不能自给，必须进口，尤其在降雨量偏低的年份更是如此。在单方面宣布独立时期，政府给予白人农场主大量补贴以推动他们转而生产粮食，罗得西亚开始接近粮食自给，但村社地区仍然长期缺粮。[①] 20 世纪 80 年代早期的政策推动了商业农场主的粮食生产，从而实现了粮食自给，但是到 80 年代末期，政策又回到促进出口农业的老路上了。

第一次土地改革

1980 年 9 月，津巴布韦政府在刚独立 6 个月后就宣布了集中重新安置计划（Intensive Resettlement Programme），准备重新安置 1.8 万个家庭。这个目标先后两次翻了三番，到 1982 年加速重新安置计划（Accelerated Resettlement Programme）试图重新安置 16.2 万个家庭——这一目标最终并没有完成。但是到 1996 年，津巴布韦第一次土地改革确实重新安置了 7.3 万个家庭，这是非洲规模最大的土地改革。以生活在村子里的小农户为目标的 A 模式占到了重新安置农户的 85.5%。如表 4-4 所示，到 1983/1984 农业季结束的时候，按照 A 模式重新安置的家庭总数至少有 3.8 万个，而到 1988/1989 农业季的时候，共有 6 万农户被重新安置，这意味着在仅仅四年的时间里，就有一半的家庭被重新安置。

表4-4 A模式重新安置的家庭总数

1980/1981 农业季	1981/1982 农业季	1982/1983 农业季	1983/1984 农业季	1984/1985 农业季	1985/1986 农业季	1986/1987 农业季	1987/1988 农业季	1988/1989 农业季
1 971	10 819	24 819	32 957	36 616	41 332	42 582	48 724	51 411

资料来源：Friis-Hansen，*Seeds of African Peasants*，61。

---

① Clever Mumbengegwi, "Continuity and Change in Agricultural Policy," in Ibo Mandaza (ed.), *Zimbabwe: The Political Economy of Transition 1980–1986* (Dakar: Codesria, 1986), 209.

"（加速重新安置计划的）基本目标是在最短的时间内通过最简洁的规划和无限期推迟基础设施建设来重新安置尽可能多的人。它假设该计划的安置户可以利用邻近村社地区的基础设施，虽然政府承认那些基础设施也不充足"，比尔·金赛（Bill Kinsey）在当时写道。①

土地优先给予难民或其他因战争而流离失所的人，包括城市难民和以前在"保护村"的居民。其次是给予失业人员和村社地区土地不足以维持生计的人。户主可以是已婚者或丧偶的人，年龄在 25～50 岁，没有正式工作。金赛发现："总体而言，这些标准似乎都得以贯彻执行。在这个案例中，20 世纪 80 年代初被安置的家庭中，大约有90%都为争取独立而受过某种形式的战争伤害。在被重新安置前，大多数人（66%）是小农户，剩余的是在商业农场干活的无地劳工、非正规农业部门的工人或城市里的工薪族。"②

大多数人被安置在小块土地上，有 5 公顷耕地、0.4 公顷宅基地，外加一些草场（这在 A 模式中很知名，和 2000 年"快车道"土地改革中的 A1 模式很相似）。

家庭中的男户主被要求在家务农，不准在别人的农场工作，也不能独自前往城市而让自己的妻子在家里种地。自给自足农民的神话一直是整个津巴布韦土地改革中最受争议的话题之一。在村社地区，许多家庭——包括最成功的家庭在内，都是工农结合型的：一个家庭成员务工赚取工资，部分用于农场投资。各种研究也表明，独立后在村社地区出现了明显的贫富差距，引发这一差距的主要因素包括畜力（耕牛）、土地、人工、信贷和农场之外的收入。③用贷款或农场之外的收入来发展新的重新安置农场的需求逐步显现，1992 年重新安置农场主被正式允许外出务工。这在第

54

① Bill Kinsey, "Forever Gained: Resettlement and Land Policy in the Context of National Development in Zimbabwe," *Africa*, 52, no. 3 (1982): 101 [Kinsey, "Forever Gained"].

② Jan Willem Gunning, John Hoddinott, Bill Kinsey and Trudy Owens, "Revisiting Forever Gained: Income Dynamics in the Resettlement Areas of Zimbabwe, 1983 – 1997," working paper WPS/99 – 14, Centre for the Study of African Economies (CSAE), Oxford University, May 1999) version 2, available at http://www.csae.ox.ac.uk/workingpapers/pdfs/9914text. PDF (accessed Nov 5, 2011) [Gunning, Hoddinott, Kinsey and Owens, CSAE].

③ Daniel Weiner, "Land and Agricultural Development," in Colin Stoneman (ed.), *Zimbabwe's Prospects* (London: Macmillan, 1988), 73, 83.

二次土地改革中又成了一个议题，我们将在第六章指出在城里打工对于筹集发展新农场资金的重要性。

1983/1984 年度，重新安置农场主才刚刚开始耕种，他们生产的黑玉米就占到了黑玉米总产量的 10%。到 1987/1988 年度，他们生产的农产品占了全国农产品总量的 11%。[1] 金赛连续跟踪了 400 户重新安置家庭近 20 年的时间[2]，这给了他一个独特的观察视角。[3] 到 1997 年，他和同事得出结论说，"那些家庭的农业收入增长显著"，增幅远大于津巴布韦的平均值，"所有家庭的收入都有增长"。他还指出："那些家庭累积的资产令人印象深刻。"[4] 值得注意的是，许多家庭开始种植棉花、花生和向日葵等经济价值更高的作物。考虑到大多被买来用于土地改革的土地的品质很差，这些结果让人印象更加深刻。在最先被用于重新安置的 300 万公顷土地中，只有 22% 属于Ⅰ类或Ⅱ类农业生态区。[5]（自然生态区的定义见表 3 – 2）

一次不情愿的土地改革

土地一直是解放战争的中心问题，无论是 1976 年在日内瓦举行的第一

---

[1] Daniel Weiner, "Agricultural Restructuring in Zimbabwe and South Africa," *Development and Change*, 20, no. 3 (1989): 405 [Weiner, "Restructuring"], quoting the Central Statistical Office for 1983/84 and *The Herald*, May 8, 1988.

[2] 初始抽样框架是津巴布韦安置计划在头两年设立的所有重新安置项目，这些项目位于三个最重要的农业气候区域内。它们是第二、第三、第四类自然生态区，分别对应较高、中等和较低的农业开发潜力。项目从每个生态区中随机选出，姆普弗鲁德兹（Mupfurudzi）位于中马绍纳兰省（在哈拉雷北部，属于第二类自然生态区），圣格兹（Sengezi）位于东马绍纳兰省（在哈拉雷东南，属于第三类自然生态区），姆坦达（Mutanda）位于马尼卡兰省（在哈拉雷东南，但是比圣格兹更偏远，属于第四类自然生态区）。在每个选定的采用随机抽样选择实施项目的村子里，作者力争涵盖所有被选的农户。在 1983/1984 年度，我们访谈了约 90% 的农户，并在 1997 年进行了回访。见 Gunning, Hoddinott, Kinsey, Owens, CSAE, 2 – 3。经修改后发表于 *Journal of Development Studies* 36 (6), 2000, 131 – 154。

[3] 这是在非洲做过的持续时间最长的家庭追踪研究。见 Marleen Dekker & Bill Kinsey, "Contextualizing Zimbabwe's Land Reform: Long – Term Observations From the First Generation," *Journal of Peasant Studies*, 38 (5), 2011, fn 2。

[4] Gunning, Hoddinott, Kinsey, and Owens, CSAE, 1.

[5] John Blessing Karumbidza, "A Fragile and Unsustained Miracle: Analysing the Development Potential of Zimbabwe's Resettlement Schemes, 1980 – 2000" (PhD thesis, University of KwaZulu – Natal, 2009), 122 [Karumbidza, "Fragile"].

次独立谈判，还是随后于 1979 年 9 月 10 日至 12 月 15 日在伦敦兰开斯特大厦成功举行的谈判，土地都是谈判焦点。英国保护白人农场主的利益，在英国与美国政府承诺为购买土地出资之后，津巴布韦爱国阵线才接受英国的要求。①

在兰开斯特大厦达成的宪法草案设置了一项在十年内不能修改的"权利宣言"，其内容包括"免于财产剥夺的自由"，特别是对于"利用不足的土地"，政府只有在"迅速支付了足额的补偿"后才能用强制征收的土地重新安置或发展农业；"当个人财产被以此征收时，其有权寻求高等法院确定补偿金额"；补偿金"可汇到津巴布韦之外的任何国家，汇款时政府不能克扣、征税或收费"。② 宪法的这一条款从未被使用过。相反，政府在与英国和其他捐助者谈判时，同意按照"愿卖愿买"的原则收购土地，在此过程中不会出现强行购买的行为，而且政府只购买那些自愿出售的土地来进行重新安置。

但是，兰开斯特会议的主席卡灵顿爵士认为，虽然津巴布韦未来的政府"希望扩大土地所有权……但根据我们的判断，花费将非常巨大，远远超出任何单个捐助国的能力"。③ 坦桑尼亚总统尼雷尔（Julius Nyerere）则评论说，对于津巴布韦的独立政府而言，"向津巴布韦人征税以补偿那些拿着枪从他们手中夺走土地的人"是不可能的。④

两者都是对的。购买土地花费太大，津巴布韦新政府完全没有这个能力。2003 年，乌泰泰委员会关于"快车道"土地改革的报告发现："在大多数情况下，提供给政府的土地都价格昂贵，位置偏远，且零星分布在全国各地，这就使得政府很难去实施系统的、有序的土地改革。而且，土地供应也无法满足土地重新安置的需求。国际社会帮助津巴布韦政府购买土地的资金不到位进一步加剧了这种复杂的局面。"⑤ 兰开斯特大厦谈判时担任英联邦秘书长的兰法尔爵士后来说："英国让津巴布韦人失望，它没有履行承诺。

---

① Utete Report, 12 - 13.

② "Southern Rhodesia. Report of the constitutional conference, Lancaster House, London September - December 1979," Cmnd. 7802（London：HMSO, 1980）, Annex C, available at http：//www. zwnews. com/Lancasterhouse. doc（accessed October 23, 2011）.

③ Utete Report, 13, quoting Lord Carrington, in a statement issued October 11, 1979.

④ Utete Report, 13, quoting Julius Nyerere speaking at a press conference on October 16, 1979.

⑤ Utete Report, 15.

英国找各种借口去摆脱责任，很不幸的是，这导致了后面的一些苦难。"①

　　第一次土地改革计划是在"愿卖愿买"的原则之下，依靠购买白人农场来获得土地。这基本上规定了所有要出售的土地必须首先卖给政府，如果政府不想购买，它会签发"当前没有兴趣"（No Present Interest）证书，以此允许将土地卖给其他人。如表4-5所示，最多的土地购买和大部分的重新安置项目在第一次土地改革计划头4年内迅速落实。在1980~1984年的5年间，210万公顷土地被收购；接下来的6年中，只有44.8万公顷土地被收购。② 到20世纪80年代中期，在经济紧缩的冲击下，政府已经没有资金再来收购土地。在1986~1989年，有1856个农场被提供给政府，但都被拒绝，因为出售者的要价几乎是政府当时购买农场价格的10倍。政 56
府向这些农场颁发"当前没有兴趣"证书，③ 这等于允许农场被卖给其他白人农场主。而这些农场的成交价格经常比向政府的要价低得多，这就是那些决定收购多个农场的白人农场主的固定套路。

表4-5　购买用于重新安置土地的数量

年　份	面积（公顷）	金额（百万美元）	价格（美元/公顷）
1979/1980	162 555	4.9	30
1980/1981	326 972	5.3	16
1981/1982	819 155	18.8	23
1982/1983	807 573	21.2	26
1983/1984	173 848	3.5	20
1984/1985	74 848	2.0	26
1985/1986	86 187	2.1	24
1986/1987	133 515	2.3	17
1987/1988	80 554	1.6	20
1988/1989	78 097	3.5	45
总　计	2 743 304	65.3	

资料来源：John Blessing Karumbidza, "A Fragile and Unsustained Miracle：Analysing the Development Potential of Zimbabwe's Resettlement Schemes, 1980 - 2000" （PhD thesis, Syracuse University, 1959), 120; Mandivamba Rukuni et al., "Policy Options for Optimisation of the Use of Land for Agricultural Productivity and Production" （report submitted to the World Bank Agrarian Sector Technical Review Group, 2009), 53。

① Utete Report, 16, citing an interview on the BBC "HardTalk" programme, March 22, 2002.
② Sam Moyo, "The Evolution of Zimbabwe's Land Acquisition", in Rukuni, Tawonezvi & Eicher, 146.
③ Karumbidza, "Fragile," 121.

安格斯·塞尔比（Angus Selby）在博士论文中调查了马佐维的康塞森地区（Concession）的70个白人农场，他发现在1980~2000年，有52个（占74%）被出售，14个（20%）还被卖了不止一次，但是没有一个卖给政府。拥有多个农场的农场主增加了，到2000年，这70家农场只有51个所有者。[①]

土地可能曾经是游击队和政治演讲中的首要问题，但是新政府并未优先进行土地改革，并且似乎经常怀疑是否应优先进行该项改革。虽然《兰开斯特大厦宪法》使土地改革很艰难，但是新政府也没有采取其他可行的方案。例如，里德尔委员会（Riddell Commission）曾在1981年表示，为了提高农村贫困人口的收入，"尽快让他们使用更多更好的土地"是必要的。他认为应征收土地税，以推动闲置土地出售，接下来还应发行土地债券以确保用硬通货进行支付。[②] 这些建议都没有被采纳。政府用于重新安置的资金只占1981年3月津巴布韦重建与发展会议所要求的投资资金的3%。[③]

57

国际上也有起源于世界银行一些人、流传甚广的看法，[④] 认为大型机械化农场效率更高、产量更高。在外交层面和援助机构的压力下，津巴布韦政府放慢了土地改革的步伐。出于三个不同但重叠的原因，新领导层中的许多人也接受了这种看法。第一，他们想保护大型商业农场以作为出口的驱动力，这在津巴布韦政府努力为日益上涨的预算筹集资金时变得日益重要。第二，他们想阻止白人农场主逃离津巴布韦，五年之前在莫桑比克就发生了这样的事，所以津巴布韦的白人大农场主受到了保护。第三，新政府中有一群人只是简单地想用黑人农场主代替一些白人大农场主，而不是如十年后南非的《黑人经济振兴法案》（BEE）那样支持普通大众。在20世纪80年代初期，据估计有300名津巴布韦黑人购买了大型商业农场，

---

① Angus Selby, "Commercial Farmers and the State: Interest Group Politics and Land Reform in Zimbabwe" (PhD thesis, University of Oxford, 2006), Appendix 1 [Selby, "Commercial"].

② Roger Riddell, *Report of the Commission of Inquiry into Incomes*, *Prices and Conditions of Service*, 1981, 148 [known as the Riddell Commission report].

③ Stoneman and Cliffe, *Politics*, 169.

④ "A Degree of Dualism in Zimbabwe Agriculture Appears to Be the Optimal Solution," in World Bank, *Agriculture Sector Study*, 1983, vi.

600 名黑人租赁了大型农场。① 大型 A2 农场主也可被视为大型商业农场主，到 2010 年的时候，共有 1173 名黑人大型商业农产主，拥有 100 万公顷土地，占土地总量的 3.1%（见表 1 – 1）。

1983 年，议会评估委员会由一名来自罗得西亚阵线并得到津民盟支持的白人农场主议员担任主席。他对土地改革进行了谴责，称负责重新安置的官员们"失控"。② 金赛认为政府对土地改革的承诺"迅速降低"。③ 他进一步说："政府和白人工农业巨头之间的旧协议已被政府的主要代表和黑人资本家之间的新政治联盟所取代。"④

占地运动

现在，小农户比大农场主效率和产量可能更高的观点已经成了常识，但是在 30 年前，这种看法是非主流的，有时被认为与极左思想有关。当时，发展前景是在没有削弱富裕的白人少数群体的情况下增强黑人群体的地位。对于新的精英而言，这可能是一种敏感的前景，而且它在当时经常不被人们接受。战争让许多津巴布韦人流离失所，大规模的群众运动只是为了占领土地。占地运动所占领的不仅是"白人"的土地，还包括那些边角地和未分配的土地。1982 年的"加速重新安置计划"（Accelerated Resettlement Programme）"是集中重新安置计划的应急性或阶段性版本，是为了处理一些最严重的非法占地行为和针对一些人口过度密集的地区"，58 金赛在当时写道。⑤ 丹·韦纳（Dan Weiner）在 1989 年得出结论说："一半的重新安置家庭在独立后很快就通过非法占地获得了土地。"⑥

---

① Sam Moyo, "The Land Question," in Ibo Mandaza (ed.), *Zimbabwe: The Political Economy of Transition 1980 – 1986* (Dakar: Codesria, 1986), 188.
② Lionel Cliffe, "The Politics of Land Reform in Zimbabwe," in Tanya Bowyer – Bower and Colin Stoneman (eds.), *Land Reform in Zimbabwe: Constraints and Prospects* (Aldershot, UK: Ashgate, 2000), 40.
③ Bill Kinsey, "Zimbabwe's Land Reform Program: Underinvestment in Post – Conflict Transformation," *World Development*, 32, no. 10 (2004): 1671.
④ Bill Kinsey, "Land Reform, Growth and Equity: Emerging Evidence From Zimbabwe's Resettlement Programme," *Journal of Southern African Studies*, 25, no. 2 (1999): 174.
⑤ Kinsey, "Forever Gained," 101.
⑥ Weiner, "Restructuring," 402.

在 20 世纪 50 年代和 60 年代，没有土地的人的占领农场运动很普通，特别是从"白人"土地上被赶出来的人和在村社地区找不到土地的孩子们。许多家庭占据了村社地区的边角地、牧场和没分配的土地。60 年代末，马里卡兰省的民族主义者曾号召"自由耕作"，占地运动直接与不断发展中的民族主义运动联系在一起。① 70 年代的战争意味着有更多的占地运动。国家独立带来了许多自发的占地运动，特别是针对战争中被白人抛弃的农场，由希望夺回土地的酋长们发动，这些土地是白人农场主数十年前从他们手中夺走的。无地家庭自发在野生动植物保护区安家，或者搬到被政府收购用于重新安置的白人农场里。

全国土地委员会主席弗朗西斯·果尼思（Francis Gonese）曾指出，在靠近莫桑比克边界的地区，人们将占领土地视为莫桑比克解放阵线自由战士创立"解放区"，是收复被白人偷去土地。他还补充说，"实际上，殖民时期白人移民过程本身就显示……夺回土地最有效的方式就是实际占有和有效使用"。

一些看来不完善的调查和数据必须从论文和文章中删除。例如，一项关于邻近西马绍纳兰省胡伦格韦区（Hurungwe）仁格韦村社地区（Rengwe）的野生保护区的研究发现，到 1982 年有 8000 人已经自发在那里安家，到 2000 年增加到 5234 个家庭的 2.5 万人。② 1985 年，马里卡兰省官员报告，该省有 5 万名"非法占地者"。③

乔斯林·亚历山大（Jocelyn Alexander）在 20 世纪 80 年代研究了马里卡兰省，在 1981 年报告说，在奇马尼马尼地区有"一个大规模的占地运动，占了那个区的大片空地，在未来两年多时间里还将持续"。④ 有人认为应该有一个正式的重新安置登记流程，但是马尼卡兰省发了 9.3 万份登记表，只收回来 10909 份。人们不信任中央政府官员，他们经常在酋长、当地津民盟—爱国阵线党干部甚至当地一些政府官员的支持下，直接夺

① Jocelyn Alexander, *The Unsettled Land* (Oxford: James Currey, 2006), 87 [Alexander, *Unsettled*].

② Admos Chimhowu and David Hulme, "Livelihood Dynamics in Planned and Spontaneous Resettlement in Zimbabwe," *World Development* 34, no. 4 (2006): 732.

③ Alexander, *Unsettled*, 156.

④ Alexander, *Unsettled*, chap. 7.

取土地。该省的省长还为占地者辩护，说他们是解放战争的英雄和渴望土地的农民。国土部的副部长莫温·马哈希（Moven Mahachi）来奇马尼马尼解释中央政府的政策，强调将由是中央而不是地方政府来分配土地，农民对土地的权利诉求将不会基于过去的驱逐行动和酋长制度来解决。总理办公室在 1981 年 12 月 10 日发布了第 10 号通告，列出将会对非法占地者采取的措施，授权警察和军队立即处理非法占地者。① 1982 年，新任命的国土部副部长马克·杜比（Mark Dube）宣布对马里卡兰省的非法占地者"全面开战"。国土部的秘书长说，这将会"向那些非法占地者显示，是整个政府在反对非法占地行为"。1983 年，时任土地部长马哈希把占地者描述为"没有纪律的犯罪分子"。独立后的新政府再次采用了殖民时期政府的话语和政策——"自由农民"现在被称为"非法占地者"。然而，亚历山大提到"占领运动非常成功"，自发占地的农民通常都分到了土地。

从 1985 年起，占地行动过程确实变得更集中，政府对"非法占地者"的反对立场更加强硬，驱逐行动也增多了。莫约评论说："警察和农民在那些驱逐行动中都非常野蛮，像殖民时代驱逐行为的重现。"② 1988 年的一次占地行动与 1976 年马里卡兰省唐维纳酋长（Chief Rekayi Tangwena）被驱逐的过程惊人地相似，一群非法占地者在奇马尼马尼地区被驱逐，他们的家园被烧毁。无论如何，非正式的占领活动继续进行，莫约和塞尔比都指出了非正式的占领者夺回白人农场部分土地的办法：他们在不能被赶走的地方，经常通过与白人农场主和当地官员的默契留下来。③

本章小结：被债务扼杀的乐观主义

在 20 世纪 80 年代前半期，独立后的乐观主义带来巨大的变革。医疗

---

① Karumbidza, "Fragile," 136.
② Sam Moyo, "Land Movements and the Democratisation Process in Zimbabwe," in Medicine Masi-iwa, ed., *Post-independence Land Reform in Zimbabwe* (Harare: Friedrich Ebert Stiftung, 2004), 203.
③ Sam Moyo, *Land Reform Under Strnctural Adjustment in Zimbabwe* (Uppsala, Sweden: Nordiska Afrikainstitutet, 2002), 81–83; Selby, "Commercial," 167.

和教育领域的重要改进是解决以前白人少数统治造成的严重不平等的开始。对社区黑人农场主的支持使他们成了重要的商业生产者。非洲规模最大的土地改革在四年内就重新安置了 38000 户家庭，最后共安置了 73000 户。与白人社会和解是那个时代最重要的事，保留了二元农业体系——大型白人农场和小规模黑人农场，但是它们的比重已经改变。

可是津巴布韦独立政府遇到了意想不到的困难。南非种族隔离政府的破坏活动打断了津巴布韦经济的发展，迫使它扩军；三年干旱重创了这个新国家；买回 30 多年前被白人偷走的土地耗资巨大；捐款国不支付 1981 年热情澎湃中承诺的 10 多亿美元。到 20 世纪 80 年代中期，因为缺少资金和如山的债务，改革被扼杀了。

60

第五章　政策调整与占地运动

1990 年 2 月 11 日，曼德拉被释放出狱，南非结束了对津巴布韦事实上的制裁并停止了针对津巴布韦的干涉活动。但是 1990/1991 年度是一个干旱年份（降雨量低于年均水平的 29%），紧接着的 1991/1992 年度又是 20 世纪最干旱的一年（降雨量低于年均水平的 77%）。津巴布韦被迫接受世界银行的经济结构调整计划，从而加深了贫困，也停止了重新安置活动。独立以来的好日子真正结束了。

世界银行的经济结构调整计划（ESAP）意味着进行市场化改革和大量削减政府开支。津巴布韦不得不放弃进口替代和工业化战略、对黑人农民的支持、土地改革和任何残留的社会主义豪言壮语。世界银行的调整计划包括货币快速贬值、实行浮动外汇（见表 6 - 7）、取消对物价和工资的控制、对贸易和投资实行自由化、减少包括医疗及教育的民生和政府开支、取消各种补贴、对国有企业私有化。解除对农业市场化的管制，除少部分商品外，还取消了对国内物价的控制。

独立后的经济收益受到了损害。到 1992 年，实际工资低于独立时。① 到 1993 年底，45000 ~ 60000 人失去工作。② 削减工作岗位又恰逢扩大后的教育系统每年有 100000 名高中毕业生进入劳动力市场。③ 取消物价控制则意味着，从 1991 年年中到 1992 年年中，津巴布韦城市低收入家庭的生活

---

① Alois Mlambo, *The Economic Structural Adjustment Programme—The Case of Zimbabwe 1990 - 1995* (Harare：University of Zimbabwe, 1997), 85 ［Mlambo, *Adjustment*］.

② Nazneen Kanji, "Gender, Poverty and Economic Adjustment in Harare, Zimbabwe," *Environment and Urbanization*, 7, no. 1 (1995)：39 ［Kanji, "Gender"］.

③ Kanji, "Gender," citing *Sunday Mail*, December 19, 2003. 津巴布韦工会大会提供的数字是 60000 人（包括公共和私营部门），而津巴布韦工业联合会则认为有 45000 人。

67　开支上升 45%，收入更高人群的生活开支上升 36%。研究表明，在首都哈拉雷郊区人口稠密的堪布祖马地区，1992 年居民的人均真实收入下降了 26%，占人口 1/4 的最贫困人口削减了 15% 的食品开支。①

同时，医疗预算被削减 20%，教育预算被削减 14%。1991 年，医疗和教育又重新开始收费，导致入学和就医人数大幅度下降，在医疗卫生机构之外出生孩子的人数和产妇的死亡率都上升了。这些开支的削减刚好在艾滋病正成为一个严重问题的时候，疾病给医疗服务又增加了一个额外的负担。

但是，卫生部长提摩斯·斯坦普斯（Timothy Stamps）在 1992 年警告说，艾滋病不能再被视为"对健康最大的威胁"；相反，"作为世界银行经济结构调整计划的结果，最大的健康危机是生活水平不可避免的下降"。到 1993 年，1/3 的津巴布韦医生离开了这个国家，许许多多的教师和医疗卫生人员也选择了出国，主要去了南非和博茨瓦纳。②

联合国粮农组织的一项研究表明，"市场化改革大大增加了农业生产的开销，特别是种子储存、化肥、运输以及农用设备等方面的花费"。③

津巴布韦的贫困水平从 1990/1991 年度的 26% 上升到 1995 年的 55%，随后在 2003 年上升到 72%。④

甚至世界银行自己的独立评估小组的结论也是："该项目没有如它的设计师们所希望的那样减少贫困和失业。"⑤ 粮农组织的一份报告说，

---

① Kanji, "Gender," 42, 48.

② Mlambo, *Adjustment*, 83 – 92.

③ Moses Tekere, "Zimbabwe," Harare: Trade and Development Studies Centre, in Harmon Thomas, *WTO Agreement on Agriculture: The Implementation Experience* (Rome: FAO, 2003) [Tekere, FAO], available at http://www.fao.org/docrep/005/y4632e/y4632e01.htm#bm01 (Dec 3, 2011).

④ Government of Zimbabwe, *Zimbabwe 2003 Poverty Assessment Study Survey Summary Report*, (Harare: Ministry of Public Service, Labour and Social Welfare, 2006), 22; Admos Chimhowu, Jeanette Manjengwa and Sara Feresu (eds.), *Moving Forward in Zimbabwe: Reducing Poverty and Promoting Growth*, Second Edition (Harare: Institute of Environmental Studies, 2010), 9. 1995 年和 2003 年的数据指总消费贫困线以下的人口比例。由于统计方法的差异，1991 年的数据不能直接进行对比，但数据本身可以接受。

⑤ World Bank Independent Evaluation Group, "Structural Adjustment and Zimbabwe's Poor" (Washington: World Bank, 1995), available at http://lnweb90.worldbank.org/oed/oeddoclib.nsf/DocUNIDViewForJavaSearch/15A937F6B215A053852567F5005D8B06 (October 31, 2011).

"1990 年结构调整项目实施后，国家经济从自力更生转向了贸易"；还提到了"经济改革对物价和消费者福利的消极后果"，以及"在经济自由化期间，家庭食品安全恶化了"。[1]

但是有些人挣的不少

穷人正被压榨，但是在 1996 年前的七年时间里，企业的利润却上升了80%，[2] 白人农场主的收入也不错。"大多数研究发现，正是大商业农场主从世界银行的经济结构调整计划中获益"，古德弗雷·坎因泽（Godfrey Kanyenze）提到。[3] 塞尔比写道，"经济增长的大部分收益都涌向同国际市场有联系的老牌资本，它们绝大多数属白人所有。社会低端工薪阶层、小企业家、村社地区生产者都直接面对通货膨胀和政府开支的削减"。

园艺业已成为优先发展产业。政府首先推出了"促进出口项目"，以便为进口产品提供外汇。根据世界银行的经济结构调整计划，这些出口刺激措施被逐步取消，但是在整个 20 世纪 90 年代，津巴布韦元的贬值弥补了这些措施并刺激了出口。1990 年出台的出口保留计划（Export Retention Scheme）特别重要，并迅速扩大。1993 年，50% 的出口创汇被用于广泛的进口；1993 年外汇交易对个人开放，1994 年对企业开放；到 1995 年，外汇可以用于度假和教育，公司利润又可以汇回国外的母公司。[4]

到 1995 年，1/3 的白人农场主（拥有超过 1600 家大农场）出口园艺产品，特别是嫩豌豆、百香果和鲜花。[5] 出口量从 1989/1990 年度的 14474

68

---

① Tekere，FAO.

② Benson Zwizwai, Admore Kambudzi & Bonface Mauwa, "Zimbabwe: Economic Policy – Making and Implementation: A Study of Strategic Trade and Selective Industrial Policies," in Charles Soludo, Osita Ogbu, & Ha – Joon Chang (eds.), *The Politics of Trade and Industrial Policy in Africa* (Trenton, NJ: Africa World Press/IDRC, 2004), citing the Central Statistical Office, http://irsm. gc. ca/geh/ev – 71257 – 201 – 1 – DO_TOPIC. html (Nov 8, 2011).

③ Godfrey Kanyenze, "Economic Structural Adjustment Programme," in Medicine Masiiwa, *Post – independence Land Reform in Zimbabwe* (Harare: Friedrich Ebert Stiftung, 2004), 113 [Kanyenze, "Economic Structural"].

④ Kanyenze, "Economic Structural," 99 – 100.

⑤ Sam Moyo, *Land Reform Under Structural Adjustment in Zimbabwe* (Uppsala: Nordiska Afrikain-stitutet, 2000), 91, 192 [Moyo, *Land Reform*, 2000].

吨猛增到 1999/2000 年度的 64650 吨。津巴布韦主要的出口市场是欧盟，95％的鲜切花，90％的蔬菜、辛香料，75％的柑橘类水果都出口到那里。[①] 蔬菜主要出口英国，鲜花主要出口荷兰。这种农业新产业属于资本密集型，莫约估计，1 公顷的鲜花大棚每年要花费 100000 美元。[②] 虽然农场里长期工作的工人数量稳定，但是临时工和季节工人从 1983 年的 52000 人增至 1996 年的 163000 人，在 2000 年回落到 146000 人；其中 55％的临时工是女性。到 20 世纪 90 年代晚期，许多小农场从事订单园艺项目生产（这也显示他们在土地改革后有成为更大规模农场主的潜力）。

表 5-1　津巴布韦园艺出口

单位：百万美元

	1990 年	1995 年	2000 年	2005 年	2007 年
鲜花出口	12.8	52.4	67.9	43.6	33.3
水果出口	16.2	13.2	29.4	33.4	37.2
蔬菜出口	5.7	19.9	24.5	15.1	12.5
总计	34.7	85.5	121.8	92.1	83.0

资料来源：UN Comtrade database。引自 Stephen Golub and Jeffery McManus, "Horticulture Exports and African Development," paper for the Expert Meeting of LDCs in preparation for the 4th United Nations Conference on Least Developed Countries, October 28 – 30, 2009, Kampala (Geneva, Switzerland: UN Conference on Trade and Development), available at www. unctad. org/templates/Download. asp? docid = 12323&lang = 1&intItemID = 2068 (December 4, 2011)。

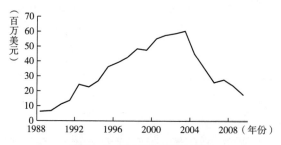

图 5-1　出口到荷兰的鲜花

注：荷兰从津巴布韦的进口数据。这个数据比津巴布韦的出口数据更准确，由于恶性通货膨胀的影响，以美元计价的津巴布韦出口数据不够准确。平均下来，荷兰进口了津巴布韦 80％的鲜花，因为鹿特丹是欧洲主要的鲜花配送中心。

资料来源：UN Comtrade, un. comtrade. org。

---

① Tekere, FAO citing "Agricultural Sector of Zimbabwe," *Statistical Bulletin*, 2001.

② Moyo, *Land Reform*, 93.

一些白人农场主经营得特别好。塞尔比在对肯塞申地区的 70 家农场研究后发现，在实行世界银行的经济结构调整计划期间，一半的农场主实行了多元化的经营——种植鲜花、园艺、柑橘，养殖鸵鸟，发展旅游业。一些人与欧洲公司建立了合资企业。农场主还送他们的孩子到国外念书，一些人带回新的技术和市场渠道。一些人建立了数百万美元的企业，包括南半球最大的玫瑰花种植企业和全球最大的两家烟草生产企业。

但是，塞尔比承认，"年轻白人百万富翁出现的背景是其他行业不断加深的困境，这暗示白人特权的遗毒还没被去除"。奢侈品，诸如汽艇需要进口。被塞尔比采访的白人叹息这些年轻人炫耀财富，把他们视为阶级和种族怨恨的关键驱动因素。塞尔比还发现，一些出口商正把外汇转移到国外，他们通过双重报税转移定价，比如鲜花贸易，出口商在向津巴布韦官员报税时，账单上显示的是比实际交易低得多的价格，其中的差额进入了他们在欧洲的银行账户。如塞尔比所言，"白人农场主误判了政治争端，部分原因是他们假设自己是'不可或缺的'"。他继续写道："虽然出现了一个黑人商业农场主阶级，但是它对这个行业中单一种族垄断性影响甚微，这一直是它的关键弱点。"①   70

社会日益动荡

如果说一些白人农场主在世界银行的结构调整项目实施期间经营得很好，大多数津巴布韦人却并非如此。1994 年很多行业人员都开展了罢工活动，包括教师和医务人员。在 1996 年 8 月和 9 月，数千公务员进行了长达 3 周的罢工。政府放弃了世界银行的经济结构调整计划，采用了一个折中项目（津巴布韦经济和社会改革计划）。在那之后，津巴布韦的经济动荡持续了 10 年。老兵们变得焦躁不安，他们认为自己从解放战争的胜利中一无所获。他们开始要求按照罗得西亚法获得补偿，而该法是为白人士兵制定的，同时他们也抱怨政府腐败。在彻杰莱·洪兹维（Chenjerai Hitler Hunzvi）的领导下，津巴布韦民族解放战争老兵协会举行了更大规模的示

---

① Angus Selby, "Commercial Farmers and the State: Interest Group Politics and Land Reform in Zimbabwe"（PhD thesis, University of Oxford, 2006）, 182, 189 - 196, 334 ［Selby, "Commercial"］.

威游行。

老兵们要求政府给曾参战的每名战士 4000 美元的补偿，外加每月 16 美元的退休金，未料到穆加贝总统在 1997 年 10 月竟然同意了这些要求。然而，无论这笔巨款的具体数额是多少，它都远远超出津巴布韦的支付能力——它不得不通过印钞票来支付这些补偿，结果津元兑美元的汇率一天之内骤降 73%。事实上，这也开启了印钞过程，造成了 10 年之后的恶性通货膨胀和经济崩溃。这个决定也引发了争议，因为这比用于实施土地改革上的钱还要多，这笔巨款也可用于满足公务员涨工资的要求。更糟糕的是，政府还试图通过对工人和农民额外征税以支付这笔钱，造成老兵们和津巴布韦工会大会（Zimbabwe Congress of Trade U-nions）之间不和。

老兵们公开挑战津民盟—爱国阵线和穆加贝总统。戏剧性的是，1997 年 8 月他们通过唱歌和打断穆加贝总统在独立烈士陵园英雄日纪念活动上的讲话来顶撞他。[1] 玛格丽特·东戈（Margaret Dongo）[2] 15 岁那年越过边界到莫桑比克参加了津巴布韦的游击队，在 1989 年，她参与组建了"津巴布韦民族解放战争退伍军人协会"。1990 年，在参战老兵的支持下，东戈被选为津民盟—爱国阵线国会议员。对党的挑战导致了她的落选，但是 1995 年她以独立候选人的身份再次当选。在她的要求下，议会作出一份书面回复，她在 2000 年 1 月将它公开。回复显示，政府的部长、法官、将军和高级公职人员从政府手中租赁了大农场，很多农场是政府通过自愿买卖项目收购的。[3]

土地问题日益成为一个更严重的政治问题，因为失业人员和低收入的工人渴望种地以增加收入或作为新的谋生手段。白人农场日益集约化，如在温室里种花。这意味着到 20 世纪 90 年代中期，更多的生产和雇佣是在

71

---

① Zvakanyorwa Wilbert Sadomba, *War Veterans in Zimbabwe's Revolution* (Woodbridge, Suffolk: James Currey, 2011), 121 [Sadomba, *War Veterans*].

② 引人关注的是，当时许多放在今天将被作为"童子军"遣散的人在津巴布韦政治中变得很重要；许多津巴布韦青少年明白解放战争的重要性，就参与其中。

③ "State Farms Given to Government Officials in Zimbabwe," *Agence France Presse – English*, March 29, 2000. 东戈名单见 http://www.zwnews.com/dongolist.xls, 对东戈名单的解释见 http://www.zwnews.com/dongolist.cfm (nd, but accessed Nov 9, 2011)。

一个相对小块的土地上进行的。① 比以前更穷的人渴望地看着那些闲置的优质土地。土地是解放战争的中心问题，老兵们利用他们在战争中组织农民的动员技巧，成功领导了土地改革，并得到社区领袖的支持。1997 年年底发生了 30 次占地运动，一些人自愿撤出后等待政府重新安置，一些人被驱逐。② 随后又发生两次影响更大的占领白人农场事件，一次是 1998 年 6 月在东马绍纳兰省马龙德拉市的斯沃斯韦（Svosve），另一次是 1998 年 11 月在该省的格罗蒙兹区的齐夸卡（Chikwaka）。退伍老兵威尔伯特·萨多姆巴（Zvakanyorwa Wilbert Sadomba）对长达数月的准备工作作了详细记录。③ 政府强烈反对这些占地运动，派出副总统同时也是津民盟—爱国阵线党副主席穆增达到斯沃斯韦，试图说服占领者离开。在格罗蒙兹，政府还派出警察驱赶占领者，烧了他们临时搭建的窝棚，逮捕了老兵组织的领导人。但是占领运动扩大到格罗蒙兹区的其他农场，老兵利用游击战中的经验，建立组织机构，协调日益增加的农民占领者。乌泰泰委员会（2003 年建立，参见第六章）回顾并发现 1998 年就有"对白人商业农场相似的、广泛蔓延的占领"，虽然在许多案例中，"村民不情愿地服从了政府从农场撤出的命令，然而，农民对土地的渴求和日益增长的烦躁情绪第一次被点燃"。④

不连贯的政府决策与行为使得津巴布韦土地政策日益混乱，而且没有一个负责部门。⑤ 无地人员试图夺取白人的土地，而白人则拼命保护自己的土地，政府对非法占地者的含混立场迫使白人农场主和无地人员用各自

---

① Selby, "Commercial," 335.

② Sam Moyo, "Land Movements and the Democratisation Process in Zimbabwe," in Medicine Masiiwa, *Post – independence Land Reform in Zimbabwe* (Harare: Friedrich Ebert Stiftung, 2004), 204 [Moyo, "Land movements"].

③ Sadomba, *War Veterans*, 123 – 135, 155.

④ Charles Utete, "Report of the Presidential Land Review Committee on the Implementation of the Fast Track Land Reform Programme, 2000 – 2002," Harare, 2003, 15. http://www.sarpn.org/documents/d0000622/P600 – Utete_PLRC_00 – 02.pdf (accessed Oct 23, 2011).

⑤ John Blessing Karumbidza, *A Fragile and Unsustained Miracle: Analysing the Development Potential of Zimbabwe's Resettlement Schemes, 1980 – 2000*, PhD thesis, University of KwaZulu – Natal, 2009, 177 [Karumbidza, "Fragile"]; Mandivamba Rukuni, "The Evolution of Agriculture Policy: 1890 – 1990," in Mandivamba Rukuni, Patrick Tawonezvi & Carl Eicher (eds.), *Zimbabwe's Agricultural Revolution Revisited* (Harare: University of Zimbabwe Publications, 2006), 49 [Rukuni, Tawonezvi and Eicher, *Revolution*].

的方法抢占、保护土地。塞尔比评论说，"国家对非法占地者缺乏清晰或前后一致的政策，在某些特定地区，该问题的性质更多由特定地区的政治家个人和非法占领者委员会的性质决定"。①

政府及津民盟—爱国阵线内部存在两大分歧。一个分歧可以追溯到刚独立时，至今仍未解决：是应该继续维持相当数量的大型白人和黑人商业农场以种植出口作物，还是应该把更多的大农场拆分给小农户。另一个分歧涉及土地改革进程本身——应该进行激进的土地改革，还是应该进行更渐进的改革以获取国际社会的支持。

1997 年，津民盟—爱国阵线的强硬派中出现了更强烈反对白人农场主的论调，政府第一次实行 1992 年制定的《土地征收法》，指定 1471 位农民为潜在的强制接管者。但是与之相对立的另一派仍然希望获得国外捐款者对重新安置项目的支持，在他们的影响下，政府于 1998 年 6 月提出 "土地改革和重新安置二期项目"，该项目与 20 世纪 80 年代的第一次重新安置非常相似。

该项目需要购买 500 万公顷土地，以分给 91000 户农民，项目还明确指出收购 500 万公顷土地来安置这些农民不会损害大型商业农业的战略地位。受益者将包括无地贫民、人多地少的家庭、年轻人、农学院毕业生以及其他有种植经验的人，他们将按照性别平等的方式被挑选。② 该计划被提交给 1998 年 9 月 9 ~ 11 日在哈拉雷召开的国际援助者会议，国际援助者们还被带到斯沃斯韦地区实地考察了占地运动。③

在英国政府中，许多人对津巴布韦的土地改革总是持敌视态度。在兰开斯特大厦会议上，英国承诺给土地改革捐款 4400 万英镑（当时约合9000 万美元），但是后来它只捐了 1700 万英镑。④ 1997 年 5 月 2 日布莱尔就任英国首相，一些津巴布韦人还期望这届英国新政府的政策将会有所不

① Selby, "Commercial," 168.

② United Nations Development Programme, "Zimbabwe: Land Reform and Resettlement: Assessment and Suggested Framework for the Future," Interim Mission Report (New York: UNDP, 2002), 6. http://www.eisa.org.za/PDF/zimlandreform.pdf (accessed Nov 9, 2011).

③ Jocelyn Alexander, *The Unsettled Land: State - making & the Politics of Land in Zimbabwe, 1893 - 2003* (Oxford: James Currey, 2006), 184.

④ 由于英国设立了额外的限制条件，它为津巴布韦土地改革提供的 2000 万英镑资金援助只使用了 1700 万英镑。英国还辩解说，它在 1980 ~ 1985 年为津巴布韦提供的 2700 万英镑一般预算支持也应被视为对土地改革的资金支持。见 Paul Boateng (British High Commissioner in South Africa), "Zim Broke Land Reform Deal," *The Star* (South Africa), June 18, 2007.

同，但是希望很快破灭。时任英国国际发展大臣的克莱尔·肖特（Claire Short）1997 年 11 月在写给津巴布韦农业部长昆比莱·坎盖（Kumbirai Kangai）的信中说："一个像你设想中那样快速征收土地的项目将不可能得到我们的支持。"她继续写道："应该澄清的是，我们不承认英国在津巴布韦有承担土地购置费用的特殊义务。我们是来自不同背景的新一届政府，与以前的殖民地利益没有联系。你知道，我出身爱尔兰，我们也被殖民，而不是殖民者。"①

这封信在津巴布韦引起一些人的震惊。他们认为，作为以前殖民国家的英国狂妄自大和拒绝承担任何责任。敌视的情绪在整个捐款者会议上蔓延。捐款者认同土地改革是必需的，但是拒绝提供任何资金。津巴布韦政府说英国的"拖延战术有效地杀死了"这次会议上提出的计划。② 73

问题的严重性显而易见。金赛（Bill Kinsey）在 1999 年的一篇学术文章中警告说，"在津巴布韦每次大选前，那些受国家无法再分配土地影响最严重的人越来越不愿意安心坐下来听那些夸夸其谈的政客讲话，政客们承诺重新安置却无法兑现。民间不满情绪正在上升"。③

1999 年的一次会议制定了一部宪法草案，以替代《兰开斯特大厦宪法》。会议最初通过的草案指出，政府将对被征收以用于重新安置的土地给予补偿。但老兵对此予以反对，在他们的压力下，这部分内容被修改为"津巴布韦人民必须能够再次主张他们的权利，重新获得他们以前的土地"，而且任何对土地的赔偿都应该由前殖民国家支付，土地补偿本来就该由前殖民国家支付。④ 况且，赔偿将会用于改善生产条件。

反对党"争取民主改革运动"创立于 1999 年，2000 年 1 月前"津巴布韦工会联合会"主席茨万吉拉伊当选为主席。该组织发起反对新宪法的运动，因为新宪法一旦通过将增大总统的行政权，允许穆加贝总统寻求额外的两届任期。民主改革运动立刻获得白人农场主的支持，他们反对宪法

---

① http：//politics. guardian. co. uk/foi/images/0, 9069, 1015120, 00. html（Oct 23, 2011）.

② "Background to Land Reform in Zimbabwe," Embassy of Zimbabwe in Sweden（and other embassies）, n. d. , available at http：//www. zimembassy. se/land_reform_document. htm（Jan 2, 2011）.

③ Bill Kinsey , "Land Reform, Growth and Equity：Emerging Evidence From Zimbabwe's Resettlement Programme," *Journal of Southern African Studies*, 25, no. 2（1999）：195.

④ Sadomba, *War Veterans*, 156 – 159.

草案中的新土地条款。塞尔比评论说："白人农场主付支票给民主改革运动的秀带有拒绝执政党的象征性姿态，后来证明这是不明智的。"① 2000年2月12～13日举行全民公投，在只有26%的低投票率中，反对和支持的比例分别为55%对46%，新宪法草案未被通过。

这构成了新的三足鼎立，民主改革运动和老兵都反对津民盟—爱国阵线，但他们彼此也对立。在2000年6月24～25日的议会选举中，土地是一个关键议题，白人农场主支持民主改革运动，希望颠覆土地改革。欧盟和其他观察者指责津民盟—爱国阵线使用恐吓和暴力。② 津民盟—爱国阵线赢得47%的选票、62个席位，而民主改革运动获得46%的选票、57个席位。在哈拉雷、布拉瓦约和马塔贝莱兰等城市区域，民主改革运动（MDC）的支持力量最强，而津民盟—爱国阵线则主宰了农村。

贾姆班加运动

对于老兵和无地人员来说，政府在捐款人会议上的失败和新宪法草案未被通过意味着不会进行土地改革。鲁库里（Mandivamba Rukuni）提到，"土地改革项目是在骚动农民的支持下开始的，他们频频指责社会不公和无效率的政策，从而导致不平等的农业产业结构。20世纪90年代末期的土地和农业自由化改革政策没能解决土地问题"。③

于是老兵开始采取行动，在2000年3月和4月发动了超过1000次的占领白人农场行动。这些行动被称为"贾姆班加"而闻名（jambanja，绍纳语，意为"武力"或"愤怒的行动"）。行动过程有点复杂——组织城镇的失业人员和农村社区的无地农民，随后开展有序的占领活动。侦查队试图与白人农场主进行谈判，有时还成功发动农场工人参加。老兵们相对较少，他们事儿太多，所以只能请他们周末过来帮忙。4月21～24日周末

---

① Selby, "Commercial," 297.

② European Parliament, "Account of the Mission to Observe the Parliamentary Elections in Zimbabwe 24–25 June 2000," 6 July 2000, 9. http：//www. europarl. europa. eu/intcoop/election_observation/missions/20000624_zimbabwe_en. pdf（Nov 9, 2011）.

③ Mandivamba Rukuni, "Revisiting Zimbabwe's Agricultural Revolution," in Rukuni, Tawonezvi and Eicher, 13.

（恰逢复活节）的行动进展很大。他们试图在每个农庄建立基地，由一位老兵担任指挥，使用手机联络。某些活动中，老兵们还能组织大巴车和其他交通工具运送占领人员。除了一些有老兵工作的部门，政府显得不太支持占地运动，即使非正式的也没有。食品、燃料和资金主要来自占领者的亲朋好友。①

在地方上，占地行动有时能得到津民盟—爱国阵线的支持。一名43岁、带着3个孩子的离异女性一直待在埃普沃思（Epworth），那是哈拉雷一个十分拥挤的郊区。她和孩子们住在一间屋子里，作为卖鱼和蜡烛的非正式小贩，她没钱再租一间屋子。她在津民盟—爱国阵线的妇联中很活跃，在2000年7月召集了一次会议，鼓励那些住在过分拥挤房屋里的人去占领白人农场，还为那些想去格罗蒙兹区参加占地行动的人安排了交通服务（来自一个私人老板，他当时拥有全国最大的巴士车队）。她还是策划格罗蒙兹区扎那多（Zanado）农场占地运动的67人之一。让她感到骄傲的是，现在她有了一个称之为"家"的地方。②

但是，在国家层面上，津民盟—爱国阵线并不同情占领农场运动。在3月和4月，代理总统姆西卡和内政部长达本古瓦派出警察去驱赶占领者。但是党内态度开始转变。在2000年4月6日，政府在还有效的旧宪法中插入一项新的条款——有关土地的第16A条，一条在被否决的宪法草案中存在的条款。2000年5月23日通过了新的《土地征收法》，2000

照片5-1　2004年一名占领者在马里卡兰省奇马尼马尼地区的塔尔卡庄园。有些人把占地运动命名为"第三次齐木兰加"，认为它是第三次解放战争。（图片来源：联合木材公司）

① Sadomba, *War Veterans*, 170-181.

② Nelson Marongwe, "Interrogating Zimbabwe's Fast Track Land Reform and Resettlement Programme: A Focus on Beneficiary Selection" (PhD thesis, Institute for Poverty, Land and Agrarian Studies [PLAAS], University of the Western Cape, 2008), 213-215 [Marongwe, "Interrogating"].

年7月15日批准了一项旨在加快土地改革的重新安置项目的："快车道"。到了8月，国土部长恩科莫宣布占地运动必须停下。在2000年后期，马里卡兰省奇平盖地区的老兵组织了对马坎德（Makande）和南丘（Southdowns）等农场的占地运动，但是他们被防暴警察武力赶走，甚至被殴打。[1] 2000年11月6日，白人商业农场主联盟在法庭起诉占地运动时，津民盟—爱国阵线党还在报纸上登了整版广告说，"土地属于你们，不要让他们使用法庭和宪法来反对人民大众"。[2] 在2001年年中，议会通过的《农村土地占领者法》宣布，2001年3月1日之后的所有占地运动都是非法的，必须停下（但是保护此前占领的土地）。然而，42%的占地运动发生在2001~2002年，[3] 大多数是在法律通过之后发生的。

全国土地委员会的主席哥尼思（Francis Gonese）评论说："在殖民和后殖民时期，津巴布韦'驱逐非法占地者'的政策从未成功过。鉴于土地资源政策，在20世纪80年代和90年代，白人农场主和政府官员不得不学会使用强硬手段。"

认识到占地运动的规模和占领者拒绝搬走的强烈意愿后，津民盟—爱国阵线被迫接受现实。但这不是津民盟—爱国阵线的倡议，而是由反对它的老兵们首先提出的。萨多姆巴（Sadomba）提到，"认为穆加贝'没收'白人土地是明显搞错了对象，因为那不是穆加贝，而是老兵们干的"。[4] 莫约评论说："津民盟—爱国阵线和政府的决策受占地运动形式的发展而被动调整，并试图与它合作并遏制它。"[5]

斯库恩斯（Ian Scoones）和他的同事报道了马斯温戈省的情况，他们从2000年以来一直在那里调研。占地运动始于1999年，2000年加速推进。典型的占地运动是这样的，老兵们事先秘密在农场建立一个大本营，然后带来更多的人建立避难所，有时甚至开始进行农业生产。1999年晚期

① Phillan Zamchiya, "A Synopsis of Land and Agrarian Change in Chiping District, Zimbabwe," *Journal of Peasant Studies*, 38, no.5 (2011): 1063.

② "Zimbabwe Farmers Launch Challenge," BBC, Nov 6, 2000. http://news.bbc.co.uk/1/hi/world/africa/1009463.stm (Dec 28, 2011).

③ Sam Moyo et al., *Fast Track Land Reform Baseline Survey in Zimbabwe* (Harare: African Institute for Agrarian Studies, 2009), 20.

④ Sadomba, *War Veterans*, 161.

⑤ Moyo, "Land Movements," 207.

马斯温戈省地区翁得左（Wondedzo）农场的占地运动是由一名老兵和一名农场工人组织协调的。他们首先在农场建立"基地"，然后到社区挨家挨户动员那些想要土地的人过来加入他们，大约来了30人。①

每次占地运动都是不同的。正如斯库恩斯和同事所报道的，"在某些案例中，土地占地运动由有组织的老兵团体领导，得到了政府的支持；其他案例中，行动是由农场附近社区的村民小组领导的；有时农场工人参与甚至领导土地占地运动，其他时候他们又被排除在外"。"在贾姆班加时期，老兵的作用非常关键，如在2000年11月29日，时任津巴布韦民族解放战争退伍军人协会主席的珲至韦（Hunzvi）同志，在马斯温戈镇的省酋长院对群众发表讲话，敦促他们赶紧去占领农场。"党和政府的政治回应经常是矛盾的，反映了马斯温戈省"津民盟—爱国阵线党组织的内部长期处于分裂状态"，"中央政府日益失去了权威和控制"，斯库恩斯和同事们得出了这样的结论。②

占领土地运动与世界银行的经济结构调整计划也有联系。卡特桑特先生（Katsande）出生于齐古图市（Chegutu），1988年他开始为"大卫·怀特黑德"纺织公司工作，结婚后有4个孩子。1966年，公司缩小规模裁员，卡特桑特是其中之一。他在镇上无法养家糊口，于是就搬到他祖父所属的位于东马绍纳兰省姆瑞哈地区的社区。但是酋长说他"不知道"有卡特桑特这个人，因为他从来没拜访过祖辈所在的地方，所以就分不到土地。考虑到自己很穷，贾姆班加运动一开始，1999年12月卡特桑特就在一小群老兵的带领下头一批参加了对阿斯隆农场（Athlone）的占地运动。由于实行经济结构调整，其他一些占地者也是丢了工作的失业者。③

纳尔逊·马荣格韦（Nelson Marongwe）研究了东马绍纳兰省格罗蒙兹地区的情况，到2000年3月那里有16家大型商业农场被占领。他介绍了邓斯坦（Dunstan）农场的占领和安置情况。一位生活在那里15年、做油

---

① Ian Scoones, et al., *Zimbabwe's Land Reform* (Woodbridge, Suffolk, UK: James Currey, 2010), 45–47.

② Ian Scoones, et al., *Land Reform*, 43, 45.

③ Shingirai Mandizadza, "The Fast Track Land Reform Programme and Livelihoods in Zimbabwe: A Case Study of Households at Athlone Farm in Murehwa District," Livelihoods After Land Reform in Zimbabwe, Working Paper 2 (Cape Town: Institute for Poverty for Land and Agrarian Studies [PLAAS], University of the Western Cape, 2010), avaible at http://www. larl. org. za.

漆工的老兵在2002年2月联合其他老兵一同占领了这个农场。最开始的占地者由25名老兵和12名普通人组成，但是后来暴增到218人，他们中绝大部分是乘从私人运营商租来的巴士到农场的。虽然白人农场主一开始强硬抵抗，但最终还是被赶出农场。马荣格韦在格罗蒙兹区A1型案例中提到，有89%的受益者参加了土地占领运动。①

77

本章小结：结构调整引发了占地运动

20世纪最严重的干旱迫使津巴布韦接受了世界银行的"经济结构调整计划"，该计划造成了破坏性的后果。贫困率迅速上升，政府大幅削减医疗和教育预算，并重新收费。多达60000人失业，许多教师和医生远走他乡，去了南非和博茨瓦纳。唯有出口鲜花和蔬菜的白人农场主受益。

经济紧缩引发罢工和社会动荡。反对党民主改革运动（MDC）建立起来了。捐款者反对按预定阶段实行的土地改革，选民否决了包含土地改革的新宪法草案。老兵们直接挑战津民盟—爱国阵线，推动了占领土地的行动，而政府对此持反对态度。

或许穆加贝总统和英国政府达成一致本身就是虚构的，但是名义上他

78 对占领土地运动负有责任。

---

① Marongwe, "Interrogating," 211, 213.

第六章　第二次土地改革

持续抢占土地，一系列法律、修正案和规章，以及 2000 年的宪法修正案，最终塑造了"快车道"土地改革。但这次改革发生的速度如此之快，以致政客和政府官员几乎难以跟上改革的步伐。许多占地者在 2000/2001 农业季就开始耕作，然而政府真正分配土地是 2001 年的事情。因此当工作人员前去分地的时候，一些占地者不得不搬往新的地方。尽管如此，截至 2003 年，仍有将近 13.5 万户家庭分配到土地，而到 2010 年的时候，分配到土地的家庭达到近 16.9 万户。在短短三年的时间里，津巴布韦此前由白人大农场主所掌握的大量土地，就这样转移到黑人小农户手中，持续了一个世纪之久的殖民主义土地占有制度，就此寿终正寝。如果再加上 20 世纪 80 年代的土地改革，共有 24.5 万户家庭（超过 150 万津巴布韦人）生活在了自己的农场里。

"快车道"土地改革采取了 A1 和 A2 两种模式，延续了津巴布韦农业自殖民时代以来就采取的划分标准，即小型农户和大型商业农场。就像世界银行的一份报告指出的那样，"'快车道'土地改革的任务之一就是鼓励当地人控制大型商业农场。它的大门不仅向穷人敞开，而且还向愿意冒险进入商业种植的富人敞开"。[1]

A1 代表的是小农户模式，主要面向此前没有土地的人，一个典型的白人农场通常被分成 40 ~ 45 个 A1 农场（参见表 6 - 1）。如此一来，A1 农场就有 6 公顷良田（贫瘠地区面积要大一些），通常还有一些公共牧场，而

---

① Simon Pazvakavambwa and Vincent Hungwe, "Land Redistribution in Zimbabwe," in Hans Binswanger – Mkhize, Camille Bourguignon and Rogerius van den Brink, *Agricultural Land Redistribution: Toward Greater Consensus* (Washington: World Bank Publications, 2009), 157 [Pazvakavambwa and Hungwe, World Bank].

83 后者非常重要，因为大部分农户都要用牲口耕地。这与 20 世纪 80 年代重新安置进程中的 A 模式很相似。省级和地区土地鉴定委员会选择和安置 A1 农场的定居者。技术推广官员通常会把每块土地都打上界桩。约有一半的定居者是贾姆班加运动时期的占地者，另一半则是通过正式和非正式的申请。乌泰泰（Utete）委员会在 2003 年的报告中指出，97% 的 A1 农场主都已经开始在他们的土地上耕作。[1] 政府的确曾试着帮助 A1 农场主，但

表 6-1　重新安置前后农场规模的变化（2003 年）

	白人农场			重新安置后的农场		
	数量 （个）	面积 （公顷）	平均规模 （公顷）	数量 （个）	平均规模 （公顷）	白人农场被分割后 的平均数量（个）
A1						
马尼卡兰省	246	195 644	795	11 019	18	45
东马绍纳兰省	382	302 511	792	16 702	18	44
西马绍纳兰省	670	792 513	1 183	27 052	29	40
中马绍纳兰省	353	513 195	1 454	14 756	35	42
中部省	306	513 672	1 679	16 169	32	53
北马塔贝莱兰省	258	543 793	2 108	9 901	55	38
南马塔贝莱兰省	226	683 140	3 023	8 923	77	39
马斯温戈	211	686 612	3 254	22 670	30	107
A2						
马尼卡兰省	138	77 533	562	463	167	3
东马绍纳兰省	319	250 030	784	1 646	152	5
西马绍纳兰省	568	369 995	651	2 003	185	4
中马绍纳兰省	241	230 874	958	1 684	137	7
中部省	106	181 966	1 717	229	795	2
北马塔贝莱兰省	65	142 519	2 193	191	746	3
南马塔贝莱兰省	65	191 697	2 949	271	707	4
马斯温戈	170	753 300	4 431	773	975	5

资料来源：Utete Report, 24。

---

[1] Charles Utete, *Report of the Presidential Land Review Committee on the Implementation of the Fast Track Land Reform Programme, 2000 - 2002*（Harare, 2003），24. ［也就是人们所说的《乌泰泰委员会报告》（Report of the Utete Committee），本书将其简称为《乌泰泰报告》。］http://www.sarpn.org/documents/d0000622/P600 - Utete_PLRC_00 - 02. pdf（accessed October 23, 2011）。

《乌泰泰委员会报告》发现，A1 农场主"需要种子、化肥和耕作设施等方面的农用物资，但在过去一个耕作季（2002/2003 农业季），政府只是很随意地给了他们一些，且数量严重不足"。此外，"分配给这一项目的财政预算仍然少得可怜"。①

A2 模式旨在培育黑人大型商业农场，其方法是将一个白人农场划分为 3～7 个 A2 农场。申请者必须向土地、农业和农村重新安置部递交申请，并且还需要省级和地区级土地鉴定委员会的推荐信。土地、农业和农村重新安置部在全国主要报纸上刊登广告，邀请人们前去申请。在申请的时候，需要附有商业计划书，其中包括设定预算和现金流，详细列出申请者的收入、财产、经历、资格和培训情况等。申请者需要在没有政府支持的情况下，独立使用自己的资源进行耕作。老兵、曾在解放战争中帮助过津民盟的人、被拘禁过的人以及女性都受到了特殊照顾。

学者出身的查尔斯·乌泰泰（Charles Utete）博士曾担任总统与内阁的秘书长，他在 2003 年 4 月退休后被任命为"快车道"土地改革计划实施情况总统土地审查委员会的主席，主持发布了第一份关于"快车道"土地改革的详细报告。② 由于经常被标榜为罗伯特·穆加贝的亲密顾问，③ 他受到了国际制裁，④ 并因 1991 年 10 月 1 日从政府手中租赁了西马绍纳兰省洛马贡迪的 3350 公顷土地而名列"东戈名单"。尽管他身处高位，但或许正是因为这一政治地位，他的报告写得非常详细，而且大胆列出了"快车道"土地改革的一些问题。尤其值得一提的是，他毫不客气地指出，A2 农场充满了组织混乱、官僚习气和政治斗争。⑤ 区域信息综合网络（Integrated Regional Information Network）认为，该报告"尽管称赞了政府'快车道'计划的目标，但也指出农业改革因官僚作风和行为不当而被涂上了污点"。⑥

---

① Utete Report，22，30.
② 乌泰泰在 2003 年 3 月获得任命，在 2003 年 10 月发布报告。
③ David Masunda，"Double Blow for Bob," Johannesburg：*Mail & Guardian*，April 18，2003.
④ 他主要是作为"总统土地审查委员会的主席"而被列入欧盟的制裁名单。
⑤ Utete Report，21－22，31.
⑥ "Zimbabwe：Focus on Utete Committee Report on Agrarian Reform," IRIN，November 6，2003. http：//www. irinnews. org/report. aspx？ reportid＝47101（November 10，2011）.

A1 和 A2 农场有一半是在 2000 年和 2001 年正式分配的，有 1/4 是在 2002 年正式分配的，此后直到 2006 年，每年还会分配一点。大部分 A1 和 A2 农场主在土地分配的当年就开始耕种，几乎所有农场主在分配的第二年都开始耕种。①

共有 5 项调查向我们很好地展示了土地改革农场与农民的图景，这些图景所描绘的内容非常相似。在这五项调查中，有 3 项是全国性的：

● 乌泰泰委员会在 2003 年的调查。

● "土地、土地改革和重新安置部" 在 2006 年针对各省发布的一系列《A2 农场土地审查报告》。② 这些报告共调查了 10513 个农场，占 A2 农场总数的 79%。

●萨姆·莫约及其非洲农业研究所（African Institute of Agrarian Studies）团队的《基本调查》。他们于 2006 年年初分别在 6 个省的 6 个地区采访了 2089 个重新安置的农户（1651 个 A1 农户，438 个 A2 农户）。③ 截至目前，这项调查的引用率仍然最高。莫约的团队还采访了 760 名农业工人，见第十二章。

85　　　另外，还有两项地域性的调查：

●在马斯温戈省的调查。该调查由一个团队开展，成员包括英国苏塞克斯大学发展研究所的伊恩·斯库恩斯（Ian Scoones）、哈拉雷的纳尔逊·马荣格韦、曾在津巴布韦大学农业经济学院任教的克里斯彭·苏库姆（Crispen Sukume）和马斯温戈省农技推广服务中心（Agricultural, Technical and Extension Services, Agritex）的布拉索·马沃德曾格（Blasio Mavedzenge）。他们的调查结果后成书出版，名为《津

---

① Sam Moyo, et al. , *Fast Track Land Reform Baseline Survey in Zimbabwe*: *Trends and Tendencies*, *2005/06*（Harare: African Institute for Agrarian Studies, 2009）18, 19, 51 [Moyo, et al. , *Baseline Survey*].

② Ministry of Lands, Land Reform and Resettlement & Informatics Institute, *A2 Land Audit Report*（Harare 2006）. 该报告共分 8 卷，每卷一个省，先后在 2006 年发布 [*A2 Land Audit Reports*]。

③ Moyo et al. , *Baseline Survey*.

巴布韦的土地改革：神话与现实》。[1] 这个团队从 2000 年开始共调查了 400 个"快车道"农场主，尽管他们的研究对象仅限于一个省，但仍然很好地向我们展示了重新安置农场主的境况。

●2004 年，普罗斯珀·马通迪（Prosper Matondi）带领一个团队在中马绍纳兰省的马佐韦地区开展的一项调查。该调查汇集了 19 个被分成 A1 农场和 13 个被分成 A2 农场的前白人农场的数据。[2] 这项调查的结果与上述调查大致相同。

占有与使用率

这些调查使我们对新农场主如何迅速地占领土地以及使用了多少土地有了基本的了解。

乌泰泰委员会发现，截至 2003 年 7 月 31 日，总面积为 420 万公顷的 2652 个农场根据 A1 重新安置模式被分配给 127192 个农户。受惠者的占用率高达 97%。[3] 截至 2010 年，共有 145800 个受惠者获得了 580 万公顷的土地（见表 1 - 1）。

尽管 A1 农场的重新安置进程相对比较顺利，但 A2 农场则要复杂得多，且进展缓慢。这在一定程度上是 2001/2002 年严重旱灾的结果（见图 4 - 1），它对刚刚获得土地的新农场主们而言是一记打击，[4] 而且似乎对资本密集型的 A2 农场影响更为严重。尽管农场主们只需抵押房屋就能筹集

---

① Ian Scoones, et al. , *Zimbabwe's Land Reform*：*Myths & Realities*（Woodbridge, Suffolk：James Currey, 2010）［Scoones, et al. , *Land Reform*］. 他们共研究了 4 个地区的 400 个农场：古图地区（自然条件属于第三类的地区，为贫瘠的沙土地，降水稀少，73 个 A1 农场，12 个 A2 农场）、马斯温戈地区（第三类和第四类地区，贫瘠的沙土地，194 个 A1 农场，4 个 A2 农场）、齐雷济地区（第五类地区，干旱，重质土，但也包括甘蔗种植园，29 个 A2 农场和 57 个非正规农场）和姆韦内济地区（第五类地区，非常干旱，重质土，23 个 A1 农场，26 个非正规农场和 14 个 A2 农场）。

② Prosper Matondi, "Mazowe District Report—Findings on Land Reform, Volume II", Harare, 2005［Matondi, "Mazowe"］.

③ Utete Report, 5.

④ Mandivamba Rukuni, "Revisiting Zimbabwe's Agricultural Revolution," in Madnivamba Rukuni, Patrick Tawonezvi and Carl Eicher, eds. , *Zimbabwe's Agricultural Revolution Revisited*（Harare, Zimbabwe：University of Zimbabwe Publications, 2006）, 14.

到所需要的资金，但还是延误了他们的农业生产。农场安置过程中还存在政治方面的问题，我们将在第九章对此进行详细讨论。对于 A2 农场而言，《乌泰泰委员会报告》发现，总面积为 220 万公顷的 1672 个前白人农场被分配给 7260 个申请者，其在全国的平均占用率为 66%。"大约 34% 的申请者没有占用他们的农场表明有大量土地被闲置，然而具有讽刺意味的是，还有成千上万申请 A2 农场的人在向政府施压，要求分配土地"，乌泰泰委员会如此表示。[1]

86 截至 2006 年，A2 农场的受惠者达到 15607 人。《A2 农场土地审查报告》表明，只有 7% 的 A2 地块因没有被占用而闲置，但另有 15% 的闲置地块没有分配。[2] 截至 2010 年，A2 农场的面积增加到 350 万公顷，农场主增加到 22409 个（其中包括 217 个总面积为 50.9 万公顷的大型农场，它们实际上可以被看作黑人大型商业农场，见表 6-1）。

《基础调查》和《A2 农场土地审查报告》都对 2006 年的土地使用情况进行了考察。《基础调查》（见表 6-2）表明有 25% 的新农场主已经耕种了他们几乎所有的可耕地，有 50% 以上的 A1 农场主和 43% 的 A2 农场主已经耕种了 40% 以上的可耕地。鉴于白人农场主只耕种了他们 15%~34% 的土地，[3] 这表明新农场主所耕种的土地总量很快便超过了此前的白人。《基础调查》还发现，有 14% 的 A1 农场主和 28% 的 A2 农场主使用了灌溉系统，但这两类农场主均有 20% 没有耕种他们的土地。[4]《A2 农场土地审查报告》发现，有 55% 的新 A2 农场主效益不错，有 37% 的农场主没有很好地使用他们的土地，另有 7% 的农场主完全没有耕种土地（见第九章）。

谁得到了土地？

这一问题被提问的方式，以及人们在多大程度上只能选择单一的身份，在上述调查中均有所不同。表 6-2 至表 6-6 从不同的角度对土地改革的受益者进行了描述，让人印象深刻的是，这些不同的调查几乎得出了

① Utete Report, 5.
② A2 Land Audit Reports.
③ 参见第三章。
④ Moyo et al., Baseline Survey, 64.

完全相同的结论。

表6-2 可耕地在 2006 年的使用情况

土地使用率（％）	A1（％）	A2（％）
0	21	18
1～20	11	22
21～40	15	17
41～60	14	13
61～80	12	8
81～100	27	22

资料来源：Moyo et al. , *Baseline Survey*, Table 4. 5。

表6-3 土地接收者的来源（基础调查）

	A1（％）	A2（％）
村社地区	66	53
白人农场	9	4
城　市	20	35
其他地方的就业人员	3	8
其　他	2	1

资料来源：Moyo et al. , *Baseline Survey* Table 2. 6。

表6-4 之前的职业（基础调查）

	A1	A2
无业人员和农场主占比（％）	40	36
从业人员占比（％）		
私营部门占比（％）		
技术和管理人员占比（％）	3	5
半技术人员占比（％）	14	7
非技术人员占比（％）	7	5
公务员占比（％）		
技术和管理人员占比（％）	2	3
半技术人员占比（％）	2	5
非技术人员占比（％）	1	1
军人、警察占比（％）	11	9
其他占比（％）	19	29
农场数量（个）	1651	438

资料来源：Moyo et al. , *Baseline Survey* table 2. 11。

表 6 – 5　马斯温戈抽样调查的定居者概况

	A1（%）	A2（%）
来自农村的普通人占比（%）	54	12
来自城市的普通人占比（%）	12	44
公务员占比（%）	17	26
安全人员占比（%）	4	2
商人占比（%）	5	10
前农业工人占比（%）	8	5
农场数量（个）	266	57
其中老兵的比例（%）	9	9

注：安全人员包括军人、警察和中央情报组织的人。

资料来源：Scoones, et al., *Zimbabwe's Land Reform*, Tables 2.6 & 2.7.

对于小农户而言，引自《基础调查》和马斯温戈省研究的表 6 – 3 和表 6 – 5 均给出了重新安置农场主的来源，从中我们可以看到大部分 A1 农场主都来自村社地区。这两项调查均发现有 1% 的农场主来自 20 世纪 80 年代重新安置农场或购买地农场，且均显示有很大一部分为城市贫民。表 6 – 4 和表 6 – 5 表明，有大量新的小农户来自军队和公务员系统。对马斯温戈省 A1 农场的调查也发现，有 66% 的农场主为"普通人"（见表 6 – 5）。①

《基础调查》、《A2 农场土地审查报告》和马斯温戈省的研究以不同的方式提出了关于 A2 农场的问题，但很难将它们的结果综合在一起，尽管很多 A2 农场主显然都是"普通人"。很大一部分 A2 农场主来自城市地区，这反映了筹集资金方面的需要。《基础调查》发现，有 77% 的 A1 农场主生活在农场，生活在城市地区的仅为 17%，相较而言，A2 农场主的数字则分别为 60% 和 34%。《基础调查》还发现，有 45% 的 A2 农场主仍然在从事其他工作（有 17% 在政府部门工作），这意味着他们仍然需要为发展 A2 农场筹集资金。

这些调查还为我们提供了一些其他方面的信息。《A2 农场土地审查报

① Matondi, "Mazowe".

告》表明人们的受教育程度相当高：有 17% 的 A2 农场主曾接受过正规的农业培训，另有 13% 的 A2 农场主拥有大学学位。①

但最初也存在一些不稳定因素。《基础调查》发现，有 14% 的 A1 农场主和 11% 的 A2 农场主被威胁赶出农场，有 5% 的 A1 农场主和 4% 的 A2 农场主确实被赶了出去——基本都是地方政府或中央政府的行为，但也有一些是被士兵和老兵赶走的。在所有接受调查的地方，问题最大的是格罗蒙兹地区，因为其临近哈拉雷，对土地的争夺非常激烈。② 然而普洛斯珀·马通迪对马佐韦地区的调查发现，只有很少的农场主被威胁赶出农场，其中 A1 的比例为 3%，A2 的比例为 1%。③

精英还是亲信？

对土地改革计划抱怨最多的是，大量土地（通常被指为 40%）流入"穆加贝亲信"的手中。表 1 – 1 表明，自独立以来，有 1350 万公顷前白人农场被分给黑人农场主，其中 950 万公顷（71%）的土地被分给小农场主，即 20 世纪 80 年代的重新安置农场主和 A1 农场主，另有 300 万公顷（22%）被分给小型 A2 农场主，100 万公顷（7%）被分给大型 A2 农场主和黑人大型商业农场主。④

津巴布韦独立后仍然采用殖民时代大型商业农场与小型农户并存的双重农业战略。尽管相较之前的白人农场，A2 农场的规模要小很多，但它们仍然相当大，且仍属于资本密集型的农场，因此申请者在申请的时候，需要证明他们有钱进行投资。许多黑人大型商业农场的所有者是出钱购买的农场。毫无疑问，他们都是精英，都是相对比较富有甚至非常富裕的人。人们不应该像国际社会的大多数人那样，一边支持继续发展大型商业农

---

① Nelson Marongwe, "Interrogating Zimbabwe's Fast Track Land Reform and Resettlement Programme: A Focus on Beneficiary Selection" (PhD thesis, Institute for Poverty, Land and Agrarian Studies [PLAAS], University of the Western Cape, 2008), 154.

② Moyo et al., *Baseline Survey*, 44 – 45.

③ Prosper Matondi, "Juggling Land Ownership Rights in Uncertain Times in Fast Track Farms in Mazowe District," 2011.

④ 之所以会出现"40%"这个数据，可能是因为 A2 农场占据了"快车道"土地改革全部 920 万公顷土地的 38%，然后有人声称这些 A2 土地都流入"穆加贝亲信"的手中。

场，一边反对农场掌握在精英人士的手里。

就像白人政府在殖民时代将土地作为奖赏送给其支持者一样，独立后的政府也做了同样的事情。事实上，大部分国家（包括欧洲国家和美国）在政治层面都存在一定程度的恩宠行为，其中获胜政党会奖赏其主要的支持者。

对于 A2 农场甚至所有农场而言，身为津民盟—爱国阵线的党员或有能说得上话的朋友肯定会大有帮助。但这会使得 2.3 万名 A2 农场主和大型农场主都成为"穆加贝的亲信"吗？我们不想如此草率地讨论这么大的一群人，即便有些高层的人确实有好几个大型的好农场。如果我们反对精英所掌握的大型农场，那就意味着我们反对拥有 A2 农场和大型农场的整个体系，因为只有精英才能够承担这些农场的投资。同样，A2 农场的申请者必须表明他们有钱进行投资，因此毫不奇怪，大部分 A2 农场主都具有城市背景（见表 6 - 3 和表 6 - 5）。津巴布韦农业推广官员、伊恩·斯库恩斯研究小组的成员之一布拉索·马沃德曾格也是一位 A1 农场主，他曾表示："我在政府工作，但我不是所谓的亲信，我认为许多人都是如此。"①

在这种情况下，"亲信"可以用来指那些因为与津民盟—爱国阵线或政府关系密切才获得大型农场或多个农场，否则便一个农场都得不到的人。毫无疑问，有些"亲信"得到了土地，有些还是最好的土地，而且他们通常还能获得拖拉机等普通土地改革农场主无法获得的支持。表 6 - 6 表明，在接受调查的所有 A2 农场中，有 1.2% 也就是 130 个 A2 农场分给了总统和内阁办公室的人，另有 38 个农场被部长们拿走。根据东戈名单，②在政府租赁给单个农场主的大型农场中，有相当大的一部分租给了将军、部长、法官以及其他明显具有政治或军方背景的人。而且，还有好几百人拥有多个农场，或拥有比 2001 年所设定的最大面积还要大很多的农场③（见表 9 - 1 和表 9 - 2）。但我们还没有掌握具体的数据，这主要是因为

---

① Interviewed by Martin Plaut, "Crossing Continents: Farming Zimbabwe," BBC Radio 4, December 1, 2011 and December 5, 2011, available at http://www.bbc.co.uk/programmes/b017mvx6#synopsis（December 6, 2011）.

② 参见第五章。东戈名单见 http://www.zwnews.com/dongolist.xls，对东戈名单的解释见 http://www.zwnews.com/dongolist.cfm（n.d., accessed November 9, 2011）。

③ Pazvakavambwa and Hungwe, World Bank, 157, 159.

《全面政治协议》（第5.9条）"为确定责任归属和杜绝拥有多个农场……而开展全面、透明与无党派的土地审查"的呼吁还没有得到落实。

表6-6　定居者概况（2006年《A2农场土地审查报告》）

A2农场定居者背景	定居者比例（%）	农场数量（个）	政府部门定居者的详细情况	
			比例（%）	数量（个）
"普通人"	37	3936		
老兵	17	1974		
商人	9	916		
政府人员	27	2862		
公务员			17	1822
安全人员			7	787
总统与内阁办　公室人员			1.2	130
部长			0.4	38
其他政府人员			0.8	85
传统领袖	0.5	48		
其他和无法确定的人	7	777		
农场总数		10513		

注：老兵包括帮助过津民盟的人和被拘禁过的人等；政府人员包括从那些部门中退休的人；其他政府人员包括议员和省级与地区级政府人员；传统领袖包括酋长、灵媒和牧师。受惠者选择自己的身份，而且只能选择一种，即便他们可能既是老兵，又是公务员，还是商人。

资料来源：*A2 Land Audit Reports*。

　　我们需要记住的是，因为需要自己筹集资金进行大规模的农业耕作，所以导致所有大型农场都掌握在精英的手里。但这些精英并不全都是"亲信"。比如在东戈名单中，还有相当多的农业专家和职业农场主，以及工程师、医生和其他专业人员。我们估计，只有不到5%的新农场主属于"亲信"，他们所掌握的土地不到总面积的10%。

　　在第七章和第九章，我们还会问另外一个问题：这些精英的农场是否得到了有效利用？

91

制　裁

　　作为对"快车道"土地改革和2000年选举中的暴力行为的反应，美国、欧盟和澳大利亚先后在 2002 年和 2003 年对津巴布韦进行制裁，并在随后的几年中不断修改制裁措施。欧盟 2011 年的制裁措施主要包括冻结 163 名个人的财产并向他们实施旅行禁令（包括入境和过境），同时冻结 31 家与津民盟—爱国阵线及政府领导人有关联企业的资产。欧盟制裁的具体目标是要确保"一分钱或一丁点经济资源都不会直接或间接"流入名单上的个人或企业的腰包，或为他们"带来好处"。①

美国的制裁措施比欧洲更为严格，"禁止无论居住在何地的美国人或居住在美国的他国人"与名单上的人或"他们所掌控的实体"、"他们的直系亲属"以及任何"代表受制裁对象开展活动的人"从事交易。② 制裁对象涵盖 118 名个人和 11 家企业，其中包括一些政府拥有股份的大银行，如农业银行、基础设施发展银行和津巴布韦银行。制裁名单上还有一家大型半国营公司——津巴布韦钢铁有限公司。据维基解密披露，津巴布韦财政部长腾代·比蒂（Tendai Biti）希望美国能将上述三家银行从制裁名单中去掉，因为那样将有助于津巴布韦的经济改革。这项建议在 2009 年 12 月得到美国驻津巴布韦大使查尔斯·雷（Charles Ray）的支持，③ 但遭到美国政府的拒绝。将银行纳入制裁名单产生了连锁效应，导致美国公民和企业很难与津巴布韦进行生意往来。例如，津巴布韦是为数不多的几个贝宝国际（Paypal）在线支付系统没有覆盖的国家之一，④ 据称这是因为美国财政部曾授意贝宝国际不要与津巴布韦做生意。⑤

---

① The Council of the European Union, "Council Decision 2011/101/CFSP of 15 February 2011 Concerning Restrictive Measures Against Zimbabwe," *Official Journal of the European Union*, 16 (February 2011).

② 相关法律见美国财政部网站：http：//www. treasury. gov/resource – center/sanctions/Programs/Pages/zimb. aspx，受制裁个人与企业名单见美国驻津巴布韦大使馆网站：http：//harare. usembassy. gov/uploads/GA/r_/GAr_mydP5GsiV8xOy – zfcQ/SDN_List1. pdf（both accessed November 11, 2011）.

③ "Biti Sought Sanctions Removal — WikiLeaks," *NewsDay*, September 20, 2011, available at http：//www. newsday. co. zw/article/2011 – 09 – 20 – biti – sought – sanctions – removal – wikileaks（November 11, 2011）.

④ 贝宝国际覆盖了 188 个国家，但是不包括津巴布韦。见 https：//www. paypal. com/uk/cgi – bin/webscr？cmd =_display – country – functionality – outside（November 11, 2011）。

⑤ Walter Nyamukondiwa, "Sanctions：US Blocks Couple's US $ 30 000 Transfer," *The Herald*, March 9, 2011.

最终，无论欧盟①还是美国都不允许向土地改革农场主提供援助。美国和英国还禁止世界银行和国际货币组织向津巴布韦提供援助。

让人印象深刻一点的是，相较于对白人统治时期罗得西亚的制裁，美国对津巴布韦的制裁要严厉得多（见第三章）。

2010 年，总部位于哈拉雷的贸易与发展研究中心比较了罗得西亚政府和津巴布韦政府对制裁的不同反应。②罗得西亚严格管控外汇和进口，尤其是严禁进口任何可在本地生产的产品；鼓励发展进口替代工业（在一定程度上依赖于无法外流的国内储蓄）；货币供应受到严格控制，以防止通货膨胀。津巴布韦则完全相反：由于没有进口限制，进口量激增；没有对国内的工业化加以支持，始于经济结构调整方案的去工业化进程继续发展；"印制钞票成了每天最重要的事情，导致津巴布韦陷入恶性通货膨胀，以致破坏了所有其他的经济领域"。这份报告暗示，津巴布韦政府可能试图同时在多条战线开战：罗得西亚政府从商界获得了支持，但津巴布韦政府却"向私营企业家们开战，因为私营企业家被认为是反对派的左膀右臂"。

恶性通货膨胀与政治分裂

土地改革开始的时机也非常不好。两年旱灾让新农场主损失严重。津巴布韦元与美元的汇率在 1997 年还是 19 比 1，到 2000 年便下降为 55 比 1。2002 年年中，二者的汇率跌到 1000 比 1。2003 年 11 月，吉登·戈诺（Gideon Gono）被任命为储备银行的行长。他所奉行的政策是通过大量印钞、补贴当地产品与关键商品的方式来扩展经济，同时利用行政手段控制通货膨胀和投机行为。这种非正统的政策最终失败，并导致腐败和恶性通货膨胀。2006 年 1 月，津元对美元的汇率变成 10 万比 1，到 2007 年年中

① "No EU Farm Aid... Until Land Audit," *Zimbabwean*, July 30, 2010. http：//www. thezimbabwe-an. co. uk/news/33149/no – eu – farm – aid – – until – land – audit. html（November 11, 2011）.

② James Hurungo, "An inquiry Into How Rhodesia Managed to Survive Under Economic Sanctions: Lessons for the Zimbabwe Government"（Harare, Zimbabwe：TRADES Centre, 2011）. http：//www. tradescentre. org. zw/index. php? option = com_docman&task = doc_download&gid = 62&Itemid = 8（December 24, 2011）.

的时候，黑市汇率达到了 1 亿比 1。2008 年年中，黑市汇率为 1 后面 14 个零，物价每天翻一倍；2008 年底，汇率创造了 1 后面 22 个 0 的纪录（见表 6 - 7）。

表 6 - 7　津巴布韦元对美元汇率的变化（部分日期）

	官方汇率	黑市汇率
1980 年	0.68	
1983 年	0.96	
1984 年	1.50	
1990 年	2.64	
1991 年	5.05	
1994 年	6.82	
1997 年	10.50	
1999 年	36.23	
2001 年 1 月	55	70
2003 年 1 月	55	1 400
2003 年 7 月	824	3 000
2004 年 1 月	4 196	5 000
2005 年 1 月	5 730	6 400
2005 年 7 月	17 600	25 000
2006 年 1 月	99 202	150 000
2006 年 8 月	250 000	550 000
2007 年 1 月	250 000	6 000 000
2007 年 7 月	250 000	300 000 000
2008 年 1 月	30 000 000	6 000 000 000
2008 年 5 月 6 日	187 073 020 880	200 000 000 000
2008 年 6 月 30 日	11 378 472 550 240	40 928 000 000 000
2008 年 9 月 30 日	1 322 500 000 000 000	10 000 000 000 000 000 000
2008 年 10 月 29 日	6 195 200 000 000 000	900 000 000 000 000 000
2008 年 11 月 24 日	441 825 000 000 000 000	12 000 000 000 000 000 000 000

　　注：这是津巴布韦最初货币的汇率，2006 年 1 月、2008 年 8 月 1 日和 2009 年 2 月 2 日发行的新货币后面的零要少一些。

这是有史以来最为严重的通货膨胀之一，[1] 它给所有人（包括农场主）都带来混乱。腐败变得更为严重，因为精英阶层可以按照毫无意义的官方汇率兑换货币，然后用几千美元就可以修建豪宅。到 2007 年年中的时候，黑市汇率已经是官方汇率的 1000 倍。政府对农业投入与产出、交通运输、利率和外汇市场偶尔为之的干预行为，只能导致危机进一步恶化。对农用物资（种子、化肥和燃料）和服务等定价过低，以致无法弥补生产与维修（比如机械）的成本，最终导致供应商因无法收回成本而供应不足及农作物产量低下，与此同时，高价黑市开始出现。全国化肥产量从 1999 年的 50.5 万吨下降到 2007 年的 16.6 万吨。[2] 政府对公路和铁路等交通部门的 93 干预，也没有产生什么效果。[3] 但恶性通货膨胀对于有些人而言却是天降馅饼，比如当柴油或化肥必须以官方价格出售而实际市场价格远高于官方价格，那些有购买渠道的人（有时也包括普通农场主）就可以使用这些农用物资或用它们换取别的东西。农场主们不得不转向非正规市场，采取以 94 物易物的方式进行买卖，而且他们还越来越依靠亲属从国外汇来的钱。辛吉瑞·曼迪扎达（Shingirai Mandizadza）在 2008 年采访了东马绍纳兰省的阿斯隆农场，对途经当地的出售衣服和肥皂等家用物品的商人进行了报道，他发现 1 条裙子值 3 桶玉米，家畜也被用来交换农资和设备。[4]

---

① 匈牙利辨戈在 1946 年的通货膨胀达到了 29 个零。更为著名的通货膨胀发生在魏玛德国，马克在 1921～1924 年涨了 14 个零。维基百科的表格详细列出了津巴布韦元的汇率变化，见 http://en.wikipedia.org/wiki/Zimbabwean_dollar#Exchange_rate_history（December 1, 2011）。

② Tendai Murisa, "Farmer Groups, Collective Action and Production Constraints: Cases from A1 Settlements in Goromonzi and Zvimba," Livelihoods After Land Reform in Zimbabwe, Working Paper 10 (Cape Town, South Africa: PLAAS, University of the Western Cape, 2010).

③ Kingstone Mujeyi, "Emerging Agricultural Markets and Marketing Channels Within Newly Resettled Areas of Zimbabwe," Livelihoods After Land Reform in Zimbabwe Working Paper 1 (Cape Town, South Africa: PLAAS, University of the Western Cape, 2010), available at www.larl.org.za [Mujeyi, "Emerging Agricultural Markets"].

④ Shingirai Mandizadza, "The Fast Track Land Reform Programme and Livelihoods in Zimbabwe: A Case Study of Households at Athlone Farm in Murehwa District," Livelihoods After Land Reform in Zimbabwe, Working Paper 2, 2010 (Cape Town, South Africa: PLAAS, University of the Western Cape, 2010), available at www.larl.org.za. See also Philani Moyo, "Land Reform in Zimbabwe and Urban Livelihoods Transformation," Livelihoods After Land Reform in Zimbabwe, Working Paper 15 (Cape Town, South Africa: PLAAS, University of the Western Cape, 2010).

政府试图用强制性力量来抑制通货膨胀，却打击了正在经历土地改革的农场主们。将白人农场主分割开来和改变定居方式导致贸易模式发生根本性的变化，许多新的小农场主开始在市场上出售牛肉和其他产品，而且在那些有人居住的重新安置农场附近，也出现了一些非正规的市场。2005年，政府启动"清理运动"（Operation Murambatsvina），试图清理在自由化浪潮中大规模成长起来的非正规贸易。以被重新安置的农场主们为服务对象、新建立却没有注册的市场被摧毁。伊恩·斯库恩斯与他的团队指出，"在许多城市，这一运动所针对的是反对派的支持者，具有很严重的政治倾向，许多人遭到驱逐。但在新的重新安置点情况则有所不同，因为津民盟—爱国阵线的支持者和老兵也像其他人一样深受其害"，即便有位占地运动的老兵领导人请求别拆，最终也没能保住当地的一个市场。① 直到2009年美元化实施之后，各地的市场才慢慢恢复起来。

与之相类似，在殖民时代和独立最初的几年间，牛肉贸易曾被牢牢地控制在政府和冷藏委员会的手中。② 但随着结构调整方案和土地改革的实施，一个由小商贩构成的新的大型市场网络开始主宰牛肉贸易。2007年，政府宣布对牛肉实行价格管制，关闭私人屠宰场，并要求所有牛肉都必须通过冷藏委员会进行交易。布拉索·马维曾格（Blasio Mavedzenge）与他的研究小组通过对马斯温戈省的调查指出，在安全机构的支持下，因其制服颜色而被称为"绿色轰炸机"的青年人组织全国青年服务中心，"一个小贩又一个小贩、一个肉店又一个肉店地检查牛肉的价格，武断地处罚和逮捕那些违反规定的人。当然，由于实际价格因通货膨胀而以指数比率增长，价格控制在公布之前就已经变得毫无意义，而且无论谁通过正规渠道出售牛肉都会赔得血本无归。黑市进一步扩张……价格控制政策很快乱成一锅粥，安全机构开始禁止营业、索取贿赂和随意罚款，牛肉市场则转移到了地下"。③

95　　据估计，截至2007年，有200万人离开津巴布韦，其中一半前往南非——相当于延续了始于结构调整时期的移民潮。他们每年汇回大约5亿

① Scoones et al., *Zimbabwe's Land Reform*, 210.
② 后来改名为冷藏公司，但仍为国有公司。
③ Blasio Mavedzenge et al., "The Dynamics of Real Markets: Cattle in Southern Zimbabwe Following Land Reform," *Development and Change*, 39, no. 4 (2008): 620, 633.

美元的现金。但联合国开发计划署（United Nations Development Program）指出，"人才外流对公共服务领域的影响是灾难性的，以医疗行业为例，据估计在1980年以来培训的医生、护士、药剂师、放射科医生和临床医学家当中，有80%的人离开了津巴布韦"。①

在2011年的采访中，我们发现了两个令人吃惊的结论。首先，货币美元化之后，经济恢复的速度如此之快，以致人们不再提及此前的通货膨胀，而是将眼光放到了未来。其次，当被问及通货膨胀的时候，农场主们并非持完全否定的看法。他们还是从政府那里获得了一些供应，比如在2005~2006农业季，有1/3的A1农场主得到了一些种子。② 实际利率为负数意味着在还贷的时候只需要还实际贷款额度的一部分，而且所获得的投入几乎相当于免费。实行美元化后，他们抱怨必须全额偿还贷款，而且虽然获得农用物资比以前容易，却太贵。尽管如此，农场主们还是对美元化举手欢迎，并生产和出售了更多的农产品。

政治危机

在政治战线，反对党在2005年分裂成两个党派，分别为由茨万吉拉伊（Morgan Tsvangirai）领导的争取民主变革运动和由穆坦巴拉（Arthur Mutambara）领导的争取民主变革运动。

2007年3月底，南部非洲发展共同体在坦桑尼亚召开特别首脑会议，委托南非总统塔博·姆贝基推动津巴布韦各方进行谈判，以求解决该国政治危机。总部位于约翰内斯堡的南非选举研究中心报道指出，津巴布韦在2007年和2008年年初存在一些政治暴力行为，其中"对争取民主变革运动的支持者、成员和领导人的攻击尤为严重。当然，争取民主变革运动也对津民盟—爱国阵线进行了攻击，但相比较而言次数要少很多"。2007年年底，津民

---

① Dale Doré, Tony Hawkins, Godfrey Kanyenze, Daniel Makina & Daniel Ndlela, "Comprehensive Economic Recovery in Zimbabwe" (Harare, Zimbabwe: UNDP, 2008), 109 – 112, available at http://www.humansecuritygateway.com/documents/UNDP_Zimbabwe_ComprehensiveEconomicRecovery.pdf; Daniel Makina, "Survey of Profile of Migrant Zimbabweans in South Africa," 2007, 2, available at http://www.idasa.org/our_products/resources/output/survey_of_profile_of_migrant/? pid = states_in_transition (both accessed November 11, 2011).

② Mujeyi, "Emerging Agricultural Markets," 9.

盟—爱国阵线与争取民主变革运动开始谈判。2008 年 3 月 29 日，总统选举与议会选举同时进行。南非选举研究中心表示，在选举进程中"基本维持了和平的环境"。"与之前的选举相比，此次选举之前一段时间内和平与宁静的环境以及有助于人们表达自己政治意愿的环境，都要宽松很多。"①

选举结果迟至 5 月 2 日才公布。津巴布韦选举委员会称茨万吉拉伊和穆加贝分别获得 48% 和 43% 的选票，第二轮选举定在 2008 年 6 月 27 日举行。众议院（议会）的选举结果是争取民主变革运动（最初由茨万吉拉伊领导的争取民主变革运动，有时也指争取民主变革运动—茨派）获得 100 个席位，津民盟—爱国阵线获得 99 个席位，争取民主变革运动—穆派获得 10 个席位，另有 1 个独立席位。参议院的选举结果为津民盟—爱国阵线获得 30 个席位，争取民主变革运动—茨派获得 24 个席位，争取民主变革运动—穆派获得 6 个席位。

这场无明确定局的选举结束之后，人们的情绪发生了变化。津民盟—爱国阵线的高层官员开始指责反对派为"叛徒"、"卖国贼"、"巫婆"和"妓女"。在第一轮选举开始前不久，津巴布韦国防军司令官康斯坦丁·奇温加（Constantine Chiwenga）曾宣称"军队绝不会在总统选举前、选举中和选举后支持或向卖国贼与西方的代理人敬礼。除了穆加贝总统之外，我们将不会支持任何人"。② 罗伯特·穆加贝也表示，永远不会允许"我们为之奋斗的土地被争取民主变革运动抢走并交给白人"。③ 他后来又说："3 月份的选举刚结束不久，老兵们就来到我这里，说如果茨万吉拉伊赢得选举，他们将拿起武器来保护他们的农场和国家独立……圆珠笔（用来在选票上画钩的）无法与火箭筒辩论。老兵们不会让这种事情发生。"④

① Eleceteral Institute for Sustainable Democracy in Africa（EISA），"Election Observer Mission Report: The Zimbabwe Harmonised Elections of 29 March 2008，" Election Observer Mission Report, No. 28（Pretoria, South Africa: EISA, 2008），27, 41. http://www. eisa. org. za/ PDF/zimomr08. pdf（November 4, 2011）.

② *The Language of Hate*（Harare, Zimbabwe: Media Monitoring Project Zimbabwe, 2009），7, 20, quoting, "I'll Only Salute Mugabe, Not Sellouts: Chiwenga," *The Standard*, March 9, 2009.

③ "Safeguard revolution—President," *Herald*, June 13, 2008, quoted in *The Language of Hate* （Harare, Zimbabwe: Media Monitoring Project Zimbabwe, 2009），51.

④ "Maize Imports Supported," Harare: *Sunday Mail*, June 22, 2008. Quoted in *The Language of Hate* （Harare, Zimbabwe: Media Monitoring Project Zimbabwe, 2009），56.

　　泛非议会（非洲联盟）的观察团发现，"津巴布韦的政治宽容降到近代以来的最低点……这个国家的政治环境充满紧张、敌对与不确定性，其选举活动已经被严重的恐吓、暴力、流离失所、绑架和死亡所破坏……房屋被焚毁，人们被袭击且遭到严重伤害。暴力破坏了津巴布韦老百姓的正常生活，导致人们颠沛流离……一系列绑架案，有些甚至导致人员伤亡，不断被报道出来"。观察团的这份报告继续指出，"观察团参加了津民盟—解放阵线的总统候选人所组织的明星集会。然而，观察团无比担忧地发现，争取民主变革运动的总统候选人根本就没有机会组织集会。多次逮捕争取民主变革运动的总统候选人打乱了观察团的部署"。[①]

　　茨万吉拉伊以争取民主变革运动的支持者遭受暴力为由，放弃了 6 月22 日的第二轮投票。[②] 6 月 22 日，联合国秘书长潘基文发表声明，对此"深表遗憾，因为尽管国际社会反复呼吁，但津巴布韦政府仍然没有为自由与公正的决胜选举创造必要的条件……暴力与恐吓行为破坏了选举，严重伤害了这个国家的人民，必须立即终止"。[③] 但选举一切照旧，穆加贝最终当选。

　　6 月，国际劳工组织收到一份控诉，随后派遣了一个由雷蒙·朗杰瓦（Raymond Ranjeva）法官（马达加斯加人，主席）、埃文斯·卡鲁拉（Evance Kalula）教授（赞比亚人）和前联合国人权高级副专员伯特兰·拉姆查兰（Bertrand Ramcharan，几内亚人）组成的三人调查委员会。委员会的报告称，"委员会看到的是一个深陷危机的国家"，这个国家"长期以来一直在系统和全面地打压工会和违反人权"，其中包括"安全机构有组织地实施逮捕、拘禁、暴力与折磨"。报告继续指出，"委员会特别关注的事情是，津巴布韦工会大会的领导人与普通会员遭到了暴力团体系统的攻

①　"The Pan – African Parliament Election Observer Mission to the Presidential Run – off and Parliamentary By – elections in Zimbabwe – Interim Statement"（Johannesburg：Pan – African Parliament，June 29，2008），available at http：//www. pan – africanparliament. org/PrintNews. aspx？Search =1&Lang = en – US&ID =352（November 4，2011）.

②　应为 6 月 27 日。——译者注

③　Ban Ki – moon，"Opposition Withdrawal From Zimbabwe Election 'Deeply Distressing' Development，" press statement SG/SM/11650（New York：UN Department of Public Information，June 22，2008），available at http：//www. un. org/News/Press/docs//2008/sgsm11650. doc. htm（November 3，2011）.

击，在农村地区更是如此……"，"经常使用警察和军队镇压罢工……导致人员伤亡"。或许大部分罢工的结果都是"津巴布韦政府承认'事情'已经发生了，这些'事情'让人遗憾，重要的是确保这类'事情'不再发生"。委员会拒绝了政府的解释，即"津巴布韦工会大会之所以会受到攻击，是因为它参与了政治活动，而这超出了工会应有的职能"。①

由于选举结果存在问题，且经济因恶性通货膨胀而陷入危机，在非盟和南部非洲发展共同体的支持下，谈判进程重新开启。2008 年 7 月 21 日，罗伯特·穆加贝（津民盟—爱国阵线主席）、摩根·茨万吉拉伊与亚瑟·穆坦巴拉（"争取民主变革运动"两个派别的主席）以及南非总统塔博·姆贝基（南部非洲发展共同体的调解人）共同签署了谅解备忘录。以此为基础，2008 年 9 月 15 日，《全面政治协议》（Global Political Agreement）得以签署。2009 年 2 月 11 日，摩根·茨万吉拉伊在新的民族团结政府（Government of National Unity）中宣誓就任总理。

2008 年 12 月和 2009 年 1 月，外币合法化，南非兰特（南部地区）和美国美元（全国大部分地区）成为通用货币；公务员的工资很快采用美元支付，津巴布韦元在 2009 年 4 月被废弃，政府转而采用美元记账。

总部位于南非的非洲争端建设性解决中心（African Centre for the Constructive Resolution of Disputes，ACCORD）在 2011 年分析指出："由于《全面政治协议》的达成，局势出现明显的变化，（但）联合政府正处于紧急关头，在政治与经济领域均面临着多重挑战。""尽管民族团结政府被许多人认为是解决津巴布韦危机的一剂良药，并因其所取得的成就而受到赞扬，但由于津民盟—爱国阵线与争取民主变革运动间的矛盾与斗争导致局势瞬息万变，津巴布韦内部的冲突仍然起起伏伏。"②

---

① "Truth, Reconciliation and Justice in Zimbabwe. Report of the Commission of Inquiry Appointed Under Article 26 of the Constitution of the International Labour Organization …"（Geneva, Switzerland: International Labour Office, 2009），542，560，574，593，594，600，606，608，available at http：//www. ilo. org/gb/GBSessions/WCMS_123293/lang－－en/index. htm（December 29，2011）.

② Martha Mutisi，"Beyond the Signature: Appraisal of the Zimbabwe Global Political Agreement（GPA）and Implications for Intervention," *Policy & Practice Brief* 4,（Umhlanga Rocks, South Africa: ACCORD, 2011）. http：//www. accord. org. za/downloads/brief/policy_practice4. pdf（January 4，2011）.

报告还指出了一些突出的问题。"津巴布韦对制裁的争论也出现两极分化：一方面，津民盟—爱国阵线指责争取民主变革运动违背了解除那些制裁措施的诺言；另一方面，争取民主变革运动则认为要想解除制裁措施，关键在于津民盟—爱国阵线实施明显的民主改革。在这一背景下，地区组织与国际社会也在对津民盟—爱国阵线领导层的制裁问题上分成两派，其中非盟和南部非洲共同体仍然坚定地呼吁解除对津巴布韦所有的制裁，但国际社会却对此加以拒绝。"

另外一个问题是 2008 年 11 月 26 日再次任命吉登·戈诺为储备银行行长和 2008 年 12 月 18 日任命约翰内斯·托马纳（Johannes Tomana）为总检察长。争取民主变革运动称任命这两个效忠津民盟—爱国阵线的人违反了《全面政治协议》，南部非洲发展共同体在 2009 年 1 月 27 日召开的特别首脑会议上，也赞成"对储备银行行长和总检察长的任命将在联合政府组建后再行解决"。① 尽管罗伯特·穆加贝总统在首脑会议上同意了这一安排，但他最后还是拒绝撤销任命。

本章小结：在布满荆棘的道路上前进

自 2000 年以来，共有 16.8 万名农场主因"快车道"土地改革而获得土地。他们大部分都是 A1 模式下的小农场主，但"快车道"土地改革也包括为准备投资大型商业农场的富人而设置的 A2 模式，这其实是维持了从殖民时代延续下来的双重农业政策。14.58 万个 A1 农场主迅速搬到他们的土地上，耕种了比此前白人农场主更多的土地。A2 农场的分配更具竞争性和政治性，而资本需求则延缓了农场主开发他们的土地。大部分定居者都是"普通人"，其中 17% 的 A1 农场主和 18%～27% 的 A2 农场主来自公务员队伍（包括教师、农业推广官员以及精英人士）。毫无疑问，有些农场主是政治精英，有时也被称作"亲信"，我们估计他们占全部农场主的5%，共占据了 10% 的土地。

99

---

① "Communiqué: Extraordinary Summit of the SADC Heads of State and Government: Presidential Guest House, Pretoria, Republic of South Africa—26–27 January 2009," available at http://www.un.int/wcm/webdav/site/zimbabwe/shared/documents/statements/Communique%20SADC.pdf (January 14, 2012).

津巴布韦的领导人和银行都受到了制裁。大部分援助机构都不再与土地改革农场主进行合作。2005～2008 年的恶性通货膨胀是印刷纸币的结果，对经济产生了毁灭性的影响。2008 年的选举充满暴力。危机导致非洲联盟和南部非洲发展共同体鼓励、支持津巴布韦执政党与反对党对话，并最终在 2009 年签署《全面政治协议》，反对党领导人茨万吉拉伊就任总理。

　　2009 年 1 月，美元成为法定货币，恶性通货膨胀结束，经济开始快速恢复。

第七章　西红柿、玉米和烟草

"我父亲只是一个自耕农。但我做的就和他不一样，我是在做纯粹的生意"，法努埃尔·穆坦迪罗（Fanuel Mutandiro）解释说。他现在已经是最为成功的 A2 农场主之一，每个月都要向哈拉雷的市场运送上千箱 8 公斤装的西红柿。他一边带我们参观他在马佐韦地区诺曼戴尔（Normandale）农场的 60 公顷土地，一边告诉我们虽然西红柿是他的主业，但他为了产业多元化，正在将西红柿的利润投资到其他领域。他带我们看了刚刚开始养殖，以土豆、大豆和玉米为食的小鸡，以及新的鱼池（用来养殖罗非鱼）。他还计划建一座冷库。我们还参观了他妻子桃乐茜（Dorothy）的菜园，她正进行商业化种植，这个家庭内部显然也存在竞争。接下来我们看到了牛群，"这是我的银行"，法努埃尔说。2009 年那个糟糕的农业季过后，他卖了 25 头牛，用卖牛的钱进行投入，购买拖拉机的燃油和支付工人的工资，直到西红柿又开始盈利。

法努埃尔曾是一名保安，20 世纪 90 年代末的时候，他开始做蔬菜生意，先从白人农场主那里购买，然后运往哈拉雷销售。"快车道"土地改革实施后，他递交申请并在诺曼戴尔农场获得一块土地，当时那块土地没被开垦，也没有任何基础设施。他承认自己对农业几乎一窍不通，于是向别人请教。"一开始的时候，我从农技推广服务中心那里获得了帮助。然后我开始自己尝试，如果失败了，我就再试。现在我都可以教他们了。"他还和白人农场主们交流，其中有位白人农场主给了他一条至关重要的建议："在你有两台拖拉机之前，不要购买卡车。你不能用卡车耕地，但你却能用拖拉机运货。"

于是他抵押了自己在哈拉雷的房子，从一位离开诺曼戴尔农场的白人农场主那里购买了一辆二手拖拉机和一些灌溉管道，并接上了电。他用拖 105

拉机清理土地和钻井取水。西红柿成熟后，他在拖拉机后面挂了个车斗，沿着45公里主路向哈拉雷的穆巴里市场送了70趟西红柿。"有些人笑话我"，他说。但大多数在公路上超他车的司机都记住了他。后来他购买了一辆大型拖拉机。他继续扩大规模，设立了每月种植1公顷西红柿的制度，以确保他的西红柿能不断上市，并开着更大的拖拉机和更大的车斗前往哈拉雷。最终，他购买了一辆卡车。此后，他为家里盖了一栋房子。法努埃尔还进行了各种尝试。他在某一年的雨季试种了一个新的西红柿品种，但这种西红柿很容易发霉，他几乎颗粒无收。但另外的尝试成功了，因为他及时总结了经验。

对于法努埃尔而言，西红柿可能利润丰厚，但判断土地改革的标准却是玉米和烟草，因为烟草是最重要的出口物资，玉米则是人们的主要食物，就像我们在第三章中所指出的那样，是得到人们广泛研究与培植的农作物。农民与重新安置农场都很熟悉杂交玉米种子、化肥和各种各样的杀虫剂，偶尔也会见到除草剂。玉米产量受降雨影响很大，20世纪90年代末和21世纪初，村社地区农场主的产量为每公顷1~1.5吨，20世纪80年代，重新安置农场主的产量约为每公顷2吨，商业农场主则约为每公顷5吨。[1]

2011年5月，我们来到艾斯特·马克瓦拉（Esther Makwara）A1农场的玉米地。那里的玉米很高，间距很密，玉米穗很大，杂草控制得也很好，一切都让人过目难忘。陪同我们前来的农技推广服务中心官员估计，艾斯特女士玉米地每公顷的产量可以达到8吨，这比大多数老白人商业农场主的产量都高。艾斯特是一名教师，但她祖父曾是一位购买地农场主，因此她得以在农场长大。她在2002年开始种地。她的丈夫仍然在哈拉雷工作并住在那里，但给钱让她租了一辆拖拉机、买了一些农用物资，其他投入则来自政府。除了耕种自己的6公顷土地外，她还耕种了其他农场主不准备耕种的9公顷土地。她一共收获了100吨玉米，利润足够买一辆拖拉机。她现在每年种两季庄稼，其中冬季种植需要灌溉的大豆和小麦，夏季种植靠天吃饭的玉米。接下来的几年，她继续将利润用于投资，购买各种设备、更多的灌溉管道、第二辆拖拉机，甚至还买了一辆小汽车。当我们

---

① Kingstone Mashingaidze, "Maize Research and Development," in Mandivamba Rukuni, Patrick Tamonezvi, and Carl Eicher (eds.), *Zimbabwe's Agricultural Revolution Revisited* (Harare, Zimbabwe: University of Zimbabwe, 2006).

问她是如何买下这些东西的时候，她弯腰抓了一把土——她是用从农场获得的利润购买了这些东西。她的小农场现在有 6 个全职工人，另外还有一些季节工人。

　　艾斯特的住宅位于马佐韦地区克雷冈瓦（Craigengower）农场之前白人农场主的居住区，距诺曼戴尔农场正好 25 公里。当我们在 2011 年 5 月拜访她家的时候，客厅里堆满了成袋的大豆，外面是一个装满玉米的粮仓，厨房里则是艾斯特新买的花生酱机，用来加工她刚刚丰收的 2 吨花生。克雷冈瓦农场被分成 74 个 A1 农场，每个农场约有 6 公顷的土地。我们曾在第一章引述过争取民主变革运动政策协调员艾迪·克罗斯（Eddie Cross）的说法，即"（前白人农场）大多数都已经荒废，他们的家园和农场建筑被抛弃，他们的良田重新长满了灌木"。艾迪应该参观一下克雷冈瓦农场。如果驱车前往前白人农场的居住区，你会发现那是一个热闹非凡的地方。每栋建筑都已投入使用：粮店和机械店，一些农场主的住宅，以及一栋为这个农场及另外两个农场服务的农业推广官员的住宅。事实上，他只要打开谷歌卫星地图，就能够看到克雷冈瓦农场被耕种得多么充分。但有一件事情艾迪是对的，居住区里有一样的确荒废了：旧游泳池的水已经干枯，里面长满了杂草。

照片 7-1　艾斯特（右一）在克雷冈瓦农场与她的邻居讨论玉米种植情况

各种各样的农场主

107　　这里有津巴布韦最好的土地，艾斯特和法努埃尔也是津巴布韦最好的农场主。参观了艾斯特的田地，并在四处走动中采访了另外一些对我们感到好奇的农场主之后，我们前往克雷冈瓦的其他农田。斯蒂芬·奇古达（Stephen Chigodza）是村子里的副村长，他的玉米长势也不错，而且也没有多少杂草。陪同我们的农技推广服务中心的官员估计他的玉米每公顷产量可达 5 吨。但与之相邻的地里的玉米却长得很矮小，且杂草丛生。我们都认为那块地的主人是一个很糟糕的农场主；他仍然生活在哈拉雷，根本不重视他的土地。农技推广服务中心的官员说："他需要一些帮助。"

　　接下来，我们顺着小路走到了米勒卡·桑格瓦（Milca Changwa）的田里。她辞去教职，从父亲那里接过土地。她承认自己今年做得不够好，如果幸运的话，每公顷产量能够达到 3 吨。但她很坚定，而且正在学习。"艾斯特是我们的榜样，"她说，"我可以求助于她。"

　　在诺曼戴尔农场，法努埃尔说他的土地已经全部耕种，现在他从前面路边的农场借了 20 公顷——这也说明许多新农场主仍然没有耕种他们全部的土地。当谈到前面路边另外一个 A2 农场主的时候，他气不打一处来。那个农场主凭借政治关系得到土地，还获得了拖拉机等全套农具。"但他将农具全都卖了，拖拉机甚至根本就没用过"，法努埃尔说。他指着附近从诺曼戴尔农场分出来的一个长满杂草的农场说："他在政府工作，分到土地之后什么都没做。"然后我们前往诺曼戴尔的另一个农场。我们到达的时候，农场主正在玉米剥皮机旁边，他的身体两边一边是玉米皮和剥掉皮的玉米棒子，另一边是还没有剥皮的玉米棒子。他走过来欢迎我们的时候，身上满是玉米皮，甚至眼镜上都沾满了玉米皮的碎屑。他是部队里的一名将军，但他生活在农场里。当他在诺曼戴尔获得这块 50 公顷的农场的时候，里面种了 3 公顷的玫瑰花。白人农场主刚刚种了一年，然后将这位将军介绍给了出口商，以便他能够履行合同。玫瑰又丰收了两年，但随后被恶性通货膨胀击垮了。由于必须将欧元兑换为津巴布韦元，以出口为导向但没有良好外部联系的农场主都破产了，因为当他们试图购买农用物资的时候，他们手中的现金几乎已经分文不值。此外，大棚所需的塑料布也到处都买不到了。于是他只好放弃玫瑰种植。但就像所有的优秀农场主一样，他转而种植其他作物。他现在正在从事一体化生产，即用玉米和大豆喂鸡，然后再用鸡粪和大豆喂鱼。

我们发现"农场"一词可能令人感到困惑，因为现在农场中有农场。白人大型商业农场都有自己的名字，那些名字仍然被用来指称大的社区。因此艾斯特的 A1 农场或小块土地被定义为克雷冈瓦农场的一部分，而克雷冈瓦就是此前白人农场的名字。我们试图明确的是，我们所指的到底是新农场还是老农场。

108

照片 7 - 2　诺曼戴尔的一个 A2 农场主正在给玉米脱皮

烟草与玉米

就像之前的白人农场主那样，只有一小部分土地改革农场主变成收益丰厚的商业农场主。但许多人在相对较小的规模上也取得了成功。烟草、棉花与订单农业在后美元化时代发挥了重要作用。

我们在第一章中提到的齐班达（Chibanda）女士，对她在格罗蒙兹贝莱韦（Bellevue）农场的 6 公顷土地而自豪。"我们当时正生活在我父亲在穆托克（Mutoko）村社的农场里，老兵前往那里并告诉我们：'如果跟我们走，你们就能得到土地。'我们跟他们走了。白人农场主封锁了道路，他们试图阻止我们，但我们最后还是占领了他们的农场。我们分得了这块土地。我们刚到这里的时候，除了灌木别的什么都没有。"十年过去了，她和丈夫及两个孩子已经有了一栋两室的砖房，以及绍纳人传统的用砖砌的圆形厨房。他们种了半公顷玉米和一个菜园，这为他们提供了大部分的食物。但他们的主业是 1.5 公顷烟草和 2 个新的烤烟房，北方烟草公司为烤烟房提供贷款，他们自己制作了砖头。烤制烟叶是烟草生产业最为困难的一个环节，因为需要让烟叶保持柔软而非一碰就碎。烤制过程需要一周的时间，其间必须让炉子底部的火一直燃烧，而且火力还要大小适中。齐班达夫妇晚上就住在烤烟房前面，以确保火不会熄灭。扣除投入成本，他们在 2011 年的利润有 1000 多美元，这些钱可能不是很多，但足以让他们跻身商业农场主的行列。

艾尼斯·马津巴姆托（Enisi Madzimbamuto）在马切凯村的斯普林戴尔（Springdale）农场拥有一个 A1 农场，她丈夫仍在哈拉雷的一个工厂上班。她笑着告诉我们，她比丈夫挣得还要多。她有一头牛，她还用从农场赚的钱购买了犁、耕耘机、耙子和手推车。她曾尝试过种植烟草，但最终放弃了，因为那需要做太多的事情。她只种玉米，除了请一些季节工人之外，她基本上是单枪匹马地耕种那块 6 公顷的农场。在 5 公顷玉米种植地，她每公顷能收获 3 吨玉米，虽然达不到其他高产农场主的产量，但每年还能使她赚取 2000 美元，她表示这要高于烟农的收入。此外，她还有时间在剩下的 1 公顷土地上种植自己吃的粮食。

如此一来，似乎每个 A1 农场主都能成为真正的商业农场主，而且他们种植玉米所获得的收入，似乎比种植烟草还多。

20 世纪 80 年代的成功——但用了一代人的时间外加各种支持

我们不应对 A1 农场主的成功感到惊讶，因为对 20 世纪 80 年代重新安置工作的最好的研究总结指出："由于获得了土地，即使在津巴布韦经济陷入停滞的时候，重新安置农场主仍然保持了强劲的发展势头。"①比

---

① Jan Willem Gunning, John Hoddinott, Bill Kinsey & Trudy Owens, "Revisiting Forever Gained: Income Dynamics in the Resettlement Areas of Zimbabwe, 1983 – 1997," *Journal of Development Studies*, 36, no. 6 (2000): 133 [Gunning, Hoddinott, Kinsey, and Owens, 2000].

尔·金赛（Bill Kinsey）1983/1984 年以来先后采访了 400 个重新安置家庭，他发现"重新安置以后，生产水平和生产率都有了显著提高"，① 并因此导致"农业收入大幅增加"，即从刚刚获得农场的 1982/1983 农业季的每户平均收入 200 美元增加到 1995/1996 农业季的每户平均收入 1100 美元。② 他的团队还将这些重新安置家庭与仍然生活在村社地区的一些家庭进行了对比，发现前者的耕作面积虽然是后者 2 倍多（分别为 3.5 公顷和 1.7 公顷），但收入却要高 2 倍多（分别为每公顷 250 美元和 80 美元）。③

他们还非常快地积累了资产。牛群以每年 16% 的速度增加。到 1995 年的时候，50% 的土地改革农场主都在银行有存款。但金赛发现，在通货膨胀的情况下，牛"作为一项投资，在津巴布韦的经济中比所有金融工具都要牢靠"。④

20 世纪 80 年代初，土地改革的受惠者获得了各种重要的支持。比尔·金赛及其同事指出，"在改革最初的阶段，各种支持覆盖范围很广，获得信贷也很容易，而且都配套了市场设施、学校、清洁水供应及其他基础设施"。他们注意到研究人员"很清楚受惠者有多么重视他们在非经济方面所获得的机会"，而且"绝大多数受惠者都变成了更好的农场主"。⑤ 据估计，每户农民平均获得了 597 美元的实际耕种支持（119 美元用来培训、推广和准备土地等，478 美元为贷款），另外每户还获得了 763 美元的基础设施经费（592 美元用来建设学校，171 美元用来建设公路、供水和浸槽等基础设施）。土地与征收的成本最高为 2684 美元，这要高于实际花在新农场里的费用。⑥ 但与 20 世纪 70 年代白人农场所获得的补助相比

110

① Bill Kinsey, "Zimbabwe's Land Reform Program: Underinvestment in Post - Conflict Transformation," *World Development*, 32, no. 10 (2004): 1682 [Kinsey, 2004].

② Gunning, Hoddinott, Kinsey, and Owens, 2000, 136.

③ Bill Kinsey, "Land Reform, Growth and Equity: Emerging Evidence From Zimbabwe's Resettlement Programme," *Journal of Southern African Studies*, 25, no. 2 (1999): 184 [Kinsey, 1999].

④ Kinsey, 2004, 1686.

⑤ Kinsey, 2004, 1686.

⑥ Kinsey, 2004, 1682; Klaus Deininger, Hans Hoogeveen & Bill Kinsey, "Economic Benefits and Costs of Land Redistribution in Zimbabwe in the Early 1980s," *World Development*, 32, no. 10 (2004): 1707 [Deininger, Hoogeveen and Kinsey, 2004], citing Anne - Sophie Robilliard, Crispen Sukume, Yuki Yanoma, and Hans Löfgren, "Land Reform and Poverty Alleviation in Zimbabwe: Farm - Level Effects and Cost - Benefit Analysis" (Mimeo, 2001).

（见第三章），这已经是小巫见大巫了。

金赛及其同事还对重新安置的内部收益率进行了考察，他们发现即便将土地的费用考虑在内——农业项目的土地费用相当高，收益率还是能达到15%~20%。[①] 然而经济结构调整开始实施后，所有这些支持都减少了。

我们从中得到的一个经验是：土地改革农场主用了一代人的时间才学会如何最有效地耕种土地。金赛及其同事写道："20世纪80年代初，人们经常会看到三个人赶着几头牛耕地：一个人扶犁，一个人用绳子牵牛，第三个人在旁边拿着鞭子，哪头牛不听话就抽它一下。15年之后，有人看到一个人在田里耕地，而且只是吹吹口哨和吆喝几声就完全可以控制住牛群。更重要的是，这些农户可能已经完全掌握了如何'边学边做'。他们20世纪80年代初刚定居下来的时候，对脚下的土地完全不熟悉。随着时间的推移，他们知道了哪块土地最适合种植哪种作物，以及应采取什么样的方式种植新的农作物等。"[②] 金赛还补充说，"就像人一样，牛也是'边学边做'，随着时间的推移，它们也习惯了一个人的号令，并且知道了它们需要做的事情"。而且，"20世纪80年代初分配给定居者的耕地大部分都荒废了很多年"。新的定居者要想耕种，首先需要清理土地，而彻底清理干净杂草和灌木花费了他们好几年的时间。接下来，他们还要投入资金来保护土壤和控制水资源，以及购买新的设备并学会如何使用它们。

事实上，世界各地均有充足的证据表明，人们要想在重新安置后丰衣足食，至少需要一代人的时间。[③]

但如何从总体上对土地改革进行评价呢？土地改革的支持者会引证法努埃尔和他的西红柿，而反对者则会引证公路两旁闲置的土地。就像我们在克雷冈瓦农场所看到的那样，农场主们的表现各不相同，从好到坏都有，虽然只有很少的农场主做的和艾斯特一样好，但大部分还说得过去。当然，只举出这么少数几个或好或坏的例子并不能说明问题。我们将在第八章和第九章中分别对A1农场主和A2农场主进行更加详细的考察。那两

111

---

① Deininger, Hoogeveen and Kinsey, 2004, 1707.

② Jan Willem Gunning, John Hoddinott, Bill Kinsey & Trudy Owens, "Revisiting Forever Gained: Income Dynamics in the Resettlement Areas of Zimbabwe, 1983 – 1997," Working Paper 98 (Oxford, UK: Centre for the Study of African Economies, May 1999 version), 8.

③ Kinsey, 1999, 175.

章将以"快车道"土地改革各方面的数据为基础,力争在土地改革10年之后确定其所处的真实位置。在本章中,我们将特别关注取得成功的土地改革农场主,并探讨是什么让他们取得了成功——在对比白人农场主的发展史、20世纪90年代的农业生产状况后,我们会尝试建立一些衡量成功的标准。我们认为优秀的A1农场主和A2农场主拥有一些相同的特征。

成功的六大关键因素

凭借此前的大量研究及我们的采访,可以发现成功的土地改革农场主似乎具有六个方面的特征。

1. 拥有启动资金和知识储备

新农场主没有获得任何财政支持,他们在开始的时候需要有一些资源。对于A1农场主而言,这些资源可能是他们从村社地区带来的牛,也可能是在城市里工作的合伙人。有些A2农场主可以抵押城里的住房,以购买拖拉机、水泵和种子等物资。我们没有发现任何一个成功的农场主是真正白手起家的。同样,拥有一定的专业知识也很重要——或者是在农场长大,或者是接受了培训。在20世纪40年代和50年代获得土地的白人农场主都接受了培训,而且在他们耕种自己的土地之前,还需要在别的农场里做一两年的学徒。

2. 培训、观察与尝试

许多成功的A2农场主都在获得土地之前或之后接受培训,还有一些农场主将他们的孩子送到农业院校读书。从友好的白人农场主或其他有经验的人那里寻求帮助大有裨益,与其他农场主进行交流或观察他们是如何耕种的似乎也很重要。对成功的A1农场主卢西亚·马津巴姆托(Lucia Madzimbamuto)而言情况更是如此:"如果你是一个农场主,你就要经常到别的农场去看一看。"农技推广服务中心的推广官员给A1和A2农场主提供了很大的帮助,既提高了他们的耕作技术,又引进了新的农作物和种植方式。卢西亚的邻居艾尼斯·马津巴姆托(Enisi Madzimbamuto)也是一位A1农场主,她种植的玉米产量要比她的邻居高不少。当被问到为什么产量会更高的时候,她说是因为自己遵从了农技推广服务中心官员的指导,适量施肥,并除掉了玉米地里的杂草。金赛的研究表明,

112

如果农业推广官员每年能前往农田指导一到两次，农作物的产量就能够增加 15%。[1]

好的农场主总是在寻找新的思路。一位养猪的 A2 农场主正在设法自己提供饲料，当我们问他是怎么知道拿什么饲料来喂猪的时候，他笑着告诉我们："上网查的。"最后，不断的尝试一定会卓有成效。每个好的农场主都经历过失败，而且所有的好农场主都告诉我们，他们会从错误中吸取经验教训，并争取在下一年做得更好。

3. 要有计划

我们太经常从农场主那里听到这句话，耳朵都快生老茧了。但这绝非空话，所有成功的农场主都有计划，如下一季和再下一季干什么，如果这种农作物失败了或那种农作物成功了，接下来怎么办，等等。成功的农场主都像国际象棋选手那样，通常要提前考虑接下来的好几步。我们见到了一名前空军司令，他现在是一个养猪专业户，他计划自己生产全部的饲料。几年过去了，他种植了向日葵，购买了一台榨油机，出售葵花籽油，用油饼喂猪，并建造了饲料储存罐。当我们前往他的农场的时候，他正在尝试用猪的排泄物制造沼气。他的猪大部分都卖给了当地的金矿矿工。我们前面提到的艾斯特，为了适应不同的降雨量，一共种了三个不同品种的玉米。

4. 不断投资

所有成功的农场主都会不断地向他们的农场投入大量资金。津巴布韦的农业属于资本高度密集型的产业，A1 和 A2 农场都是如此。种子、化肥、耕地、用电和工资，所有成本都需要在农作物出售之前支付。所有成功的 A1 和 A2 农场主都是在出售农作物后，马上便购买下一季的农用物资。他们有太多需要花钱的地方——小孩的衣服、学费、屋顶修理，以及其他不胜枚举的需求，如果卖农作物所得的钱被花到这些"生活必需品"上面，留给下一季的钱肯定就不够了。就像我们经常看到的那样，这种情况会导致螺旋式的下降：有的人由于没有足够的钱来购买化肥，他们农作物的产量便会降低，他们出售农作物的收入便会减少，由此他们购买下一

113

---

① Trudy Owens, John Hoddinott and Bill Kinsey, "The Impact of Agricultural Extension on Farm Production in Resettlement Areas of Zimbabwe," *Economic Development and Cultural Change*, 51, no. 2 (2003): 338.

季化肥的钱也会进一步缩水。另外一半的投资被用来购买农场设备，如犁、播种机、牛或拖拉机，以求在 10 年甚至更长的时间里逐步使农场完备起来。如此一来，计划便变得非常重要。农场主需要知道他们下一季种植什么农作物，只有这样才能购买正确的种子和化肥，他们还需要在有长远规划的前提下考虑下一步购买什么设备——今年是购买水泵还是播种机？比尔·金赛的其中一项研究表明，有三件事情对增加每公顷农作物的产量有着最为重要的影响：工具和设备（牛拉的犁、牛拉的拖车、钉耙和播种机等）、有经验的牛以及技术推广服务。[①] 如果新的农场主能够通过购买设备的方式将收入再次投入农场，他们肯定能获得更高的回报率。

5. 辛勤劳作，并生活在农场

农业的辛苦程度，要远远超过许多重新安置农民在最初申请土地时的想象。所有成功的 A1 和 A2 农场主都非常辛苦。有些精英试图成为人们所谓的"手机农场主"，即住在哈拉雷，通过手机与管理人员保持联系。上面提到的那位空军司令向我们承认："我当了 3 年的手机农场主，但那样根本就不行。你必须住在农场。"于是他退休并搬到农场里。

6. 了解农业

最后一个特征并不是很具体，有些农场主有，有些农场主则没有，那就是了解农业和土地。所谓了解农业的人，是指那些去观察其他农场并真正有所收获，那些从农技推广服务中心的官员那里获取经验，以及那些把土地紧紧掌握在自己手里并知道种植什么农作物的人。大多数人都能够生产足以维持生计的食物，但要想成为一个成功的农场主，还需要付出更多的努力。

金赛的数据再次为我们提供了有用的指引。农业推广机构在 1995 年对农场主的能力进行了调查，发现 36% 的农场主能力欠佳或低于平均水平，39% 的农场主为平均水平，17% 的农场主超过平均水平，8% 的农场主非常优秀。具体而言，超过平均水平和非常优秀的农场主拥有更高的生产率，他们每公顷的产量要高 40% ~ 50%。[②]

---

① Owens, Hoddinott, Kinsey, 344.

② Owens, Hoddinott, Kinsey, 339, 351.

订单农业

为下一季购买足够的农用物资和扩大种植面积以增加产量，是小农场
114 主成功的关键。但我们听到最多的抱怨，却是没钱进行投入，而这在一定
程度上是因为出售农作物后，有太多的地方需要用钱。订单农业让小农场
主的境况有了很大的改善，因为他们借此以信贷的方式获得了投入和技术
援助。开展订单农业的企业从销售价格中扣除成本，农场主到手的现金全
部都是利润，如此一来，他们不但可以随意用这些钱补贴家用，而且还减
少了一些管理问题。

农业、机械与灌溉发展部部长约瑟夫·马德（Joseph Made）在 2011
年 11 月指出：“订单种植与市场计划即将进入第八个年份，其对维持津巴
布韦的烟草生产发挥了重要的作用。”2004 年之前，白人农场主通过政府
所监管的拍卖行出售他们的烟叶，2004 年之后，政府引进双重市场体系，
允许订单出售与拍卖出售并存。2011 年，订单农业生产了 56% 的烟草。①
成千上万的农场主在 2010 年和 2011 年只是登记种植烟草且正在摸索如何
更好地种植，因此烟草的质量并不是很高，2011 年有 7% 的烟草包被拍卖
行拒收。② 烟草营销委员会主席莫妮卡·齐纳马萨（Monica Chinamasa）在
2011 年指出，烟草在收获后遭受了重大损失，因此需要下大力气培训种植
户，以降低因人工操作而造成的损失。③ 中国是津巴布韦烟草最大的购买
者，在 2011 年购买了津巴布韦 1/4 的烟草。④

订单农业并非仅仅适用于小农场主。艾玛库雷特·格维施（Emmacu-
late Gweshe）是格罗蒙兹女农场主协会的主席，在贝莱韦农场拥有一个 A2

① Tabitha Mutenga, "Small – Scale Farmers Boost Tobacco Production," *Financial Gazette*, No-
vember 2, 2011. http：//www. financialgazette. co. zw/national – report/10479 – small – scale –
farmers – boost – tobacco – production. html（accessed November 6, 2011）.

② Reginald Sherekete, "Tobacco Grower Profile Shifts," *Zimbabwe Independent*, November 3,
2011. http：//allafrica. com/stories/printable/201111041161. html（November 6, 2011）.

③ Reginald Sherekete, "Tobacco Grower Profile Shifts," *Zimbabwe Independent*, November 3,
2011. http：//allafrica. com/stories/printable/201111041161. html（November 6, 2011）.

④ Reginald Sherekete, "Tobacco Grower Profile Shifts," *Zimbabwe Independent*, November 3,
2011. http：//allafrica. com/stories/printable/201111041161. html（November 6, 2011）.

农场。她既种植玉米和蔬菜又种植烟草，不过烟草是与北方烟草公司签署的订单，后者为此向她提供了两个全职管理人员以及所有的投入和设备。2010～2012 农业季，他们共生产了 154 吨高质量的烟叶。北方烟草公司派驻艾玛库雷特农场的管理人员还负责管理附近的 A1 订单农场主。

另外一种重要的订单作物是棉花。根据 2010 年的一项法规，所有棉花收购者（2011 年有 13 家）和所有根据订单种植棉花的农场主，都必须前往农业营销管理局注册。该项法规还加大了对种植户"单方售卖"，即没有将棉花出售给以贷款方式向他们提供投入的公司而是出售给他人的行为的惩罚力度。此外，该法规还建立了确定棉花最低买卖价格的协商体系。棉花销售局①是最大的购买者，目前它收购的 98% 的棉花都来自订单农场主。中—津发展公司在 2010/2011 农业季与 18 万名种植棉花的农场主签下订单，共向他们提供了 13 万公顷土地所需的农用物资。② 115

订单农业模式还被推广到其他农作物。储备银行行长吉登·戈诺（Gideon Gono）创办的太阳养鸡场也与 A1 农场主签订订单，让他们种植大豆作为鸡饲料。

基奥拉（Kiaola）农场有 7 个 A1 农场主参加了冬大麦的订单种植计划。由于三角洲酿酒厂不再和单个的小农场主做生意，此前拥有这块土地的白人农场主约翰·苏尔（John Sole）作为中介，组织了一个订单计划。三角洲酿酒厂提供启动资金用于农业投入和耕地，每个月向 7 个农场主每人支付 85 美元的工资，向 15 个工人每人支付 70 美元的工资。灌溉用水从附近的一个湖里抽取，为了避免因电力不足而断电，7 个农场主轮流使用水管，以确保所有农场都能得到灌溉。2010 年，这 7 个农场主的利润总额为 2 万美元。

我们所说的成功指的是什么？

在本章中，我们将产量作为判断重新安置是否取得"成功"的标准，

---

① 棉花销售局在 1994 年私有化，其股权全部掌握在总部位于津巴布韦的 AICO 非洲有限公司的手中。该公司还拥有 Seedco 公司（前身为津巴布韦种子合作公司，在 1996 年私有化）51% 的股权和 Olivine 公司 49% 的股权。该公司最大的股东为国家机构和 Old Mutual 公司。棉花销售局宣称自己是南部非洲最大的棉花购买、加工和市场机构。参见 http：//www.thecottoncompany.com/ and http：//www.aicoafrica.co/。

② "Chinese Company Subcontracts 180, 000 Zimbabwean Cotton Farmers," *Herald*, October 10, 2010.

即与被他们所取代的白人农场主和仍然留在村社地区的人相比，重新安置农场主是否拥有更高的产量。但这一观点可能有些狭隘。

解放战争爆发的原因之一是为了收回土地，因此仅仅将土地收回来本身就是一项重要的任务。而且，就像二战后的欧洲、美国和罗得西亚那样，土地被视为对那些在战争中抛头颅洒热血的人的奖赏。但是对津巴布韦而言，土地还是一项重要的经济资产，应该得到有效的利用。许多捐助者和津巴布韦政府中的一些人希望首先利用土地来降低贫困，这导致了一种双重的战略，即一方面推广大型现代化农场——农业综合企业——以生产出口产品，另一方面则将一些土地分配给最贫困的人。在最初的时候，20 世纪 80 年代的土地改革目标是惠及最贫困的人，但到了 80 年代中后期，土地改革的重点受惠者开始逐步从穷人变为拥有经验和生产率更高的人。这成为 1998 年捐助者会议最终失败的核心问题，因为与会者在会上分成了两派，有些人强调的是减贫，而津巴布韦政府侧重的则是产能。世界银行的一份报告指出："英国政府坚持只有在'愿卖愿买'的基础上才会为收购土地提供财政支持，而且其为土地分配提供的支持必须应用到减贫战略中去。"① 津巴布韦政府越来越坚定的控制国家资源的立场，以及要求实行本土化和本地主事权的呼声，让它同国际社会的关系变得紧张起来。

在所有土地改革的过程中，福利与产能都会呈现出一种紧张关系，津巴布韦也不例外。到底是应该将土地分配给那些最贫困和最需要的人，从而向他们提供最直接的帮助？还是应该分配给那些能够最充分利用土地、能够增加产量、通过经济倍增效应创造就业机会、实现经济增长的人呢？毕竟，后者在将新土地的收成出售后，可以用所赚到的钱在当地购买更多的商品，从而为农场和城市创造更多的就业机会。通常而言，最贫困的人在新土地上的产能会相对比较低。因此，我们应通过向穷人分配土地来直接减贫，还是应通过增加产量和创建市场与就业来间接减贫？②

116

---

① Hans Binswanger – Mkhize, Camille Bourguignon & Rogerius van den Brink, *Agricultural Land Redistribution: Toward Greater Consensus* (Washington, DC: World Bank Publications, 2009), 150.

② 关于对这一争论的论述，可参见 Nelson Marongwe, "Redistributive Land Reform and Poverty Reduction in Zimbabwe," n. d., available at http://lalr. org. za/zimbabwe/redistributive – land – reform – and – poverty – reduction – in – zimbabwe (December 26, 2011).

我们应该如何看待 A1 农场主？他们当中许多人都是女性，并没有种满她们全部的 6 公顷土地，却生产了足以让她们比在村社地区生活得更舒适的农作物，而且还有足够的钱送她们的孩子去学校甚至接受高等培训。我们能否说这是一种反贫困的成功，还是应该对着空置的土地说它该产出更多的作物？回答这些问题的时候，我们还应考虑如下背景，即土地改革已经彻底结束，已经没有更多的土地可以用来分配了，虽然我们现在正在降低贫困，但从长期看效果会是怎样呢？

"快车道"土地改革的 A1 农场模式可能在无意之中打破了原有的平衡。农场主大多是通过武力占领的农场，因此他们的农场都是自己选择的，而且他们还可能是最具活力的一些人。但与此同时，他们也大多是没有土地和没有工作的人，也就是说，他们都是穷人。金赛还发现，年纪较轻的农场主有更高的生产率，这或许是因为他们更具创新性和更愿意使用新技术。[①] 这种情况，可能也适用于在贾姆班加运动中占地的一部分人。A2 农场更偏重于产量，这也是其要求农场主必须拥有资金和经验的主要原因。但这也使人们很难对精英阶层获得许多 A2 农场进行反驳，因为他们恰恰是那些有钱进行投资的人。

对马斯温戈省的调查（见第六章）发现，重新安置的土地"对于不同的人有着完全不同的意义。对有些人而言，它是实现个人积累的渠道，是他们在更广阔天地施展拳脚的有用资产；对有些人而言，这是他们拥有的第一块富饶的土地，是他们维持生计的主要来源；对有些人而言，这是保证他们后半生，抑或保证他们的孩子衣食无忧的资源；而对另外一些人而言，它具有象征性的价值，是他们在长期的政治斗争中所收获的果实。因此新的重新安置农场主对'成功'、'可行性'和'影响'的理解可能存在巨大的差异，甚至可能与技术官员和计划者的设想背道而驰"。[②]　117

有趣的是，金赛发现 20 世纪 80 年代重新安置农场的生产率是村社地区的两倍，也正是因为这种成功，它吸引了更多的人前来，从而导致家庭平均人口的增加——重新安置农场的家庭人口平均为 11 个人，村社地区为 7 个人。因此，重新安置实际上同时做到了两件事情：一方面，增加了

---

① Kinsey, 2004, 1688.

② Ian Scoones et al., *Zimbabwe's Land Reform* (Woodbridge, Suffolk: James Currey, 2010), 9 – 10.

产量；另一方面，由于更多的人被吸引过来，从而降低了贫困。[①]

事实上，我们不能用单一的标准来评判土地改革，它必须同时去做两件事情：一是提高生产率并耕作更多的土地；二是通过给予人们土地和创造工作来减贫。当然，它还应该将土地从白人手中转移到黑人手中，并奖赏那些参加过解放战争的人。混合的目标意味着它永远不会"公平"，也就是说，永远不会通过简单的"抓阄"来决定谁获得土地，或只是将土地分给最贫困的人。但我们可以毫不迟疑地说，它既增加了产量，又降低了贫困。

本章小结：成功

对于土地改革农场主而言，并没有单一的标准对"成功"进行衡量。它其实融合了更高的生产率、减贫和纠正殖民主义遗产三个方面的因素。尽管最好的 A1 农场主已经成了真正的小商业农场主，但评判 A1 农场主的标准，还是应该与评判 A2 农场主的标准不同。回顾白人农场主的历史和后来 20 世纪 80 年代土地改革的历史，可以发现新的农场主都用了一代人的时间——并且还得到了大力支持——才站稳脚跟。与白人农场主和 20 世纪 80 年代土地改革农场主相比，"快车道"土地改革农场主所获得的支持要少很多，因此他们在开发自己的农场的道路上，仍在踽踽前行。

通过与农场主的对话及他人的研究成果，我们总结出了对 A1 农场主和 A2 农场主的成功似乎都至关重要的 6 个因素：（1）拥有启动资金和知识储备；（2）培训、观察与尝试；（3）要有计划；（4）不断投资并购买投入物资（这使得订单农业越来越重要）；（5）辛勤劳作；（6）了解农业。

118

---

① Kinsey, 1999, 184; Kinsey, 2004, 1685.

第八章　新型小农场主

"产量正在上升，我正在将农业作为生意来做"，温奈特·邓博（Win-nett Dembo）解释说，"卖出农作物后，我首先（拿挣到的钱）去交学费，然后去购买下一季所需的全部农资"。她已经耕作了 10 年，现在已经成为当地最成功的小农场主。5 公顷的农场对她而言面积已经不小，因为此前她在栋博沙瓦（Domboshava）村的时候，只有不到 1 公顷的土地。当贾姆班加运动发生的时候，她的丈夫正在中马绍纳兰省马佐韦地区的杜克铁矿

照片 8 -1　将烟叶绑起来晾干（马佐韦地区杜克铁矿附近的宾达里农场）

（Iron Duke mine）找工作。她和丈夫与其他28个与杜克铁矿有关联的家庭一起，占领了铁矿与柑橘园之间的空地。他们一直没有从政府那里获得占领土地的正式许可，这可能是因为政府担心当地的水资源已经被铁矿所污染。但他们得到了当地农技推广服务中心官员的支持，他们正在修建房屋，他们农作物的产量也在不断增长。我们参观了几个整洁的院子，每栋房子的周围都种满了鲜花，抬头望去，便是附近壮丽的山丘。他们现在已经不愿意离开这里了。

温奈特5公顷的农场被周密地分成三个区域：2公顷种植棉花，2公顷种植玉米，1公顷种植烟草。她每公顷的玉米产量达到了4吨，这已经相当不错。她还修建了一个大棚用来风干烟叶，烟叶质量看来还不错。事实上，她的产量已经很高，所以她现在还雇了工人（都是女性）为玉米和棉花除草，并让她们打理烟草，其中包括捆绑烟叶。

温奈特被视为杜克铁矿地区最为成功的定居者。在本章下面的部分，我们将对A1农场主进行更为详细的考察。

121

照片8-2　温奈特·邓博（中间站立者，穿着浅色的奇腾加布裙）
与家人和工人在她的烟草大棚中

更仔细地观察 3 个 A1 农场主

我们在写作本书的时候，参考了大量的对津巴布韦全国各地的研究，但为了进行更加细致的研究，我们还考察了一些最富饶的农田，它们分布在东马绍纳兰省的三个地区，即马佐韦地区〔尤其是基奥拉（Kiaora）农场和克雷冈瓦（Craigengower）农场〕、穆雷瓦地区〔马切凯（Machecke）村的斯普林戴尔（Springdale）农场〕、格罗蒙兹地区〔布鲁克米德（Brookmead）等农场〕。我们还对基奥拉农场、斯普林戴尔农场和布鲁克米德农场的所有 A1 农场主进行了调查，并将调查重点放在了 2009 年初美元化以来的时间段。图 8-1 给出了接受调查的 102 个农场在 2010/2011 农业季（其中包括 2010 年冬季作物）的收入总额。这是总的收入，但由于津巴布韦的农业特征是农场主必须花钱购买农用物资，因此需要扣除化肥和耕地等的成本；另外，这些农场主生产了他们自己食用的绝大多数食物，这些食物没有出售，因此没有被包括在内。

为了解释图中的数据，我们需要先考察成本。津巴布韦西科（Seedco）种子公司建议，每生产 1 吨玉米，需要使用大约两袋 50 公斤装的化肥。[①] 在 2011 年年中，每袋化肥的售价为 31 美元，而粮食收购管理局（Grain Marketing Board，GMB）是按照每吨玉米 275 美元的价格进行收购的（与世界市场的价格大体相当）。粮食收购管理局还让农场主用玉米换购化肥，因此化肥的实际价格仅相当于每袋 14 美元，农场主们无疑从中得到了实惠。就像艾尼斯·马津巴姆托（Enisi Madzimbamuto）那样，有些农场主有牛，有的甚至还有拖拉机，如此他们便能自己耕地，不过许多农场主还是要雇别人耕地，其费用为每公顷 60 美元。此外，他们还需要购买种子。要想保证玉米的产量，还要除掉杂草，这就意味着需要购买除草剂或雇用工人。大致算来，如果一个农场主每公顷可以生产 3 吨玉米，那么其中就有 1 吨被计入成本（大部分家庭还要留下 1 吨玉

122

---

① 津巴布韦种子公司建议，每生产 1 吨玉米，需要在播种前使用 1 袋 50 公斤装的复合肥（氮磷钾的比例为 8∶14∶7）作为基肥，当农作物生长 4~6 周后，需要追加 1 袋 50 公斤装的硝酸铵（含 34.5% 的氮）（*Seed Co Agronomy Manual*，March 11，2011），见 http：//seeds. seedco. co/products（October 4，2011）。

123 米自己吃）。①

对于其他农作物而言，比例也大致如此。例如，每公顷烟草的投入成本至少为 650 美元，② 销售收入则为 2000 美元多一点。每公顷大豆购买种子和化肥的成本为 787 美元。③ 冬季作物需要灌溉，也就是说需要支付电费。通过大致估算，我们认为收入总额的 1/3 为成本，剩余 2/3 为利润。因此，图 8 - 1 中竖条应该降低 1/3，剩下的才是净收入。

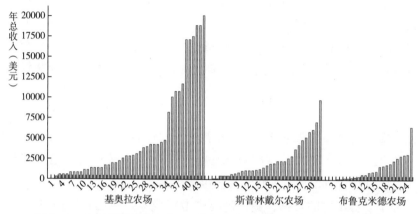

图 8 - 1　东马绍纳兰省 3 个 A1 农场的收入总额（2010/2011 农业季）

在我们调查期间，教师每月的工资为 150 美元，④ 每年的总收入为 1800 美元；农村的教师还会自己种植一些粮食作物。由于 A1 农场主生产了自己大部分的粮食，我们可以说，净收入超过教师工资的农场主都可以称得上成功的小型商业农场主。

以此为基础，我们将 2500 美元的收入总额作为分界线，超过这条线，农场主的收入就超过了教师，我们就可以将他们视为真正的（尽管还是小型的）商业农场主。从投资的角度来看，每公顷的投资成本

① 对于想要增加产量的大型商业农场而言，必须相应地增加投入。据津巴布韦《金融报》（*Financial Gazette*）估计，在 2011/2012 农业季，"每种 1 公顷的玉米，农场主需要 25 公斤种子、6 袋 50 公斤装的硝酸铵和 8 袋 50 公斤装的复合肥，总成本约为 480 美元。这还不包括耕地、柴油、工人、杀虫剂、除草剂和收割的费用"。参见 Tabitha Mutenga, "Farmers Decry Input Costs," *Financial Gazette*, October 12, 2011）[Mutenga, "Farmers Decry"]。
② 一个小型烤烟房的成本是 1500 美元，用贷款修建，在三年内偿还。
③ Mutenga, "Farmers Decry".
④ 2011 年年中增加为每月 220 美元。

最低应为 100 多美元，我们通过调查发现，如果年收入总额低于 1250 美元，就没有足够的钱来购买所需的农用物资、缴纳学费和购买其他生活必需品，如此一来，购买农资的现金便会逐年减少。处于这种情况的农场主经常会陷入麻烦，因为他们的产量会逐年下降。普瑞瑟斯·兹哈里（Precious Zikhali）在马佐韦地区的研究表明，一个家庭里的孩子越多，其每公顷使用的化肥就会越少，"孩子太多无疑消耗了家庭的资源"。[1]

124

在接受我们调查的农场主中，有 20% 处于中等水平，收入总额为 1250~2500 美元。他们的情况有些复杂，有些人已经对处于这一水平、拥有充足的食物、跟过去相比生活好了很多而感到满意，有些人则还在不断努力，希望最终成为真正的商业农场主。对于后者而言，他们有些时候得到了订单农业的支持。

表 8-1 给出了 2010/2011 农业季 3 个农场的 3 个收入群体的比例，图 8-1 也对此进行了说明。在基奥拉农场，大多数农场主都是我们所说的"商业农场主"；在斯普林戴尔农场，有 1/3 的农场主属于这种类型，中等收入群体的比例为 20% 左右；在布鲁克米德农场，有许多农场主最近才刚刚得到土地开始种植，但显然还是有不少农场主陷入了麻烦（有 1/3 的农场主每公顷玉米的产量不到 1 吨）。表 8-2 给出了三个农业季的平均收入总额。

表 8-1　不同收入总额群体的比例（2010/2011 农业季）

收入总额	基奥拉农场（%）	斯普林戴尔农场（%）	布鲁克米德农场（%）
> $2500	53	31	20
$1250~$2500	20	25	20
< $1250	27	44	60

---

[1] Precious Zikhali, "Fast Track Land Reform and Agricultural Productivity in Zimbabwe," EfD Discussion Paper 08-30 (Washington, DC: Environment for Development Initiative, 2008), 20, available at http://www.efdinitiative.org/research/publications/publications-repository/fast-track-land-reform-and-agricultural-productivity-in-zimbabwe/files/EfD-DP-08-30.pdf (accessed December 15, 2011).

表 8 – 2　平均收入总额

单位：美元

	2008/2009 农业季	2009/2010 农业季	2010/2011 农业季
基奥拉农场	1773	2157	5166
斯普林戴尔农场	1543	3156	2409
布鲁克米德农场	712	811	1347

注：基奥拉的农场主在 2008 年种植的小麦因恶性通货膨胀而采取了以物易物的方式进行交易，而非出售卖钱，因此小麦收入并没有被计算进去，1773 美元只是玉米在美元化之后卖出所获得的现金。2010/2011 农业季的降雨量在三个农场存在很大的差异，斯普林戴尔农场的降雨要比另外两个农场少很多。

125

现在让我们更仔细地考察这三个农场，以找出成功的农场主所应具备的特征。我们首先需要指出，并没有所谓的"典型的"农场主，所有农场主都不相同，且通常都在相似的土地上种植了极不相同的作物。基奥拉农场可能是全津巴布韦最为富饶的 A1 农场之一，它所种植的农作物如图 8 – 2 所示。有 11 个农场主脱颖而出，其中 9 个既种植了依靠雨水的夏季作物，又种植了需要灌溉的冬季作物。夏季大豆和冬季小麦或大麦的订单种植（见第七章）是获得较高收入的关键。

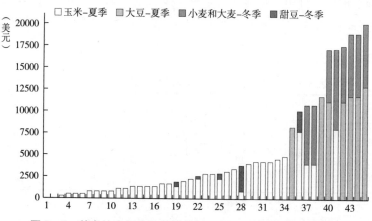

图 8 – 2　基奥拉农场农作物的收入总额（2010/2011 农业季）

图 8 – 3 给出了斯普林戴尔农场每个农场主出售农作物后的收入。斯普林戴尔农场基本没有灌溉设施，很少种植冬季作物。我们从图中可以看出烟草的重要性。盈利最多的农场主既种植了烟草又种植了玉米，处于中等

水平的农场主种植的主要是烟草而非玉米。有些农场主还种植了其他农作物并获得较高的收入，这其中包括花生、甘薯和雪豆。波琳·穆雷玛（Pauline Murema，图8－3和图8－4中的第24个农场主）的收入主要来自烟草、甘薯和园艺（在图中合起来用"其他"代替），而非玉米。

玉米产量有时被视为检验一个人是不是好农场主的标准，较高的玉米产量使基奥拉农场的中等收入群体（图8－2）比斯普林戴尔农场中等收入群体的收入要高一些。但图8－4通过比较斯普林戴尔农场的玉米产量与收入总额，发现情况要复杂得多。有些农场主，包括前面提到的艾尼斯·马津巴姆托（图8－3和图8－4中的第25个农场主），种植玉米所得到的收入和其他人种植烟草所得到的收入一样多。但其他收入较高的农场主的玉米产量却很低。

后美元化时代的变迁尤其引人注目。比如，自美元化以来，烟草、大麦、大豆和玉米等农作物的订单种植正日益显示出其重要性。

不同收入群体的农场主各自作出了不同的决定，并由此而得到不同的结果。波琳和艾尼斯是真正的A1商业农场主的榜样。基奥拉大麦农场主协会的领导人此前曾是一家纺织厂的管理人员，他说自己务农的收入要远远高于在纺织厂的收入。他认为大麦农场主之所以能有较好的收成，是因为他们组成了一个团体，而许多A1农场主却不愿意这么做。他在纺织厂工作时培养的组织才能可能发挥了重要作用。 126

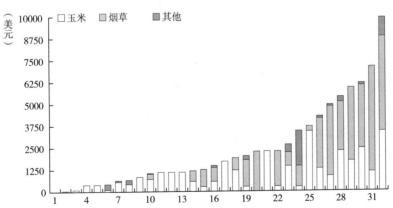

图8－3　斯普林戴尔农场农作物的收入总额（2010/2011农业季）

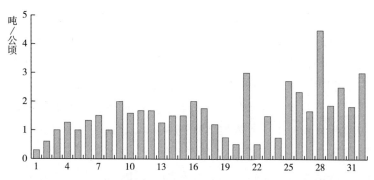

图 8-4　斯普林戴尔农场的玉米产量（2010/2011 农业季）
注：农场按照收入总额排序，图 8-3 与图 8-4 中农场的顺序一样。

　　贝莱韦农场的简·穆帕索（Jane Mupaso）是处于中等收入水平的人有可能更上一层楼的例子。她在 2007 年才获得土地（她此前的 A1 农场被并入一个 A2 农场，因此她只好搬家）。刚开始的时候，她和丈夫及三个孩子住在老农场工人的房子里。她种植了玉米，但并没有种满整个农场。她每公顷玉米的产量是 2.5 吨，2010 年，她卖了 4 吨给粮食收购管理局（留下 1 吨自己吃）。她有 5 头牛，因此可以自己耕地。她在农场新建了 2 个烤烟房，这是她种的第一季烟。她在烤烟房附近建了一个小木屋并搬了进去，我们就是坐在木屋外面的草地上采访的她。她已经卖了 7 大包烟叶，共收入 1550 美元。这笔收入还不错，但大部分都要交给北方烟草公司，以支付投入和烘焙费用。她准备今年向粮食收购管理局出售比去年更多的玉米。尽管工作很辛苦且进展缓慢，但毫无疑问，简正在不断进步。

　　收入最低的群体有两类人。格蕾丝的儿子们学习建筑，他们为她修建了一栋很漂亮的砖房。她的院子就坐落在她在贾姆班加运动中占领的土地上，里面种满了果树，看起来非常舒服。10 年过去了，她的牛从 5 头变成 15 头。但她去年只卖了 3 吨玉米和 60 美元的红椒。她并没有耕种全部的 6 公顷土地（她说没有人能全部耕种），这主要是因为她没有钱进行投入。由于没有钱购买农药，她的甘薯被白蚁吃得很厉害。她生活得很舒适，但她永远也不会成为一个小商业农场主。顺着公路往前走，我们碰到了另外一个在贾姆班加运动中获得土地的农场主。她种植了 3 公顷玉米，但由于没钱投入，只好将 1 公顷用的化肥施到 3 公顷地里。毫无疑问，她的玉米产量很低，甚至都不够她家自己吃。如果她只种 1 公顷或半公顷玉米，并且将农用物资都用到上面的话，就既能降低劳动量，又能提高产量。她没有牛，只好雇别人的牛来耕地，而且她的地并没有全部被耕种。她能在负循环的困境中生存下来吗？

我们的团队只抽取了很少的样本，因此有必要与其他样本进行对比。第一个参照体是独立时的白人农场主，国际社会认为他们取得了很大的成功：他们耕种了34%的土地，30%的农场主失败了，30%的农场主基本过得去，只有很少一部分人做得非常好（参见第三章结尾）。尽管新农场主对土地的利用强度没那么大，但他们无疑耕种了更多的土地。而且仅仅过去10年，成功与否或收入水平所存在的差异，就已经与白人农场主没有多大差别。

在下面三个部分，我们将看一下其他人对"快车道"农场主和20世纪80年代土地改革的研究。

128

马斯温戈省

此前提到的对马斯温戈省的研究是对"快车道"土地改革最为细致的研究，其自2000年以来，共研究了400个重新安置农场主。① 这个研究小组的成员主要包括英国苏塞克斯大学发展研究所的伊恩·斯库恩斯，津巴布韦大学的纳尔逊·马荣格韦和克里斯彭·苏库姆，以及三位重新安置农场主：布拉索·马沃德曾格、菲利克斯·姆米巴瑞姆巴（Felix Murmibarimba）和雅各布·马亨亨（Jacob Mahenehene）。马沃德曾格还是农技推广服务中心的推广官员，姆米巴瑞姆巴也曾是这一中心的官员。马斯温戈省的土地完全不同于我们在上文中详细研究的东马绍纳兰省的土地，东马绍纳兰省的土地富饶多雨，马斯温戈省则是津巴布韦最为贫瘠的农业地区之一，土地为沙土地，而且降雨量很小，此前主要被用作牧场，现在则被新的定居者开垦为农场。此外，马斯温戈省也有一些能够灌溉的甘蔗园。斯库恩斯等调查的样本包括256个A1农场主，其中有83个认为自己是A1农场主但其农场还没有得到政府承认（与上文提到的杜克铁矿地区的农场主相类似），以及62个A2农场主。他们调查的成果《津巴布韦的土地改

---

① Ian Scoones, et al., *Zimbabwe's Land Reform*: *Myths & Realities* (Woodbridge, Suffolk, UK: James Currey, 2010) [Scoones, et al., *Land Reform*].

革：神话与现实》已经在 2010 年出版，因此他们的数据只更新到 2009 年的收获季，这也意味着他们的信息截至恶性通货膨胀时期，并没有包括我们所主要关注的美元化时期。然而尽管存在一定的差异，他们与我们的调查结果仍非常相似。

在马斯温戈省研究的小组采取了两种不同的分类方式。第一种使用社区自动排名的技术，将重新安置农场主分为三个"成功组"（success group），其中"成功组 1""做得很好，且还在改进"，"成功组 2""一般般，但拥有潜力"，"成功组 3""穷困潦倒，经常挣扎度日"。他们还发现，"位居前列的 40% 的家庭（'成功组 1'的家庭和部分'成功组 2'的家庭）生产并出售了大部分的农作物"。[①] 这与我们上文针对东马绍纳兰省所划分的三个群体大致相同。

玉米是一个很有用的量产作物，尽管马斯温戈省的农作物产量几乎完全看老天的脸色。2007/2008 农业季的降雨很少，津巴布韦全国玉米的产量仅为 47 万吨，然而到了第二年，即 2008/2009 农业季，降雨异常充沛，全国玉米的产量几乎翻了 2 倍，达到 124.26 万吨。玉米是绝大多数津巴布韦人的主粮，每个家庭平均每年需要消耗 1 吨玉米，而在马斯温戈省最干旱的地区，高粱是人们的主食。斯库恩斯等人发现，尽管在 2007/2008 农业季有将近 3/4 的家庭不得不购买一些粮食，但在 2008/2009 农业季，只有 1/4 的家庭没有生产出足够全家果腹的粮食。[②] 表 8-3 再次表明优秀的农场主出售了相当多的玉米，甚至在农业落后的地区仍然有 42% 的最好的农场主在 2009 年（恶性通货膨胀结束的那一年）出售了 1 吨以上的玉米。对马斯温戈省研究的另一种分类采用了研究人员所定义的四个类别。[③] 对于较低的两个类别而言，他们发现 10% 的 A1 农场主"正在退出"，有35% 的 A1 农场主"正在坚持"但表现不佳。再往上，有 21% 的 A1 农场主被他们称为"正在迈出步伐"，也就是说，这些农场主正在从事淘金和贸易等多样化经营，或收到了汇款（在恶性通货膨胀时期），因此并不完全依靠他们的农场。关于最高的类别，他们发现有 34% 的 A1 农场主"正在加快步伐"因而成为真正盈利的 A1 商业农场主。"正在迈出步伐"和

① Scoones, et al. , *Land Reform*, 123.
② Scoones, et al. , *Land Reform*, 103, 111.
③ Scoones, et al. , *Land Reform*, 228.

"正在加快步伐"的两个群体正在积累财富和投资，而且这个群体的农场主通常雇有工人。

许多农场主，尤其是在恶性通货膨胀时期和干旱的年份，会离开他们的农场从事各种工作赚钱，这其中包括到其他农场打工，到城市工作，拾起制陶和木工等手艺，与其他农场主交易肉类和农产品，以及在商店和市场卖货等。当地的农产品加工也得到了发展，如榨油、制作花生酱和制作大豆制品等。斯库恩斯等对马斯温戈省的研究还发现，重新安置地区的地方市场如雨后春笋般涌现，不过这一进程被 2005 年的"净化运动"打断，因为当时全国范围内非正规和没有注册的贸易区都被政府破坏了。[①] 20 世纪 80 年代的重新安置计划禁止人们离开农场外出工作，但这项禁令由于一系列严重的旱灾而被废止。而且显而易见的是，对于"快车道"重新安置农场主而言，来自其他方面的收入无论是对农场投资，还是如一些农场主那样将其作为一项收入来源，都相当重要。尤其是在恶性通货膨胀时期，移民南非然后汇款回国的重要性不言而喻。

表 8 – 3　马斯温戈 A1 农场主出售玉米的情况（2009 年）

成功组	A1 农场主的数量	出售玉米		
		没有出售（%）	< 1 吨（%）	> 1 吨（%）
成功组 1	77	35	23	42
成功组 2	80	53	31	16
成功组 3	87	65	21	13

资料来源：Scoones, et al., *Land Reform*, 110。 130

其他对"快车道"土地改革的研究

另外两项对"快车道"农场主的研究也很重要。普瑞瑟斯·兹哈里（Precious Zikhali）在 2007 年的一项研究通过比较马佐韦地区的 161 个"快车道"受惠家庭和附近奇韦瑟村社的 222 个家庭，认为"受惠者土地的生产率要高于村社农场主的生产率"。[②] 她发现"快车道"农场主每公顷

---

① Scoones, et al., *Land Reform*, 217.
② Zikhali, "Fast Track".

玉米的平均产量为 2.4 吨，而村社地区的农场主则仅为 0.8 吨，虽然前者仍然低于 2009 年商业农场每公顷 4.4 吨的产量，但仍然在很短的时间内取得了重大进步。"快车道"农场主已经证明他们是更优秀的农场主，兹哈里认为是以下三个因素提高了生产率：

● "快车道"农场主使用的化肥量是村社农场主的两倍，化肥的使用效率也是村社农场主的两倍。
● 他们更有效地使用了牛和拖拉机。
● 马佐韦地区原来白人农场的土地比村社地区的土地肥沃。

埃斯特·奇古米拉（Easther Chigumira）[1] 考察了西马绍纳兰省加图马地区（Kadoma）被分成 A1 农场的两个农场。西马绍纳兰省是 2000 年占领农场人数最多的省份之一，这两个农场就是在那个时候被占领的。奇古米拉采访了莫里纳（Molina）农场的前白人农场主 T. 鲁比（T. Lubbe），得知这是鲁比所拥有的 13 个农场中的一个，而且鲁比只耕种了莫里纳农场 3% 的土地。[2] 莫里纳农场共有 125 个 A1 农场主，奇古米拉采访了其中的 27 个。接受采访的农场主大部分来自蒙多罗（Mhondoro）村，其中有 11 个是最初占地的人。在 27 个农场中，有 6 个被分配给农村管理委员会的人，1 个被分配给当地的酋长。另外一个是伦特格罗斯（Lenteglos）农场，奇古米拉在那里采访了 22 个 A1 农场主，其中 6 个此前为村社农场主，7 个此前为农场工人，只有 2 个是最初占地的人，其余的此前都在城市上班。

莫里纳农场和伦特格罗斯农场都属于第三类地区，即土地充足但土质一般的地区，2003/2004 农业季只是大部分农场主耕作的第三个年头。截至奇古米拉进行调查的 2004 年 12 月，接受调查的 27 个农场主在莫里纳这个基本未被开垦的农场共清理出 328 公顷耕地。在 2003/2004 农业季，他们平均每个家庭生产了 6.8 吨玉米和 11.2 包烟草。在伦特格罗斯农场，奇古米拉调查的 22 个农场主共分得 108 公顷土地，其中 78 公顷为白人从未

---

① Easther Chigumira, "An Appraisal of the Impact of the Fast Track Land Reform Programme on Land Use Practices, Livelihoods and the Natural Environment at Three Study Areas in Kadoma District, Zimbabwe" (MSc thesis, Rhodes University, January 2006), 116 – 163.

② Chigumira, 116 – 117.

开垦、需要进行清理的生地。到 2004 年 12 月，他们共耕种了 71 公顷
（65%），另有 39 公顷还有待清理。在 2003/2004 农业季，每个家庭玉米
和棉花的平均产量分别为 3.8 吨和 5.2 包。奇古米拉对莫里纳农场主的评
价是："据报道，在 2003/2004 农业季，他们从事农业赚来的钱……要比
此前赚得多……他们因此能够将钱投入农场或存入银行，而这在以前是不
可想象的。"

131

20 世纪 80 年代土地改革

我们曾在第七章中指出，新的农场主需要用一代人的时间才能安定
下来。"快车道"农场主才刚刚耕种了 10 年的土地，而且其中有段时间
还被恶性通货膨胀破坏。我们利用了比尔·金赛关于 1982～1984 年重新
安置农场主在 15 年后的数据，因为他们与 A1 农场主非常相似。金赛发
现，重新安置农场主在 1995/1996 农业季销售农作物的平均收入为 1100
美元，其中最高的为 3300 美元；重新安置家庭出售了他们 78% 的农作
物，当年的收入总额（包括留给自己家里吃的 22% 的农作物和其他非农
场收入）为 1640 美元；此外，平均每个农场的牛还值 1100 美元。他们
每公顷农作物的现金收入总额为 260 美元。① 如此看来，经过大致相同
的时间段之后，A1 农场主的表现要好于 20 世纪 80 年代的土地改革农
场主。

两名学生也在 20 世纪 90 年代末对 20 世纪 80 年代的重新安置地区进
行了调查。埃沃瑞奇·奇格文亚（Average Chigwenya）考察了马斯温戈省
南古图地区的重新安置地区。他发现，17% 的农场主每公顷玉米的产量为
1.5～2 吨，18% 的农场主超过 2 吨，但在附近的村社地区，没有农场主可

---

① Bill Kinsey, "Land Reform, Growth and Equity: Emerging Evidence From Zimbabwe's Resettlement Programme," *Journal of Southern African Studies*, 25, no. 2 (1999): 184, 186. 其所引用的汇率来自 Madnivamba Rukuni, Patrick Tawonezvi & Carl Eicher (eds.), *Zimbabwe's Agricultural Revolution Revisited* (Harare, Zimbabwe: University of Zimbabwe Publications, 2006), xxiii: 1992 (Z$5.48 = $1), 1995 (Z$9.34), 1996 (Z$10.84) and 1997 (Z$18.61)。

以超过 1.5 吨。[①] 诺里奇·奇孔多（Knowledge Chikondo）对东马绍纳兰省穆萨萨—林戈地区 A 类农场的研究发现，有 42% 的农场主每公顷玉米的产量超过了 3 吨。[②] 奇孔多还对比了他们之间的差异，并根据农作物的价值总额（即销售与消费的全部农作物的价值）将他们划分为四类：贫困组（580 美元以下）占 27%，中间组（580~1160 美元）占 48%，中等偏上组（1160~1740 美元）占 12%，富裕组（1740 美元以上）占 12%。她发现她的样本中有 1/3 的农场主的收入低于城市最低工资。她还发现有一半的农场主使用了推荐的化肥量，而另一半则低于推荐量。[③] 调查再次显示，我们的 A1 农场主与其他农场主基本相似，但表现还是要稍微好一些。

投　资

投资非常关键。我们曾在第三章中说应将白人农场主作为标杆，还指出，在 20 世纪 70 年代中期，每个白人农场每年获得了相当于 4 万美元的补助，另外还有巨额的技术推广费用，以及政府严格控制的、有保证的市场。结果，1/3 的白人农场主仍然失败了，1/3 的农场主不赔不赚，有些农场主拥有较高的生产率，少数农场主获得了丰厚的利润。

以每个农场 4 万美元的补助为依据，我们给出了两种不同的估算。鉴于白人农场一般被分成了 48 个 A1 农场或 4 个 A2 农场，每个 A1 农场每年可以得到 800 美元的补助，每个 A2 农场每年可以得到 1 万美元的补助。另外一种算法是，我们知道根据《政府公报》所列出的名单，马绍纳兰被没收的白人农场平均拥有 490 公顷的耕地，如此算来，每公顷耕地每年可

① Bill Kinsey, "Zimbabwe's Land Reform Program: Underinvestment in Post – Conflict Transformation," *World Development*, 32, no. 10 (2004): 1669 – 1696 [Kinsey, 2004], citing Average Chigwenya, "An Assessment of Environmental Impacts of Resettlement Programmes in Zimbabwe With Specific Focus on Gutu South Resettlement Scheme" (BSc honors thesis, Department of Rural and Urban Planning, University of Zimbabwe, 2001).

② Kinsey, 2004, citing K. Chikondo, "Production and Management of Natural Resources in Resettlement Areas in Zimbabwe: The Case of Masasa – Ringa" (MSc thesis, Agricultural University of Norway, 1996) [Chikondo, "Production and Management"].

③ Kinsey, 2004, citing Chikondo, "Production and management".

以获得 80 美元的补助,① 每个 A1 农场每年可以获得约 500 美元的补助。我们在第七章中提到,据比尔·金赛估计,20 世纪 80 年代的重新安置农场在实际耕种中所获得的投资为 579 美元。将这笔钱平均到 10 年中去,仅相当于白人农场主所得补助的 1/10。相较而言,"快车道"土地改革农场主所获得的支持还要更少。

尽管没有获得此前白人农场主所得到的那种支持,土地改革农场主还是使用自己的资金,而非外部投资或贷款,进行了大量的投资。在对 20 世纪 80 年代重新安置农场主进行研究的时候,金赛比较了不同群体的财产,并将他们按照 25%(即 25% 最贫困的人位于这条线之下)、中等水平和 75% 进行了划线。他还将自行车、椅子和灯等耐用消费品换算成了分数。他发现在穆普卢兹(Mupfurudzi)重新安置点,处于贫困线(25% 线)以下的家庭有 4 头牛,得分为 7;中等水平的家庭有 7 头牛,得分为 16;处于 75% 线以上的家庭有 12 头牛,得分为 28。因此,处于 75% 线的家庭所拥有的财产,大致相当于处于 25% 线家庭的 3 倍;而且,处于 25% 线的人所拥有的财产,与村社地区的人均财产相等。② 金赛的数据还表明,"总体而言,人们的资产在缓慢增加,但有些家庭增长得非常迅速"。③ 他的数据还表明设备具有很高的回报率,因此也就意味着小农户中存在一个上层集团,处于这个集团的人正在成为真正盈利的商业农场主。

据马斯温戈省的研究小组估计,各农场前 7 年的平均投资总额为 2161 美元。按 2009 年的价格折算,其中住房占 631 美元,牛占 612 美元,清理土地占 385 美元,农场设备占 198 美元。④ 这是一笔很大的投资,每个农场平均每年超过了 300 美元,如果所有的 A1 农场主都能投资这么多,那么每年的投资总额将达到 5000 万美元左右。显而易见,那些最为成功的农

① Sam Moyo, "Three Decades of Agrarian Reform in Zimbabwe," *Journal of Peasant Studies*, 38, no. 3 (2011), table 1, 496; Sam Moyo, *Land Reform under Structural Adjustment in Zimbabwe* (Uppsala, Sweden: Nordiska Afrikainstitutet, 2000), annex table 2.4.3, 187.

② Jan Willem Gunning, John Hoddinott, Bill Kinsey, and Trudy Owens, "Revisiting Forever Gained: Income Dynamics in the Resettlement Areas of Zimbabwe, 1983–1997," *Journal of Development Studies*, 36, no. 6 (2000): 151.

③ Kinsey, 2004, 1687.

④ 2009 年,耕耘机的价格为 220 美元,犁的价格为 150 美元,自行车的价格为 150 美元,牛的价格为 425 美元。

场主在刚开始的时候都拥有一些资产，尤其是牛和犁，而那些"正在退出"的农场主则从未积累足够多的资本。然而，几乎所有农场主的资产都有显著增加，比如牛拉的犁。①

本章小结：成功的小商业农场主

有很大一部分 A1 农场主已经成为真正的小商业农场主，他们的收入超过教师，甚至超过了大多数公务员。重新安置进程将耗费一代人的时间，而且 A1 农场主还受到恶性通货膨胀的影响。尽管如此，却有越来越多的农场主正朝着商业化方向前进。商业化种植并不存在单一的模式，许多农作物都可以成为经济作物，其中包括玉米、烟草和大麦等。订单农业发挥了很大的作用。

当然，在这一进程中产生了收入不同的农场主，许多处于中等水平的农场主比以前的情况要好很多，但还不是商业农场主，另有一个群体的农场主则表现非常差。这种情况与白人农场主和 20 世纪 80 年代土地改革农场主的情况非常类似。

他们之间最大的差异是新农场主缺乏相应的支持。我们估计在单方面宣布独立时期，白人农场主所获得的补助相当于每个 A1 农场每年得到 500～800 美元的现金。重新安置农场主被迫使用自己的钱和从底层进行投资，以修建住房和获取设备，他们最终做到了这一点。

134

---

① Ian Scoones, et al., *Land Reform*, chap. 4.

第九章　大型商业农业的新天地

只是当他向我们展示他养的猪的时候，我们才发现他那满是泥的靴子里塞的是一条细条纹的裤子。这位农场主曾是一名外交官，但现在生活在马佐韦地区的农场里，他已经不再需要那些旧西装了，于是就把它们当作另一种形式的工作服。他拥有一个中等规模的 A2 农场，可耕地面积为 150 公顷。此前的农场主曾利用这个农场种植出口园艺产品，这位前外交官决定继续从事这项经营。欧洲的买主最初不愿意与土地改革农场主做生意，表示只有他证明自己对农场的所有权，才会购买他的产品。根据土地改革的法令，新农场主不用支付土地费用，但必须花钱购买农场的设备。这位新农场主使用自己担任外交官时的积蓄购买了设备，前白人农场主给了他一封证明信，表示自己已经得到钱了。大为吃惊的欧洲买主同意交接，并与他签订了豌豆生产合同。合同条款包括非常明确的指令：这个星期种植 1 公顷，下个星期种植半公顷，使用这些化肥和这些农药。这位前外交官修建了一个包装间，用来为欧洲超市加工豌豆。在短短几年间，整个农场的 150 公顷土地都种上了豌豆。但到 2004 年的时候，受通货膨胀的影响，蔬菜出口出现大幅下降（参见表 5 - 1 和图 5 - 1）。人们所面临的最大问题是必须将赚取的硬通货换成津巴布韦元，然后当需要购买农业物资的时候，再将津巴布韦元换回硬通货。这位前外交官和其他许多人都发现，兑换货币意味着出口蔬菜已经无利可图。他开始种植土豆和玉米，但在总体经济环境不佳的情况下，这些农作物的利润也不高。

在经过深思熟虑之后，他采取了更具一体化的生产体系，将更多的事情拿回来自己处理。他认为中间人，其中许多都是前白人农场主，拿走了全部的利润。他认为即便只获得部分利润，自己也能作为商业农场主存活下去。他使用了"附加值"和"价值链"等各种各样的流行词语，并已经将这些词语付诸实践。

他首先种植玉米、向日葵和大豆，然后研磨和包装玉米粉，用葵花籽榨油，压榨大豆生产乳化磷酸酯。接下来，他开始为附近的农场主加工，他们既可以付钱，也可以给他玉米粉、油或豆饼。然后他开始养猪，还将豆饼压碎，添加到猪饲料中去。再接下来，他开始开拓市场，寻找那些家里通电及拥有电冰箱的人，尤其是矿区附近的人，让他们代销他的猪肉。当我们在 2010 年 8 月采访他的时候，他表示已经拥有了完全一体化的生产链。他说："我花了一些时间，做了一些试验。"他刚开始的时候只有几头猪，且扩张得很慢。"我现在自己加工全部饲料，而且所有的猪都保持着适当的生长速度。"他下一步的工作是利用猪粪生产沼气，他在担任外交官时看到有人这么做。

所有这一切都不容易，而且现在仍然还存在问题，其中最大的问题是电力供应不正常。在马佐韦的农村地区，通常只有晚上 10 点到早上 6 点才有电，所以他的工人必须在晚上研磨并包装玉米粉和榨油。事实上，他必须再购买一台榨油机，因为一台榨油机明显不够用。

也许这个故事在世界上的绝大多数地区都发生过，但对于津巴布韦而言却具有异乎寻常的重要性。在没有获得白人农场主在 50 年前所获得的那种培训和财政支持的情况下，这位前外交官取得了成功，而且满足了我们在第七章中所列的那 6 项因素。他自己的投资至关重要，他说他只在政府有一次分配设备的时候，获得了一辆拖拉机和一个钉耙，其他所有的设备，都是他自己购买的。最后，他的故事凸显了我们将在下文进一步涉及的几个观点：有些前白人农场主起到了协调作用；恶性通货膨胀和一直以来的电力问题具有灾难性的影响；在困难面前需要灵活应对；订单农业即便对大农场主而言也很重要（就像此前对白人农场主也很重要一样）；单纯种植农作物还不够，人们还必须从其他渠道获取收入。

A2 农场主

A2 农场主的故事要比 A1 农场主复杂得多。A2 农场被设计为商业农场，农场主需要有资金和经验。这些农场根据面积的大小被分为三种类

138

型，即小型农场、中型农场和大型农场，① 大体而言，所有 A2 农场都小于白人商业农场（参见表 9-1）。政府还宣布了一人一农场的政策，而且穆加贝总统 2003 年 7 月底在执政党的最高决策机构——政治局中宣布，"凡是拥有多个农场的津民盟—爱国阵线的高级官员，必须在两周内将多余的交出来"。至少有 2.5 万公顷的土地被作为第二个农场交了出来，② 然而，这两项规定都没有得到严格执行。

各种网络和纸质媒体刊登了大量广告和新闻，以鼓励人们申请土地。政府共使用了 6 项指标对申请者进行打分。在这 6 项指标中，有 5 项分值为 20 分，分别为收入、财产、现金流、经验以及资格与培训等，最后一项为性别，如果申请人为女性，可额外加 10 分。申请表规定，申请人必须"提供证据证明其可以或能够动用足够的资源"。申请人还要提供现金流量预算，以及"在农业领域接受过培训或拥有经验的证据"。③

获得一个 A2 小型农场至少需要 30 分，中型农场至少需要 60 分，大型农场至少需要 90 分。申请表主要由公务员组成的小组在省级层面审核。纳尔逊·马荣格韦在其博士论文中对马绍纳兰三省，尤其是东马绍纳兰省，进行了详细的考察。他指出，"在东马绍纳兰省，申请者需要前往穆托科地区的南瓜酒店办理手续，时间为两个星期"，即 2001 年 7 月 15~29日，负责审核的人包括一个由来自政府不同部门的 23 名官员组成的小组，以及 1 名老兵代表。这项工作主要是技术性的，但就像下文所分析的那样，它后来具有很强的政治性。

A2 农场的政治

与 A1 农场相比，A2 农场的分配进程更加具有政治性，这在一定程度

---

① 还有城郊农场，而且围绕城市扩张和占用农田建造房屋产生了一系列的问题，但它们并非本书主题，因而在此不作讨论。

② Charles Utete, *Report of the Presidential Land Review Committee on the Implementation of the Fast Track Land Reform Programme, 2000 - 2002* (Harare, Zimbabwe, 2003), 32 and 35 [known as the Report of the Utete Committee and cited here as the Utete Report], citing *The Herald*, July 31, 2003.

③ Ministry of Lands, Agriculture and Rural Resettlement, "Application for Land Under the Commercial Farm Settlement Scheme" (Harare, Zimbabwe: Author, 2000).

上是因为人们对土地，尤其是对肥沃的大农场的竞争比较激烈，以及领导层确实希望培育一个新的黑人商业农场主阶层。《乌泰泰委员会报告》发现，截至 2003 年年中，东马绍纳兰省共分配了 1646 家 A2 农场，但仍有 3.5 万个申请者在排队等候。[①] 尽管申请程序是技术层面的事，但最终的决策过程却是政治挂帅，且有些混乱。在具体操作的时候，先由省土地鉴定委员会推荐，然后由哈拉雷的土地与农村重新安置部最终拍板。省土地鉴定委员会的主席为省长，成员主要包括政府各部委和机构在省级层面的代表。另据纳尔逊·马荣格韦的调查，还包括军队、警察、执政党津民盟—爱国阵线、老兵和酋长的代表。马荣格韦在其博士论文中指出，"在某些情况下，A2 农场的申请者是通过其工作单位递交申请的"，这些单位包括国防部、总统办公室、警察局和其他部委等。如此，"一个标着'来自军队'等潜在受惠者的名单"就被由来自军队和津民盟—爱国阵线的人所组成的委员会"递交上去以待审核"。"所以，甄选标准必然具有政治倾向。"使问题更加复杂的是，土地与农村重新安置部在对土地进行分类的时候，还经常抛开省土地鉴定委员会。[②]

表 9 – 1　政府在 2001 年设定的 A2 农场的最大面积

单位：公顷

自然条件	小型商业农场	中型商业农场	大型商业农场
一类	20	100	250
二类 a	30	200	350
二类 b	40	250	400
三类	60	300	500
四类	120	700	1500
五类	240	1000	2000

2003 年发布的《乌泰泰委员会报告》直言不讳地指出，"政客和老兵利用他们的职位去影响分配"，而且委员会的成员将土地分给了自己。

---

① Utete Report, 38, 51.

② Nelson Marongwe, "Interrogating Zimbabwe's Fast Track Land Reform and Resettlement Programme：A Focus on Beneficiary Selection"（PhD thesis, Institute for Poverty, Land and Agrarian Studies［PLAAS］, University of the Western Cape, 2008）, 154, 202 – 205［Marongwe, "Interrogating"］.

省长们告诉乌泰泰委员会说："在挑选 A2 重新安置模式的受惠者的时候，并不存在单一的机制，因为土地与农村重新安置部、省长办公室，甚至区长办公室都能签发分地函。"《乌泰泰委员会报告》说，在分配过程中存在"政治干预"，而且由于"中央政府各部的部长，甚至关键部委的低级官员发出了各种相互冲突的指示和命令"，从而导致省级和地区土地鉴定委员会很难开展工作。省长经常随意地分配土地，"重要的政治人物"和老兵经常对土地分配，尤其是 A2 农场的分配施加不恰当的影响。[①]

"在土地分配的过程中，存在着双重分配、多重分配和徇私舞弊的现象。"《乌泰泰委员会报告》还以西马绍纳兰省乌伦圭地区为例进行说明，指出该地区的区长"并没有将 341 份分地函分发给受惠者，而是私自签发给了身边的人"。[②]

140

东马绍纳兰省 A2 农场的占有率之所以非常低，其中一个原因就是 721 份分地函虽然有些早在 2001 年 11 月就开始发放，但到 2003 年 3 月 31 日的截止日期，仍然还有不少没发出去。这可能并非偶发事件，因为"人们发现大多数农场都被分配给了至少两个申请人"。[③]

尽管甚至那些处于有利位置的人都很难申请到土地，熟悉土地分配制度还是大有裨益。乔安娜·曼达扎（Joanna Mandaza）是农技推广服务中心的一位地方农业专家，拥有农业学位和文凭，当时参与了 A2 农场的规划，这对她获得土地起到很大的作用。由于工作的原因，她熟悉土地分配制度，她认为如果不是因为了解情况及人际关系，她肯定得不到土地。她在 2000 年申请过一次，但没有被批准，后来她被调到格罗蒙兹地区参与土地测量工作，并借此而获得了土地。

另外一位女性非常有主见，她承认自己申请表上的农场计划和现金流是"抄别人的"，只是在需要的时候添加了自己的信息。她还表示："我有点夸大其词，其实我什么都没有，但我有能力，而且下定决心要申请一块地来种。我的生活困难重重，需要借此来贴补家用。"她认为，"没有人知道这些申请都是怎么被审查的"。她在马佐韦地区分到 34 公顷土地。她实际上也有一些经验，因为她父亲和祖父曾在干旱贫瘠的地区拥有小型的非

① Utete Report, 47, 50, 54, 59.

② Utete Report, 47, 51, 55.

③ Utete Report, 38, 51.

洲人购地农场。她现在经营得非常好。

我们也看到了反面的例子。有个女性通过冒充退役军人而获得一个 A2 农场，农场里的小山上还有一栋老旧的农舍。她的农作物产量还不错，但她用赚来的钱买了三辆新的小汽车，却没有买一辆拖拉机。她的一个邻居如此评价她的优越感："她认为拖拉机和联合收割机都是免费得来的。"事实上，她对缺乏资源大为抱怨，并问我们："你们知道在哪里可以找到捐赠者来帮助我们吗？"

纳尔逊·马荣格韦在博士论文中对 A2 农场进行了详细的考察。他指出，在某些情况下，高层政治人物会将 A1 农场主赶走，以便获取大型的农场。他引用了中马绍纳兰省马佐韦地区的 4 个例子：津民盟—爱国阵线的一名中央委员、一位内阁部长以及津民盟—爱国阵线的两位高级官员。然而，省土地分配委员会至少有两次建议收回因政治原因而获得土地的 A2
141 定居者的分地函。①

马荣格韦还考察了西马绍纳兰省的大型农场，该省主要为第二类和第三类地区，但也有相当大的一部分为第四类和第五类地区。他发现，有 2/3 的农场不足 50 公顷，因此属于小型商业农场的范畴。然而，有 55 个农场超过了 500 公顷，这表明有些农场可能太大（见表 9 - 2）。他还指出，该省有 104 个农场没有划分便进行了分配，其中有 9 个给了政治精英：2 个部长和 1 个前部长，3 个国会议员，1 个陆军退役司令官，1 个储备银行的退休行长以及 1 个津巴布韦广播公司的员工。②

表 9 - 2 西马绍纳兰省 A2 农场的面积（2004 年）

农场面积（公顷）	农场数量
1 ~ 19.9	326
20 ~ 49.9	2750
50 ~ 99.9	910
100 ~ 199.9	437
200 ~ 499.9	283
500 ~ 1499.9	48
1500 ~ 2999.9	4
3000 ~ 4999.9	3
总 数	4761

142   资料来源：Marongwe, "Interrogating"（PhD thessis），from various government documents, 2004。

---

① Marongwe, "Interrogating," 161 - 162.
② Marongwe, "Interrogating," 149, 159.

他的博士论文还对东马绍纳兰省格罗蒙兹地区进行了非常细致的考察，该地区临近哈拉雷，因此对哈拉雷的精英特别有吸引力。格罗蒙兹地区共有432个A2农场，他列出了20个"引人注目的农场"名单。从自然条件来看，格罗蒙兹地区属于二类a地区，农场的最大面积应该为350公顷，但在他所列举的20个农场中，有8个超过了这一标准。面积最大的是津民盟—爱国阵线前东马绍纳兰省省长的农场（1606公顷），接下来是监狱总监的农场（1028公顷）。这两个农场都没有列入《A2农场土地审查报告》的名单，而且好像都是在"快车道"土地改革计划之外整体转给他们的。

其他登上马荣格韦名单的人还包括中央情报组织的一名局长（432公顷）、一名内阁部长、哈拉雷省省长以及中央情报组织的总监。马荣格韦还指出，其他在格罗蒙兹地区获得中型或大型A2农场的政治人物还包括东马绍纳兰省女性联盟主席、教育委员会前主席、卫生与儿童福利部副秘书长、一名内阁部长、总统办公室副主任以及格罗蒙兹地区的区长等。[①]

产量更高，但还不够高

保留大型商业农场的决定仍然存在争议，因此必须在一定程度上通过生产率来检验其合理性。我们在第三章建立了以白人农场主为基准的标杆：只耕种了1/3的土地，只有1/3的农场盈利颇丰。我们认为这还不够好，新的大农场主只有比之前的白人农场主做得更好才算得上成功。但我们还认为一个农场要想取得成功，需要花费一代人的时间，因此我们还有很长的路要走。

缺乏数据是一个严重的问题。2006年的《A2农场土地审查报告》调查了79%的被分配的A2农场。该报告有助于我们了解土地改革早期的情况，其数据直到现在仍被人广泛引用。报告对农场的经营情况作了排序，发现一半以上的农场"生产率较高"，4%的农场"生产率很高"（见表9-3）。这在2006年还是很了不起的，毕竟当时申请与分配土地的进程均进展缓慢，再加上还需要筹措资金，从而推迟了人们耕种农场的时间

---

① Marongwe，"Interrogating，" 235，239.

（第六章更详细地介绍了这方面的情况，其中包括受惠者的身份）。但就像表 9 - 3 所表明的那样，有近一半的 A2 农场在 2006 年未充分使用甚至完全没有使用。

表 9 - 3 还表明，西马绍纳兰省是唯一一个有不到一半的土地为生产率较高或很高的省份，另外东马绍纳兰省的表现也很一般。不过在独立的时候，白人农场主在这两个省分别只耕种了 25% 和 15% 的土地，相较而言，新农场主的表现要比他们的白人前人好很多。这两个省都存在政治斗争，这不但延误了土地分配，而且使人们没有安全感，从而不愿意进行投资。

2006 年的《A2 农场土地审查报告》已经发布了 6 年，目前尚未有新的报告与之进行对比。但我们知道 2006～2008 年的恶性通货膨胀使投资几乎变得不可能，因此在 2006 年之后的三年，情况可能基本没有发生改变。然而美元化导致经济发生了急剧的转变，我们看到 A2 农场获得了新的投资。我们还看到仍有 A2 农场闲置和未得到充分耕种。在第三章中，我们引用了罗得西亚农村土地委员会主席在 1965 年飞越马绍纳兰时所说的话："如此多的土地闲置不用，这是国家的耻辱。"谷歌地球相当于带我们在空中飞行，其最新的图像（2009 年和 2010 年）显示马绍纳兰的土地已经满是庄稼，这也表明与 2006 年相比，2010 年未充分使用的土地已经大大减少。不过我们还想说的是，尽管土地使用情况已经不再像白人执政时期那样成为"国家的耻辱"，但仍然还有一些路要走。

表 9 - 3　A2 农场的生产水平（2006 年）

	生产率很高（%）	生产率较高（%）	未充分使用（%）	没有使用（%）
马尼卡兰省	5	55	28	11
中马绍纳兰省	3	54	40	2
东马绍纳兰省	5	48	43	4
西马绍纳兰省	4	43	44	9
马斯温戈省	4	72	15	10
北马塔贝莱兰省	5	64	28	4
南马塔贝莱兰省	8	51	33	9
中部省	5	64	28	4
总　数	4	51	37	7

资料来源：*A2 Land Audit Report*。

除此之外，人们还对小型农场与大型农场，以及将一些前白人农场整个赠予或租赁出去存在争论。《A2 农场土地审查报告》表明，大型 A2 农场的生产率在 2006 年要高于 A2 农场的平均生产率，而且达到"生产率很高"的农场数量更多，未充分耕种的农场数量更少（见表 9－4）。①

表 9－4　大型 A2 农场与全部 A2 农场的生产率比较（2006 年）

	生产率很高（%）	生产率较高（%）	未充分使用（%）	没有使用（%）
中马绍纳兰省				
全部 A2 农场	3	54	40	2
大型 A2 农场	24	52	20	4
东马绍纳兰省				
全部 A2 农场	5	48	43	4
大型 A2 农场	21	53	17	9
西马绍纳兰省				
全部 A2 农场	4	43	44	9
大型 A2 农场	23	44	26	7

资料来源：*A2 Land Audit Report*。

144

在马荣格韦"格罗蒙兹地区引人注目的 20 个农场"中，我们可以发现有 6 个被纳入 2006 年的《A2 农场土地审查报告》。马荣格韦名单中第三大农场的农场主是津巴布韦国防军司令官康斯坦丁·奇温加（1020 公顷），《A2 农场土地审查报告》认为他是"生产率很高的农场主"。这位农场主建造了烤烟房和大棚，并在大棚里种植了用于出口的玫瑰"。接下来是津民盟—爱国阵线的政治局委员、东马绍纳兰省省长戴维·卡里曼齐拉（David Karimanzira，941 公顷），他位居《A2 农场土地审查报告》"生产率很高"的农场主行列。其他 4 个可以从《A2 农场土地审查报告》中找到的农场主也均为"生产率较高"的农场主。他们分别是东马绍纳兰省穆托科地区国会议员、后来担任财政部副部长的戴维·查普菲卡（David Chapfika，351 公顷），② 曾在 2001 年之前担任土地与农业部副部长并在进入政府前在津巴布韦大学担任农业专业高级讲师的奥利维娅·穆切纳（Olivia Muche-

---

① 中马绍纳兰省有 71 个农场超过 400 公顷，东马绍纳兰省有 47 个农场超过 500 公顷，西马绍纳兰省有 61 个农场超过 500 公顷。

② 戴维·卡里曼齐拉、赫伯特·穆雷鲁瓦和戴维·查普菲卡均为制裁名单中的人。

na）博士（228 公顷），财政部部长、后又担任土地与农村重新安置部部长的赫伯特·穆雷鲁瓦（Herbert Murerwa，499 公顷），以及被《A2 农场土地审查报告》认为是"一个有前途的农场主"的帕特森·卡里曼齐拉（Patterson Karimanzira，戴维·卡里曼齐拉的弟弟，370 公顷）。[1]

格罗蒙兹地区凸显了土地改革中人们所争论的一个核心问题。一旦决定应该继续保留资本密集型的大型农场，并确定了这些大型农场的需求将远远高于它们的供给，那么将其中的一些交给能够有效使用甚至高效使用这些土地的部长，是否就合理了呢？津巴布韦教会在 2006 年发布的《联合声明》指出："最令人担心的是，相较于贫穷的村社农场主及其他弱势群体，高层官员及那些与他们有关的人在土地和水资源分配问题上，占据了极不公平的优势。"[2] 然而一旦决定 A2 农场的首选目标是那些有钱人，接下来又如何去定义"公平"？而且在此还有另外一个问题：将军们和部长们——即便他们拥有很高的生产率——就不应该与其他土地改革农场主一样，有可被分配农场面积的上限吗？

步步为营的投资

大型农业为资本密集型农业，殖民时代和单方面宣布独立时代的白人农场主曾获得了巨额补助。英国皇家非洲协会的《非洲事务》杂志曾在 2011 年发表一篇文章，对 13 个前往尼日利亚夸拉州（Kwara）建立农场的津巴布韦农场主所需的投资规模进行了报道。这 13 个农场面积均为 1000 公顷，尼日利亚联邦政府、州政府和银行至少向这些农场投资了 3700 万美元，相当于每公顷 3000 美元。2011 年，这些农场主遇到问题，再也无力偿还他们的贷款。[3] 根据我们在第八章引用的斯库恩斯及其同事的估算，

145

---

① Marongwe，"Interrogating，" 235，239；Ministry of Lands，Land Reform and Resettlement & Informatics Institute，*A2 Land Audit Report*（Harare，Zimbabwe，2006）［*A2 Land Audit Report*］.

② Zimbabwe Catholic Bishops Conference，Evangelical Fellowship of Zimbabwe，and Zimbabwe Council of Churches，"The Zimbabwe We Want：Towards a National Vision for Zimbabwe"（Harare，Zimbabwe，2006），available at http：//zimjournalist1. blogspot. com/2006/11/section－5－national－economic－and－social. html（December 15，2011）.

③ Abdul Raufu Mustapha，"Zimbabwean Farmers in Nigeria：Exceptional Farmers or Spectacular Support？" *African Affairs*，110（2011）：535－561.

A1 农场主对其农场的平均投资要低于这一数字，因为他们必须自己筹钱。而在 20 世纪 70 年代中期，白人农场主从罗得西亚政府那里获得的补助，相当于每个 A2 农场每年 1 万美元（见第三章）。

《基础调查》（见第六章）显示了资金不足的情况有多么严重。在 2006 年，只有 32% 的 A2 农场主拥有拖拉机；事实上，甚至只有 80% 的 A2 农场主拥有手推车。有 83% 的 A2 农场主完全依靠自己的财力。① 的确，对于 A2 农场的申请者而言，虽然这是他们应具备的条件，但无外援的自力更生还是导致农场发展异常缓慢。

《A2 农场土地审查报告》对此予以确认，它也表明只有 31% 的 A2 农场主拥有拖拉机。但该报告还提出了更加详细的问题，而答案则如表 9 - 5 所示。尤其需要指出的是，有 52% 的 A2 农场主在没有拖拉机的情况下，能够出钱租一辆，这也意味着只有 17% 的 A2 农场主完全依靠牛或人力耕地。②

表 9 - 5　A2 农场主的耕地方式（2006 年）

	自己的拖拉机 （%）	租拖拉机 （自己没有） （%）	自己的牛 （不使用拖拉机） （%）	没有牛或拖拉机， 租牛或依靠人力 （%）
马尼卡兰省	22	61	12	5
东马绍纳兰省	35	54	11	1
中马绍纳兰省	43	47	10	0
西马绍纳兰省	30	50	18	1
马斯温戈省	19	70	10	1
北马塔贝莱兰省	21	68	11	0
南马塔贝莱兰省	11	43	45	1
中部省	21	46	30	3
总　数	31	52	16	1

注：那些只有一辆拖拉机的农场主可能还会租一辆，或用牛耕地，有些雇拖拉机的农场主也用牛耕地。

资料来源：*A2 Land Audit Report*。

146

① Sam Moyo, et al., *Fast Track Land Reform Baseline Survey in Zimbabwe* (Harare, Zimbabwe: African Institute for Agrarian Studies, 2009), Tables 2 - 24 and 4 - 25.

② *A2 Land Audit Report.*

A1 农场主与 A2 农场主之间也有一定的流动性。A2 农场主如果做得不好，便会后退为 A1 农场主，A1 农场只要是做得好，便会上升为 A2 农场主。爱丽丝·马苏卡（Alice Masuka）就是因为在农业潜力相对低的温古（Vungu）地区辛勤劳作而创下产量纪录，从而从一个 A1 农场主变成了 A2 农场主。由于她的 A2 农场是一块生地，她出售了自己在城里的房子以支付土地的清理费用。"我让人们认识到通过辛勤劳作和采用好的耕作方式，完全可以消除贫困。"她已经成为所在地区鼓励和协助其他女性农场主的榜样。我们还在格罗蒙兹地区的春谷农场遇到一个 A2 农场主，他曾是一个非常优秀的 A1 农场主，自己还买了一台拖拉机。2008 年，他获得一个 75 公顷的农场。但现在拖拉机已经坏了，他也没有足够的钱去租一辆来耕地。"我已经身无分文"，他承认，"事实上，我们已经活不下去了"。

　　还有一些人也陷入了麻烦。我们参观了一名女性的 A2 农场，她曾在 1975 年穿越边界前往莫桑比克参加游击队，并在贾姆班加运动中发挥了主导作用。她在独立战争后完成学业，并成为教育部的雇员，但她现在成了全职农场主。她的农场共有 100 公顷耕地，她用了不到 50 公顷种植玉米和烟草（使用老白人农场主的烤烟房）。她赚的钱足够缴纳两个儿子在寄宿学校的学费，但当我们到达她的农场的时候，发现烟草工人正在罢工，因为她没有足够的钱来支付他们的工资。她的资金已经严重不足，而且她已经无法赚取足够的利润来继续投资。她承认说："我正在挣扎。"

　　所有关于"公平"的准则都表明这位女性老兵应该得到土地，但在没有支持的情况下，她能在 A2 商业农场上一展身手吗？

　　《乌泰泰委员会报告》发现，"大多数受惠者都表明自己拥有基本的农业技能，但与此同时，他们均表示需要在农场管理、市场和使用灌溉设备方面接受培训"。[1]

　　许多 A2 农场主均认识到要想取得成功，需要多种收入来源，本章开头所列举的那位前外交官出售他自己养的猪就是一个鲜明的例子。莱斯娜丽·思迪梅里（Lethinali Sidimeli）也是一位老兵，她先是通过培训成

---

① Utete Report, 47.

为一名护士，后来建立了一个小型化学公司，出售清洁用品和药水。她有190公顷耕地；前白人农场主由于还在大棚里种植玫瑰，因此并没有离开农场。她将所有的土地都种上了玉米、大豆和雪豆，但她说"单纯种地还不行"。她利用在化学公司积累的经验，耗资2.5万美元在南非购买了瓶装水生产设备，现在她已经开始生产格林戴尔之春牌瓶装水（我们后来在格罗蒙兹的超市买到了这个牌子的水）。她下一步的计划是养鱼。

147

A2农场主被要求自备投资资金。奇里帕央嘎·帕拉戴（Chiripanyanga Paradzai）拥有两家超市，并于2006年在斯普林戴尔农场获得一个烟草农场。他正在利用从超市赚来的钱修复农场，他承认自己现在还没有赢利。农场共有16座被遗弃的烤烟房，他已经修复了4个。他刚开始的时候只种了5公顷的烟草，现在已经增加到30公顷，随着更多的烤烟房被修好，他还会继续扩大种植面积。就像其他人那样，他也有其他收入来源——出售牛肉，而且还计划养鸡。

除了普通的A2农场主外，还有大约1000个从白人手中购买或从政府那里租赁的大型黑人商业农场主，以及200个免费获得大型A2农场的农场主。这两类农场主所拥有的耕地，现在加起来约占耕地总面积的3%。在一项对马佐韦地区的研究中，普罗斯珀·马通迪发现有49个当地人拥有农场，面积为3.4万公顷，约占马佐韦地区农田总面积的10%。这些农场并不是"快车道"土地改革的结果，而是通过与其他农场主交换得来的。它们的面积从该地区干旱地带的1000多公顷到最小的20公顷不等。①

白人的聚宝盆与黑人灾难的神话

2011年11月，白人商业农场主协会主席查尔斯·塔夫特（Charles Tafts）驱车载着英国广播公司（BBC）的国际新闻记者马丁·普劳特（Martin Plaut），经过哈拉雷西北部通过往班凯特的一条公路。普劳特看到

---

① Prosper Matondi, "Fast Tracking land Reforms in Mazowe District in Zimbabwe" (Harare, Zimbabwe, 2011) [Matondi, "Fast Tracking"].

了"被遗弃的田野，上面几乎没有什么东西。这是一幅让人感到沮丧的景象……那些土地似乎已经干涸"。普劳特问道："如果10年前来到这里，我会看到什么？"塔夫特回答说："你会看到遍地都是绿色的原野……你现在看到的这个地方，当时是自给农业区。"①11月是旱季结束的月份。沿着公路行驶，你会看到路边高高的棕草几乎完全遮住后面的田野。即便有些地方有灌溉设施，你也不可能在旱季结束的时候看到"遍地都是绿色的原野"，因为大部分农作物都已经收割，地里已经空空如也。白人农场主在旱季只耕种了很少的土地，而且与塔夫特所说的相反，在10年前的11月，人们所看到的景象与现在并无二致。就像新的黑人农场主一样，白人农场主也没有魔法让11月的田野布满绿色。但如果从谷歌卫星地图上查找哈拉雷—班凯特公路，你会发现到处都是农田。

白人农场主联盟的顾问约翰·罗伯森（John Robertson）也接受了普劳特的采访，他说："在这个国家的大部分地区，你都会发现分配给所有那些农场主的土地都被闲置起来。"如上文所述，他的这种说法即便对于2006年而言都是不对的，因为当时A2农场主所耕种的土地，已经超过了之前的白人农场主。

与此同时，所谓黑人灾难的神话也被加入关于邪恶亲信的故事。2009年，欧洲发生了一起丑闻，该丑闻源于雀巢公司在津巴布韦的牛奶厂从第一夫人格蕾丝·穆加贝拥有的古春戈畜牧场每年采购100万升牛奶。②格蕾丝·穆加贝受到欧盟的制裁，但雀巢是瑞士的企业，而瑞士没有对津巴布韦进行制裁。格蕾丝·穆加贝的那个农场不仅没有闲置或勉强维持，相反，它不但生产了大量高品质的牛奶，而且还出售给世界上最大的跨国食品公司。我们还参观了一个受到制裁的部长的农场，他不但将橘子出口到赞比亚，而且还生产了大量的土豆。

---

① Martin Plaut, "Crossing Continents：Farming Zimbabwe," BBC Radio 4, December 1, 2011 and December 5, 2011 [Plaut, " Crossing Continents"], available at http：// www.bbc.co.uk/programmes/b017mvx6#synopsis（December 7, 2011）.

② Sebastien Berger, "Nestlé to Stop Buying Grace Mugabe Dairy's Milk," *The Telegraph*, October 2, 2009, available at http：//www.telegraph.co.uk/news/worldnews/africaandindianocean/ zimbabwe/6252534/Nestle – to – stop – buying – Grace – Mugabe – dairys – milk.html（December 7, 2011）.

新津巴布韦的白人农场主

巧合有时也会为我们提供有用的东西。我们在一个理发店里遇到一个黑人农场主——并非土地改革农场主，而是购买地农场主的儿子。就像许多聪明的年轻人一样，他也曾经远离农业——他做的是旅游生意。但随着父亲日渐老去，他将更多的精力放到家里的农场上面。"我在20世纪90年代开始养牛"，他说道。他最开始与附近一位喂养印度婆罗门牛且在当地社区非常出名的白人农场主商谈过业务。那位白人农场主也注意到了当地传统的绍纳牛的价值，因为这种牛的体型虽然较小，但更为强壮，且抗干旱和疾病的能力更强，它们也更适应津巴布韦的牧场以及当地的草。那位白人农场主还将绍纳牛与婆罗门牛杂交，并租给这位黑人农场主一头杂交牛。于是我们遇到的这位黑人农场主开始了养牛的工作。他告诉我们，通过那位白人农场主，"我开始明白自己可以靠养牛为生。现在，我对养牛充满了热情"。我们问他那位白人农场主叫什么，他说叫吉斯·坎贝尔（Keith Campbell）——一位我们两个星期前刚采访过的白人农场主。

坐在康斯坦亚庄园农舍温暖的客厅里，看着他的狗蜷缩在身边的椅子上，吉斯·坎贝尔向我们侃侃而谈："土地改革注定会发生。村社土地上已经人满为患，因此必须采取一些措施。我经常前往村社地区卖牛，也看到了这个问题。但许多人（白人农场主）没有看到，因此他们不理解（占地运动）。"吉斯还谈了他对养牛的"热情"。他是一个务实的人。作为一个农场主，他说，"没什么比住在穷邻居旁边更糟糕的事情了"。一个好的农场主应该修补围栏，保护树木，而非设置陷阱（捕捉野生动物，但经常也会抓到牛）。他附近最开始住的是购买地农场主——在殖民时代购买土地的津巴布韦黑人，他当时就与他们有来往。然后他附近有的农场在20世纪80年代被分割开来用于重新安置，于是他便帮新的农场主养牛。他卖给他们小母牛，帮助他们消毒和接种。再后来，2000年，"大约有25个人在老兵的带领下来到这里对我说：'我们想要你的农场。'我将他们请进客厅，给他们每个人倒了一杯白兰地，然后我们开始谈判"。他的农场共有1.4万公顷，他保留了其中的2250公顷。占地者同意重新安置吉斯的农业工人。正是由于在当地名声不错，会说绍纳语，并留有商谈的余地，他得

149

以保留了一部分农场。他的一位因支持当地教育而在当地享有好名声的白人邻居也保留了一部分农场。吉斯强调说："我们这里没有发生暴力行为，因为我们通过谈判解决了问题。"① 津民盟—爱国阵线的代表在 2011 年前往他的农场说他们想拿走它，他再次与他们进行了谈判。新的法令规定每个人最多只能拥有 500 公顷土地，这样一来他和他的儿子还可以保留一半的农场。刚开始的时候，津民盟—爱国阵线的人想要靠着河边的土地，但经过几个小时的商谈，他与他们就边界问题达成一致，每个农场都有一块地靠近小河，这样他所有的牛都可以到河里喝水。②

吉斯的儿子克莱格（Craig）曾种植烟草，并曾帮助一些 20 世纪 80 年代的重新安置农场主种植烟草。在 2000 年的占地运动中，他种植烟草的土地被别人拿走，于是他去了坦桑尼亚。实行美元化之后，他又回来建立了一家订单农业公司，客户为重新安置的烟草农场主。

坎贝尔一家的经历说明了津巴布韦白人农场主所发挥的新作用。作为仍然拥有土地的几百名白人农场主中的一员，吉斯保留了一些土地，而且还在继续耕作。克莱格则提升了价值链，他现在已成为一名向重新安置农场主提供支持的商人。

前白人农场主这种角色的转换在马斯温戈省的研究中也有所体现。有些前大型白人农场主或者正在租赁重新安置农场主的土地，或者为他们提供服务（抽水机、兽药、运输和燃油等），或者在新的重新安置地区买牛。前大型商业农场主决定留下来，并与小农场主一起，融入新的市场体系之中。③

150

萨姆·莫约注意到："前白人农场主通过为订单农业提供资金和市场（甚至在新农场主的农场中担任管理人员），已经进入商业农业链的上下游，而且正是通过这种方式，他们在家禽、烟草、出口牛肉和园艺等领域仍然还保持了一定的经济利益和影响。"④

---

① 乌泰泰报告（第 70 页）指出，在中部省，"该省大部分征地活动都与土地所有者进行了协商，这意味着大部分土地都是经土地所有者同意而征收的"。

② Interview, April 11, 2011.

③ Blasio Mavedzenge, et al., "The Dynamics of Real Markets: Cattle in Southern Zimbabwe Following Land Reform," *Development and Change*, 39, no. 4 (2008): 623.

④ Sam Moyo, "Three Decades of Agrarian Reform in Zimbabwe," *Journal of Peasant Studies*, 38, no. 3 (2011): 507 [Moyo, "Three Decades"].

约翰·苏尔在马佐韦地区格林戴尔的黑绍特（Heyshott）农场种植了
21 公顷的大棚玫瑰，他还是一个很大的出口商，雇用了 1000 多人。他在
20 世纪 90 年代拥有三个农场，其中两个被用于重新安置。这两个农场中
有一个是基奥拉农场，他在那里保留了很小的一块地，用来种植大棚玫
瑰。他还在基奥拉农场负责大麦订单种植项目，也就是我们在第七章中提
到的那个项目。三角洲酿酒厂不愿意从小农场主那里购买大麦，于是苏尔
充当了中间人。他提供耕地和灭虫服务，并将从单个农场主那里购买的大
麦卖给三角洲酿酒厂。他现在还将业务扩展到大豆订单种植，并与他以前
农场上的 A1 农场主签订了合同。

据报道苏尔还曾帮助副总统约瑟夫·姆西卡（Joseph Msika，2009 年
去世）开发他的农场，另外据说姆西卡曾在 2007 年反对驱逐白人农场主。
维基解密公布了美国大使馆的一封电报，称白人"农场主的命运在很大程
度上依赖于他们认识的人。比如，与姆西卡间的关系……能够终止驱逐进
程"。① 另外，苏尔还在 2009 年出人意料地寻求让高等法院将 6 个土地改
革的农场主逐出他们在黑绍特农场获得的土地。②

斯库恩斯及其同事也注意到，马斯温戈省剩余的白人农场主避开风
头，与重新安置农场主达成协议，共同使用牧场和市场。③ 普罗斯珀·马
通迪也发现："在马佐韦地区，有些被视为好邻居的白人农场主也被划为
'本地人'并保住了他们的农场，尽管在大多数情况下他们农场的面积大
大缩小，或只保留了一个农场。截至 2004 年，马佐韦地区还有 11 个白人
农场主。"④

纳尔逊·马荣格韦通过引用政府关于白人农场主的文件，给出了为何
有些农场被保留下来的原因：有位农场主"在津民盟—爱国阵线筹措资金
的时候，非常热心和坦率地提供了支持，还为 A1 和 A2 农场主提供了帮

---

① Wikileaks US Embassy Harare cable 07HARARE942, FINAL PUSH ON LAND SEIZURES, Oc-
tober18, 2007. Available at http：//www. insiderzim. com/stories/2420 – mujuru – and – mutasa
– clash – over – farm – evictions. html（December 6, 2011）.

② "White Farmer Seeks to Evict Six Beneficiaries," *Herald*, August 25, 2009; see also Matondi,
"Fast tracking".

③ Ian Scoones, et al. , *Zimbabwe's Land Reform*：*Myths & Realities*（Woodbridge, Suffolk, UK：
James Currey, 2010）, 34.

④ Matondi, "Fast tracking ".

助"；有位农场主协助当地发展，修建了一所小学，并为 A2 农场主提供了帮助；还有一些农场主帮助附近的 A1 农场主耕种土地。有位农场主据说为附近的社区提供了运输、耕作、种植和收割服务，为独立庆典等全国性的活动做出了贡献，因此而"得到了当地人民的合作与支持。津民盟—爱国阵线在最近一次选举中胜利也有他的功劳"。①

151

但前白人农场主并不是都对新农场主报以同情心。戴维逊·纳戈（Davidson Nago）获得了马斯温戈省齐雷济地区附近的一块土地，上面覆盖着茂密的森林，他必须亲手将大树一棵棵地清理掉。他告诉我们："我想去租推土机，但没有租到。只有那些（白人）农场主才有推土机，于是我向其中的一个农场主说，我想清理5~6公顷的土地。他答应了，我们甚至谈好了价格。然后他问我，你的农场在哪里？我说在公正山那边，于是他走开了。他说：'那是我叔叔的农场。'他就这么拒绝了我。"② 在研究中，我们还发现为非政府组织或订单农业公司工作的前白人农场主，有时会拒绝与土地改革农场主合作而只愿意与村社地区的农场主合作。

萨姆·莫约指出："一些大型黑人农场主或 A2 农场主还雇用了前白人农场主或白人农场经理来担任农场经理，这些农场经理或者领取工资，或者以农作物代替工资。"③ 但我们通过采访发现，无论黑人经理还是白人经理都存在很多问题，因此农场主最好不要用手机遥控指挥，他们必须到农场里去。我们还经常会听到这么一句谚语："要想牲畜肥，只能是主人亲自盯着它吃草。"

昂古斯·塞尔比（Angus Selby）通过对马佐韦地区康塞森镇的研究发现，在其案例研究地区的 58 个白人农场主中，有 3 个仍在经营农场，有30 个住在哈拉雷，有 25 个已经离开津巴布韦。这与其他的数据大体一致，即仍有50%以上遭到驱逐的农场主留在津巴布韦，至少在最初一段时间里是这样。塞尔比强调指出，不能简单地将白人农场主视为一个同质的群体："无论作为一个社群、一个利益群体，还是作为一个经济部门，白人农场主通常都会被按照背景、地理区域、土地的使用方式和农作物的品种

① Marongwe, "Interrogating," 162 - 164, citing "Schedule A: Summary of Number of White Farmers to Remain and Number of White Farmers Before the Land Reform by Province".

② Plaut, "Crossing Continents".

③ Moyo, "Three Decades," 507.

等区分开来。他们还被不断出现的各种差异，如富裕程度、政治观点和农场结构等区分开来。"①

农场种植园

　　萨姆·莫约对大型外资和国有农业种植园进行了最为详细的调查，他指出："尽管'快车道'土地分配的进程波及面很广，但大型外资和国有农业种植园大部分还是被保留了下来。"② 共有 247 个从事甘蔗、咖啡、茶叶、木材、牛肉和野生动物保护的大型种植园主，他们所拥有的土地从 2000 年的 260 万公顷减少到 150 万公顷，减少的那部分已被别人占领。那些没有被用于主要用途的土地，如种了甘蔗的养牛的土地，没有能够保住。此外，有一部分甘蔗和茶叶的白人外围种植户被黑人外围种植户所取代。这些大型种植园的主要股东为外资或国有企业。

　　甘蔗、茶叶和柑橘的产量已经恢复到 20 世纪 90 年代的水平，但咖啡还尚待时日。此前一共有 47 个白人甘蔗种植园主，但他们的土地大部分在土地改革中分了出去，现在甘蔗种植园主的数量为 560 个（其中包括一个白人）。③ 甘蔗是扩张最快的经济作物。南非唐加特胡雷特糖业公司（Tongaat Hulett Sugar）经营了三角地种植园和希波谷地种植园。三角地种植园在单方面宣布独立时期就用甘蔗生产乙醇，与汽油混合在一起充当燃料，其业务一直持续到 1992 年燃油价格下降。甘蔗产量在 2006 年得以恢复，现在正在快速增加。乔舒亚·恩科莫（Joshua Nkomo）④ 建立的津巴布韦发展基金（Development Trust of Zimbabwe）是一个拥有大量土地且充满争议的土地拥有者，它留出 6 万公顷的土地用于重新安置，且正在与津巴布韦白人商人比利·劳腾巴什（Billy Rautenbach）的津巴布韦生物能源公司合作，开发一个大型的甘蔗乙醇项目。农业农村发展中心也正在与三家津

152

① Angus Selby, "Commercial Farmers and the State: Interest Group Politics and Land Reform in Zimbabwe" (PhD thesis, University of Oxford, 2006), 10, 319.
② Sam Moyo, "Land Concentration and Accumulation After Redistributive Reform in Post – settler Zimbabwe," *Review of African Political Economy*, 38, no. 128 (2011): 257 – 276.
③ Sam Moyo, "Changing Agrarian Relations After Redistributive Land Reform in Zimbabwe," draft, April 27, 2011.
④ 津巴布韦非洲人民联盟的创立者，后担任津巴布韦副总统，1999 年去世。

巴布韦企业合作，共同筹建5.5万公顷的甘蔗乙醇项目。

本章小结：大型农场与生产率较高的精英

保留大型商业农场并要求农场主自己筹集资金，自动创造了一个精英阶层。有些白人农场被原封未动地移交，有些则被分成了3~6个A2农场，当然每个农场的面积仍然很大。在津巴布韦，农业被视为一种积累的方式，因此在分配A2农场的过程中，充满了政治斗争与裙带关系。政府为农场面积设定了上限，并要求一人只能拥有一个农场，但这两条准则都没有得到很好的执行。

A2农场主开始耕种的速度很慢，这在一定程度上是因为政治斗争延缓了分配进程，后来恶性通货膨胀又导致投资困难。有些A2农场仍然被闲置或尚未充分耕种。然而，新的大型农场主正在证明自己拥有与他们白人前人一样的产量，有些人的产量甚至更高。许多"普通的"新农场主和政治精英农场主都取得了成功。投资仍然是一个问题，成功的农场主需要从农场之外获取资金，而且还需要将他们的农场收入投入下一个十年，以提高生产率。

与此同时，尽管许多前白人农场主离开了津巴布韦，但还是有一部分留了下来。在留下来的这部分人当中，有些仍然经营农场，还有一些则与新农场主合作，从事与农业有关的商业活动。

大型农场被控过度政治化，《全面政治协议》呼吁对其进行土地审查。此外，有一条适用于A1农场的原则也适用于A2农场，即需要一代人的时间来开发一个新的农场。因此，下一个十年将见证大型商业农场发生更多的转变。

第十章　女性获得土地

当塔柏斯·格罗芙（Tabeth Gorovo）坐在她的厨房里的时候，你会发现那就是她整个世界的中心。那是一个典型的绍纳人的厨房：圆形，砖头墙体，茅草屋顶，在厨房正中烹饪，墙的四周摆了一排长凳。不过，与一般人的厨房相比，她的厨房更大、更明亮和更通风。她在厨房外面安了一块太阳能电池板，连着正在播放的收音机。塔柏斯是她丈夫的第二个妻子，以前必须与另外一个妻子平分仅有的 1 公顷土地。于是在贾姆班加运动期间，她来到这里并占据了这块土地。她在 2002 年修建了房子，在 2003 年修建了这个厨房。她种植了玉米和花生并出售了其中一部分，还制作花生酱，她的食用油来自葵花籽。她的总收入约 2000 美元，属于我们在

照片 10 – 1　塔柏斯·格罗芙（居中）位于她的罗彻斯特农场
A1 农场厨房中，另外两名女性也是农场主

第八章所定义的中等收入农场主中收入较高的那一部分。她雇了两个全职工人，修建了自己的房子和厨房，并逐渐增加鸡和牛的数量。但她向我们解释说，对她而言最重要的是"内心的宁静"。她独立自主，拥有自己的农场，而且现在的生活要比在村社地区好多了。

露丝玛丽·米瑞比瑞（Rosemary Mhiripiri）的父母是 20 世纪 80 年代的重新安置农场主，但她自己没有土地，于是她也加入了 2000 年的占地运动。她在占地运动中遇到了自己未来的丈夫，但她坚持要在斯普林戴尔农场保留自己的土地，而她丈夫的土地则位于另外一个农场。"我生产的粮食足够养活全家———一点问题都没有！"她说。

157 津巴布韦 1980~1998 年的第一阶段土地改革尽管在一定程度上降低了贫困，[①] 但也仍然延续了传统的土地政策，即重男轻女。许可证基本都颁发给了男性户主。在土地改革的早期阶段，政府的政策是定居者必须已婚或者寡居，这相当于是对已婚妇女（因为许可证被挂在她们丈夫的名下），尤其是未婚女性的歧视。[②] 女性冲上贾姆班加运动的第一线，与男人一起参加争取土地的斗争。[③] 获取 A1 农场在一定程度上来说是一种自我决定的行为，因为那些真正想要农场的人，会一直占据那里，直到作为个人或作为家庭的一员，得到政府许可为止。就像那些女性所展示的那样，获得更好和更多的土地已经改变了许多女性的生活。她们的热情与欢乐，以及不辞辛劳与坚定的信念，非常鼓舞人心。妇女还远远没有获得平等的地位，但"快车道"土地改革对她们而言无疑是一个重大的改变，因为是她们推动了这一改革，因为是她们将配额、信贷以及自己的名字放到了土地文件之中。这一进程还在继续，而且在过去的 10 年中，女性已经获得了越来越多的土地与权利。

① Bill Kinsey, "The Implication of Land Reform for Rural Welfare," in *Land Reform in Zimbabwe*: *Constraints and Prospects*, ed. by Tayna Bowyer – Bower and Colin Stoneman (London, UK: Ashgate, 2000).

② Goodhope Ruswa, "The Golden Era? Reflections on the First Phase of the Land Reform Programme in Zimbabwe," Occasional Research Paper Series, Number 01/2007 (Harare, Zimbabwe: African Institute for Agrarian Studies, 2007) [Ruswa, "Golden Era"].

③ Women and Land Lobby Group, "Consultative Planning Workshop Report," report of June 1998 workshop, Harare, Zimbabwe, 6; Tanya Lyons, *Guns and Guerrilla Girls*: *Women in the Zimbabwean Liberation Struggle* (Trenton, NJ: World Africa Press, 2004) [Lyons, *Guns and Guerrilla Girls*].

照片 10 - 2　露丝玛丽·米瑞比瑞在斯普林戴尔农场剥花生

女性已经以土地为中心被组织了起来。1998 年，一些此前曾成功促进女性土地权利的活动家与学者，创建了津巴布韦妇女与土地联盟（Women and Land in Zimbabwe，WLZ）。[①] 然后在 2006 年，一些女性土地改革农场主开始认识到她们需要来自各方面的支持，并因此创建了女农场主土地与农业基金会（Women Farmers Land and Agriculture Trust）。[②] 该基金会现在已有 2000 多名会员，其中有些是与她们的丈夫一起耕作，但由她们担任经理和管理农场，另外一些则是单身，即或者离婚，或者寡居，或者还没有结婚。本章将借用女农场主土地与农业基金会的行动研究，该项研究在 2009 年[③]和 2011 年先后开展了两次，前者的研究对象为格罗蒙兹地区与温古地区的女农场主，后者的研究对象为格罗蒙兹地区、马佐韦地区和穆雷华地区的女农场主。女农场主土地与农业联合会执行主席、自身也是农场主的菲得斯·马扎维达（Phides Mazhawidza）和女农场主土地与农业联合会的项目

158

---

① 最初名为女性和土地游说集团。

② 联合会的宗旨为：以能力建设为基础使用土地，以此确保女农场主为国家粮食安全作出贡献和获得经济领域的权力；游说和提供建议；帮助女性获得设备、灌溉和投入等农业资源。

③ Phides Mazhawidza & Jeanette Manjengwa，"The Social，Political and Economic Transformative Impact of the Fast Track Land Reform Programme on the Lives of Women Farmers in Goromonzi and Vungu - Gweru Districts of Zimbabwe"（Rome：International Land Coalition，2011），available at http：//landportal. info/sites/default/files/wlr_8_zimbabwe. pdf（November 27，2011）.

官员法戴·奇瓦瑞（Fadzai Chiware）对此项研究进行了协助。第二章图片中格罗蒙兹地区的那些女性也是女农场主土地与农业基金会的成员。

在本章中，我们将对女性在"快车道"改革期间的情况进行考察，并把重点放在她们从土地改革进程中所获得的经验上面。我们所谓的这些经验，不仅是指她们获得和保住了土地，还包括她们如何使用土地，以及这些土地如何改变了她们的生活。在与女农场主一起工作的过程中，我们发现她们拥有良好的组织和很高的效率。她们自己很快就动员起来，推选了一个领导人并拟订了研究计划。在我们进行研究访问的时候，女农场主们都骄傲地向我们展示了她们的劳动成果，并坚持让我们走遍她们农场的每一个角落。当我们回家的时候，我们的汽车上装满了她们送的形状不一和大小不等的南瓜与甘薯。

在殖民主义统治下，非洲传统的以重男轻女和强化男性对女性劳动力控制方式的家长制得以重建。[1] 朱利叶斯·坎巴拉吉·尼雷尔曾悲叹："非洲的女性一辈子都在不属于她们自己的土地上辛苦谋生，生产着她们无权支配的农作物，当她们的婚姻因离婚或丈夫死亡而结束的时候，她们便会两手空空地被赶出家门。"[2]这种情况在非洲各国都频繁发生，即便在它们独立后也是如此。对于津巴布韦而言，土地改革计划主要致力解决的是因种族不同而导致的土地占有严重不均和歧视性的土地占有制度，而非解决性别间的不平等，甚至有些学者认为津巴布韦的土地改革对女性具有歧视性。例如，古德胡普·鲁斯瓦（Goodhope Ruswa）认为，只有很少女性从土地改革进程中受益；[3] 阿里逊·戈贝尔（Allison Goebel）也认为，"快车道"土地改革仍然将男性作为重新安置土地的主要接收者，在土地改革进程中纳入传统权威相当于继续将妇女边缘化。[4] 即便在全球层面，相关研

159

---

① Robin Palmer, "Challenges in Asserting Women's Land Rights in Southern Africa," presentation at "Decentralising Land, Dispossessing Women? Recovering Gender Voices and Experiences of Decentralised Land Reform in Africa," May 2009, Maputo, Mozambique, 4.

② UN Food and Agriculture Organization (FAO), "Gender, Property Rights and Livelihoods in the Era of AIDS," Proceedings Report of FAO Technical Consultation, November 28 – 30, 2007 (Rome: FAO, 2008), 10.

③ Ruswa, "Golden Era".

④ Allison Goebel, "Zimbabwe's 'Fast Track' Land Reform: What About Women?" *Gender, Place and Culture*, 12, no. 2 (2005): 145.

究也表明没有任何土地改革将土地在男女之间作了公平的分配。①

津巴布韦的土地改革进程标榜"性别中立"，但在一个由男性主宰的社会里，中立所导致的必然是土地占有、控制、管理和产量等方面的性别差异。在"快车道"土地改革计划初期，政策框架并没有为解决土地的继承，尤其是寡妇的继承问题上的性别失衡提供有利的环境。这导致了以大众习俗为基础的特定的实践路径。在继承和婚姻等问题上所存在的双重法律体系，即习惯法与成文法并存的体系，导致妇女在凭借自己的权利或作为平等的公民获取土地的时候，遭到了歧视。②

然而，万物都是变动发展的，11 年后，无论政策还是其实施都发生了根本性的变化。尽管妇女仍然没有完全获得应该得到的土地，她们还是取得了重大进展。她们先是积极参加了贾姆班加运动，现在则于夫妻双方的名字均被写在给予他们的土地的分地函上，而日渐获得土地的继承权。格特鲁德·齐班达（Gertrude Chimbwanda）是一个 A1 农场主，我们在 2011 年采访她的时候，她刚刚出售烟草并赚了 4200 美元。"作为一个寡妇和一名女农场主，我认为自己干得很不错，因为我通过努力建了一栋房子，养了一些羊和鸡。我在这个农业季种了烟草、大麦和玉米。我很高兴自己是一个女农场主，在我丈夫过世后，正是这些农场帮我养活了我的家人。"

诸多政策声明均承认妇女需要平等地获取土地，土地改革进程需要更加关注性别问题。2008 年 9 月联合政府成立前各方都支持的《全面政治协议》中有一个条款（5.8）："承认妇女有权作为平等的公民获取和控制土地。"

在"快车道"土地改革中向妇女分配土地

总体而言，津巴布韦共有 34% 的家庭的户主为妇女，这一比例在农村

---

① World Bank, *Gender in Agriculture Sourcebook* (Washington, DC: World Bank, 2008), available at http://siteresources.worldbank.org/INTGENAGRLIVSOUBOOK/Resources/Complete-Book.pdf (January 3, 2012).
② Kwanele Ona Jirira & Charles Mangosuthu Halimana, "A Gender Audit of Women and Land Rights in Zimbabwe," paper prepared for the Zimbabwe Women's Resource Centre and Network (ZWRCN), Harare, Zimbabwe, 2008, 14 [Jirira & Halimana, "Gender Audit"].

地区更高，为38%。① 但在农村，事实的女性户主的数量要高更多，因为男性经常前往城市和矿山找工作，将他们的妻子留在农村照顾家人。这导致妇女社团，尤其是津巴布韦妇女与土地联盟，要求为妇女预留20%的土地。为命运多舛的1998年关于土地改革的捐助者会议所准备的文件虽然提及妇女是"特殊群体"，且专门表示要与津巴布韦妇女与土地联盟展开合作，但并没有设定份额。②

"快车道"土地改革之后，乌泰泰委员会在2003年发现有超过2.35万名妇女获得了土地，但"从全国范围来看，只有很少的妇女凭借'快车道'改革获得了土地"。妇女为户主的家庭只获得了18%的A1农场和12%的A2农场（见表10-1）。③ 萨姆·莫约的团队在2006年的《基础调查》中得出的数据要稍微高一些：21%的A1农场和15%的A2农场。④ 与之相比，白人农场只有4%的女农场主，20世纪80年代的土地改革农场也只有5%分给了女性。⑤

全国各地的情况存在很大的差异。只有两个省的妇女获得了20%的土地：东马绍纳兰省的A1农场和南马塔贝莱兰省的A2农场。"鉴于妇女一直以来在村社地区农业生产的各个领域所发挥的关键作用，以及为了实现这一关系国计民生的经济部门总体上的性别平衡"，乌泰泰委员会建议，"至少应将40%的土地分配给妇女，尤其是A1农场更应如此分配"。⑥

事实证明，随着时间的推移，已经有越来越多的妇女获得了土地。

---

① Government of Zimbabwe, *Zimbabwe: 2003 Poverty Assessment Study Survey Main Report* (Harare, Zimbabwe: Ministry of Public Service, Labour and Social Welfare, 2006), 25, 26.

② Sam Moyo, et al., *Inception Phase Framework Plan 1999 to 2000* (Harare, Zimbabwe: Technical Committee of the Inter – Ministerial Committee on Resettlement and Rural Development and National Economic Consultative Forum Land Reform Task Force, n. d. [but surely 1998]), 11, 23, 43.

③ Charles Utete, "Report of the Presidential Land Review Committee on the Implementation of the Fast Track Land Reform Programme, 2000 – 2002" (Harare, Zimbabwe, 2003), 25 [Utete Report].

④ Sam Moyo, et al., *Fast Track Land Reform Baseline Survey in Zimbabwe* (Harare, Zimbabwe: African Institute for Agrarian Studies, 2009), 26 [Moyo, et al., *Baseline Survey*].

⑤ Sam Moyo, "Three Decades of Agrarian Reform in Zimbabwe," *Journal of Peasant Studies*, 38, no. 3 (2011): 504.

⑥ Utete Report, 6, 84.

2007 年，腾代·穆伊萨（Tendai Muirsa）在距哈拉雷不远的兹文巴地区（Zvimba，西马绍纳兰省）进行了调查，发现 A1 农场有 25%的受惠者为妇女，A2 农场有 22%的受惠者为妇女。[①] 伊恩·斯库恩斯及其同事通过 161 对马斯温戈省的研究发现，尽管刚开始时只有很少一部分妇女获得了土地（A1 农场为 14%，A2 农场为 12%），但当土地通过继承或重新分配的方式流转的时候，又有大量的妇女获得了土地（A1 农场为 30%，A2 农场为 50%）。[②] 至于我们详细考察的 3 个重新安置农场：在基奥拉农场（马佐韦地区）的 102 个农场主中，妇女占到 33%；在斯普林戴尔农场（穆雷瓦地区）和布鲁克米德农场（格罗蒙兹地区），妇女则只占正式受惠者的 16%，但是这两处分别有 23%和 16%的农场由妇女充当主要的决策者，即便农场挂在她们丈夫和儿子的名下也不例外。

表 10-1　不同省份的"快车道"土地改革按照性别来划分的土地分配情况

省	A1 农场				A2 农场			
	男性受惠者		女性受惠者		男性受惠者		女性受惠者	
	比例（%）	数量（人）	比例（%）	数量（人）	比例（%）	数量（人）	比例（%）	数量（人）
中部省	82	14 800	18	3 198	95	338	5	17
马斯温戈省	84	19 026	16	3 644	92	709	8	64
中马绍纳兰省	88	12 986	12	1 770	87	1 469	13	215
西马绍纳兰省	81	12 782	19	5 270	89	1 777	11	226
东马绍纳兰省	76	12 967	24	3 992	—	—	—	—
南马塔贝莱兰省	87	7 754	13	1 169	79	215	21	56
北马塔贝莱兰省	84	7 919	16	1 490	83	574	17	121
马尼卡兰省	82	9 572	18	2 190	91	961	9	97
全　部	82	106 986	18	22 723	88	6 043	12	796

资料来源：Utete Report, 25。

[①] Tendai Murisa, "Social Organisation and Agency in the Newly Resettled Areas of Zimbabwe: The Case of Zvimba District," Monograph Series, Issue No. 1/07 (Harare, Zimbabwe: African Institute for Agrarian Studies, 2007).

[②] Ian Scoones, et al., *Zimbabwe's Land Reform* (Woodbridge, Suffolk, UK: James Currey, 2010), 55-56 [Scoones, et al., *Land Reform*].

贾姆班加运动中的妇女

齐波·齐姆伦加（Chipo Chimurenga）是马佐韦地区康塞森镇一位敢作敢当的女农场主和老兵，她认为贾姆班加运动"由老兵主导，组织严密，配合很好，男人和女人都被一视同仁"。我们的研究证实了这一点。有些妇女，如艾格尼丝（我们在第五章提到的那位在战争中失去双腿的妇女），凭借她们在解放战争中的经验，组织和领导了占地行动。威尔伯特·萨多姆巴（Wilbert Sadomba）指出，在格罗蒙兹地区的占地运动中，老兵委员会是由 3 个强有力的妇女领导的，因为她们比委员会里的男性更加活跃以及职位更高。① 约瑟夫·绍姆巴（Joseph Chaumba）及其同事也发现，在齐雷济地区的占地运动中，男人和女人晚上不住在一起，有些占地者的妻子会经常去看他们，给他们带去食物并帮他们换洗衣服。② 贾姆班加运动通常是家庭的集体行为，家庭的其他成员会帮助和支持那些占领土地的人，或轮流待在那块土地上。

齐波最终获得一个 A2 农场，她告诉我们："在 2000 年年初的时候，我和另外 25 个人——其中女人多于男人——一起，进入一个农场并占领了三到四个月。当时并没有发生暴力行为。我们的目标是通过在农舍前面的空地上采取各种行动，如敲鼓、唱歌、吹口哨、跳舞和点火做饭等，骚扰白人农场主，让他们无法正常生产并被迫离开。商业农场主最终离开了，他的农场被分成了小块用于重新安置。对我们而言，所有占地的人都获得了土地，不过有些不在我们所占领的农场里。"

有着花白头发和爽朗笑容的法比·桑格瓦（Fabby Shangwa）是格罗蒙兹地区贝尔蒙特农场的一位女农场主，她讲述了经常令人捉摸不透的进程及自己所遇到的各种问题，以及她是如何下定决心来解决这些问题的。

---

① Zvakanyorwa Wilbert Sadomba, *War Veterans in Zimbabwe's Revolution* (Woodbridge, Suffolk, UK: James Currey, 2011), 126.

② Joseph Chaumba, Ian Scoones & William Wolmer, "From *Jambanja* to Planning: The Reassertion of Technocracy in Land Reform in South - eastern Zimbabwe," Sustainable Livelihoods in Southern Africa Research Paper 2 (Brighton: Institute of Development Studies, 2003), 10, a-vailable at http: //www. ids. ac. uk/download. cfm? objectid = F964600F - 5056 - 8171 - 7B27BE59A953D7B4 (November 27, 2003).

"2002 年 6 月 15 日，我们一群人占领了一个农场。6 月 20 日，政府发布命令，允许我们分配农场的土地。有个帽子里放了很多纸条，每个纸条上都写着一个数字，我们抓到哪个数字便获得将要分配给我们的那块与纸条对应的土地。我在农场上安顿下来之后，白人农场主经常前来威胁我们，并让我们离开农场。白人农场主得到了时任区长的纵容，我们真的不明白，他为什么要将土地还给白人农场主。区长告诉我们，如果我们不想离开农场的话，就会遭到逮捕。那天我气得不行，差点连气都喘不开了。那个白人农场主所做的还不止如此，他让牛糟蹋了我们的玉米。我感觉自己受够了，就指着他的鼻子，告诉他必须赔偿他的牛所吃的玉米。那个白人农场主最后赔了我 10 公斤化肥和 10 公斤玉米种子。"

由于有机会获得更多和更好的土地，有些来自附近拥挤的村社地区的女农场主主动参加了占地行动，而她们的丈夫则留在了家里。然而，由于各方面的条件变得越来越困难，许多最初参加占地运动的妇女最终被迫放弃了土地。那些农场缺乏卫生设施、学校和市场等基础设施，这对妇女的影响要远远大于对男性的影响，因为她们还要烧火做饭和照顾孩子。此外还有例子表明，一些夫妇在贾姆班加运动期间为了获得土地并肩作战而且取得成功，但随后他们离婚了，于是妇女不得不离开农场。

我们发现那些参加过解放运动的妇女与那些得到土地的妇女之间存在一定的联系。老兵中的妇女与那些来自村社地区的妇女，在为她们自己和其他人争取和保护土地的时候，展现了非凡的决心与毅力。女性老兵，如爱丽丝和艾格尼丝，成了动员其他妇女的催化剂。鉴于"快车道"土地改革是在独立 20 年之后才发生的，这种联系尤其引人注目。尽管这些妇女都变成了母亲、妻子和家庭主妇，[1] 但我们的研究表明，她们从未失去最初那种对土地的热情，正是这种热情，推动她们参加了解放斗争。

津巴布韦农村地区的家庭结构通常比较复杂，男人和女人在组成家庭前通常都有过配偶且生过孩子。女性和男性对家庭及土地的兴趣既有共性又存在差异。对于妇女而言，土地是养育孩子的重要依托。有些妇女，如本章一开始所提到的塔柏斯·格罗芙，利用贾姆班加运动摆脱了一夫多妻

---

① Lyons, *Guns and Guerrilla Girls*, chap. 9.

的婚姻、与邻居的争吵和巫师的指控，并最终实现了个人的独立。伊恩·斯库恩斯指出，"妇女能够自由地加入占地运动，且得到了热烈的欢迎"，而且独立的妇女与男人一样被分配了土地。"有些人，尤其是妇女，希望借此获得解放。她们希望逃离虐待她们的丈夫或家庭，摆脱所受到的指控与不受重视的地位，在新的村社重新开始生活。另外一些人则希望将来把她们手中的土地传给下一代人。"①

作为合作伙伴的妇女

虽然有些妇女凭借自己的力量获得了土地，但大部分妇女还是通过她们的丈夫、父亲或兄弟而间接获得土地的。《A2 农场土地审查报告》指出，只有 1315 个妇女获得了 A2 农场，但另有 8032 个妇女通过她们的丈夫获得了 A2 农场；同样，有 9167 个男性以自己的名义获得了土地，但另有 577 个男性因他们的妻子获得了 A2 农场，从而自己也就拥有了土地。②

家庭被认为是一个整体。家庭里的女性和男性都会参与农业活动，但在津巴布韦，二者因性别不同而在劳动分工方面存在一定的差异，如男性耕地、女性除草，不过在收割的时候他们会一起上阵。妇女主要种植蔬菜和园艺作物；男人主要负责养牛，妇女则主要负责养鸡和养羊。

但妻子是与丈夫共同拥有和使用土地，她们并非处于次要位置。我们的研究发现，妇女在管理农场和进行决策的时候，发挥着主导性作用。接受我们采访的所有已婚妇女都拥有真正意义上的主事权，且都真正介入了农业生产活动。与家庭事务不同，对农业的决策似乎更加民主，妇女似乎更有可能与男人一起平等地协商相关事宜。妇女因在农业生产中发挥的作用，已经被视为平等的合作伙伴。

奥缇莉亚·姆古蒂（Ottilia Muguti）40 岁出头，是 3 个孩子的母亲，她辞去哈拉雷的教师工作，加入了丈夫的 A2 农场。尽管农场的工作非常辛苦，她每天凌晨就要起来挤牛奶，但她也获得了更多的回报。由于没有

① Scoones, et al., *Land Reform*, 52, 55.

② Ministry of Lands, Land Reform and Resettlement & Informatics Institute, *A2 Land Audit Report*, (Harare, Zimbabwe, 2006).

接受过正式培训，她不得不边工作边学习，并因此而犯了许多让人灰心丧气的错误，而现在则可以和丈夫一起管理大部分农场活动。尽管遭受了一些挫折，但她肯定不会再回去教书了。奥缇莉亚告诉我们，对农场管理的讨论和决策是与对家庭事务的讨论分开的。这些讨论最初在卧室进行，但由于并非所有关于农业经营的讨论都能容易和友好地达成一致，有些甚至会悬而不决，因此奥缇莉亚决定将一个闲置的房间辟为"股东会议室"，专门用来讨论农业经营的问题。

我们经常会看到男人在农业问题上听从他们妻子的意见，那些在城里还有工作的男人更是如此。一位名叫菲达里斯·蒙达（Fidalis Mhonda）的高级警官在接受我们采访的时候说："和我妻子谈去吧——她才是管理农场的人。她有战略计划，她甚至会开拖拉机。"妻子所拥有的这种决策权也得到了普瑞斯卡·穆加贝（Prisca Mugabe）的证实。通过对奇曼马尼地区的研究，他发现尽管有些妇女名下并没有土地，但她们还是对家里决定如何使用土地有着重要的影响。有些妇女做决定是因为家里只有女人，其他一些甚至在她们丈夫在场的时候也是决策者。[①]

妇女的团结

艾斯特·马克瓦拉（已在第七章中介绍）和特雷萨·马瓦达（Teresa Mawadza）都是马佐韦地区的 A1 农场主。她们的丈夫都刚去世不久，但在土地改革的时候，她们的丈夫都有工作，都在幕后支持妻子，并为她们在农场取得的成就而感到自豪。他们甚至承认，妻子务农的收入比他们在城里的工资要高。特雷萨曾是一名教师，后来放弃教职将全部资源都投入农场，甚至包括买牛。她现在是基奥拉农场 A1 定居点的村长。凭借 A1 农场的收入，她将孩子们送到南非的大学读书。另外，特雷萨还将她的利润重新投入农场，并购买了拖拉机和其他农用设备。但艾斯特和特雷萨表明妇女之间的团结可以发挥重要的作用——艾斯特将拖拉机借给了特雷萨，因为她懂得特雷萨的孩子上大学的重要性。

---

① Prisca Mugabe, "Impacts of Land Reform Migrations on Forest Resources Management in Model A1 Resettlement Areas of Chimanimani District in Zimbabwe" (Harare, Zimbabwe: Institute of Environmental Studies, 2011), 10.

我们发现妇女在获取土地的时候所面临的最大障碍是烦琐的手续。有些妇女因坚持不懈而取得成功，有些妇女帮助了其他妇女，还有一些妇女则是在正确的时间出现在了正确的地点。本娜·穆曾格扎（Benna Musengeza）是一位公务员，拥有良好的农业背景，其中包括获得了农业专业的证书与学位。当全国性报纸在 2000 年开始刊登广告的时候，她就提出了申请，但直到将近 4 年之后，她才从格罗蒙兹地区获得一个 A2 农场。在此期间，她几乎每个月都要前往土地部，提醒他们自己已经递交了申请。"这取决于你在农业部认识什么人，而且你还要保持足够的耐心。"但本娜认为她最终能够成功，主要得益于省首席土地官员的帮助，那位官员也是一位妇女。"她之所以帮助我，是因为我也是女人。她还帮助别的妇女获得土地。"

　　马佐韦地区的一位女性老兵也表示，她在宾杜拉地区申请土地的时候，也得到了中马绍纳兰省土地委员会的一位女性老兵的帮助。

　　这些例子反映了萨姆·莫约所总结的妇女在申请土地时所面临的困难，[1] 其中包括官僚主义的制约、主要由男性组成的遴选机构的性别歧视、因缺乏信息来源而对申请条件不了解以及妇女维权组织在申请问题上没有进行充分的动员。尽管政府在遴选 A2 农场申请者的时候，规定凡是妇女都可以额外加分，但妇女获得土地的比例并没有相应地增加。不过我们也看到，如果妇女下定决心要得到土地，且准备为此作出各种努力的话，她们肯定能够成功。

166

继承土地仍然具有不确定性

　　土地改革进一步明确了妇女的土地权利，并规定这与她们的婚姻状况无关。尽管如此，妇女仍然无法自动获得和使用土地，她们通常还需要努力争取。无论分地函上面的名字，还是此后的继承与转让土地，"传统"的男权主义都仍然是摆在她们面前的一个问题。

　　马佐韦地区康塞森镇的一个例子说明了这一问题。有位妇女想方设法

---

　　① Sam Moyo, "Emerging Land Tenure Issues in Zimbabwe," Monograph Series, Issue No. 2/07 (Harare, Zimbabwe: African Institute for Agrarian Studies, 2007), 24.

将一个 A1 农场挂在她的名下，但为了尊重丈夫和遵守传统习惯，她将土地承包合同上的名字改成了丈夫的。然而几年之后，丈夫又娶了一个老婆。更过分的是，丈夫不但与她离了婚，还抢走了孩子，并试图将她赶出农场。由于她拒绝离开农场，他们走上了法庭，而判决结果是她必须离开。然而当地社区和社区的领导人认为她丈夫的行为太过残忍和严重不当，因此支持她继续留在农场。

当马什塔（Mr. Mwashita）先生——一位在马佐韦地区的和谐农场获得了一块土地的老兵，去世之后，他的遗孀用了好几年的时间才获得继承农场所需要的材料。由于她是根据传统法结的婚，她必须获取丈夫亲属们的书面证明。这一地区的其他老兵为她提供了帮助，她和孩子们最终得到了丈夫名下的农场。

对于妇女而言继承土地仍然存在很大的问题。纳尔逊·马荣格韦[①]在 2002 年举了一个这方面的例子："布纳维斯塔 2 区一个女受惠者的丈夫死了，被埋在他们位于东马绍纳兰省乌宗巴—马兰巴—普风维地区村社的老家。这位妇女离开农场好几个月，在这段时间里，七人委员会[②]的一名官员将她的农场重新分给了当地的一名商人，据说此人这么做是因为收取了贿赂。当这位妇女返回农场的时候，'新的受惠者'已经种了庄稼。七人委员会和地区政府的官员都没能解决这一问题。此事最后报给了省土地委员会，然后那个商人被命令腾出农场并退还给那位妇女。"

有些妇女将土地注册在她们儿子的名下，这可能是为了将土地保持在男性手中，以防止其他人索要土地。妇女通常以继承的方式将土地交给男孩而非女孩，因为后者可能会因结婚而将土地"遗失"给她们的丈夫或孩子。在继承这一问题上，即便对于妇女而言也更加偏向儿子。[③] 奎卢的一　167

①　Nelson Marongwe，"Interrogating Zimbabwe's Fast Track Land Reform and Resettlement Programme：A Focus on Beneficiary Selection"（PhD thesis，Institute for Poverty，Land and Agrarian Studies（PLAAS），University of the Western Cape，2008），7.5.

②　根据"快车道"土地改革计划，每个重新安置点都建立了七人委员会以负责行政与管理工作。

③　Sunungurai Chingarande，Prisca Mugabe，Krasposy Kujinga & Esteri Magaisa，"Agrarian reforms in Zimbabwe：Are Women Beneficiaries or Mere Agents?"（Harare，Zimbabwe：Institute of Environmental Studies，2011）．Summary at http：//hdl. handle. net/10625/47628 and http：//web. idrc. ca/uploads/user – S/12850776031Agrarian_land_reforms_in_Zimbabwe – _are_women_beneficiaries_or_mere_agents. pdf（November 28，2011）．

位女公务员在"快车道"土地改革的时候，用自己的名字申请了一个农场，但她面临着来自家庭的压力。"家庭片刻不得安宁，丈夫一直抱怨我将土地挂在了自己的名下，他甚至威胁要和我离婚。于是最后为了家庭的安宁和我的婚姻，我作出让步，将农场放到了儿子的名下。"坎乃利·奥纳·基里拉（Kwanele Ona Jirira）和查尔斯·蒙格苏图·哈里马纳（Charles Mangosuthu Halimana）发现，在某些情况下，一些事实上被分配给妇女的农场的户主是她们的儿子，这其实反映了父权制仍然无处不在。[①]

尽管最初分地函或许可证上面只有申请者的名字，而不管他们的性别或婚姻状况，但现在官方在全国所奉行的政策则规定，对于已婚人士而言，分地函或承包合同需要写上夫妻双方的名字。这一政策在许多地区都已经实施。例如，2009 年，在土地与农业基金会的帮助下，重新安置农场A1 女农场主以及来自省里和地区里的官员在爱丽丝·马苏卡位于温古的农场进行了一次会谈，省土地委员会的官员在会上宣布了这项需要将夫妻双方的名字都写在承包合同和许可证上的政策。

在一些地区，政府正在收回相关文件以便将配偶的名字加上去。然而正如萨姆·莫约所指出的那样，这一政策并没有让政府官员强迫申请者共同注册，因为这么做将被视为干涉婚姻事务，从而在法律层面是不可行的。因此，尽管政府官员希望并总是鼓励人们共同注册，但那些具有性别偏见的人可能并不会这么做，如此一来，各省推行这一政策的情况便存在很大的差异。[②]

地区与省级土地委员会可以自由处理土地纠纷和继承问题。我们发现，这些官员对性别问题很敏感，通常会对妇女报以同情。在格罗蒙兹地区和温格地区的 A1 农场和 A2 农场，如果丈夫去世的话，即便许可证或分地函上写的是他们的名字，他们的妻子也可以继续留在农场。在这种情况下，许可证或分地函上面的名字，就会换成寡妇的名字。

地方政府的这种干预行为表明人们的态度正在发生转变。我们对此可以举例说明，一个已婚妇女与丈夫一起经营农场，但农场登记在丈夫的名下。他们离婚之后，前夫仍然待在那个农场，而她又在其他地方获得了一块土

① Jirira & Halimana, "Gender Audit," 22.

② Moyo, et al., *Baseline Survey*, 40.

地，因为土地委员会同情她，且知道农场的大部分工作都是由她来做的。

官方关于受惠者的数据可能掩盖了实际的情况。即便分到了土地，妇 168
女也可能并没有控制它们；然而在另外一些时候，虽然土地在男人的名
下，但实际控制权却在妇女那里。耕作通常是整个家庭的事情，在大多数
情况下，许可证上的名字根本就无关紧要，因为人们都知道土地是"家庭
的土地"。受土地改革进程的推动，人们的观念正在发生改变，但男女间
的平等还远未实现。

生产与出售更多的农作物

第五章至第七章已经指出，许多土地改革的农场主正在生产更多的农
作物，而且有些农场主正日益商业化。已经有大量妇女变成了土地改革农
场主，其中有些正在成为成功的商业农场主。

我们从女农场主那里听到的抱怨与其他农场主的抱怨并无二致。其中
一个最大的问题是缺乏耕地设备。只有很少几个农场主有拖拉机，许多农
场主甚至连牛都没有，因此她们大部分都需要借或雇拖拉机、牛或驴子来
耕地。艾斯纳什·莫约（Esnath Moyo）是温格地区的一位女农场主，她表
示："我们花了 5 天的时间用动物拉着犁来耕地，如果用拖拉机，只要几
个小时就足够了。我们的那些驴子又慢又不听话，这是我们经营农场所面
临的重要挑战。"而且就像所有农场主一样，女农场主也抱怨难以获得种
子、化肥和杀虫剂等农用物资。在恶性通货膨胀时期，他们基本上得不到
那些物资；现在她们能买到了，但价格高得离谱。女农场主，事实上所有
的农场主，都抱怨农产品的价格太低，而投入成本太高。普瑞瑟斯·兹哈
里在 2008 年发现，在获取化肥的问题上存在性别歧视，男性户主家庭所使
用的化肥量要高于女性户主家庭。[1] 在此之前的研究也表明，在获取农用
物资方面，妇女通常都会遭到歧视。[2] 妇女还谴责政府在 2007 年的机械化

[1] Precious Zikhali, "Fast Track Land Reform and Agricultural Productivity in Zimbabwe," Environment for Development Discussion Paper Series（EfD DP 08 - 3），October 20, 2008.

[2] 可参见 C. R. Doss, "Twenty - Five Years of Research on Women Farmers in Africa: Lessons and Implications for Agricultural Research Institutions," CIMMTY Economics Program Paper, no. 99 -02（Mexico, DF: CIMMYT, 1999）。

计划中歧视她们。此外，在从金融机构贷款的时候，妇女也要比男性困难得多，因为贷款需要房屋或股份作为抵押，而大多数妇女都没有这两样东西。然而，我们通过 2011 年对农技推广服务中心官员的采访发现，男性和女性在获取化肥及其他物资的时候，并没有什么不同。如果真的有的话，那就是寡妇更有可能从亲属、社区和粮食收购管理局那里获得免费或有补贴的农用物资。

就像男农场主的成功一样，女农场主的成功也与获取外部资源息息相关，这种外部资源既可以是工资，也可以是可抵押的资产，只要能够被用作启动资金以投入农场经营就行。菲得斯·马扎维达能够抵押她在哈拉雷的房屋以购买她的 A2 农场所需的设备，但对于大多数妇女而言，即便有房子，也是在她们丈夫的名下。

持续成功的关键在于将利润再次投入农场，但这对于妇女而言是一件更加困难的事情。以马佐韦地区的特雷萨为例，她的收入用于将孩子们送到大学读书。除了将利润再次投入农场经营外，她与丈夫还要用一些利润来支付学费。妇女需要承担无数的家庭责任，从将食物端上饭桌到送孩子上学，所有这些都是她们的事情。

我们在一个农场里见到了一个戴着粉红色帽子的妇女，她参加了贾姆班加运动并获得了自己的土地，有一个严重残疾的女儿需要照顾。她尝试了各种农作物，先是烟草，然后是花生，但每种农作物似乎都没有种好。她现在情况正越来越差，已经没钱再买化肥种植玉米。很难想象她如何才能靠她的 A1 农场生活。

至于中等收入群体，我们看到了塔柏斯·格罗芙（本章开头照片中的妇女）这样的女农场主，从她们自己的标准看，她们生活舒适，做得很好。然后是受美元和烟草等农作物的刺激而商业化了的群体。在格罗蒙兹地区，沃埃勒特·恩亚昆哈（Violet Nyakwenha）在 2008/2009 农业季每公顷烟草的收入仅为 500 美元，在 2009/2010 农业季也仅为 600 美元，但到了 2010/2011 农业季，她的收入提高到了 1200 美元——虽然进步不大，但收入一直在稳定增长。在斯普林戴尔农场，我们见到了格特鲁德·齐班达和塔腾达·冈波（Tatenda Gombe），她们已经种了两季烟草。在 2009/2010 农业季，格特鲁德种了 1 公顷烟草，卖了 1.2 吨，收入 3600 美元，接下来的农业季，她的烟草卖了 1.5 吨，收入 4200 美元。塔腾达·冈波在 2009/

2010 农业季只卖了 0.6 吨，但烟草的质量很高，因此收入 1800 美元；2010/2011 农业季卖了 0.9 吨，收入 2250 美元。这些妇女均不富裕，但她们都正在进入真正商业农场主的行列。

诺雷亚·曼伊卡（Norea Manyika，古图地区远近闻名的议员）在马佐韦地区康赛森镇的霍威克岭（Howick Ridge）农场有一个 A2 农场。她的父亲是一名购买地农场主，她曾是格奎地区的一名种植棉花的村社农场主，在申请土地的时候，她是马佐韦地区的一名教师。获得土地之后，她在非洲女子大学参加了园艺课程（她自己付钱参加，因为新农场主已经无法像 20 世纪 50 年代的白人士兵那样接受培训）。她在 2010/2011 农业季第一次种植出口园艺作物，共出口了 530 吨玉米笋、花椰菜、胡萝卜和甜玉米。她知道自己要走的路还很长，而且还需要大量的投资。当她带着我们参观她的农场的时候，我们亲身感受到她的努力和她的能力。她丈夫现在已经退休并与她一起住在农场里，但毫无疑问，那是她的农场。而且她已经出钱让儿子去接受农业培训，终有一天儿子将接过她的农场。

本章小结：女性正在取得进步

父权制并没有远去，土地改革仍然由男性主宰，女性仍然处于弱势地位。但"快车道"土地改革 10 年之后，我们发现无论是确保女性凭借自己的权利获取土地，还是确保将她们的名字写进共同经营的农场的分地函或承包合同，都取得了重大进展。而且与此同时，家庭和社区的观念也发生了实质性的改变，因为女性已经真正被视为农场主。女性从"快车道"土地改革中受益良多。对于女性而言，这是一场真正的斗争，而对于男性而言，或许苦难要比女性少些。正如一位女农场主所说的那样："你必须要有进取心，你必须要足够强大，你必须要像男人那样行事，你绝对不能中途放弃。"有些女性没有成功，离开了农场，抑或正在走向失败。但在过去的 10 年间，还是有许多女性走出了困境，成为成功的农场主，并且在政治、经济和社会等各个层面改变了自己的生活。

第十一章　砍掉树木

当菲德斯·马扎维达第一次看到在格罗蒙兹地区新分配给她的 A2 农场的时候，她沮丧地发现上面长满了树木。尽管她非常喜欢由美丽的穆萨萨树和姆农多树所构成的旱地林区，① 但当她意识到不得不清理掉它们才能耕种的时候，她的心沉了下去。菲德斯的农场地处农业潜力很大的地区，是一个大型商业农场的一小部分，此前从未被用来种植农作物。清理土地是一件既费资金又费时间的事情，尽管菲德斯可以用她砍下来的树木与邻近种植烟草的农场主进行交换，以使用他们的拖拉机来耕地。我们在第七章中所采访的种植西红柿的农场主法努埃尔·穆坦迪罗，所分到的土地上长满了橡胶树，他也不得不先清除它们。

津巴布韦最大的环境问题仍然存在于村社地区，不过那是由殖民主义和人口增长所导致的。

但土地改革产生了一系列新的环境问题。土地改革不仅仅包括所有权的变迁，还包括土地使用方式的重大改变，因为相较于此前的白人农场主，新农场主耕种了更多的土地。就像菲德斯和新的烟草农场主所认为的那样，树木是一个核心的问题。当前人们对这一问题存在诸多争论和各种互相矛盾的数据，而且他们还无法确认新的土地改革农场主是否正在造成严重的森林消失。然而，警报的大旗已经被高高挂起，且有越来越多的人正对此进行研究。

但土地改革与恶性通货膨胀已经导致了两个严重的问题：一是对马尼

---

① 旱地林区或短盖林区是津巴布韦覆盖面积最广的森林地带。林区的主要树木为穆萨萨树（非洲种状短盖豆木）、姆农多树（球花热非豆木）和姆普夫迪树（波氏短盖豆木）。这些树木通常在旱季落叶，但持续时间不长，到雨季快来临的时候，它们便又长出浓密的新叶。它们的叶子是黄色和红色的，很容易让人想起深秋的颜色。

卡兰高地木材种植园的严重破坏，因为那里土地使用方式的转变已经产生了重大影响；二是淘金这一许多人重要的生活方式和政府收入的重要来源，正在与新农场主发生冲突。 175

延续下来的生态危机

将大多数人赶到最为贫瘠的那一半土地必然会产生各种问题。土著事务部早在 1920 年就报告指出："保留地的退化情况已经非常严重，甚至门外汉都可以看出来，当前的农业模式是不可持续的……土壤正变得越来越贫瘠。"① 为了考察"土著人"的占地问题，1948 年成立了丹齐格委员会（Danziger Committee），该委员会指出每个家庭需要 2.4 公顷耕地外加 6 头牲畜的牧场，总面积应为 40 公顷。即便在那个时候，非洲人保留地也还需要增加40% 的土地，而未来增加的人口，将不得不前往城市地区谋生。②

此外，政府在 1951 年颁布了《土著土地耕作法》。该法的其中一个目标是"要求土著居民在从事农业劳动时保护自然资源并促使他们精耕细作"，③ 那些不遵守此项法令的人被处以罚款。在介绍这部法规的时候，土著事务部长帕特里克·弗莱彻（Patrick Fletcher）表示："拥挤且脏乱不堪的村社地区所产生的严重问题，正在使资源枯竭的农村更加难以度日。"④

---

① Bruce Campbell and P. N. Bradley, "Trees, Wood and the Small - Scale Farmer: Rethinking Woodfuel Development in Zimbabwe," draft paper, Department of Biological Sciences, University of Zimbabwe and the Stockholm Environment Institute, November 11, 1993, citing Michael Drinkwater, *The State and Agrarian Change in Zimbabwe's Communal Areas: An Application of Critical Theory* (London, UK: Macmillan, 1991).

② Malcolm Rifkind, "The Politics of Land in Rhodesia" (MSc thesis, Edinburgh University, 1968), 82 - 84 [Rifkind, "Politics of land"], citing Max Danziger, *Report of the Committee to Enquire into the Question of Additional Land for Native Occupation* (Salisbury, Rhodesia, 1948), available at http://www.open.ac.uk/zimbabwe (June 20, 2012).

③ Barry Floyd, "Changing Patterns of African Land Use in Southern Rhodesia" (PhD thesis, Syracuse University, 1959), Lusaka, Zambia: Rhodes - Livingstone Institute, 134 [Floyd, "Changing"], citing Native Land Husbandry Act, Act No. 52, 1951.

④ Floyd, "Changing," 114, citing Patrick Fletcher, foreword to *What the Native Land Husbandry Act Means to the Rural African and to Southern Rhodesia* (Salisbury, Rhodeisa: Southern Rhodesia Native Affairs Department, 1955).

这项法规被证明是一场灾难。巴瑞·弗劳德曾在土著农业部担任土地开发官员，他后来在 1959 年的博士论文中总结指出，"在保留地推行个人农场只能导致大量剩余人口离开非洲的农村地区"，但这种情况似乎很难发生，因为政府为了阻止非洲人与半熟练白人工人竞争，在 1958 年否决了一项允许更多的人迁往城市的提案。《土著土地耕作法》"试图去解决一个事实上已经无法分割的问题中的一半，但农业计划已经无法与城市扩张分割开来"。① 1960 年，《土著重新安置特别委员会第二份报告》总结指出，如果《土著土地耕作法》真正得以实施，将有30%的非洲土著家庭被迫与土地分离。② 更严重的是，它还陷入罗得西亚政府希望获得非洲劳动力，却不想让他们居住在城市里的矛盾之中。这种局面因新的劳动力流动体系的出现而得以解决，即男性"临时住在"城市，农业则日渐由女性承担。巴瑞·弗劳德发现，"示范人员试图引入需要在田间劳作更长时间的新技术，但却面临着男性劳动力缺乏的困境"，因为成年男子和男孩都因贫困而被迫前往城市，"妇女和儿童则被留下来自己照顾自己"。③

有人认为村社地区土地退化的原因是管理不善和耕作方法不当，④ 但显而易见，是殖民政策导致了过多的人口、过度开垦和过度放牧。马尔科姆·里夫金德（Malcolm Rifkind）在他 1968 年的论文中写道，将大多数人赶到一半的土地上是"站不住脚的"。"出于政治考虑，政府试图让保留区现代化，但与此同时却维持土地隔离制度。在当时的罗得西亚，这两个目标是无法调和的，而其最终的结果，就是放弃精耕细作的努力。"⑤

政府为了应对环境退化问题，出台了一系列技术方案，其中包括沿着等高线耕种、修建等高线田垄、填充沟壑、禁止在湿地耕种和限制家畜的数量等。现年 85 岁的西番雅·菲里（Zephaniah Phiri）是津巴布韦南部兹

① Floyd, "Changing," 272, 274, 279, 353.
② Rifkind, "Politics of land," 141, citing Jack Quinton, *Second Report of the Select Committee on the Resettlement of Natives*, 216, 217.
③ Floyd, "Changing," 129.
④ 可参见 D. Nkala, "Tackling Agricultural Development With Land Dearth," in C. Lopes, ed., *Balancing Rocks：Environment and Development*, A UNDP Zimbabwe Staff Research Project, (Harare, Zimbabwe：SAPES & Uppsala, Sweden：Nordiska Afrikainstitutet, 1996）.
⑤ Rifkind, "Politics of land," 172.

维沙瓦内地区的一位农场主，他因改进了雨水利用技术，将缺乏资源的自给农场变成产量很高的绿色农场，而被人们称为"雨水回收者"。他讲道："独立之前的定居者政府不喜欢我们按自己的想法行事。农业部强迫我们去做一些事情来保护我们的自然资源。现在事实证明，对于我们的环境而言，他们有些事情做错了……但如果我们非洲人农场主中有人想去做一些不同的事情，或想为自己去做一些事情，我们就会付出沉重的代价，比如被处罚款或坐牢。"①

菲里继续说道："最危险的事情……我们都不得不做的事情……是等高线田垄。我们都得去挖田垄，否则便要坐牢。""人们认为等高线田垄可以防止水土流失，但事实上正是它们在我们国家的干旱地区导致了水土流失"，因为它们让雨水从地里改道，导致更多的水流走，并带走了表层土壤。与之相反，如果将雨水导入渗水坑，其将补充地下水，并会保护表层土壤。他解释说他使用的是他的祖先所开发的方法，定居者不知道如何在那些脆弱的土地上耕种，他们的耕作方式是"错误的"，但他们强迫非洲土著农场主按错误的方式行事。②

菲里的经历表明定居者政府已将"环境"政治化，而且将其与解放战争联系。20 世纪 60 年代，他因参加铁路工人工会而第一次被捕并在随后被解雇。后来他还在 60 年代因回收雨水的方法而遭到逮捕并多次被处以罚款，尽管他的方法显而易见是行得通的。他在 1976 年被再次逮 177
捕，理由是怀疑他支持自由战士，这一次他遭到严刑拷打，髋关节被打碎（他现在仍然拄着拐杖走路），且直到战争结束腿里的铁片都没有取出来。③

在解放战争时期，也就是 20 世纪 60 年代中期至 80 年代期间，许多农场主故意不理睬等高线田垄和政府的其他保护措施，并将其作为反抗压迫人权、单方面宣布独立的前津巴布韦政府的标志。这种将修建等高线田垄与压迫相联系的行为一直持续到现在，而且在一些地区，小型农场主还在抵制修建田垄。然而，环境管理局（Enviornmental Mangement Agency）仍

---

① Mary Witoshynsky, *The Water Harvester*（Harare, Zimbabwe：Weaver, 2000），12. 本节的绝大部分内容是对西番雅·菲里的采访。

② Witoshynsky, *The Water Harvester*, 13 – 16.

③ Witoshynsky, 10, 16, 28.

然坚持这些措施，并认为重新安置农场主有责任修建田垄，如果没有修建就会被视为犯罪。①

因此在津巴布韦独立的时候，村社地区就已经存在环境危机。殖民当局将太多的人赶到村社地区，这完全超出了土地的承受能力，殖民当局对生态平衡的错误理解导致问题进一步恶化。即使合理的环境保护方案也被政治化，从而遭到当地人的抵制。自独立以来30多年已经过去了，村社地区仍然是津巴布韦环境问题最为严重的地方。

就像在其他国家一样，津巴布韦政府也正在遵循殖民主义的模式。它仍然认为村社地区的问题是人口过多。它曾经希望通过土地改革来使人们搬离村社地区，但重新安置的人口数量却少于独立以来新增的人口。因此从长期来看，降低村社地区的人口密度依赖于城市中创造的就业数量，这也正是津巴布韦发展的中心问题。但城市化也会产生相应的环境问题：农场与森林的土地被占据，食品、水和能源的需求增加，以及废气与废水的排放量上升。

而且显而易见，如果还用当前的方式来耕种村社地区相对贫瘠的土地，人口压力肯定太大。但迄今为止，基本上还没有人从侧面思考如何增加村社土地的承载力——通过富有想象力的方式，而非强加控制。

津巴布韦在自然资源的管理上存在相互矛盾的观点。一方面，就像在许多领域一样，它遵循了殖民主义所采取的专家治理模式，该模式通过自上而下的方式强制推行，以期实现可持续性的目标。但另一方面，它又忽视了地方的投入与参与。然而从整个世界范围而言，津巴布韦也是《村社地区本土资源管理计划》（Communal Areas Management Programme for Indigenous Resources，Campfire）所确立的以村社为基础来管理自然资源的翘楚。根据该计划，当地人要管理大象和其他大型野生动物，以及当地的其他自然资源，更重要的是，他们还要从中受惠。尽管这种模式不总是奏效，但至少为管理土地改革的资源提供了另外一种模式。

---

① Jeanette Manjengwa, "Local Environmental Action Planning in Zimbabwe: An Analysis of Its Contribution to Sustainable Development" (PhD thesis, Institute for Development Policy and Management, University of Manchester, 2004), 164 [Manjengwa, "Local Environmental"].

重新安置能解决环境问题吗？

重新安置要想取得成功，新农场主就不得不更加集中和广泛地使用前白人农场。这些土地使用方式的转变将会产生一系列需要应对的环境问题。目前已经有三个问题被摆在桌面上，不过都还不是太严重：灌溉问题（将在第十二章中进行更加详细的讨论）、贫瘠土地的使用问题和放火烧荒的问题。

随着越来越多的贫瘠土地（包括在干旱的第四类和第五类地区里不适合种植雨季农作物的牧场或野生动物保护区）被用来耕种，水土流失与环境恶化将不可避免。有鉴于此，我们需要将更多的注意力放在目前津巴布韦还不常见的保护性耕作上面。

放火烧荒是最棘手的环境问题之一，无论殖民政府还是独立后的政府都没有解决这一问题。低密度地放火烧掉灌木或杂草是维持旱地生态、清理灌木丛林的重要组成部分。[①] 但有证据表明，近年来烧荒的频率和密度都在增加，而且由于人口越来越多，农场越来越密集，烧荒的破坏性正变得越来越大；它们还对植被，甚至给人们的财产带来严重的危害，更不用说还将无数吨二氧化碳排放到大气之中。津巴布韦的大多数土地都覆盖着深草，当它们干枯时就会剧烈地燃烧，如果控制不住火势，人们财产以及牧场、农作物和林地，都会遭到破坏。但烧荒也是津巴布韦传统农业管理的重要组成部分。法律规定，种植棉花的农场主必须在收割后的特定时间内烧掉棉秆。养牛的农场主也要烧掉干草，以改善牧场的肥力。有些时候，火灾还可能是由偷猎、猎杀老鼠和野兔等小型哺乳动物，以及清理土地引起的。根据环境管理局的报告，2010 年在 100 公顷的土地上发生了9000 场火灾，共有 25 人及 29 头大象被烧死。在马佐韦地区夏纳度重新安置农场的一次烧荒事件中，有一个老年妇女和两个孩子被烧死。 179

是否有更多的树被砍伐？

森林对于控制水土流失与保护分水岭和排水区至关重要。树木还能够

---

① 参见本章的第一个脚注。

提供能源，成为建筑材料、栅栏、饲料，以及烧砖和烤烟的燃料。木柴是津巴布韦约 70% 的人口的主要燃料，[1] 干柴和枯枝经常被人们收集起来作为柴火。

林地和森林共覆盖了津巴布韦 54% 的土地，总面积为 2100 万公顷。环境管理局指出，越来越多的森林正遭到砍伐，据估计每年减少的森林面积为 10 万~32 万公顷（森林总面积的 0.5% ~1.5%）。[2] 但越来越多的森林遭到砍伐的原因是什么？显而易见，在 2007~2008 年恶性通货膨胀高峰期的时候，许多人返回村社地区，他们砍伐了很多树木来作为燃料和进行物物交换。毫无疑问，重新安置农场主确实在清理土地（这一进步证明了白人农场主只耕种了很少的土地），出售木材，并用木柴来烤烟。

最近在马佐韦地区做的两项研究表明，树木在"快车道"土地改革期间增加了。凯尔曼·塔鲁温加（Kelman Taruwinga）利用马佐韦地区克里斯通班克农业区 A2 定居农场旱地林区的卫星图像，发现在 2003~2010 年，该地区树木的覆盖率增加了 15%。[3] 维罗尼亚·冈度（Veronica Gundu）则发现，1986~2003 年林地的面积一直在下降，但 2003~2009 年却保持了上升的态势。[4] 森林覆盖面积之所以上升，可能基于以下两个原因：首先，由于缺乏资源，A2 农场主仍然没有耕种他们全部的土地，树木由此在一些未利用的土地上长了起来；其次，覆盖面积的增加还可能是因为人们进行了选择性砍伐，他们只砍伐小树，而将大树留了下来，随着大树树冠的不断生长，其覆盖面积也在不断扩大，从而导致整个森林的覆盖面积出现上升。

---

[1] Ministry of Public Service, Labour and Social Welfare, *Zimbabwe 2003 Poverty Assessment Study Survey Main Report* (Harare, Zimbabwe, 2006), 726.

[2] Mutsa Chasi (Director General of the Environmental Management Agency), "The State of the Environment and the Challenges in the Face of Increasing Poverty," presentation at the Moving Zimbabwe Forward conference, December 7 – 8, 2010, Harare, Zimbabwe. 这些数据也可参见 2010 年的《津巴布韦千年发展目标统计报告》。

[3] Kelman Taruwinga, "Remote Sensing and GIS Based Spatial and Temporal Change of Woodland Canopy Cover and Tree Density in Miombo Woodland, Mazowe District, Zimbabwe" (MSc Thesis, Department of Geography and Environmental Science, University of Zimbabwe, Harare, Zimbabwe, 2011).

[4] Veronica Gundu, "The Impact of Land Reform on Natural Resources: A Case Study of Land Use Changes in Mazowe District" (MA dissertation, Department of Geography and Environmental Science, University of Zimbabwe, Harare, 2011).

纳尔逊·马荣格韦 2005 年在马佐韦地区做的一项调查发现，有 38% 的新农场主在设计他们的重新安置计划的时候，都将林地考虑了进来。① 与此同时，有 90% 的新农场主将树木看作公共财产资源，他们会不时地砍伐树木，并将大部分木材作为柴火出售给哈拉雷以及附近的小城镇。最近以来，有大量的事实表明，森林面积正在逐步恢复，而且农场主们还在种植新的树木。此外，人们还保留并在继续种植果树及其他有用的树木。

最近烟草种植急剧增加，尤其是对于那些缺乏资源、将树木视为公共财产且在计算利润率时没有计入木柴成本的小农户而言，更是如此。环境管理局的报告指出，烟农正以令人震惊的速度砍伐整山的林木。我们调查 180 了两个种植烟草的 A1 农场（见第八章）。布鲁克米德农场（格罗蒙兹地区）和斯普林戴尔农场（马切凯村）均使用它们自己农场或附近旱地林区的木材烤制烟草。然而在斯普林戴尔农场，有 61% 的农场主都拥有自己的林地；而在格罗蒙兹地区，就像在其他地区一样，烟草公司会向农场主们分发桉树秧苗。林业委员会对此加以鼓励，因为它们希望植树造林成为烟农的一种义务。但桉树的生长期为 5 年，因此新农场主在此之前需要其他树木充当木炭，而且并非所有 A1 农场主都有充足的土地来种植树木。

因此，我们不知道土地改革对农场及周边地区的树木而言意味着什么。从当前来看，似乎有些地方的树木被管理得相当好，而另外一些地方，则要差很多。但人们似乎也越来越认识到，这将会成为一个问题。

美元驱动执法

政府认为，无法公平地获得土地是津巴布韦贫困、食品短缺、发展落后和环境恶化的主要原因，如果不进行土地改革，就无法实现可持续发展。② 事实上，土地改革的其中一个目标，就是为了"从环境层面实现对

① Nelson Marongwe, "Environmental Concerns in Fast Track Schemes in Mashonaland Central: Mazowe District" (draft document), Harare, 2005.

② Charles Utete, *Report of the Presidential Land Review Committee on the Implementation of the Fast Track Land Reform Programme, 2000 - 2002* (Harare, Zimbabwe, 2003).

土地的可持续利用"。①

根据分地函，A1"快车道"定居者有权盖一所房子和参加农业活动，但他们也必须遵守自然资源保护法规。A2农场主要想申请99年租期，就必须获得地区级和省级环境管理局官员的批准，这些官员会前去农场视察，并对农场里的环境管理及恶化情况提出自己的意见。

2000～2005年，为了防止重新安置对环境造成破坏和提升收入来源的多样性，一系列会议、计划和政策声明相继出台，② 但所有这些基本上被人们遗忘或搁在一边。地区级、镇级，甚至农场一级的环境委员会纷纷建立，但由于缺乏资源和培训，它们基本没有发挥应有的作用。但美元化导致上述局面有所改观，人们在重新安置的过程中，对环境管理与保护采取了更加严肃的态度。自2010年以来，因环境犯罪而被处罚的罚款必须用美元来缴纳（在津巴布韦元恶性通货膨胀多年之后，美元被视为"真正的"货币），这使环境管理局变得更加有效且拥有了更好的资源，尤其在车辆和设备方面更是如此。现在，满大街都可以看到标有"环境管理局巡逻队"的汽车。

林业委员会和环境管理局正在开展消防意识宣传活动及其他环境保护运动。但环境管理局的一位官员不无怀疑地表示："定居者似乎非常愿意接受我们所说的事情，但到底怎么做就是另一回事了。例如他们会说'偷猎非常不好'，但检查一下他们的谷仓，里面都是风干的野味。"③ 最近的调查发现，绝大部分津巴布韦人都意识到胡乱砍伐树木是非法的，而且无论成文法还是习惯法都对砍伐树木都有规定。④ 但即便如此，我们仍然经常可以看到成堆的木柴在路边待售。

① Sam Moyo, et al. , *Inception Phase Framework Plan*, *1999 – 2000*, *An Implementation Plan of the Land Reform and Resettlement Programme – Phase II* (Harare: Technical Committee of the Inter – Ministerial Committee on Resettlement and Rural Development and National Economic Consultative Forum Land Reform Task Force, n. d. [but actually 1998]), 2 – 3.

② Government of Zimbabwe, *Zimbabwe's Fourth National Report to the Convention on Biological Diversity* (Harare, Zimbabwe: Ministry of Environment and Natural Resources Management, 2010), 31 – 32 [GoZ, *Fourth National Report*].

③ Manjengwa, "Local Environmental," 168.

④ 可参见最近的一些研究，如 "Moving Zimbabwe Forward: Well – being and Poverty Assessment," carried out by the Institute of Environmental Studies, University of Zimbabwe, 2011, and research by Veronica Gundu, 2011。

从一定程度上来说，环境管理局仍然延续了殖民主义的策略，即通过执法和罚款来推行自上而下的计划与政策。殖民主义风格的保护措施在50年前不奏效，现在也不会好到哪里去。事实上，并没有证据表明大多数重新安置农场主对环境造成了重大破坏，而且我们通过采访也发现，土地改革农场主都有长远规划，并不希望破坏他们自己的资源基础。农技推广服务中心的官员表示，当农场主看到有利可图的时候，他们就会接受好的建议。西番雅·菲里指出，与农场主进行合作而非违背他们的意愿，这一点非常重要。罚款和做讲座并不能解决问题，环境管理局必须找出既能帮助农场主提高产量，又能维持他们自然资源基础的方法。而且就像殖民时代那样，在此还存在一个危险，即环境威胁将会因政治因素以及为了维持环境管理岗位而被夸大。

但即便大部分土地改革农场主都对环境问题很敏感，"快车道"土地改革还是产生了两个严重的环境问题——马尼卡兰省木材种植园遭到破坏和越来越多的黄金开采。这两个问题都不是单纯的执法问题。现在尚不清楚种植树木是否最好地利用了那些土地，而黄金则为开采者和政府都提供了重要的收入来源。但这两个问题当前都导致了严重的环境破坏。

马尼卡兰省木材种植园

过去10年间，马尼卡兰省东部高地靠近莫桑比克边境、雨水充沛地区的木材种植园，有1/3的树木因火灾和重新安置而消失。

这些木材种植园在20世纪50年代初建立，旨在满足罗得西亚商业木材的需求，截至2000年，它们均已成为运营良好的外来木材种植园，总面积达到155853公顷。[①] 这些种植园有90%位于东部高地，71%为软木（松树），13%为硬木（桉树），16%为金合欢树（用于制革）。

这一地区在战后马上就被重新占领，人们前往那里拿回原来属于他们，但他们后来被赶走，然后又因靠近边境而在战争中被废弃的土地（参见第四章）。根据"快车道"土地改革计划，2/3的木材种植园被列入征

182

---

① GoZ, *Fourth National Report*, 9.

用名单，有些被地区或省级土地委员会选定的 A1 和 A2 定居者通过正规渠道拿走；另外一些，则直接被非正规定居者占领。2000 年被英美公司出售给在津巴布韦股票交易所上市的雷达集团（Radar Group）的边境木材公司（Border Timbers），采取了强硬立场，在"快车道"土地改革最初的时候没有放弃一寸土地，并保住了其所有被指定用于重新安置的种植园。有些种植园被传统领袖所领导的定居者非正规占领，他们宣称土地为其祖先所有；来自附近奇库瓦酋长（Chief Chikukwa）领地、人口拥挤的村社地区的 700 户家庭，占据了边境木材公司在奇曼马尼地区的扎特种植园。

尽管森林委员会考虑到木材生长需要很长的周期，建议不要将木材种植园面积再分割开来，但正式分配的土地面积还是从 18.5 公顷到 272 公顷大小不等。这些土地面积都太小，不足以发展林业经济，因此大多数定居者转向其他生长周期较短的农作物，如土豆和玉米。树木被大片砍倒，有些甚至被当作木柴卖掉。幼树和长成的树全被砍掉。在有些地方，当树木被砍倒、木材被出售之后，定居者便搬到别处。

由于绝大多数种植园都位于陡峭的山坡上，砍伐森林导致水土流失，肥沃的地表土被冲走并堵塞了溪流。奇曼马尼地区的坦干达山谷就是个例子，那是一个环境很脆弱的地方，共有 50 户人家住在那里，他们从事自给自足的农业生产。树木被他们砍倒，现在已经出现水土流失，并由此而导致坦干达河的堵塞。

木材种植园土地的肥沃程度存在很大差异。松树和桉树下面的泥土呈酸性，贫瘠，不适合农业生产；尤其是桉树，会使泥土变得越来越有酸性。而金合欢种植园的土地则要肥沃得多，因为金合欢树属于豆科植物，能在泥土中产生硝酸盐。

表 11 - 1 表明，种植园里的重新安置活动始于 2000 年并一直延续下来。这一进程共产生了两次重新安置的高潮，第一次为 2001 年"快车道"土地改革期间，第二次则发生在 2008/2009 年的恶性通货膨胀时期，共有 9000 多公顷土地被重新安置。那是一段政治动荡和不确定的时期，大量种植园在当时遭到了系统性的破坏。

表 11 -1 商业木材种植园地区的重新安置

年 份	重新安置带来的损失（公顷）
2000/2001	1318
2001/2002	7808
2002/2003	1208
2003/2004	1107
2004/2005	2120
2005/2006	1249
2006/2007	755
2007/2008	587
2008/2009	9373
2010	101
总 数	25626

资料来源：Timber Producers Federation's Commercial Plantation Annual Statistics。

对于森林而言，火灾具有极大的破坏性。在"快车道"土地改革之前，火灾对种植园的破坏基本可以忽略不计，因为木材公司会去管理森林，清理下层灌木，并保留 9 米的空地作为防火带。但土地改革之后，以上工作都没有延续下去。2002～2010 年，超过 3.5 万公顷的森林因火灾而受损，其中 2008/2009 年度情况最糟，共有 1.8 万公顷森林被付之一炬（见表 11 -2）。没有得到有效管理和保护的森林很容易火势失控，并因此而导致整个种植园被烧为灰烬。英美公司的种植园明显成了目标。2003/2004 年度，整个津巴布韦共有 2048 公顷森林遭遇火灾，其中一半发生在扎特种植园。此外，在 2008/2009 年度被火灾损坏的 18049 公顷森林中，绝大多数位于边境木材公司在奇曼马尼地区的松树种植园。

表 11 -2 木材种植园因火灾而损失的面积

年 份	火灾损失面积（公顷）
2002/2003	1025
2003/2004	2048
2004/2005	—
2005/2006	9732
2006/2007	1924
2007/2008	2265
2008/2009	18049
2010	500
总 数	35543

资料来源：Timber Producers Federation's Commercial Plantation Annual Statistics。

淘　金

  津巴布韦拥有丰富的矿产资源，其中包括储量很高的沙金。1998~
2002 年，黄金的价格约为每盎司 300 美元，2005 年开始上升到每盎司 400
184 美元，2008 年为每盎司 800 美元，2011 年每盎司超过了 1700 美元，由此
而导致黄金对个体矿主的吸引力越来越大。许多失去工作的农业工人开始
前去淘金，2003 年在卡多马地区，淘金成为 46% 的前农业工人家庭收入的
185 主要来源。① 越来越高的黄金价格使淘金所获得的利润远远高于农业生产，
再加上 2007~2008 年的恶性通货膨胀，越来越多的人加入淘金者的行列。
最近对马佐韦地区奈瑟菲尔德农场（Netherfields）的调查发现，前商业农
业工人正在占领农庄的工人宿舍，但他们并不是为新农场主工作，相反，
他们所从事的是淘金这一行当。许多重新安置农场的溪流拥有沙金，淘金
在那些地方基本上已经无法控制。

  淘金活动杂乱无章，通常在河床、河岸和河滩进行，完全不考虑环境

照片 11 - 1　马尼卡兰省奇曼马尼地区塔卡林区的淘金客

---

 ① Zimbabwe Community Development Trust（ZCDT），"Report on Internally Displaced Farm Work-
ers Survey：Kadoma，Chegutu and Kwekwe Districts"（Harare，Zimbabwe：Author，2003）.

因素。树木遭到随意砍伐，坑洼遍地且深达好几米，冲积土层被挖掘后，泥土和岩石都被冲入溪流，导致水土流失和河道堵塞。人们没有采取任何恢复措施，随处可见的深坑成了牛群的噩梦，而捕捉掉进坑里的牛，则成了农夫们冲突的缘由。淘金客和小矿主们没有任何环境管理计划，他们甚至不了解《环境管理法》的相关条规。根据《矿业与矿产法》和《环境管理法》，准备开矿的矿工在农场勘探或开采之前，需要得到农场主的许可。然而，矿工们只要从矿业部获得执照便可破土动工，一般不把农场主的许可当回事，因为他们宣称矿业部的执照比什么都管用。尽管环境管理局四处开罚单和命令停止开采，但淘金活动仍有增无减，因为其利润实在太过诱人。无法控制的淘金与小规模开采活动正在对环境造成破坏，而且更重要的是，当地社区并没有从矿产资源中获益。中间人和黄金收购者获利最多，而其对社区甚或国家财政的贡献则寥寥无几。

黄金是一种宝贵的资源，如果管理得当，则既能带来经济收益，同时也能维护环境。我们可以将《村社地区本土资源管理计划》所采取的方式应用于沙金及其他矿产资源，以确保农业社区从它们的自然资源中直接受益。当地社区应加强监管和监察，以确保矿坑得以回填，溪流得以修复通畅。

本章小结：黄金与木材损毁了一幅更加积极的图景

津巴布韦的环境恶化是由贫困所驱动的，其根源在于殖民主义政策在经济与保护方面的两重性，其表现则是以种族为基础的不平等的土地分配所导致的村社地区人口过剩，而大多数村社地区的农业生态潜力均异常低下。村社地区的土地对津巴布韦的环境而言仍然是最大的挑战，因此必须寻找合适的方式，以使这些土地在生产上更具可持续性。 186

管理自然资源将需要从计划、演讲、强制和罚款等自上而下的殖民式方式转向更具合作性的方式，无论在村社地区还是在土地改革地区都应如此。

土地改革意味着未开发的土地被清理出来，意味着土地得到更广泛的利用，树木由此而成为一个关键性的问题。人们越来越需要将木材作为燃料，尤其是对于烤烟和出售给城市居民而言更是如此。从当前来看，土地改革农场主似乎在有意识地管理他们的树木，但仍然需要对他们进行监管。

"快车道"土地改革和由恶性通货膨胀所导致的经济危机已经产生了两个严重的环境问题，这两个问题单靠执法已经无法解决。在马尼卡兰高地的林业种植园，1/3 的树木已经因火灾或定居者而遭到破坏，而关于林业种植园的土地是否应该被用作农地，人们仍在进行激烈的争论。金价高涨意味着淘金已经成为许多津巴布韦人，甚至这个国家收入的一个重要来源。由于操作不当，淘金已经给河床和农场造成了严重的损害。然而只要黄金价格仍然居高不下，淘金就会一直持续下去，无论合法还是非法。我们能够找到更具环境友好特点的方法吗？

187

第十二章　工人、水资源与寡妇

"快车道"土地改革确实开展得非常快且仍在继续推进，它不但事起仓促，而且是先占土地，然后再进行土地改革。这也就是说，土地先被占领，之后才对其进行具体组织规划。重新安置需要一代人的时间，而且我们也看到，尤其是在美元化之后，新农场主已经步入正轨，且仍在不断提高产量。然而仍然存在三个方面的严重问题：被辞退的农业工人和新农业工人的关系；灌溉；所有权及如何将土地转让给寡妇、生产率更高的农场主和下一代。

农业工人

前白人农场里的农业工人仍然是一个非常棘手的问题。大赦国际（Amnesty International）与津巴布韦农业工人与种植园工人总工会（General Agricultural and Plantation Workers Union of Zimbabwe，GAPWUZ）曾开展了一场引起人们广泛关注（其实有些夸大其词）的活动以突出他们的困境。大赦国际在 2011 年表示："当前，有堆积如山的粮食烂在田间和仓库里。曾经耕种这些土地和收割这些庄稼的农业工人都被赶出了农场。"当然，这正好与白人商业农场主协会主席查尔斯·塔夫特所说的截然相反，因为他曾告诉英国广播公司（见第九章），这些土地"过去曾是自给农业区"，但当时已是一片荒芜。大赦国际还宣称："成千上万的农业工人被迫离开他们的家园——许多人甚至遭到了野蛮的殴打。"①

191

---

① Amnesty International，"Trade Unions in Zimbabwe," available at http：//www. amnesty. org. uk/content. asp? CategoryID = 12094 （accessed December 8, 2011）.

尽管大赦国际的说法有些夸大其词，但确实有成千上万的农业工人失去了工作和家园，他们的数量或许要超过 20 世纪 90 年代经济结构调整所导致的流离失所的人员数量。农业是津巴布韦就业人口最多的部门，据统计，在 1999 年有 26% 的赚取工资的劳动力在农业部门工作。[①] 在独立之后的前 20 年，长期全职的农业工人稳定地保持在 16.7 万人，其中 30% 为女性。[②] 津巴布韦农业工人和种植园工人总工会拥有 6.5 万名会员，其中 1/3 为长期合同农业工人。[③] 据统计，在 2000 年共有 14.6 万名临时和季节工人，其中 55% 为女性。2/3 的农业工人分布在东马绍纳兰、中马绍纳兰和西马绍纳兰省。

　　白人农场里的工人，地位存在很大的差异。临时工人通常来自附近的村社地区。长期工人则大多住在农场的房子里，不过有 40% 的男性长期工人在村社地区还有家。[④] 另外一项调查表明，在 2006 年，仍然有 9.8 万名长期工人受雇于种植庄园和一些大农场。[⑤] 有超过 15% 的前农业工人凭借"快车道"土地改革获得土地，其中有些是直接作为农业工人而获得的土地，另外一些则宣称自己来自村社地区而没有透露自己的农业工人身份。[⑥] 劳埃德·萨奇贡（Lloyd Sachikonye）在 2002 年对津巴布韦社区农场信托

---

① Walter Chambati, "Restructuring of Agrarian Labour Relations After Fast Track Land Reform in Zimbabwe," *Journal of Peasant Studies*, 38, no. 5 (2011): 1028, citing Central Statistical Office data [Chambati, "Restructuring"].

② Walter Chamabati& Sam Moyo, "Land Reform and the Political Economy of Agricultural Labour in Zimbabwe," occasional paper 4/2007 (Harare, Zimbabwe: African Institute for Agrarian Studies, 2007), 10 – 11 [Chambati and Moyo, 2007]。"Chamabati" 的拼写在下文引用的著作中将改为 "Chambati"。

③ Sam Moyo, et al., *Fast Track Land Reform Baseline Survey in Zimbabwe* (Harare, Zimbabwe: African Institute for Agrarian Studies, 2009): 157 [Moyo, et al., *Baseline Survey*].

④ Chamabati and Moyo, 2007, 14.

⑤ Chambati, "Restructuring," 1028, Table 5, and Ian Scoones, et al., *Zimbabwe's Land Reform* (Woodbridge, Suffolk, UK: James Currey, 2010), 127 [Scoones, et al., *Land Reform*].

⑥ 据津巴布韦农业工人和种植园工人总工会估计，只有 5% 的前农业工人获得了土地，参见 Shingayi Jena, "Displaced Farm Workers Wallow in Poverty," *Financial Gazette*, June 29, 2011, http://allafrica.com/stories/201107040077.html。据国际移民组织估计，有 15% 的前农业工人获得了土地，引自 Moyo, *Baseline*, 33。从其他资料来看，莫约的调查显示至少有 8% 的受惠者为前农业工人，而斯库恩斯等人的《津巴布韦的土地改革》一书则估计这一比例为 7% ~ 10%，大致相当于 1.5 万个家庭。

社（Farm Community Trust）的调查发现，有1/3的男性农业工人（既有长期工人也有临时工人）和一半的女性农业工人（也是既有长期工人也有临时工人）失去了工作。许多农业工人生活在农场，大约有一半失去工作的农业工人仍住在农舍里。[①] 有些与村社地区还有联系的人搬了回去，另外一些则被迫搬到临时性的棚户区。萨奇贡指出："由于大多数工人都与他们的家人住在一起，因此受搬迁影响的人的总量肯定是相当大的。"

非洲农业研究所的萨姆·莫约在2011年估计，"在约10万前农业工人中，有30%据称是'外来移民出身'的人仍然是没有保障的打工者，居住在A2和A1地区重新分配的土地上"，而且"约4.5万名前农业工人据悉已经流离失所，生活已经如'贫民'一般"。[②] 2006年的《A2土地审查报告》发现，仍居住在A2农场但并没有受雇于该农场的前农业工人的规模要小一点，只有1.44万人。[③] 非洲农业研究所在2006年对6个省的6个地区进行的调查显示，重新安置农场的占领者有36%是前农业工人或已经退休的农业工人（8813个农业工人家庭，13159个重新安置家庭）。[④] 他们当中有些人有一小块地，但所有人都要通过其他途径赚钱——淘金，试图在城镇工作，或越来越多地为重新安置农场主打工。

新的土地改革农场主最初只有少量的资金和设备，且没有得到任何20世纪50年代新白人农场主或80年代重新安置农场主所获得的那种支持。他们需要好几年的时间来恢复农场的正常生产水平。因此，随着粮食产量的大幅下降，这些新农场主根本就不需要雇人。然而，这种情况随着时间的推移而发生了改变。非洲农业研究所在2006年对2100个重新安置家庭（A1和A2）进行了《基础调查》。调查发现，31%的A1农场主雇有长期工人（平均5个工人），57%雇有临时工人。[⑤] 总体而言，重新安置家庭

192

① Lloyd Sachikonye, "The Situation of Commercial Farm Workers After Land Reform in Zimbabwe" (Harare, Zimbabwe: Farm Community Trust of Zimbabwe, 2003), available at http://www.gg.rhul.ac.uk/Simon/Farmworkers.pdf (April 28, 2012) [Sachikonye, "Situation"].

② Sam Moyo, "Three Decades of Agrarian Reform in Zimbabwe," *Journal of Peasant Studies*, 38, no. 3 (2011): 207–208 [Moyo, "Three decades"].

③ Ministry of Lands, Land Reform and Resettlement & Informatics Institute, *A2 Land Audit Report* (Harare, Zimbabwe, 2006).

④ Moyo, et al., *Baseline Survey*, 11, 31.

⑤ Moyo, et al., *Baseline Survey*, Table 6.4.

（A1 和 A2）平均雇用了 2 个全职工人和 8 个兼职工人，并使用了 4 个家庭成员①——劳动力比此前的白人农场更加密集。在马斯温戈省的研究中，伊恩·斯库恩斯的团队发现，11% 的 A1 农场主雇用了全职劳动力来收割庄稼（平均 3 个工人），大多数 A1 农场主都雇用了兼职劳动力；72% 的 A2 农场雇用了全职劳动力（平均 4 个）和兼职劳动力，在除草和收割的时候更是如此。②

非洲农业研究所的瓦尔特·查姆巴蒂（Walter Chambati）指出，截至 2011 年，重新安置土地上全职工人的数量增加了 5 倍，从 16.7 万人增加到 100 多万人。③ 据他估计，在 2011 年，A1 农场有 24 万全职工人，A2 农场有 11.5 万全职工人。但同样重要的是，A1 农场主家庭中有 51 万人是全职"自我雇用"，A2 农场的大家族劳动力则有 5.5 万人。鉴于还有近 10 万人仍然在农业公司和其他大型商业农场工作，这意味着现在有超过 100 万的人在土地上全职劳作，而土地改革之前则仅为 16.7 万人。

查姆巴蒂指出了这样一种趋势，即一些分析人士将自我雇用的农场主视为"农民"，因为他们在某种程度上甚至比工资劳动者更为落后，所以不应将他们包括在农场工人之内。但是正如我们看到的那样，他们很多都是小型商业农场主，而非单纯的自给生产者，而且他们的生活水平因此而大幅提升。这是因为小型农场的劳动通常都更加密集，而这又因为小型农场缺乏机械化设备。查姆巴蒂发现，在 20 世纪 90 年代，大型商业农场在收割的时候每公顷只需要 0.7 个工人，而 80 年代的重新安置农场则需要 3.5 个人。④

全职农业工人的数量大幅增长，但许多老农业工人仍在失业。我们的采访显示，虽然相较以前，有些前农业工人更加频繁地更换农场（由于互相不信任），但大多数新的农业工人都来自村社地区或者是农场主的大家族。查姆巴蒂还指出，在重新安置农场里，"劳资关系是由血缘和社会关系所定义的"。他补充说，重新安置农场主通常都会在家庭住宅区为他们的农业工人修建房屋，这些房屋"与过去拥挤不堪且远离白人农场主豪华

---

① Moyo, et al., *Baseline Survey*, 513.
② Ian Scoones, et al., *Land Reform*, 134.
③ Chambati, "Restructuring," 1016, 1028.
④ Chambati, "Restructuring," 1025.

宅邸的房子大不相同"。① 我们在采访的时候也注意到，农场主为农业工人修建的房屋就挨着他们自己的房子。

因此，在土地上劳作的人数量大幅增加，但有两个问题仍未解决：成千上万的人失去工作；农业工人的工作条件和工资水平似乎已经恶化。这两个问题在一定程度上与历史有关。在殖民时期，工人主要来自赞比亚、马拉维和莫桑比克，他们世代居住在农场，没有任何权利，既不是津巴布韦人，也不算外国人。这是因为津巴布韦人不会为这么低的工资工作，而且农场主在雇用农业工人的时候，为了使他们完全依赖自己，基本也不会雇用有当地社会关系的人。在20世纪50年代，外籍农业工人的数量超过50%，独立之后，这一比重下降到不足30%。② 非洲农业研究所在2006年对前农业工人的调查发现，有26%的农业工人是移民工人的后代，但只有10%的人出生在津巴布韦之外。③

农业工人一直以来拿的都是最低的工资，而且他们的工作和生活条件也最差。里德尔委员会（Riddell Commission）在1981年指出，"很明显，需要为提高商业农场工人的工资、改善工作和生活条件而做出一些根本性的改变"，"一些商业农场的生活环境远低于人类可接受的有尊严的生活标准"。④ 勒内·劳文森（René Lowenson）在1981~1983年对中马绍兰省的一项调查中发现："商业农场地区儿童的健康情况最为糟糕。不良的健康状况与其他不利因素，包括人口过多、住房条件差、供水不足和环境不卫生等，密切相关。"⑤但为改善环境而做的工作很少，而且经济结构调整又推出了降低对工人保护的"弹性"劳动法规。如此一来，新的农场工作就成了暂时、临时或季节性的工作，尤其对于园艺农场主而言，他们只是在繁忙时节才雇用女性劳动力。在20世纪90年代经济结构调整方案实施期间，无论实际工资还是相较于其他行业的最低工资，农业工人的工资都出

---

① Chambati, "Restructuring," 1025, 1030.

② Chamabati and Moyo, 2007, 7.

③ Chambati, "Restructuring," 1032. 根据2004年的一项法规，在津巴布韦出生但父母是周边国家的人，可以自动获得津巴布韦国籍。

④ Roger Riddell, *Report of the Commission of Inquiry into Incomes, Prices and Conditions of Service*, 1981, 42.

⑤ René Loewenson, "Farm Labour in Zimbabwe: A Comparative Study in Health Status," *Health Policy and Planning*, 1, no. 1 (1986): 48 [Loewenson, "Farm Labour"].

现急剧下降。1997 年，农业工人加入其他许多罢工者的行列，也举行了一场前所未有的全国性大罢工，而且在罢工中发生了一些暴力行为。亚什·坦登（Yash Tandon）报道说："他们手里拿着各种各样的农具，三五成群、杀气腾腾地削砍庄稼，烧毁烤烟房，阻塞农村道路，焚烧（白人）商业农场主的汽车，以及抢劫商店，其中大多是农场的商店。"① 工人的工资获得了临时性的增长，② 但很快就被通货膨胀蚕食殆尽。在 1996 年和 2001 年，农业工人的最低工资均为每月 33 美元，在 1996 年只相当于其他行业最低工资的 44%，而在 2001 年则下跌为其他行业工资的 32%。津巴布韦社区发展信托（Zimbabwe Community Development Trust）主任蒂莫西·尼尔（Timothy Neill）发现："很多农业工人仅能勉强生存，经济状况甚至比 20 年前更糟糕。"③

白人农场里的长期工人确实有工作保障，但低工资意味着他们完全依赖于雇主所提供的一系列"福利"。④ 只有3%的农业工人收入高于最低工资，但许多白人农场主会提供住房，补贴玉米粉、燃料，有时还会给他们一小块土地。勒内·劳文森 1981～1982 年在中马绍纳兰的调查发现，大多数农场主并没有提供食物，农业工人需要前往农场商店购买食物，而其价格要远高于农场外的商店，如此，农业工人在食物上的花费，要占到他们收入的2/3。她还发现，许多农业工人被要求在农闲时节自己修建房子。在她所调查的农业工人中，有 2/3 的人住在土坯茅草房里。⑤ 到"快车道"土地改革的时候，他们的住房依旧人满为患、条件简陋，甚至缺乏干净的饮用水。⑥ 有些农场主会为农业工人的孩子缴纳学费，不过，农业工人孩子的入学率相对比较低——1997 年，只有 57%的农业工人的孩子去学校读

---

① Timothy Neill, "Labour and Union Issues in the Zimbabwean Agricultural Sector in 2004" (Harare, Zimbabwe: Zimbabwe Community Development Trust, 2004), 11 [Neill, "Labour"], citing Yash Tandon, "Trade Unions and Labour in the Agricultural Sector," in *Zimbabwe Striking Back: The Labour Movement and the Post-Colonial State in Zimbabwe 1980 - 2000*, ed. by Brian Raftopoulos & Lloyd Sachikonye (Harare, Zimbabwe: Weaver, 2001).

② Sachikonye, "Situation".

③ Neill, "Labour," 11.

④ Chamabati and Moyo, 2007, 10 - 13, 19, 39.

⑤ Loewenson, "Farm Labour," 54, 55.

⑥ Neill, "Labour," 11.

书，相比之下，村社地区孩子的入学率则为79%。①

对于大多数农业工人而言，白人农场就是家。他们完全依靠白人农场主提供的住房、粮食，通常还包括子女入学和医疗保障——而对于老人来说，他们可以在无法工作后继续住在那里。许多人基本不与当地社区居民有来往，一些人就出生在农场里。许多农场在独立后的20年里被卖了出去，一些农场主拥有6个或更多的农场，农业工人则很少能够见到他们的白人雇主。1997年的暴力事件显示了他们与雇主间的矛盾关系，但他们的家庭与生活却完全离不开农场。因此当占地运动发生时，尽管有些农业工人加入占地运动以求分得土地，但大多数却对占地者进行了反抗与斗争。这些暴力冲突事件都是真实的，有13%的农业工人经历了与新占地者的暴力对抗。②

但政治既复杂又具有地方性。普罗斯珀·马通迪通过对马佐韦地区的研究指出："实际上，农业工人并不都是受害者，他们有时也会自愿协助占地者。"但这也并非完全没有问题，他举了两个农场的例子，老兵为农业工人量定地界，而当地官员则把要分给农业工人的土地拿走分给其他人。③ 195

前农业工人仍然被困且深陷工人与农民间不幸的政治分歧之中。在贾姆班加时期，农业工人通常支持他们的雇主，反对占地者。工会，其中包括农业工人联合会，被视为争取民主变革运动的一分子。争取民主变革运动由津巴布韦工会大会秘书长摩根·茨万吉拉伊建立，其在反对包括土地改革等条款在内的新宪法的过程中，得到了白人农场主强有力的公开支持。津巴布韦农业工人和种植园工人总工会反对占地运动。④ 因此，农业工人也被视为反对土地改革——这种看法一直持续至今。2011年，英国广播公司前去拜访位于哈拉雷的津巴布韦农业工人和种植园工人总工会，接受他们采访的农业工人表示："在土地改革之前，我们与雇主之间没有任何矛盾。当时一切都很好……土地改革必须被扭转过来，或许只有这样我

① Chamabati and Moyo, 2007, 25.
② Moyo, "Three Decades," 511.
③ Prosper Matondi, "Fast Tracking Land Reforms in Mazowe District in Zimbabwe" (Harare, Zimbabwe, 2011).
④ Moyo, et al., *Baseline Survey*, 158.

们的生活才能有所转变。"① 他似乎已经忘记了 1997 年的罢工。

我们在第一章提出了无数关于如果的问题。如果有更多的雇农加入占地者的行列并占领土地；如果津巴布韦农业工人和种植园工人总工会并不反对占地，而是对其加以支持以换取土地；如果有更多的白人农场主像吉斯·坎贝尔一样与占地者进行协商以确保工人获得土地；抑或如果土地改革没有发生。但我们在第一章中也说过，这不是一本关于可能会发生什么、本来会发生什么或者应该发生什么的书。土地改革已经无法逆转——《全面政治协议》（第 5.5 款）其中一条表示"承认上述土地征用和重新分配的不可逆性"，而且 200 多万新的占地者现在也不会允许再发生任何改变。但在一个严重两极分化的政治氛围中，农业工人联合会选择了与反对派和希望逆转土地改革的国际机构结盟。很难说这是否一个明智的长远策略，尤其是一份调查显示，有超过一半的前农业工人希望获得土地，而只有 1/3 的人希望被重新雇用。② 但就津巴布韦的具体情况来看，从短期而言，很难为流离失所的农业工人争取一些更好的待遇。无论工会的政治地位怎样，无论竞选者的措辞有多么夸张，仍然还是有成千上万的前农业工人。那些被从前白人农场驱逐出来的人，甚至那些仍然生活在农庄里的人，他们的处境肯定比不上 2000 年以前。

196　　"快车道"土地改革大大增加了在土地上劳作的人的数量，甚至全职农业工人的数量也增多了，但他们的工资和工作条件似乎依然很差。官方规定的最低工资是每天 2 美元，几乎是之前白人农场最低工资的 2 倍。但即使是中型的 A1 农场主也无法支付这一最低工资。我们发现 A1 农场一般是每天 1 美元加食物，这与此前的白人农场待遇差不多。③ 而且还有大量季节性和临时性的劳动力，农业工人不再享有他们在白人农场所享有的福利和工作保障。非洲农业研究所的一份报告称，"实际工资通常会低于规定的最低工资，重新在新农场工作的前农业工人也挣得比之前少，而且福

---

① Martin Plaut, "Crossing Continents：Farming Zimbabwe," BBC Radio 4, December 1 and 5, 2011, available at http：//www.bbc.co.uk/programmes/b017mvx6#synopsis （December 7, 2011）.

② Moyo, et al., *Baseline Survey*, 33.

③ Chambati, "Restructuring," 1029. 该文指出，2011 年大部分人的工资为每月 30～50 美元。

利待遇也有所下降"。① 事实上，过低的工资在一些地区造成了劳动力短缺，因为农业工人可以找到其他的谋生手段，比如淘金。② 此外还有一个严重的问题，即无论是 A1 还是 A2 土地改革农场主均只从政府那里得到很少的支持，且无法获得贷款以解决工资等开支。即使是订单农业，也只是被提供农用物资。他们目前只有靠自己积累资金，然后再进行重新投资。尤其是他们只有在出售收成后才能获得现金，这就意味着即便是最成功的农场主在收获之前也面临着资金短缺和难以支付工资的局面。

此外，许多新农场主并没有为他们的工人缴纳养老金。2011 年，国家社会保障局（Nationa Social Security Authority）将前西马绍纳兰省省长内尔松·桑姆康治（Nelson Samkange）告上法庭，因为他没有为其在班凯特地区卢克巴农场的工人缴纳 3173 美元的养老金。2011 年 7 月 5 日，国家社会保障局"关注到商业农场领域的达标率极低，许多农场主没有为自己的公司和工人注册，同时还拖延养老金及其他福利、事故险以及劳工赔偿保险基金"。③

津巴布韦农业工人和种植园工人总工会显然需要将新一代农业工人组织起来。而且，津巴布韦农业工人和种植园工人总工会、非政府组织和捐助者仍有可能为前农业工人争取土地，尤其是如果 A2 农场被重新分配或缩减规模从而释放出更多土地的时候。淘金已经成为前农业工人的一项重要活动，在这个问题上，津巴布韦农业工人和种植园工人总工会和非政府组织也可以再次发挥作用，组织他们加入更为环保和可持续的团体，正如第十一章所指出的那样。

---

① Chamabati and Moyo, 2007, 28.

② Chambati, "Restructuring," 1027.

③ 农场和时任省长内尔松·桑姆康治早在 2005 年就已经被告上法庭。当时本土商业农场主联盟秘书长威廉·恩亚邦达（William Nyabonda）控告桑姆康治称，桑姆康治表示自己没有任何技术和资源来耕种农场，因此想让他使用农场来种植烟草，这样自己就能避免陷入困境，但在收获的时候，桑姆康治拿走了烟草。见 "Governor Samkange in ＄4 bn Tobacco Row," *Daily Mirror*, May 25, 2005, http://www.zimbabwesituation.com/may26a_2005.html；Feluna Nleya, "Samkange Hauled to Court Over Pensions," *Newsday*, June 26, 2011, http://www.newsday.co.zw/article/2011 - 06 - 26 - samkange - hauled - to - court - over - pensions；Clarkson Mambo, "Deadline for NSSA Defaulters," *The Mail*, July 6, 2011, http://www.mailonline.co.zw/index.php? option = com_content&view = article&id = 1168：deadline - for - nssa - defaulters&catid = 77：other&Itemid = 1080（all accessed December 26, 2011）。

灌　溉

　　灌溉对津巴布韦农业至关重要，无论对于冬季作物还是对于补充夏季不规律的降水而言都是如此（见图 4 - 1）。罗得西亚政府和津巴布韦政府都承认这一点，并对灌溉，尤其是大型商业农场的灌溉进行补贴。1997年，共有 18.7 万公顷土地得到灌溉，其中只有 1.2 万公顷位于村社或重新安置地区。① 小麦和甘蔗是主要的灌溉作物，其次是大豆、烟草、冬玉米、园艺作物和大麦。

　　对于重新安置农场主而言，灌溉非常困难，因为他们发现几乎不可能共同或相互配合地使用继承下来的灌溉系统。到 2004 年的时候，"灌溉部门在'快车道'土地改革期间已经接近崩溃"，灌溉总面积减少了 6.6 万公顷。② 津巴布韦政府在 2006 年的一项调查发现，有近 500 个灌溉系统未被使用。③ 电力供应不稳使得管理更加困难，从而也就很难对轮流灌溉进行规划。新农场主缺乏技术和管理手段——从技术层面来说，像有效和适当地为农作物分配用水；从管理层面来说，像水量分配、应对电力供应不稳、设备维护和成本回收等。

　　有人在斯普林戴尔农场种植了小麦，那里有一个 2003 年用贷款购置的、由管道和水泵构成的灌溉系统。该系统旨在为 31 个 A1 农场提供灌溉，但现在只服务于 8 个能承担得起电费（每个农场每季约 200 美元）和维修费的农场，其他农场主则因拖欠往年的费用而被排除在外。

　　当白人农场被分割成 A1 和 A2 农场时，灌溉系统基本没有被考虑在内，所以新农场主群体所接收的土地是由水管、水泵和大坝构成的中央系

---

① Johannes Makadho, Prosper Matondi & Mabel Munyuki - Hungwe, "Irrigation Development and Water Resource Management," in Mandivambi Rukuni et al., eds., *Zimbabwe's Agricultural Revolution Revisited* (Harare, Zimbabwe: University of Zimbabwe, 2006), Tables 11.1 and 11.2 [Makadho, "Irrigation"].

② Makadho, "Irrigation".

③ Nelson Marongwe, "Redistributive Land Reform and Poverty Reduction in Zimbabwe," n. d. (probably 2008), available at http://lalr.org.za/zimbabwe/redistributive - land - reform - and - poverty - reduction - in - zimbabwe (December 26, 2011) [Marongwe, "Redistributive"].

统来灌溉的。任何管理体系都没有建立，而且在最初的混乱时期，水泵、水管和变压器遭到白人农场主①和新定居者的盗卖。在恶性通货膨胀最严重的时候，盗卖设备的问题再次出现。

我们在基奥拉农场看到一个成功的 A1 灌溉项目，其中灌溉管道在各个农场轮换使用。2006 年对中马绍纳兰省的调查发现，大多数原有的灌溉系统仍在使用。② 但我们也看到很多因新农场主没能组织起灌溉工作协调会而失败的案例。与村社地区的农场主不同，重新安置农场主并非来自同一家族或宗族，邻里之间在到达的时候都是陌生人，必须重新建立社会联系。这需要时间。相关研究表明，当地农场主正在形成群体，而且与村社农场主相比，土地改革农场主更容易结合在一起，因为他们更需要正式的群体。③ 然而，这些专门成立的地方性群体并不足以管理灌溉系统。农场主们并没有这种组织的或与管理相对复杂系统相关的经验，他们也没有接受过相关的培训。

在此存在高度的不信任，如认为偷懒的人会利用努力工作的人，坐办公室的人会滥用他们的职权，抑或人们将充分利用他们土地上的水管或靠近大坝的有利位置，而且有足够的例子来强化这种不信任。对戈罗蒙兹地区布纳维斯塔农场 3 区的研究发现，2007 年成立的一个群体雇用了一个承包商来统一规划需要灌溉的土地，但不知何故，尽管所有人都支付了费用，却只为 14 名土地委员会成员的地准备了灌溉设施。④ 对东马绍纳兰省穆雷华地区阿斯隆农场的研究发现，"由于水管被从一块地运到另一块地，因此很难去问责"。⑤ 此外还有一个具体的问题，即确保所有农场主都支付

① Marongwe, "Redistributive".
② Marongwe, "Redistributive".
③ Tendai Murisa, "Local Farmer Groups and Collective Action Within Fast Track Land Reform in Zimbabwe," *Journal of Peasant Studies*, 38, no. 5 (2011): 1113 – 1134 [Murisa, "Local Farmer Groups"].
④ Tendai Murisa, "Farmer Groups, Collective Action and Production Constraints: Cases From A1 Settlements in Goromonzi and Zvimba," Livelihoods After Land Reform in Zimbabwe, Working Paper 10, 2010, http://www.lalr.org.za/zimbabwe/zimbabwe – working – papers – 1 (April 28, 2012).
⑤ Shingirai Mandizadza, "The Fast Track Land Reform Programme and Livelihoods in Zimbabwe: A Case Study of Households at Athlone Farm in Murehwa District," Livelihoods After Land Reform in Zimbabwe, Working Paper 2, 2010, http://www.lalr.org.za/zimbabwe/zimbabwe – working – papers – 1 (April 28, 2012).

电力、水泵维护和更换管道的费用。建立相互间的信任和团结需要时间以及支持。但研究表明，私人和国家基本无法对小农灌溉进行管理，① 所以解决集体行动问题和建立利益相关者管理体系似乎是唯一的选择。

恶性通货膨胀也导致了一些问题。随着时间的推移，社区群体经常会与储蓄俱乐部或支付系统紧密相关，而恶性通货膨胀则破坏了这些储蓄；同样，当贷款到手的时候，这笔钱就已经不足以购买设备了。在布纳维斯塔农场3区，A1农场主们接手了一个可以灌溉350公顷土地的系统，并从政府那里获得了2个水泵，但2008年的一项研究发现，他们只灌溉了靠近大坝的18公顷土地，这在一定程度上是因为他们在恶性通货膨胀时期无力购买洒水装置和阀门，对于新农场主而言，这无疑是个很大的打击。在附近的达凯思农场，由于没有电力供应，冬小麦就没有得到灌溉。②

白人农场主获得了大量的灌溉补贴和相关培训。集体管理，尤其是A1农场主的集体管理，需要类似的长期支持和培训。让新农场主在没有任何支持的情况下就简单地接收、修复与管理现有的灌溉系统是不现实的。从长远来看，重新安置农场主只有在每年种植两季作物的情况下，才能实现多产、商业化和盈利，因此对于冬季作物而言，灌溉系统至关重要。

就全国范围而言，增加灌溉的潜力非常大。大多数灌溉用水都来自池塘和大坝上面的湖泊所积蓄的雨水，还有一些直接来自河流和水井。据估计，还有20万公顷土地拥有合适的土壤并能够灌溉，而且可收集的用于灌溉的雨水也能翻倍；此外，还有大量尚未开发的地下水。③ 不过，人们越来越担心全球变暖会导致降雨更加不规律。

因此对于土地改革农场主而言，灌溉将是未来十年最为重要的社会和技术问题，而且它还需要大量的技术、财政和组织支持。到目前为止，灌溉虽获得补贴，但主要用于低效的喷水或渠道系统。不过，电力和基础设施成本的上涨，以及更多的土地灌溉需求，将促使把这些补贴用于更高效的系统——这可能会增加投资成本和管理需求。

① Marongwe, "Redistributive".
② Tendai Murisa, "Local Farmer Groups," 1113 – 1134.
③ Makadho, "Irrigation".

如何确保所有权？

土地改革农场怎样才能转让给其他人？我们曾在第十章提出了像马什塔（Mwashita）夫人这样的寡妇或孩子能否继承土地的问题。农场可以出租或出售吗？这一问题基本仍未解决。一些土地改革农场主拥有 99 年租约，但大多数人只有分配给他们土地的许可证或信函（通常称之为"分地函"），还有很多人什么都没有，从法律层面来说仍是"非法占有"自己的土地。权属与安全问题存在很大的争议，核心问题是：如果新改革农场主担心可能失去土地，他们还会对农场进行投资吗？有人担心他们的土地会被有权势的人夺走，而且并非没有这方面的先例，尤其是获得土地的妇女被男性赶走的先例。《全面政治协议》（第 5.5 款与第 5.9 款）认可了土地改革和当前的土地分配，但同时也表示，需要"确保所有土地所有者的使用权得到保障"。

不过，我们在研究中却很少听到对土地所有权和安全的担忧。尽管知识分子在辩论的时候通常打着"没有安全感人们就不会投资"的旗号，但我们实际看到的情况却恰恰相反。A1 和 A2 农场主都认为，投资和生产是实现安全的方式——赶走一个多产的农场主要比赶走一个低产的农场主困难很多。伊恩·斯库恩斯及其同事确认，他们在研究中发现，"大多数定居者都感觉土地很安全，被夺走的可能性很小"。[1]

法比·桑格瓦是一名 60 岁的女农场主，她自己名下拥有一个 A1 农场。她告诉我们，当她分到一块土地的时候，"当天就带着斧头前往地里，用树枝（穆萨萨树）在那里搭建了一个棚子。然后回家拿了一口锅、一把锄头和一条毛毯，从那天起我就再也没离开过农场"。在格罗蒙兹地区，有个寡妇非常渴望得到土地，她占据了一块据说是地区议会的土地并开始耕种。虽然三年多来她一直没能拿到分地函，实际上就是一个"非法占地者"，但她正在通过耕地投资和投入而增加自己的安全性。下面这个例子更是凸显了耕种土地的社会重要性：一位女性老兵拥有一个农场及该农场的分地函，但由于一个高级军官想要那块地，她被赶了出去；

---

① Ian Scoones, et al., *Land Reform*, 68.

她与之展开了斗争，并最终在 2007 年获得另一个农场，而且面积比原来的还大。

腾代·穆伊萨在 2006 年对东马绍纳兰省的格罗蒙兹地区和兹文巴地区进行了研究，他也举了两个例子：当地的一个政客和某个有政治影响力的人均想方设法把 A1 农场重新划分为 A2 农场，并告诉 A1 农场主必须离开他们的农场。在这两个例子中，A1 农场主均通过省级官员和当地的一位国会议员进行了成功的抵抗，A2 农场划分无效，他们最终收回了自己的土地。①

尽管各级政客都想维持驱逐农场主的权力，但人们已经形成一个广泛的共识，即必须提升土地持有的安全性并建立更明确的土地占有制度。有人在大力推动允许土地自由买卖的永久业权制度，但反对的声音也很强烈。非洲土地改革问题专家莱昂·克里夫（Lionel Cliffe）等人表示："个人占有制既没有促进农业信贷，也没有通过市场为土地占有提供安全保障，甚至在实践中都不具备可操作性。这对津巴布韦而言完全是一个警示。"②

永久业权的最大倡导者是美国外交官和世界银行的一些人，他们经常推销赫尔南多·德·索托（Hernando de Soto）在 2000 年出版的《资本的秘密》一书。这一观点也得到那些想进行土地投机，尤其是那些想在土地改革中获得农场然后再变卖的人的支持。德·索托主张拥有所有权的正式的产权制度，认为这容易交易和转让。正式的所有权可以让贫困的财产所有者动员他们土地中所蕴含的"沉睡资本"，因为所有权能够让他们"与陌生人交易"，尤其是可以借此获得贷款。德·索托认为，这一正式的所有权可以从根本上解释"为什么资本主义在西方取得胜利，而在其他地方却陷于失败"。③

但他继续指出，"这一筹码之所以具有意义，在于它有可能被输掉。

---

① Murisa, "Local Farmer Groups".

② Lionel Cliffe, Jocelyn Alexander, Ben Cousins & Rudo Gaidzanwa, "An Overview of Fast Track Land Reform in Zimbabwe: Editorial Introduction," *Journal of Peasant Studies*, 38, no. 5 (2011): 26.

③ Hernando de Soto, *The Mystery of Capital* (London, UK: Black Swan, Transworld, 2001), 55, 108ff, 219ff, 241 [de Soto, *Mystery*].

合法财产潜在价值的很大一部分来自它有可能丧失的可能性"。如果人们 201
"没有可以丧失的财产，那只有他们的亲属和邻居才可能把他们视为交易
伙伴"。① 因此，人们将失去土地的风险，就成了德·索托将资本主义带给
穷人这一理论的基础。

　　德·索托仍然是个有争议的人物。他曾是秘鲁中央银行的董事，是
1992 年由阿尔韦托·藤森（Alberto Fujimori）及其与中央情报局的安全总
管弗拉迪米罗·蒙特西诺斯（Vladimiro Montesinos）发动的"自我政变"
的支持者。② 作为藤森的首席顾问，他启动的经济改革给秘鲁带来很大的
困难，并最终导致藤森和蒙特西诺斯被推翻。然而德·索托也警告说：
"贫穷国家的大多数经济改革计划都有陷入卡尔·马克思所预言的陷阱的
可能：资本主义制度的主要矛盾，在于它成为自己的掘墓人，因为它不能
避免将资本集中于极少数人手中的情形。……目前，资本主义全球化关注
的焦点，只是精英间的彼此联系。"③

　　德·索托为资本主义扩展至发展中国家开出了由两个部分构成的药
方。第一部分是清晰与可交易的财产所有权。第二部分通常被那些反对津
巴布韦土地改革的人忽视但却与津巴布韦有直接的关系，因为德·索托是
非法占地活动的有力鼓吹者——结束他所谓的"所有权隔离状态"，然后
在穷人控制土地的地区提供他所谓的"非法所有权"。④ 事实上，在美国定
居的拓荒者"只是非法占地者"。美国在 18 世纪和 19 世纪的扩张就是由
非法占地者占据别人未开垦的土地而驱动的——通常他们所挑战的是"有
产精英"。德·索托指出，美国国会分别在 1830 年、1832 年、1838 年、
1840 年和 1841 年给予非法占地者相关权利，1862 年的《宅地法案》则将
非法占地者合法化⑤——这与津巴布韦的《"快车道"土地改革法》如出
一辙。19 世纪美国出台的一系列土地占有法案，根据土地增值情况给予土
地开发者所有权。最后，德·索托指出美国国会用土地来偿付士兵，给予
参加独立战争、1812 年战争、"印第安"战争和美墨战争的老兵每人 26 公

---

① Hernando de Soto, 54 – 55.

② *El Comercio*, Lima, Peru, March 31, 2002.

③ de Soto, *Mystery*, 224, 242.

④ de Soto, *Mystery*, 27, 225, 242.

⑤ de Soto, *Mystery*, 16, 110, 134, 155, chap. 5.

顷土地。① 德·索托认为，美国在 19 世纪的经历"有很多值得借鉴之处"。② 津巴布韦似乎在紧紧追随美国的模式。

然而占地一旦被承认，就像分地函或 99 年租约所做的那样，就会产生一系列与土地耕种和转让有关的问题。到目前为止，这是在变通的基础上实施的。继承权得到承认，土地被交给配偶或子女。此外，还有越来越多的已被分配但没有耕种的土地的分地函被收回，省土地委员会重新分配未耕种土地工作也已经开展了好几年。只用很少一部分土地耕种的 A2 农场有时会被"重新确定面积"，其中闲置的土地会被分给别人。但有一条法规没有得以贯彻实施——政府明确规定不能出租土地，无论租金是现金还是农作物，但出租行为却非常普遍，我们遇到的许多好农场主都是"借用"额外的土地。另外两条法规虽不彻底但基本得以贯彻实施：不能将土地出售或转让给家庭以外的成员，以及个人不能拥有一个以上的农场。因此，一套相关的习俗或习惯正在形成，但由于其具有强烈的非官方性，从而很容易受到政治的操纵——土地委员会并不准备挑战那些没有在土地上耕种或拥有多个农场的大人物。

永久业权并不是唯一的土地业权制度。在许多国家和文化中存在这样一种观念，即人们不能"拥有"土地，因为土地是公共资源的一部分，只能在人们活着的时候或一段时期内借给他们使用。还有人认为，土地是所有人共同拥有的自然资源，应该在民主政府的监管下加以使用。但任何土地占有制度都必须处理如下四个问题。

第一，出售与转让。是否可以将土地出售或转让给家庭成员以外的人？应该对买家进行限制吗（如不允许任何人拥有一个以上的农场）？允许按揭吗？如果某人拖欠按揭或贷款，银行或贷款机构可以把他和他的家人赶走并出售土地和土地上的建筑吗？企业可以拥有 A1 和 A2 农场吗？可以将农场分割或合并吗？是否应有机构可以批准（或至少有权拒绝）土地转让吗？

第二，其他使用者。可以将土地进行出租、合资、共同耕种，抑或由土地产权不在自己名下的人耕种吗？

---

① de Soto, *Mystery*, 130, 136.

② de Soto, *Mystery*, 158.

第三，继承。土地可以被继承吗？在这方面有什么样的规定？如果离婚了怎么办？

第四，耕种。是否应将职业和所有权作为耕种的条件？应设定什么样的条件（如耕种比例，或多年没有耕种）？应规定例外情况吗（如老兵或老人）？谁将确定土地是否被充分耕种？

除永久业权之外，另一种选择是租赁管业权，这在世界各地都很普遍。事实上，本书的三位作者都住在长期租赁的房子里，而且津巴布韦政府也给了一些 A2 农场约 99 年的租约。租约可以转让，但也可以包括一些限制条件，例如房子在出租的时候可以规定不能用作商业用途。我们当中有人在伦敦拥有一所房子，租约可以追溯到 20 世纪初，上面规定不能在那块土地上放牛。这些条件的重点在于，通常可以通过法院加以强制执行，届时租约被废止，房产被收回。

可以将租约进行抵押和有限制的转让。例如，相关法规可以规定银行有权收回被抵押的农场，但只能卖给那些还没有农场的人。在此最为关键的是要透明和公正——每个人都需要知道规则，且人们在因租赁损失而上诉的时候能够找到法院或法庭。

德·索托等人之所以经常主张租赁管业权或永久业权，是因为他们将土地抵押视为农场主获取贷款的唯一途径。但津巴布韦及此前的罗得西亚长期以来将农作物作为抵押来提供贷款——必须将烟草或玉米出售给提供生产投入的公司，公司在扣除相关费用后再把钱支付给农场主。这通常还与某种形式的保险相关联，因此一旦雨水不足，保险公司（通常是政府）就会偿还债务。这导致了很多问题，尤其是有的农场主会偷偷地把农作物卖给别人（也就是所谓的单边销售）而不还欠款，从而导致坏账越积越多。要想解决这一问题，最简单的办法就是进行土地登记和建立清晰的未偿债务表——农场主只能拖欠一次债务，否则将无法再次获得信贷，但他们也不会失去自己的土地。

但无论是租赁管业权、永久业权、分地函，还是其他一些土地占有制度，最重要的都是要满足一些基本的条件：为土地占有提供保障，明晰各项规则，确定继承原则，以及对土地占有情况进行公开登记。鉴于津巴布韦长期以来擅自占用土地的历史和土地作为国家资产所具有的重要性，或许确实需要设定一些条件以确保土地得到耕种。

本章小结：困难重重的问题

因此，在土地改革 10 年之后，依然存在三个难题。

（1）与土地改革之前的 16.7 万人相比，现在有超过 100 万人在重新安置农场从事全职工作。但他们的工资很低，工作条件通常也很差，因此自 20 世纪 70 年代和 90 年代以来就存在的一个问题，即如何改善这些非常贫困的工人的生活条件，至今仍未解决。与此同时，成千上万的人在 20 世纪 90 年代因经济结构调整而失去工作，还有成千上万的人因"快车道"土地改革而失去工作，甚至失去家园。他们基本上都不是土地改革农场新雇佣的那些人，且许多人依然贫困潦倒。因此，为那些在这两次经济震荡中流离失所的人创造就业或寻找土地，就变得十分紧迫了。

（2）促进农业生产和提高 A1 农场主的生活水平需要大幅增加灌溉的应用，这既有助于种植下一季度的冬季作物，也可以保证夏季作物在津巴布韦降雨不稳的情况下长势良好。这不但需要对大坝、水井、水泵及其他灌溉设施进行大量投资，而且也需要在用水管理方面对农场主进行长期的培训和帮助——如何参加委员会、明确权利和责任以及建立信任。非政府组织和农技推广人员需要用 10 年的时间来手把手地教他们，以及提高他们的能力，以确保利益相关者的管理收到成效。

（3）在占有权和安全这一问题上并没有唯一答案。相反，我们需要对目标，以及如何平衡公平、公正、安全和效率之间通常相互冲突的目标，进行更加开放的讨论。

解决这些问题没有所谓的"快车道"。相反，我们需要抛开分歧并开展更具根本性的讨论，以求在目标与选择之间实现平衡。

第十三章　结论：占地与生产力

"毫无疑问，只要土地仍然与种族主义沾边，就仍将为煽动家提供可资利用的借口。……众所周知，'土地'一词经常会成为革命运动中的口号，具有广泛的情感诉求"，①《土著重新安置特别委员会第二份报告》在1960年如是警告。

一语中的。

"如果这个国家出现一个非洲人的政府，事实上这似乎不可避免而且很快就将出现，如果为了创建和保留特权而制定和实施的现行法律得以保留并被反过来用在欧洲人身上，他们去抗议又有何用！……成千上万的白人将会被赶出他们的家园和农场，而不会得到任何补偿"，当天主教的主教多纳尔·拉蒙特（Donal Lamont）因在教会医院医治游击队员而在1976年被判有罪的时候，他在被告席上的演讲中如是警告。②

又是一语中的。拉蒙特希望"欧洲人的待遇也许会比非洲人好一点"。但新的领导人已经很好地学到了经验教训，他们不给任何补偿就将白人农场主赶了出去。而且正如主教所预测的，抗议又有何用！

在非洲这一规模最大的土地改革中，6000多名白人农场主被24.4万津巴布韦农场主取代。有些津巴布韦农场主在20世纪80年代获得安置，但绝大多数是在2000年之后。他们基本都是普通的穷人，但现在已经变成

---

① Malcolm Rifkind, "The Politics of Land in Rhodesia" (MSc thesis, Edinburgh University, 1968), 141 [Rifkind, "Politics of Land"], citing Jack Quinton, *Second Report of the Select Committee on the Resettlement of Natives*, 1960, 216, 217, available at http://www.met.open.ac.uk/zimbabwe (June 20, 2012).

② Donal Lamont, *Speech From the Dock* (Leigh-on-Sea, Essex, UK: Keven Mayhew, 1997), 65.

生产率更高的农场主。这一变迁在最初显然具有很大的破坏性，但生产得到了迅速提升。农业生产现在恢复到 20 世纪 90 年代的水平，重新安置农场主已经种植了津巴布韦 40% 的烟草和 49% 的玉米。如巴瑞·弗劳德在其 50 多年前的博士论文中所言："烟草在生长的时候不会去关注农夫皮肤的颜色。"[1]

如前所述，农场主们用了一代人的时间来掌控他们新的土地。白人农场主，尤其是二战老兵，在 20 世纪 50 年代获得了大力支持——但正如我们所看到的那样，只有 1/3 的人获得了成功。津巴布韦在 20 世纪 80 年代根据"愿卖愿买"原则进行了第一次土地改革，前殖民者保留了最好的土地，政府也提供了一些初步的支持，新农场主表现很好，增加了产量，降低了贫困。比尔·金赛通过长期研究指出，"人们发现，平均而言，重新安置农场主的效率要比村社地区的农民更高"，而且"对于许多农场主而言，他们有非常大的机会去追赶堪称典范的、最好的农场主"。[2]

2000 年"快车道"土地改革农场主基本是自筹资金，只得到了很少的人的支持，但占地者热情很高，且他们最终获得了最好的土地。一般来说，"快车道"农场主做得相当好，他们增加了产量，提高了自己的生活水平，在未来 10 年内，他们农作物的产量有望继续提高。在他们当中，最好的农场主表现得非常好，处于中等水平的农场主则仍在奋起直追。

并非整齐划一

英国殖民者建立了一种双重农业制度，其中绝大多数人只拥有小块土地，而特权集团占有的则是大型农场。他们还将土地种族主义化，将一些土地定位为"欧洲土地"，另外一些则定义为"非洲土地"。从表面上看，这两类土地在独立后均得以延续。但在"白人农场主"和"大型农场"的语境之下，还是产生了诸多改变。就农场规模而言，津巴布韦人青出于蓝而胜于蓝——小农场变大、大农场变小——土地由此得到更好地利用，商

① Barry Floyd, "Changing Patterns of African Land Use in Southern Rhodesia" (PhD thesis, Syracuse University, 1959) (Lusaka: Rhodes – Livingstone Institute), 345.

② Bill Kinsey, "Zimbabwe's Land Reform Program: Underinvestment in Post – conflict Transformation," *World Development*, 32, no. 10 (2004): 1684 [Kinsey, 2004].

业作物生产也由此得以提升。

同样，殖民主义关于白人农场主与黑人农场主的标签也沿用至今，但事实上没有任何一个群体是同质的。白人农场主之所以出名，是因为有些人拥有非常高的生产率和利润率。然而作为一个群体，在独立的时候，白人农场主所耕种的土地不足他们占有土地的 1/3，且大部分人境况不佳——1/3 破产，1/3 收支平衡。为了维持其特权与强权，白人少数集团参加了一场残酷的战争，然而独立之后，白人社区的许多人在新的津巴布韦找到了自己的位置。仍然有一些白人农场主，如吉斯·坎贝尔，与土地改革农场主建立了良好关系，而其他一些津巴布韦白人，则创建了农业 210 企业。

就土地改革农场主而言，既存在像法努埃尔·穆坦迪罗和艾斯特·马克瓦拉这种用尽他们每一寸土地的非常成功的农场主，也存在土地闲置、经营境况非常差的农场主，还存在许多介于二者之间、想方设法投资和耕种、有时还能获得订单农业支持的农场主。保留大型农场且只有境况较佳的人才能获得土地的决定仍然存在争议，而且有些大型农场还被交给了权贵。但即便所谓的"亲信"也并非铁板一块——有些人正在"守株待兔"，希望将土地出售或出租出去，另外一些则吃苦耐劳，希望从农业中发财致富。

南瓜与继续开展农业生产

无论在世界的哪个地方，土地改革都不可能干净或单纯。土地是一种有限的资源，只能从一个群体那里拿走交给另一个群体。而且，土地改革通常发生在经济与社会出现问题或转型时期。激烈的政治与社会冲突不可 211 避免——上到确立目标与优先事项、下到分配成袋的化肥均是如此。这些争论在津巴布韦仍将持续下去，而且许多问题仍未解决。但我们有必要抛开刺耳、愤怒和滔滔不绝的媒体与政治冲突，去告诉人们到底是谁获得了土地——那些真正的农场主。

本书在研究中感触最深的是"快车道"农场主对他们新的农场深感自豪。他们急切地带我们前去他们的农场，坚持让我们参观每一块地，并不厌其烦地向我们介绍新的烤烟房。他们对自己的产量很满意。A1 农场主坚

照片 13 – 1　2011 年 4 月 13 日，A1 农场主在基奥拉
农场的田野交流日专心聆听玉米多样性的讲座

持送我们一些东西，每次我们回家的时候，车上都放满了南瓜。

　　土地改革往往是在不利的环境下开展的，有时能够获得政治支持，有时则不然。20 世纪 80 年代初和 90 年代末的重新安置均由占地运动驱动，但当时的占地运动却遭到政府领导人的高声反对。20 世纪 80 年代的土地改革从未获得充分的政治支持，且在四年之后连有限的支持也基本没有了。当时其所面对的是（南非）种族隔离动荡的阴云、缺乏国际援助、严重的旱灾以及经济结构调整方案。"快车道"始于老兵为反对津民盟而开展的占地运动，且是在政治冲突和制裁的阴云下进行的。有史以来最为严重的 2005～2008 年恶性通货膨胀，给新农场主带来了和其他人一样的负面影响。但最引人瞩目的地方在于，尽管问题重重，农场主们还是让两次土地改革都收到了成效——尽管所面临的局面一直比较混乱，但他们还是取得了成功。而且，虽然上层的指示朝令夕改一团糟，但政府的推广机构农技推广服务中心还是为新农场主提供了重要的支持。

　　2008 年年底的《全面政治协议》和 2009 年的联合政府已经证明，国家要发展，稳定至关重要。2009 年 1 月的美元化促使经济迅速好转，极大地便利了小农场主获取农用物资和销售农产品。

　　政治局势依然持续紧张，国际社会以制裁为代表的敌对行为依然持续存在。各种问题，尤其是与环境和前农业工人有关的问题依然存在。大量的重建工作依然迫在眉睫，这其中包括彻底纠正少数人统治的遗产、重新创造因结构调整而损失的 6 万甚至更多的就业，以及修复恶性通货膨胀对经济造成的损害。

在 2010 年发表的一篇思想深刻的文章中，萨姆·莫约指出了津巴布韦社会的两极分化，以及国内和国际行为体"无处不在的因横越这道鸿沟而产生的导致冲突的行为"。他认为，"津巴布韦因外部孤立而导致的内部危机被分化的两极所采取的对抗策略进一步激化……自 2002 年以来，这又导致从法律层面对媒体、非政府组织和一般性的公众集会以及外部资金对公民社会的支持进行限制，并开始越来越多地使用暴力（包括逮捕和严刑拷打）"。① 由此所需的是"正常化"。这始于乌泰泰委员会及其他与土地有关的委员会、治理改革与《全面政治协议》，以及美元化和放开价格等经济调整。但他同时警告说："然而，正常化也面临着来自国内外的强大阻力，因为分化的两极均存在着一些顽固的'冲突企业家'。这其中包括那些希望迅速、彻底和完全地整顿现存政治权力结构、领导阶层和政策进程的人，以及那些手握权力且倾向于压制不同意见的人。"②

同样，研究农场主团体的腾代·穆伊萨也警告指出，"快车道"重新安置地区没有"从发展与救济性非政府组织那里获得支持方便了公民社会与政府各行其是"。国际公民社会"可以继续谴责土地改革进程在很大程度上优待了与政府关系密切的精英。与此同时，津民盟所掌控的政府则仍然是唯一积极提供支持的外部力量"。③

《全面政治协议》与公共舆论现在认识到，土地改革是不可能走回头路的。尽管可能存在混乱，但它已经无法逆转。因此，现在唯一可以盼望的是如何对农业进行支持，以及如何让所有的农场主增加产量。摆脱因政治与恶性通货膨胀而导致的黑洞曾经耗费了如此多的精力，以致很少

① Sam Moyo, "The Zimbabwe Crisis, Land Reform, and Normalization," in *The struggle Over Land in Africa*, ed. Ward Anseeuw and Chris Alden (Cape Town: Human Sciences Research Council, 2010), 246, 249.

② Sam Moyo, 257, 261.

③ Tendai Murisa, "Farmer Groups, Collective Action and Production Constraints: Cases From A1 Settlements in Goromonzi and Zvimba," Livelihoods After Land Reform in Zimbabwe, Working Paper 10, 2010, http://www.lalr.org.za/zimbabwe/zimbabwe – working – papers – 1 (April 28, 2012).

有人能够高瞻远瞩去思考土地改革的长期意义。而且随着参加解放战争的那一代人退出历史舞台，那些思考经济与社会发展的新一代人将会掌控这一进程。

有两个相关的问题脱颖而出——将土地交给最有可能好好耕种的人手里和增加对农业的投入。

几代人

创建一个农场不是一周或一年的事情，它需要一代人的时间。但接下来呢？如金赛所言："小规模重新安置者的主要收益在一代人的时间里就会耗尽。5 公顷土地可以为小家庭提供一个经济上可行的农场，但对一个大家族而言就不够了。一个成年的儿子或女儿可以继承父母的农场，但其他兄弟姐妹就要搬到别处。"[1] 土地改革农场主耕种了更多的土地——与之相比，白人农场主只耕种了 1/3 的土地——而且他们耕种的面积将会在未来 10 年或更长的时间里继续增加。土地改革的收益肯定不会轻易耗尽。但津巴布韦的土地改革是一锤子买卖，现在已经没剩下多少土地可供重新分配。此外，重新安置并没有降低村社地区的土地压力，它只是缓解了人口增长的压力——村社地区虽然没有变得更加拥挤，但也没有变得宽松起来。那么接下来会怎么样？

在采访中，我们看到了两个正在发生的进程。就第一个进程而言，一个甚或更多的孩子正在接受农业培训，并有望接管农场并使产量再次实现飞跃；有些孩子甚至已经开始参与农场经营——尤其是那些与母亲在一起的孩子。就第二个进程而言，包括老兵在内的一些人认为，土地改革可以确保他们获得足够的钱来送他们的孩子去学校甚至大学读书，但他们的孩子却期望在城市生活而对农业没有任何兴趣；迄今为止，还没有人去探讨从长期来看这些农场如何才能维持生产。

从短期来看，土地改革服务了一系列的社会与经济目标。对于下一代人而言，土地改革农场不能仍然只是个体家庭的生存基础——它们必须成为农场，以及农业相关产业就业的源泉。《全面政治协议》（第 5.7 款、第

213

---

① Kinsey, 2004, 1689.

5.9 款）申明，要"确保所有土地得到有效耕种"，以及为了在一定程度上杜绝人们占有多个农场，需要进行"无党派土地审查"。两方面结合起来，意味着在解决土地占有权这一问题时，要确保人们感觉安全和放心投资，要确保配偶和孩子能够继承土地，同时还要允许出租和重新分配未耕种的土地。

这还给津巴布韦未来的经济发展带来了更广泛的问题。重新安置已经给就业人群带来了重大变化，但对于受过良好教育的劳动力而言，低工资的农场工作很难称得上称心如意。从未来 10 年来看，重新安置农场主或许还能依靠廉价劳动力，但这种局面很难长期持续下去，因为其他领域肯定会提供更多合适的工作。

投 资

"没有外部投资且资源很少，这些新农场主的成就真是不可思议，"英国广播公司非洲新闻记者马丁·普劳特在一篇关于马斯温戈省重新安置农场主的报道中如此表示。[①] 20 世纪 50 年代的新白人农场主获得了政府巨大的支持——信贷、培训、补贴以及对灌溉等新投资的财政与技术支持。比尔·金赛还指出了重新安置农场主在 20 世纪 80 年代得到的支持。然而，"快车道"农场主基本上没有获得任何支持。政府只提供了很少的资金，捐助者和非政府组织则拒绝帮助前白人土地上的新农场主。如伊恩·斯库恩斯及其同事所注意的那样，新农场主正在进行自我积累——将工资和从农场之外所赚的钱用于投资，以及将农场利润进行再投资。在接受很少量外部帮助且仅仅 10 年的发展时间里，大约有 1/3 的新农场主成为商业农场主——这正是白人农场主拥有土地 30 年之后和重新安置农场主拥有土地 15 年之后的比例。

但新农场主仍然受到资金、电力和市场的限制。美元化意味着截至 2011 年农用物资和设备的供应已经不成问题，但由于没有支持和缺乏信贷，资金严重短缺的新农场主没有能力购买自己需要的东西。最为成功的

---

① Martin Plaut, "Crossing Continents: Farming Zimbabwe," BBC Radio 4, December 1 and 5, 2011, available at http://www.bbc.co.uk/programmes/b017mvx6#synopsis (accessed December 6, 2011).

农场主显然可以做得很好，而处于中等水平的农场主，潜力则非常巨大。

另外一个问题是电力。要想赢利，一年需要种植两季作物，这就需要灌溉，但电力供应非常不稳定，因而限制了小麦等农作物的恢复。这里的问题是 20 多年来一直没有对电力供应系统进行投资，原因是经济结构调整和恶性通货膨胀造成了财政困难。

第三个问题是市场。烟草和棉花等农作物已经通过订单和拍卖获得了市场保证，巨大的营养需求也确保了大豆的市场。但粮食类农作物，尤其是玉米，却依赖粮食收购管理局，因为其仍然是小农业生产者最重要的购买者和农资的主要提供者。粮食收购管理局也缺乏资金，因此经常拖欠款项。

新农场主已经凭借自己的力量取得了丰硕成果。无论是抵押了哈拉雷的房产还是从村社地区牵来了牛，他们都找到了起步的资源。向重新安置农场主提供支持，将会使他们获得所需的资金，从而推动更多人成为小型或中型商业农场主。

我们在第三章中指出，在单方面宣布独立时期，所有白人农场都获得了补助和贷款，按照当前的货币计算，约为每年 4 万美元。除此之外，这些农场还获得了巨额的技术推广支持，以及政府所严格控制的、有保证的市场。我们在第八章中估算过，这相当于每公顷耕地又获得了 80～130 美元的补助。还是在第八章，我们看到 A1 农场主在种子、化肥和耕地等方面所需的投资，依据农作物种类的不同，每年每公顷耕地为 100～790 美元。因此，单方面宣布独立时期农场获得的补助和贷款，接近于 A1 农场所需的最低投资额。如此看来，伊恩·史密斯（Ian Smith）单方面宣布独立政府的做法是正确的——要想建立一个成功的农场主集团，就必须对年度基本投资成本进行补助并提供低息贷款。最后，农场投入要想获得收益还需要推广和市场的支持。

另外一个解决投资需求的方式是使用第八章所估算的单方面宣布独立政府时期的补贴，即相当于每个 A1 农场 500～800 美元，每个 A2 农场 1 万美元。鉴于共有 24.4 万名重新安置农场主，补贴总额每年将会达到 3.4 亿～4 亿美元，其中一部分可以采取低息贷款的资本投资方式。

"大规模土地改革的少数几个例子和都是在国际社会施加压力并给予财政支持的情况下展开的，"世界银行在 2010 年对津巴布韦土地改革的研

究中这样说。^①"显而易见，津巴布韦政府希望通过'快车道'计划所实现的国家利益与主导性国际议程的利益并不相同。如此，这一计划便无法在意识形态层面和财政层面得到支持。"但这份报告还强调指出，政府"应该将更多的资源分配给农业部门"，而且信贷与投资，尤其对于灌溉而言，至关重要。然而，即便是世界银行也认为津巴布韦完全是在依靠自己的力量。

但津巴布韦并没有可供投资的广泛的矿产资源。据《经济学人》杂志估计，津巴布韦每年只能靠钻石带来 10 亿 ~ 20 亿美元的收入。^② 在 2011 年 8 月的一份议会声明中，财政部长腾代·比蒂表示，最近出售的 1.67 亿美元钻石的实际价值应该为 15 亿美元，如此便有 13 多亿美元不知所踪。^③ 如果联合政府能够足额获取矿业收入，那么其将会有充足的资金用于对土地改革农场主以及相关的农业产业进行投资。

印　象

我们脑海总会浮现如下影像：现在无论走入 A1 农场主还是 A2 精英农场主的客厅，都会发现家具已经被搬走，满屋子都是成袋的玉米和花生；　216 抑或发现资金都用作购买机械设备，而非新的家具或高档汽车。

他们是一群受过教育的高科技农场主。即便电力供应不稳，A1 农场主还是购买了手机。他们熟知各种不同类型的杂交玉米，以及与每种玉米相对应的化肥和农药；他们用牛和拖拉机耕地——他们已经不再是莫桑比克的那种用锄头刨地的农民。A2 农场主正在使用网络来查询动物饲料和农作物的相关信息，以及联系出口订单。我们还多次在 A1 和 A2 农场听到了如

---

① Simon Pazvakavambwa & Vincent Hungwe, "Land Redistribution in Zimbabwe," in *Agricultural Land Redistribution*: *Toward Greater Consensus*, ed. by Hans Binswanger – Mkhize, Camille Bourguignon & Rogerius van den Brink (Washington, DC: World Bank Publications, 2009), 160 – 161.

② "Zimbabwe and Its Diamonds: Forever Dirty," *Economist*, June 30, 2011, available at http: //www. economist. com/node/18898238 (January 5, 2012).

③ Clemence Manyukwe, "Diamonds Worth US $ 1bn Missing," *Financial Gazette*, August 12, 2011, available at http: //eu. financialgazette. co. zw/national – report/9417 – diamonds – worth – us1bn – missing. html (January 5, 2012).

下两句话："农业就是做生意"，"你必须要有计划"。农业在任何地区都很困难，因为其面临的是多变的市场与天气，但好的农场主——无论大农场主还是小农场主——正在进行总结和做长期规划。他们知道自己获得这些农场才 10 年或不到 10 年，他们还有很多事情要做。

对于津巴布韦人来说，重要的不是土地本身，而是农业。农业被视为改善生活和积累的一种手段，人们正准备辛苦劳作并让自己的双手沾满泥土。对于普通的 A1 农场主而言，日益增加的农业产量为他们及他们的孩子提供了更宽敞的房子和更舒适的生活。对于最好的 A1 农场主而言，玉米、烟草或大豆给他们带来了比当教师或公务员还高的收入。对于 A2 农场主而言，这是一个赚大钱的好机会，而且这些钱不是来自土地投机，而是来自种植农作物或养牛。农场主们还非常生气地指出一些农场未被耕种或没有被很好地耕种——有些 A1 农场主仍然生活在哈拉雷，有些 A2 手机农场主或政府亲信则对土地进行投机——闲置的土地在物产丰富的农场中间十分扎眼。

农场主们的态度与学者们的研究方式相得益彰。津巴布韦是非洲识字率最高的国家，津巴布韦大学拥很高的研究水平。除此之外，我们还被研究者们自愿走到农村地区、整日地待在那里，有时甚至会采访上百个农场主所深深感动。做研究的时候，研究者不是只坐在办公桌前，他们心甘情愿地让双手沾满泥土。如果没有津巴布韦学者已经做的高质量的研究工作，以及愿意拿出来与我们分享，这本书就不可能面世。我们回家的时候不仅带了南瓜，还带了许多文件和研究报告。

我们最后的印象是，津巴布韦人如何迅速地从恶性通货膨胀时期恢复过来，外国人（甚至旅居国外的津巴布韦人）如何错过了这一变迁。2009 年 1 月引入美元作为货币结束了世界上最为严重的一次恶性通货膨胀，使正常的经济生活以超出许多人预想的速度恢复过来。当我们在 2011 年 5 月进行大量田野调查的时候，哈拉雷的超市里面已经满是商品和顾客，农场主们也已经出售玉米和烟草来交学费和购买种子。当然，美元还是不够用——就货币本身而言，人们从哈拉雷前往其他城市途经收费站时，递给收费员的都是破旧不堪的美元纸币；从经济层面而言，大多数人仍然很穷，农场主们仍然缺乏资金。尽管如此，津巴布韦人正以不可思议的方式前进——经济似乎已经"正常"，人们只有在你问他们的时候，才会谈起通货膨胀的事情。

外界评论总是倾向于低估津巴布韦两个方面的问题。第一个问题是人们（甚至学者和精英）与土地和农业之间的联系。第二个问题是实行美元化之后的恢复速度，而这本身不但是津巴布韦人富有韧性和创造力的明证，同时也表明 2005~2008 年的经济危机是由恶性通货膨胀而非土地改革导致的。

津巴布韦的土地改革绝非干干净净，而且仍然还存在一些重大问题，但 24.5 万名新农场主已经获得了土地，且大多数人正在耕种这些土地。他们已经提高了自己的生活水平。他们已经达到了前白人农场主的生产水平，而且在微不足道的支持下，他们正准备大幅提高这一生产水平。

南罗得西亚总理戈弗雷·赫金斯（Godfrey Huggins）曾在 1952 年宣称："土地的最终持有者将会是那些能够最好地耕种它们的人。"①60 年后，一语成真。 218

---

① Rifkind, "Politics of Land," 106, citing *Rhodesia Herald*, May 22, 1952.

参考文献

Books, Articles, and Other Published Material

Alexander, Jocelyn. *The Unsettled Land.* Oxford, UK: James Currey, 2006 [Alexander, *Unsettled*].

Bailey, Martin. *Oilgate.* London, UK: Hodder & Stoughton, 1979.

Binswanger-Mkhize, Hans, Camille Bourguignon, and Rogerius van den Brink. *Agricultural Land Redistribution: Toward Greater Consensus.* Washington, DC: World Bank Publications, 2009.

Bond, Patrick. *Uneven Zimbabwe.* Trenton, NJ: Africa World Press, 1998.

Bourne, Richard. *Catastrophe: What Went Wrong in Zimbabwe?* London, UK: Zed, 2011.

Bowyer-Bower, Tayna, and Colin Stoneman, eds. *Land Reform in Zimbabwe: Constraints and Prospects.* London, UK: Ashgate, 2000.

Catholic Commission for Justice and Peace in Zimbabwe. "Breaking the Silence—Building True Peace: A Report Into the Disturbances in Matabeleland and the Midlands," 1999.

Centro de Estudos Africanos de Universidade do Maputo. *A Questão Rodesiana.* Lisboa, Portugal: Initiativas Editoriais, 1978.

Chamabati, Walter, and Sam Moyo. "Land Reform and the Political Economy of Agricultural Labour in Zimbabwe." Occasional paper 4/2007. Harare, Zimbabwe: African Institute for Agrarian Studies, 2007.

Chambati, Walter. "Restructuring of Agrarian Labour Relations After Fast Track Land Reform in Zimbabwe." *Journal of Peasant Studies,* 38, no. 5 (2011).

Chaumba, Joseph, Ian Scoones, and William Wolmer. "From Jambanja to Planning: The Reassertion of Technocracy in Land Reform in South-eastern Zimbabwe?" *Journal of Modern African Studies,* 41, no. 4 (2003).

———. "From *Jambanja* to Planning: The Reassertion of Technocracy in Land Reform in South-eastern Zimbabwe." Sustainable Livelihoods in Southern

Africa Research Paper 2. Brighton, UK: Institute of Development Studies, 2003.

Chimhowu, Admos, and David Hulme. "Livelihood Dynamics in Planned and Spontaneous Resettlement in Zimbabwe." *World Development,* 34, no. 4 (2006).

Chimhowu, Admos, Jeanette Manjengwa, and Sara Feresu, eds. *Moving Forward in Zimbabwe: Reducing Poverty and Promoting Growth.* 2nd ed. Harare, Zimbabwe: Institute of Environmental Studies, 2010.

Chingarande, Sunungurai, Prisca Mugabe, Krasposy Kujinga, and Esteri Magaisa. "Agrarian Reforms in Zimbabwe: Are Women Beneficiaries or Mere Agents?" Harare, Zimbabwe: Institute of Environmental Studies, 2011.

Cliffe, Lionel. "The Prospects for Agricultural Transformation in Zimbabwe." In *Zimbabwe's Prospects,* edited by Colin Stoneman. London, UK: Macmillan, 1988.

———. "The Politics of Land Reform in Zimbabwe." In *Land Reform in Zimbabwe: Constraints and Prospects,* edited by Tanya Bowyer-Bower and Colin Stoneman. Aldershot, UK: Ashgate, 2000.

Cliffe, Lionel, Jocelyn Alexander, Ben Cousins, and Rudo Gaidzanwa. "An Overview of Fast Track Land Reform in Zimbabwe: Editorial Introduction." *Journal of Peasant Studies,* 38, no. 5 (2011).

Deininger, Klaus, Hans Hoogeveen, and Bill Kinsey. "Economic Benefits and Costs of Land Redistribution in Zimbabwe in the Early 1980s." *World Development,* 32, no. 10 (2004) [Deininger, Hoogeveen, and Kinsey, 2004].

Dekker, Marleen, and Bill Kinsey. "Contextualizing Zimbabwe's Land Reform: Long-Term Observations From the First Generation." *Journal of Peasant Studies,* 38, no. 5 (2011).

de Soto, Hernando. *The Mystery of Capital.* London, UK: Black Swan, Transworld, 2001.

Doré, Dale, Tony Hawkins, Godfrey Kanyenze, Daniel Makina, and Daniel Ndlela. "Comprehensive Economic Recovery in Zimbabwe." Harare, Zimbabwe: UNDP, 2008.

Evans, Ifor Leslie. *Native Policy in Southern Africa.* Cambridge, UK: Cambridge University Press, 1934.

Flower, Ken. *Serving Secretly.* London, UK: John Murray, 1987.

Floyd, Barry. "Land Apportionment in Southern Rhodesia." *Geographical Review,* 52, no. 4 (1962).

Friis-Hansen, Esbern. *Seeds for African Peasants: Peasants' Needs and Agricultural Research, the Case of Zimbabwe.* Uppsala, Sweden: Nordic Africa Institute, 1995.

Gjerstad, Ole. *The Organizer.* Richmond, BC, Canada: LSN Information Center, 1974.

Goebel, Allison. "Zimbabwe's 'Fast Track' Land Reform: What About Women?" *Gender, Place and Culture,* 12, no. 2 (2005).

Golub, Stephen, and Jeffery McManus. "Horticulture Exports and African Development." Paper for the Expert Meeting of LDCs in preparation for the 4th United Nations Conference on Least Developed Countries, Kampala, Uganda, October 28–30, 2009.

Gunning, Jan Willem, John Hoddinott, Bill Kinsey, and Trudy Owens. "Revisiting Forever Gained: Income Dynamics in the Resettlement Areas of Zimbabwe, 1983–1997." Working paper WPS/99-14, Centre for the Study of African Economies (CSAE), Oxford University, May 1999 version [Gunning, Hoddinott, Kinsey, and Owens, CSAE].

———. "Revisiting Forever Gained: Income Dynamics in the Resettlement Areas of Zimbabwe, 1983–97." *Journal of Development Studies,* 36, no. 6 (2000) [Gunning, Hoddinott, Kinsey, and Owens, 2000].

Hammar, Amanda, Brian Raftopoulos, and Stig Jensen. *Zimbabwe's Unfinished Business.* Harare, Zimbabwe: Weaver, 2003.

Hanlon, Joseph. *Beggar Your Neighbours.* London, UK: James Currey, 1986 [Hanlon, *Beggar*].

———. "Paying for Apartheid Twice." London, UK: Action for Southern Africa, 1998.

Hanlon, Joseph, and Roger Omond. *The Sanctions Handbook.* Harmondsworth, UK: Penguin, 1987.

Horne, Gerald. *From the Barrel of a Gun: The United States and the War Against Zimbabwe, 1965–1980.* Chapel Hill, NC: University of North Carolina Press, 2001 [Horne, *From the Barrel*].

Huggins, Godfrey, foreword to A. C. Jennings, "Land Apportionment in Southern Rhodesia." *African Affairs* (1935), XXXIV (CXXXVI).

Hurungo, James. "An Inquiry Into How Rhodesia Managed to Survive Under Economic Sanctions: Lessons for the Zimbabwe Government." Harare, Zimbabwe: Trade and Development Studies Centre, TRADES Centre, 2011.

Jenkins, Carolyn. "Economic Objectives, Public-Sector Deficits and Macroeconomic Stability in Zimbabwe." Working paper 97-14, Centre for the Study of African Economies (CSAE). Oxford, UK: CSAE, 1997.

Jennings, A. C. "Land Apportionment in Southern Rhodesia," *African Affairs* (1935) XXXIV (CXXXVI) [Jennings, "Land"].

Jirira, Kwanele Ona, and Charles Mangosuthu Halimana. "A Gender Audit of Women and Land Rights in Zimbabwe." Paper prepared for the Zimbabwe Women's Resource Centre and Network (ZWRCN), Harare, Zimbabwe, 2008.

Jones, Tim. *Uncovering Zimbabwe's Debt.* London, UK: Jubilee Debt Campaign, 2011.

Kanji, Nazneen. "Gender, Poverty and Economic Adjustment in Harare, Zimbabwe." *Environment and Urbanization,* 7, no. 1 (1995).

Kanyenze, Godfrey. "Economic Structural Adjustment Programme." In *Post-independence Land Reform in Zimbabwe,* edited by Medicine Masiiwa.

Harare, Zimbabwe: Friedrich Ebert Stiftung, 2004 [Kanyenze, "Economic Structural"].

Kinsey, Bill. "Forever Gained: Resettlement and Land Policy in the Context of National Development in Zimbabwe." *Africa,* 52, no. 3 (1982) [Kinsey, "Forever Gained"].

———. "Land Reform, Growth and Equity: Emerging Evidence From Zimbabwe's Resettlement Programme." *Journal of Southern African Studies,* 25, no. 2 (1999) [Kinsey, 1999].

———. "The Implication of Land Reform for Rural Welfare." In *Land Reform in Zimbabwe: Constraints and Prospects,* edited by Tanya Bowyer-Bower and Colin Stoneman. London, UK: Ashgate, 2000.

———. "Zimbabwe's Land Reform Program: Underinvestment in Post-Conflict Transformation." *World Development,* 32, no. 10 (2004) [Kinsey, 2004].

Lamont, Donal. *Speech From the Dock.* Leigh-on-Sea, Essex, UK: Keven Mayhew, 1977.

Loewenson, René. "Farm Labour in Zimbabwe: A Comparative Study in Health Status." *Health Policy and Planning,* 1, no. 1 (1986).

Loewenson, René, and David Saunders. "The Political Economy of Health and Nutrition." In *Zimbabwe's Prospects,* edited by Colin Stoneman. London, UK: Macmillan, 1988.

Losman, Donald. *International Economic Sanctions.* Albuquerque, NM: University of New Mexico Press, 1979.

Lyons, Tanya. *Guns and Guerrilla Girls: Women in the Zimbabwean Liberation Struggle.* Trenton, NJ: World Africa Press, 2004.

Makadho, Johannes, Prosper Matondi, and Mabel Munyuki-Hungwe. "Irrigation Development and Water Resource Management." In *Zimbabwe's Agricultural Revolution Revisited,* edited by Mandivamba Rukuni, Patrick Tawonezvi, and Carl Eicher [Rukuni, Tamonezvi, and Eicher]. Harare, Zimbabwe: University of Zimbabwe Publications, 2006.

Mandaza, Ibbo, ed. *Zimbabwe: The Political Economy of Transition 1980–1986.* Dakar, Senegal: Codesria, 1986.

Mandizadza, Shingirai. "The Fast Track Land Reform Programme and Livelihoods in Zimbabwe: A Case Study of Households at Athlone Farm in Murehwa District." Livelihoods after Land Reform in Zimbabwe, Working paper 2. Cape Town, South Africa: Institute for Poverty for Land and Agrarian Studies (PLAAS), University of the Western Cape, 2010.

Marongwe, Nelson. "Redistributive Land Reform and Poverty Reduction in Zimbabwe." Working paper for research project on "Livelihoods after Land Reform," n.d. (probably 2008).

Mashingaidze, Kingstone. "Maize Research and Development." In Rukuni, Tamonezvi, and Eicher.

Masiiwa, Medicine. *Post-independence Land Reform in Zimbabwe.* Harare, Zimbabwe: Friedrich Ebert Stiftung, 2004.

Mavedzenge, Blasio, et al. "The Dynamics of Real Markets: Cattle in Southern Zimbabwe Following Land Reform." *Development and Change,* 39, no. 4 (2008).

Mazhawidza, Phides, and Jeanette Manjengwa. "The Social, Political and Economic Transformative Impact of the Fast Track Land Reform Programme on the Lives of Women Farmers in Goromonzi and Vungu-Gweru Districts of Zimbabwe." Rome: International Land Coalition, 2011.

Media Monitoring Project Zimbabwe. *The Language of Hate.* Harare, Zimbabwe: Author, 2009.

Mlambo, Alois. *The Economic Structural Adjustment Programme—The Case of Zimbabwe 1990–95.* Harare, Zimbabwe: University of Zimbabwe, 1997 [Mlambo, *Adjustment*].

———. *White Immigration Into Rhodesia.* Harare, Zimbabwe: University of Zimbabwe, 2002.

Moyana, Henry. *The Political Economy of Land in Zimbabwe.* Gweru, Zimbabwe: Mambo Press, 1984.

Moyo, Sam. "The Land Question." In *Zimbabwe: The Political Economy of Transition 1980–1986,* edited by Ibbo Mandaza. Dakar, Senegal: Codesria, 1986.

———. *Land Reform Under Structural Adjustment in Zimbabwe.* Uppsala, Sweden: Nordiska Afrikainstitutet, 2000 [Moyo, *Land Reform*, 2000].

———. "Land Movements and the Democratisation Process in Zimbabwe." In *Post-independence Land Reform in Zimbabwe,* edited by Medicine Masiiwa. Harare, Zimbabwe: Friedrich Ebert Stiftung, 2004 [Moyo, "Land Movements"].

———. "The Evolution of Zimbabwe's Land Acquisition." In Rukuni, Tawonezvi, and Eicher, 146.

———. "Emerging Land Tenure Issues in Zimbabwe." Monograph Series, Issue No. 2/07. Harare, Zimbabwe: African Institute for Agrarian Studies, 2007.

———. "The Zimbabwe Crisis, Land Reform, and Normalization." In *The Struggle Over Land in Africa,* edited by Ward Anseeuw and Chris Alden. Cape Town, South Africa: Human Sciences Research Council, 2010.

———. "Land Concentration and Accumulation After Redistributive Reform in Post-settler Zimbabwe." *Review of African Political Economy,* 38, no. 128 (2011).

———. "Three Decades of Agrarian Reform in Zimbabwe." *Journal of Peasant Studies,* 38, no. 3 (2011) [Moyo, "Three Decades"].

Moyo, Sam, and Paris Yeros, eds. *Reclaiming the Land.* London, UK: Zed, 2005.

Moyo, Sam, et al. *Fast Track Land Reform Baseline Survey in Zimbabwe.* Harare, Zimbabwe: African Institute for Agrarian Studies, 2009 [Moyo et al., *Baseline Survey*].

Mugabe, Prisca. "Impacts of Land Reform Migrations on Forest Resources Management in Model A1 Resettlement Areas of Chimanimani District in Zimbabwe." Harare, Zimbabwe: Institute of Environmental Studies, 2011.

Muir-Leresche, Kay. "Agriculture in Zimbabwe." In Rukuni, Tawonezvi, and Eicher.

Mujeyi, Kingstone. "Emerging Agricultural Markets and Marketing Channels Within Newly Resettled Areas of Zimbabwe." Livelihoods after Land Reform in Zimbabwe, Working Paper 1. Cape Town, South Africa: Institute for Poverty for Land and Agrarian Studies (PLAAS), University of the Western Cape, 2010.

Mumbengegwi, Clever. "Continuity and Change in Agricultural Policy." In *Zimbabwe: The Political Economy of Transition 1980–1986,* edited by Ibo Mandaza. Dakar, Senegal: Codesria, 1986.

Murisa, Tendai. "Social Organisation and Agency in the Newly Resettled Areas of Zimbabwe: The Case of Zvimba District." Monograph Series, Issue No. 1/07. Harare, Zimbabwe: African Institute for Agrarian Studies, 2007.

———. "Farmer Groups, Collective Action and Production Constraints: Cases from A1 Settlements in Goromonzi and Zvimba." Livelihoods after Land Reform in Zimbabwe, Working Paper 10. Cape Town, South Africa: Institute for Poverty for Land and Agrarian Studies (PLAAS), University of the Western Cape, 2010.

———. "Local Farmer Groups and Collective Action Within Fast Track Land Reform in Zimbabwe." *Journal of Peasant Studies,* 38, no. 5 (2011).

Mustapha, Abdul Raufu. "Zimbabwean Farmers in Nigeria: Exceptional Farmers or Spectacular Support?" *African Affairs,* 110 (2011).

Mutisi, Martha. "Beyond the Signature: Appraisal of the Zimbabwe Global Political Agreement (GPA) and Implications for Intervention." *Policy & Practice Brief* 4. Umhlanga Rocks, South Africa: African Centre for the Constructive Resolution of Disputes, 2011.

Neill, Timothy. "Labour and Union Issues in the Zimbabwean Agricultural Sector in 2004." Harare, Zimbabwe: Zimbabwe Community Development Trust, 2004.

Nkala, D. "Tackling Agricultural Development With Land Dearth." In *Balancing Rocks: Environment and Development,* edited by C. Lopes. A UNDP Zimbabwe Staff Research Project. Harare, Zimbabwe: SAPES, and Uppsala, Sweden: Nordiska Afrikainstitutet, 1996.

Nziramasanga, Mudziviri. "Agriculture Sector in Zimbabwe." In *Zimbabwe: Towards a New Order,* Working Papers Vol 1. New York: United Nations, 1980.

Owens, Trudy, John Hoddinott, and Bill Kinsey. "The Impact of Agricultural Extension on Farm Production in Resettlement Areas of Zimbabwe." *Economic Development and Cultural Change,* 51, no. 2 (2003) [Owens, Hoddinott, and Kinsey, 2003].

Palmer, Robin. *Land and Racial Domination in Rhodesia.* Berkeley: University of California Press, 1977. [Palmer, *Land and Racial*].

Pazvakavambwa, Simon, and Vincent Hungwe. "Land Redistribution in Zimbabwe." In *Agricultural Land Redistribution: Toward Greater Consensus,* edited by Hans Binswanger-Mkhize, Camille Bourguignon, and Rogerius van den Brink. Washington, DC: World Bank Publications, 2009.

Phimister, Ian. "The Combined and Contradictory Inheritance of the Struggle Against Colonialism." In *Zimbabwe's Prospects,* edited by Colin Stoneman. London, UK: Macmillan, 1998.

Pwiti, Gilbert. "Trade and Economics in Southern Africa: The Archaeological Evidence." *Zambezia,* 18, no. 2 (1991).

Raftopoulos, Brian, and Alois Mlambo, eds. *Becoming Zimbabwe.* Harare, Zimbabwe: Weaver, 2009.

Raftopoulos, Brian, and Lloyd Sachikonye, eds. *Zimbabwe Striking Back: The Labour Movement and the Post-Colonial State in Zimbabwe 1980–2000.* Harare, Zimbabwe: Weaver, 2004.

Ranger, Terence. *Peasant Consciousness and Guerrilla War in Zimbabwe.* London, UK: James Currey, 1985.

Richardson, Craig J. "The Loss of Property Rights and the Collapse of Zimbabwe." *Cato Journal,* 25, no. 3 (2005).

Riddell, Roger. "The Land Question." *From Rhodesia to Zimbabwe,* pamphlet 2. Gwelo, Zimbabwe: Mambo, 1978 [Riddell, "Land Question"].

———. "Some Lessons From the Past and From Global Experiences to Help Move Zimbabwe Forward out of Poverty and Towards Sustainable Development." Speech at the Moving Zimbabwe Forward Conference: Pathways out of Poverty for Zimbabwe, Harare, Zimbabwe, November 30, 2011.

Roth, Michael, and Francis Gonese. *Delivering Land and Securing Rural Livelihoods.* Harare, Zimbabwe: Centre for Applied Social Sciences, and Madison, WI: Land Tenure Centre, 2003.

Rukuni, Mandivamba. "Revisiting Zimbabwe's Agricultural Revolution." In Rukuni, Tawonezvi, and Eicher.

———. "The Evolution of Agriculture Policy: 1890–1990." In Rukuni, Tawonezvi, and Eicher.

Rukuni, Mandivamba, et al. "Policy Options for Optimisation of the Use of Land for Agricultural Productivity and Production in Zimbabwe." Report submitted to the World Bank Agrarian Sector Technical Review Group (ASTRG) by a Study Team, 2009 [Rukuni, "Policy Options"].

Rukuni, Mandivamba, Patrick Tawonezvi, and Carl Eicher, eds. *Zimbabwe's Agricultural Revolution Revisited.* Harare, Zimbabwe: University of Zimbabwe Publications, 2006 [Rukuni, Tawonezvi, and Eicher].

Ruswa, Goodhope. "The Golden Era? Reflections on the First Phase of the Land Reform Programme in Zimbabwe." Occasional Research Paper Series, Number 01/2007. Harare, Zimbabwe: African Institute for Agrarian Studies, 2007 [Ruswa, "Golden Era?"].

Sachikonye, Lloyd. "The Situation of Commercial Farm Workers After Land Reform in Zimbabwe." Harare, Zimbabwe: Farm Community Trust of Zimbabwe, 2003.

———. *When a State Turns on Its Citizens.* Pretoria, South Africa: Jacana, 2011.

Sadomba, Zvakanyorwa Wilbert. ~~War Veterans~~ in Zimbabwe's Revolution. Woodbridge, Suffolk, UK: James Currey, 2011 [Sadomba, *War Veterans*].

Scones, Ian, et al. *Zimbabwe's Land Reform.* Woodbridge, Suffolk, UK: James Currey, 2010.

Shillington, Kevin, ed. *Encyclopedia of African History.* New York: Fitzroy Dearborn, 2005.

Smart, Teresa. "Zimbabwe: South African Military Intervention." In Hanlon, *Beggar.*

Smith, Ian Douglas. *The Great Betrayal: The Memoirs of Ian Douglas Smith.* London, UK: Blake, 1997.

Stiff, Peter. *Cry Zimbabwe.* Alberton, South Africa: Galago, 2000.

———. *War by Other Means.* Alberton, South Africa: Galago, 2001.

Stoneman, Colin, ed. *Zimbabwe's Inheritance.* London, UK: Macmillan, 1981.

Stoneman, Colin. "Zimbabwe: The Private Sector and South Africa." In Hanlon, *Beggar.*

Stoneman, Colin, ed. *Zimbabwe's Prospects.* London, UK: Macmillan, 1998.

Stoneman, Colin, and Lionel Cliffe. *Zimbabwe: Politics, Economics and Society.* London, UK: Pinter, 1989 [Stoneman and Cliffe, *Politics*].

Tandon, Yash. "Trade Unions and Labour in the Agricultural Sector." In *Zimbabwe Striking Back: The Labour Movement and the Post-Colonial State in Zimbabwe 1980–2000,* edited by Brian Raftopoulos and Lloyd Sachikonye. Harare, Zimbabwe: Weaver, 2004.

Tawonezvi, Patrick, and Danisile Hikwa. "Agricultural Research Policy." In Rukuni, Tawonezvi, and Eicher.

Tekere, Moses. "Zimbabwe." In *WTO Agreement on Agriculture: The Implementation Experience,* edited by Harmon C. Thomas. Rome: FAO, 2003.

Unganai, Leonard. "Climate Change and Its Effects on Agricultural Productivity and Food Security: A Case of Chiredzi District." Paper presented at the National Climate Change Workshop, November 23, 2011, Harare, Zimbabwe.

Weiner, Daniel. "Land and Agricultural Development." In *Zimbabwe's Prospects,* edited by Colin Stoneman. London, UK: Macmillan, 1988.

———. "Agricultural Restructuring in Zimbabwe and South Africa." *Development and Change,* 20, no. 3 (1989) [Weiner, "Restructuring"].

Weiner, Dan, Sam Moyo, Barry Munslow, and Phil O'Keefe. "Land Use and Agricultural Productivity in Zimbabwe." *Journal of Modern African Studies,* 23, no. 2 (1985).

Whitsun Foundation. *Land Reform in Zimbabwe.* Project 3.23. Harare, Zimbabwe: Author, 1983.

Witoshynsky, Mary. *The Water Harvester.* Harare, Zimbabwe: Weaver, 2000.

Zamchiya, Phillan. "A Synopsis of Land and Agrarian Change in Chipinge District, Zimbabwe." *Journal of Peasant Studies,* 38, no. 5 (2011).

Zikhali, Precious. "Fast Track Land Reform and Agricultural Productivity in Zimbabwe." EfD Discussion Paper 08-30. Washington, DC: Environment for Development Initiative, 2008.

Zimbabwe Catholic Bishops Conference, Evangelical Fellowship of Zimbabwe, and Zimbabwe Council of Churches. "The Zimbabwe We Want: Towards a National Vision for Zimbabwe." Harare, Zimbabwe: Authors, 2006.

Zimbabwe Community Development Trust. "Report on Internally Displaced Farm Workers Survey: Kadoma, Chegutu and Kwekwe Districts." Harare, Zimbabwe: Author, 2003.

Zwizwai, Benson, Admore Kambudzi, and Bonface Mauwa. "Zimbabwe: Economic Policy-Making and Implementation: A Study of Strategic Trade and Selective Industrial Policies." In *The politics of trade and industrial policy in Africa,* edited by Charles Soludo, Osita Ogbu, and Ha-Joon Chang. Trenton, NJ: Africa World Press/IDRC, 2004.

Theses and Other Unpublished Material

Campbell, Bruce, and P. N. Bradley. "Trees, Wood and the Small-Scale Farmer: Rethinking Woodfuel Development in Zimbabwe." Draft paper, Department of Biological Sciences, University of Zimbabwe and the Stockholm Environment Institute, 1993.

Chigumira, Easther. "An Appraisal of the Impact of the Fast Track Land Reform Programme on Land Use Practices, Livelihoods and the Natural Environment at Three Study Areas in Kadoma District, Zimbabwe." MSc thesis, Rhodes University, 2006.

Dongo list of leased whole farms is posted on http://www.zwnews.com/dongo list.xls and an explanation is on http://www.zwnews.com/dongolist.cfm.

Floyd, Barry. "Changing Patterns of African Land Use in Southern Rhodesia." PhD thesis, Syracuse University, 1959; Lusaka, Zambia: Rhodes-Livingstone Institute.

Gundu, Veronica. "The Impact of Land Reform on Natural Resources: A Case Study of Land Use Changes in Mazowe District." MA diss., Department of Geography and Environmental Science, University of Zimbabwe, Harare.

Karumbidza, John Blessing. "A Fragile and Unsustained Miracle: Analysing the Development Potential of Zimbabwe's Resettlement Schemes, 1980–2000." PhD thesis, University of KwaZulu-Natal, 2009.

Manjengwa, Jeanette. "Local Environmental Action Planning in Zimbabwe: An Analysis of Its Contribution to Sustainable Development." PhD thesis, Institute for Development Policy and Management, University of Manchester, 2004.

Marongwe, Nelson. "Environmental Concerns in Fast Track Schemes in Mash-
onaland Central: Mazowe District," draft document, Harare, Zimbabwe,
2005.

———. "Interrogating Zimbabwe's Fast Track Land Reform and Resettlement
Programme: A Focus on Beneficiary Selection." PhD thesis, Institute for
Poverty, Land and Agrarian Studies (PLAAS), University of the Western
Cape, 2008 [Marongwe, "Interrogating"].

Masst, Mette. "The Harvest of Independence: Commodity Boom and Socio-
economic Differentiation Among Peasants in Zimbabwe." PhD thesis,
Roskilde University, 1996 [Masst, "Harvest"].

Matondi, Prosper. "Mazowe District Report—Findings on Land Reform, Vol.
II." Harare, Zimbabwe, 2005 [Matondi, "Mazowe"].

———. "Fast Tracking Land Reforms in Mazowe District in Zimbabwe." Ha-
rare, Zimbabwe, 2011 [Matondi, "Fast Tracking"].

———. "Juggling Land Ownership Rights in Uncertain Times in Fast Track
Farms in Mazowe District." Harare, Zimbabwe, 2011.

Moyo, Sam. "Changing Agrarian Relations After Redistributive Land Reform
in Zimbabwe," draft, April 27, 2011, Harare, Zimbabwe.

Palmer, Robin. "Challenges in Asserting Women's Land Rights in Southern
Africa." Presentation at Decentralising Land, Dispossessing Women? Re-
covering Gender Voices and Experiences of Decentralised Land Reform in
Africa, Maputo, Mozambique, May 2009.

Rifkind, Malcolm. "The Politics of Land in Rhodesia." MSc thesis, Edinburgh
University, 1968, http://www.mct.open.ac.uk/zimbabwe.

Selby, Angus. "Commercial Farmers and the State: Interest Group Politics and
Land Reform in Zimbabwe." PhD thesis, University of Oxford, 2006.

Tapfumaneyi, Asher Walter. "A Comparative Study of Forces Demobilisation:
Southern Rhodesia 1945–1947 and Zimbabwe 1980–85." BA honors diss.,
University of Zimbabwe, 1996.

Taruwinga, Kelman. "Remote Sensing and GIS Based Spatial and Temporal
Change of Woodland Canopy Cover and Tree Density in Miombo Wood-
land, Mazowe District, Zimbabwe." MSc thesis, Department of Geogra-
phy and Environmental Science, University of Zimbabwe, Harare, 2011.

Women and Land Lobby Group. "Consultative Planning Workshop Report."
Report of June 1998 workshop, Bronte Hotel, Harare, Zimbabwe.

Official Reports

"Agreement Between the Zimbabwe African National Union-Patriotic Front
(ZANU-PF) and the Two Movement for Democratic Change (MDC)
Formations, on Resolving the Challenges Facing Zimbabwe." Harare,

Zimbabwe, September 15, 2008 [known as the Global Political Agreement, GPA], available at http://www.info.gov.za/issues/zimbabwe/zzimbabwe_global_agreement_20080915.pdf.

Biti, Tendai. *The 2011 Mid-year Fiscal Policy Review,* July 26, 2011. Harare, Zimbabwe: Ministry of Finance, Government of Zimbabwe.

Central African Statistical Office. *Official Year Book of Southern Rhodesia, With Statistics Mainly up to 1950–No. 4–1952.* Salisbury, Southern Rhodesia: Rhodesian Printing and Publishing Company, 1952.

Council of the European Union. "Council Decision 2011/101/CFSP of 15 February 2011 Concerning Restrictive Measures Against Zimbabwe." *Official Journal of the European Union,* February 16, 2011.

Electoral Institute of Southern Africa. "Election Observer Mission Report: The Zimbabwe Harmonised Elections of 29 March 2008." Election Observer Mission Report, No 28. Pretoria, South Africa: Author, 2008.

European Parliament. "Account of the Mission to Observe the Parliamentary Elections in Zimbabwe 24–25 June 2000," July 6, 2000.

Government of Zimbabwe (GoZ). *Report of the Commission of Inquiry into Incomes, Prices and Conditions of Service,* 1981, chaired by Roger Riddell [known as the Riddell Commission report].

———. *Report of the Commission of Inquiry into the Agriculture Industry,* 1982, chaired by G. L. Chavunduka.

———. *Transitional National Development Plan 1982/83–84/85,* Vol. 1. Harare, Zimbabwe, 1982.

———. Technical Committee of the Inter-Ministerial Committee on Resettlement and Rural Development and National Economic Consultative Forum Land Reform Task Force. *Inception Phase Framework Plan 1999 to 2000. An Implementation Plan of the Land Reform and Resettlement Programme–Phase II.* Harare, Zimbabwe, n.d. (but surely 1998).

———. Ministry of Lands, Agriculture and Rural Resettlement. "Application for Land Under the Commercial Farm Settlement Scheme." Harare, Zimbabwe, 2000.

———. *Report of the Presidential Land Review Committee on the Implementation of the Fast Track Land Reform Programme, 2000–2002,* chaired by Charles M. B. Utete. Harare, Zimbabwe 2003, vols. I and II, available at http://www.sarpn.org/documents/d0001932/Utete_PLRC_Vol-I_2003.pdf and http://www.sarpn.org/documents/d0000746/Utete_Report_intro.pdf.

———. Ministry of Public Service, Labour and Social Welfare. *Zimbabwe: 2003 Poverty Assessment Study Survey, Main Report.* Harare, Zimbabwe, 2006.

———. Ministry of Lands, Land Reform and Resettlement & Informatics Institute, *A2 Land Audit Report,* Harare, Zimbabwe, 2006 (eight volumes, one for each province, issued at different times during 2006) [*A2 Land Audit Report*].

———. *Zimbabwe 2003 Poverty Assessment Study Survey Summary Report.* Harare, Zimbabwe: Ministry of Public Service, Labour and Social Welfare, 2006.

———. Ministry of Environment and Natural Resources Management. *Zimbabwe's Fourth National Report to the Convention on Biological Diversity.* Harare, Zimbabwe, 2010.

International Labour Organization (ILO). "Truth, Reconciliation and Justice in Zimbabwe. Report of the Commission of Inquiry Appointed Under Article 26 of the Constitution of the International Labour Organization . . ." Geneva, Switzerland: International Labour Office, 2009.

Southern Rhodesia Order in Council, 1898, Ordered at the Court at Balmoral by The Queen's Most Excellent Majesty, October 20, 1898.

"Southern Rhodesia. Report of the Constitutional Conference, Lancaster House, London, September–December 1979." Cmnd. 7802. London, UK: HMSO, 1980.

United Nations. *Zimbabwe: Towards a New Order.* 2 vols. New York: Author, 1980.

UN Development Program. "Zimbabwe: Land Reform and Resettlement: Assessment and Suggested Framework for the Future." Interim Mission Report. New York: UNDP, 2002.

UN Food and Agriculture Organization (FAO). "Gender, Property Rights and Livelihoods in the Era of AIDS." Proceedings Report of FAO Technical Consultation, Rome, November 28–30, 2007.

US Embassy in Harare, list of sanctioned individuals and companies, available at http://harare.usembassy.gov/uploads/GA/r_/GAr_mydP5GsiV8xOyzfcQ/SDN_List1.pdf.

US Treasury. Sanctions legislation website: http://www.treasury.gov/resource-center/sanctions/Programs/Pages/zimb.aspx.

Vincent, V., and R. G. Thomas. *An Agricultural Survey of Southern Rhodesia.* Salisbury, Southern Rhodesia: Government Printer, 1960.

World Bank. "Agriculture Sector Study." Washington, DC: Author, 1983.

———. *Gender in Agriculture Sourcebook.* Washington, DC: Author, 2008.

World Bank Independent Evaluation Group. "Structural Adjustment and Zimbabwe's Poor." Washington, DC: World Bank, 1995.

Website

Some documents have been posted on a Zimbabwe Land website, www.mct.open.ac.uk/zimbabwe.

索　引

（索引页码为页边码）

Tobacco Marketing Act of 1936, 34
Todd, Garfield, 5
Tomana, Johannes, 99
tomatoes, 105
tractors, 146, 169
Trade and Development Studies
    Centre (TRADES Centre), 92
Tribal Trust Lands, 36, 39, 46
tsetse fly, 34
Tsvangirai, Morgan, 23, 74, 96,
    98, 196
    withdrawal from elections, 97

UDI. *See* Unilateral Declaration of
    Independence
under-utilized land, 55–56
Unilateral Declaration of
    Independence (UDI), 2, 5,
    27–28, 36–39
    economic phases of, 37
University of Cambridge
    International Examinations, 26
urban expansion, 154n1
Utete, Charles, 85
Utete Committee, 7, 72, 85, 86
    on green revolution, 48

veld fires, 179
Victoria (Queen), 31–32
violence, 23–25
    Bourne on, 23
    elections and, 24
    institutionalized, 23
    Movement for Democratic
        Change and, 24
    between nationalist groups, 24
    political, 96–99
    Sachikonye on, 23, 24
    Sadomba on, 24
    Zanu-PF and, 24

wages, 194
    minimum, 195, 197
war veterans, 22–23
    benefits claimed by, 71
    demonstrations, 71
    fairness and, 22, 147

jambanja and, 77
leadership and, 23
Mugabe, R., confronted by, 71
pensions for white, 43n25
in United States, 22
War Veterans Committee, 163
The Water Harvester (Phiri), 23–24
water-harvesting, 177–78
weed control, 123
Weiner, Dan, 59
WFLA. *See* Women Farmers Land
    and Agriculture
white farmers
    as benchmark, 128, 133, 143
    Cross on, 107
    eviction of, 151
    Great Depression and, 34
    at independence, 7
    irrigation and, 199
    land use by, 39–41
    as managers, 152
    Marongwe on, 151
    Matondi on, 151
    Moyo on, 151
    in Mozambique, 21
    new role of, 149–52
    sanctions and, 39
    Selby on, 152
    subsidies for, 145
white flight, 58
Whitehead, David, 77
white immigration, 35
Whitsun Foundation, 16n17
WikiLeaks, 92, 151
willing seller, willing buyer principle,
    56, 116, 210
WLZ. *See* Women and Land in
    Zimbabwe
women
    Baseline Survey on, 161
    at Brookmead Farm, 162
    Fast Track Land Reform and,
        161–62
    fertilizer access of, 169
    Global Political Agreement and,
        161
    inheritance and, 167–69

致　谢

英国开放大学学者汉隆和津巴布韦大学曼珍格瓦等学者共同完成的《土地与政治——津巴布韦土地改革的迷思》一书，一经出版，立即震动了国际上占压倒优势的有关津巴布韦土地改革的负面评价。北京大学非洲研究中心刘海方、马婕和沈晓雷先后在津巴布韦调研过程中了解到这部珍贵的学术新作，并结识了津巴布韦大学的相关学者。

感谢我们的合作伙伴乐施会（香港）的同事梅家永先生和杜钇佳女士，非常认同我们有关这本书对于学术研究和改变全球对津巴布韦负面认知的价值，欣然鼓励我们提出申请，向乐施会提出翻译和出版的资助请求。虽然几经周折，但课题得以立项并获得了乐施会的资助。当时还在北大国际关系学院就读、一直承担中心助理工作的沈晓雷博士（现已毕业，为中国社会科学院西亚非洲研究所助理研究员），与在读的博士生刘均和王立铎共同完成了非常专业的翻译工作。其中沈晓雷翻译了前言、第六章至第十一章和结论，刘均翻译了第一章至第五章，王立铎翻译了第十二章。

刘海方副教授和在读的孙威博士完成了对译文的统稿和字斟句酌的校对。因为南非土地改革问题当下正是箭在弦上，全球各方无不关注其走向。刘海方特别邀请南非大学（UNISA）非洲可持续发展能源研究所刘歆颖教授，从非洲土地问题全局和南非案例的视角进行了勾勒比对分析，以期对于读者的阅读提供更具时效性的思考。在此特别感谢刘歆颖教授的加盟。

也要特别致谢我们多年的合作伙伴社会科学文献出版社长期的支持与

合作、高度专业的责任编辑工作，使得这本译作及时出版，为关心非洲的
发展、非洲土地和政治关系的读者提供更多的阅读。

北京大学非洲研究中心执行主任　刘海方

2018 年 11 月 19 日

图书在版编目（CIP）数据

土地与政治：津巴布韦土地改革的迷思／（英）约
瑟夫·汉隆（Joseph Hanlon），（津巴）珍妮特·曼珍格
瓦（Jeanette Manjengwa），（英）特雷萨·斯马特
（Teresa Smart）著；沈晓雷，刘均，王立铎译. -- 北
京：社会科学文献出版社，2018.11
（非洲研究丛书）
书名原文：Zimbabwe Takes Back Its Land
ISBN 978 - 7 - 5201 - 3570 - 2

Ⅰ.①土⋯　Ⅱ.①约⋯②珍⋯③特⋯④沈⋯⑤刘
⋯⑥王⋯　Ⅲ.①土地改革 - 研究 - 津巴布韦　Ⅳ.
①D947.523

中国版本图书馆 CIP 数据核字（2018）第 220831 号

·非洲研究丛书·

土地与政治：津巴布韦土地改革的迷思

著　　者／〔英〕约瑟夫·汉隆　〔津〕珍妮特·曼珍格瓦　〔英〕特雷萨·斯马特
译　　者／沈晓雷　刘　均　王立铎

出 版 人／谢寿光
项目统筹／高明秀
责任编辑／高明秀　林炳青

出　　版／社会科学文献出版社·当代世界出版分社（010）59367004
　　　　　地址：北京市北三环中路甲 29 号院华龙大厦　邮编：100029
　　　　　网址：www. ssap. com. cn
发　　行／市场营销中心（010）59367081　59367083
印　　装／三河市尚艺印装有限公司

规　　格／开　本：787mm × 1092mm　1/16
　　　　　印　张：16.25　字　数：265 千字
版　　次／2018 年 11 月第 1 版　2018 年 11 月第 1 次印刷
书　　号／ISBN 978 - 7 - 5201 - 3570 - 2
定　　价／89.00 元

本书如有印装质量问题，请与读者服务中心（010 - 59367028）联系